交通职业教育教学指导委员会推荐教材
全国交通高级技工学校、技师学院汽车维修专业教学用书

汽车维修专业技师教材

汽车发动机电控系统检修

● 吕秋霞 主编 ● 雷志仁 主审

人民交通出版社

内 容 提 要

本书是交通职业教育教学指导委员会推荐教材，也是汽车维修专业技师教材。由交通职业教育教学指导委员会汽车(技工)专业委员会根据《全国交通技师学院汽车维修专业教学计划与教学大纲》以及汽车维修技师职业标准的要求编写而成。

本书内容主要包括：汽车发动机电控系统检修基础、发动机测试项目、汽油机电控部件的检测、发动机电控燃油喷射系统的故障诊断、柴油发动机电控系统检测，共5个单元。

本书供全国交通高级技工学校、技师学院汽车维修专业教学使用，也可作为相关行业岗位培训或自学用书，同时可供汽车维修技术人员阅读参考。

图书在版编目 (CIP) 数据

汽车发动机电控系统检修 / 吕秋霞主编 .—北京：人民交通出版社，2007.7
ISBN 978-7-114-06481-4

Ⅰ.汽… Ⅱ.吕… Ⅲ.汽车-发动机-电子系统：控制系统-检修-教材 Ⅳ.U472.43

中国版本图书馆 CIP 数据核字(2007)第 046533 号

书　　名：汽车发动机电控系统检修
著 作 者：吕秋霞
责任编辑：贾秀珍
出版发行：人民交通出版社股份有限公司
地　　址：(100011) 北京市朝阳区安定门外外馆斜街 3 号
网　　址：http://www.ccpress.com.cn
销售电话：(010) 59757973
总 经 销：人民交通出版社股份有限公司发行部
经　　销：各地新华书店
印　　刷：北京市密东印刷有限公司
开　　本：720×960　1/16
印　　张：19.25
字　　数：343 千
版　　次：2007 年 7 月第 1 版
印　　次：2016 年 6 月第 5 次印刷
书　　号：ISBN 978-7-114-06481-4
印　　数：11001-13000 册
定　　价：32.00 元

前　言

为贯彻落实《国务院关于大力发展职业教育的决定》以及教育部等六部门《关于实施职业院校制造业和现代服务业技能型紧缺人才培养培训工程的通知》精神，适应汽车工业飞速发展和汽车运用与维修专业技能型紧缺人才培养的需求，交通职业教育教学指导委员会汽车（技工）专业指导委员会组织全国交通高级技工学校和技师学院专业教师，按照《全国交通技师学院汽车维修专业教学计划与教学大纲》以及汽车维修技师职业标准的要求，编写了汽车维修专业技师教材，供全国交通高级技工学校和技师学院汽车维修专业教学使用。

本系列教材总结了全国交通高级技工学校、技师学院多年来的专业教学经验，注重以学生就业为导向，以培养能力为本位，教材内容符合汽车维修专业教学改革精神，适应汽车维修行业对技能型紧缺人才的要求，具有以下特点：

1. 采用计划叠加方式构建技师教材体系。全国交通高级技工学校通用教材中的《汽车发动机电控系统检修》等7门专项高级技能训练教材由本次编写出版，也可与汽车维修专业技师教材配套使用。在此基础上增加了《汽车维修案例分析》等7门维修管理及维修经验类教材，形成了一套完善的汽车维修专业技师教材体系。

2. 教材内容与技师等级考核相吻合，便于学生毕业后适应岗位技能要求。

3. 教材注重实用性，体现先进性，保证科学性，突出实践性，贯穿可操作性，反映了汽车工业的新知识、新技术、新工艺和新标准，其工艺过程尽可能与当前生产情景一致。

4. 教材体现了汽车维修技师应知应会的知识技能要求，更注重了汽车维修传统经验与现代维修技术的有机结合。

5. 教材文字简洁，通俗易懂，以图代文，图文并茂，形象直观，形式生动，容易培养学生的学习兴趣，提高学习效果。

《汽车发动机电控系统检修》教材是按照劳动和社会保障部关于汽车维修技师的职业标准和"高等职业教育汽车运用与维修专业领域技能型紧缺人才培养指导方案"的要求来编写的。其教学目标是结合汽车发动机电控系统的基本组成、结构，掌握汽车发动机电控系统的检修方法。

本书由浙江交通技师学院吕秋霞担任主编（编写单元五），并负责全书的修编；参加编写的有：苏州市建设交通高等职业技术学校严志峰（编写单元一、单元二的课题五）、浙江交通技师学院龚建伟（编写单元二的课题一、二、三、四、六），苏州市建设交通高等职业技术学校张建雄（编写单元三），安徽省汽车运输高级技工学校对解云（编写单元四）；全书由新疆交通职业技术学院雷志仁担任主审。

由于编者的经历和水平有限，加之汽车维修技师教材是首次编写，教材内容难以覆盖全国各地的实际情况，希望各教学单位在积极选用和推广本套教材的同时，注重总结经验，及时提出修改意见和建议，以便再版修订时改正。

交通职业教育教学指导委员会
汽车（技工）专业指导委员会
2007年2月

目录

单元一　汽车发动机电控系统检修基础

知识目标

1. 熟悉发动机电控系统的故障类型与故障原因；
2. 熟悉发动机故障诊断原则、思路和问诊方法；
3. 熟悉电控发动机检测的注意事项。

技能目标

1. 熟练掌握汽油机各电控部件在汽车上的安装位置；
2. 能绘制汽油机电控系统的电路图；
3. 掌握发动机故障诊断问诊表的填写；
4. 熟练掌握常见汽油机电控系统测试仪器、仪表的使用。

课题一　汽油机电控系统的布局

一、汽油机电控系统的组成

汽油机电控系统一般由传感器、电控单元(ECU)和执行器3部分组成，如图1-1所示。

二、汽油机电控系统各元件的安装位置

AJR发动机电控系统安装位置如图1-2所示。ANQ发动机电控燃油系统的布置如图1-3所示。ANQ发动机电控点火系统的主要部件及安装位置如图1-4所示。F23A3发动机电控系统安装位置如图1-5所示。

AJR、ANQ、F23A3发动机各传感器的名称、功用与安装位置见表1-1。

几种发动机各传感器的名称、功用及安装位置　　表1-1

名　称	功　用	安装位置
空气流量计	将发动机吸入的空气量转换成电信号送至ECU，是决定喷油量的基本信号	AJR、ANQ有；F23A3无 在空气滤清器与节气门之间
进气歧管绝对压力传感器	将发动机吸入的空气量转换成电信号送至ECU，是决定喷油量的基本信号	F23A3有；AJR、ANQ无 在节气门与进气歧管之间

续上表

名　称	功　　用	安装位置
曲轴位置传感器	检测发动机转速及曲轴转角，转换成电信号输入给 ECU	安装在曲轴后端
冷却液温度传感器	将发动机冷却液温度转换成电信号送至 ECU	在缸体、缸盖的水套壳内并伸入水套中
进气温度传感器	将进气温度转换成电信号送至 ECU	AJR 、ANQ 在进气管上；F23A3 在进气歧管绝对压力传感器内
节气门位置传感器	检测节气门的开度和节气门开闭的速率，并将它转换成电信号送至发动机 ECU	安装在节气门体上
氧传感器	通过监测排气中的含氧量来测定空燃比，并将它转换成电信号送至 ECU	在发动机排气管上
爆震传感器	检测发动机有无爆震现象，并将信号送至 ECU	1、2 缸间与 3、4 缸间各一个
凸轮轴位置传感器	检测凸轮轴转角位置，转换成电信号送至 ECU	安装在凸轮轴前端正时皮带轮内

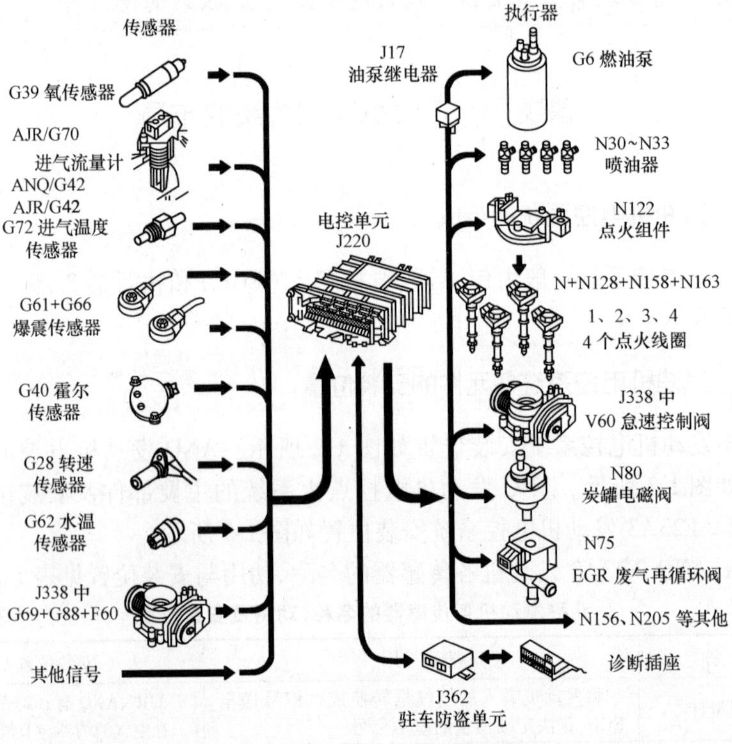

图 1-1　汽油机电控系统的组成

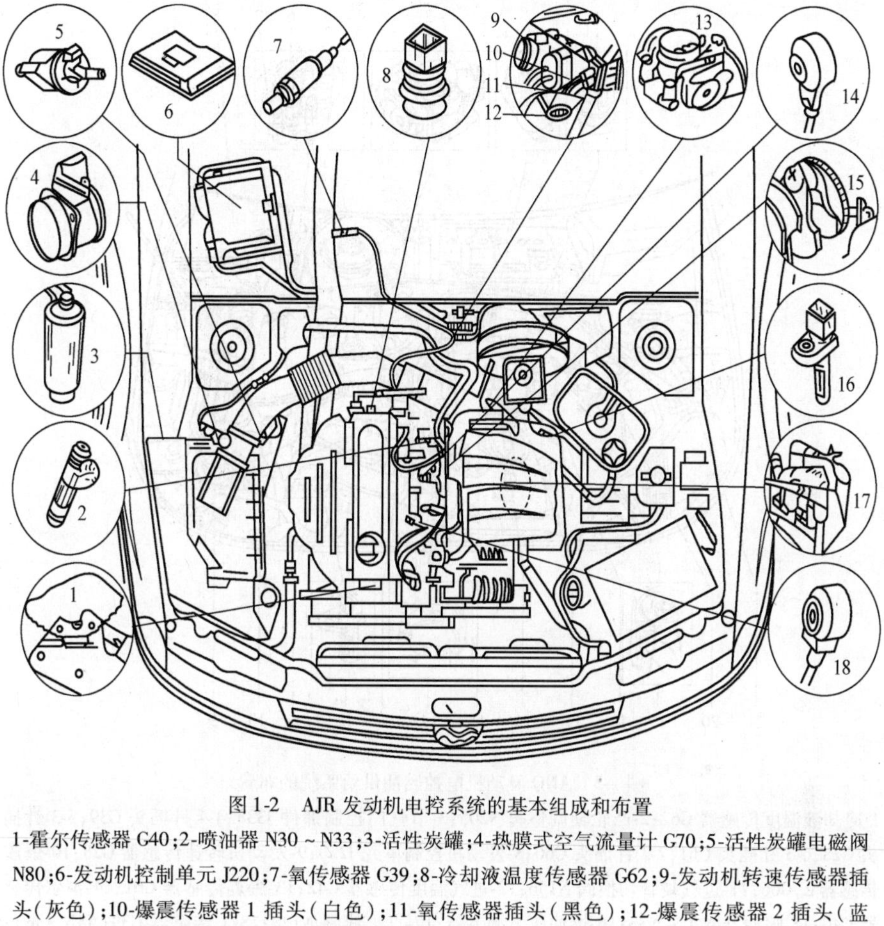

图 1-2　AJR 发动机电控系统的基本组成和布置

1-霍尔传感器 G40;2-喷油器 N30～N33;3-活性炭罐;4-热膜式空气流量计 G70;5-活性炭罐电磁阀 N80;6-发动机控制单元 J220;7-氧传感器 G39;8-冷却液温度传感器 G62;9-发动机转速传感器插头(灰色);10-爆震传感器 1 插头(白色);11-氧传感器插头(黑色);12-爆震传感器 2 插头(蓝色);13-节气门控制部件 J338;14-爆震传感器 2,G66;15-转速传感器 G28;16-进气温度传感器 G72;17-点火线圈总成 N152;18-爆震传感器 1,G61

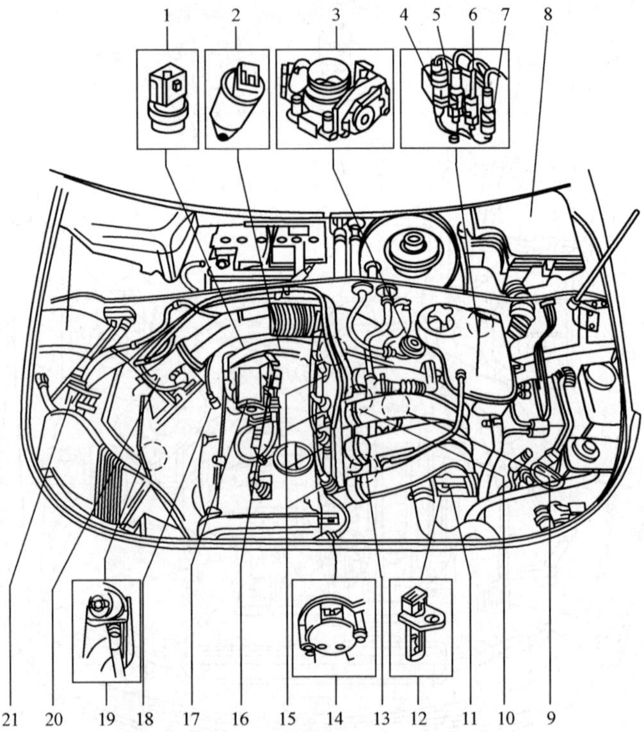

图 1-3　ANQ 发动机电控燃油供给系统的布置

1-冷却液温度传感器 G62；2-凸轮轴调整阀 N205；3-节气门控制部件 J338；4-4 针插头 G39；5-3 针插头 G28；6-3 针插头 G61；7-3 针插头 G66；8-发动机控制单元 J220；9-发动机转速传感器 G28；10-爆震传感器 2，G66；11-进气歧管切换阀 N156；12-进气温度传感器 G42；13-爆震传感器 G61；14-霍尔传感器 G40；15-喷油器 N30 ~ N33；16-燃油压力调节器；17-点火线圈 N128；18-λ 传感器 G39（55N · m）；19-搭铁线连接；20-空气流量计 G70；21-活性炭罐电磁阀 N80

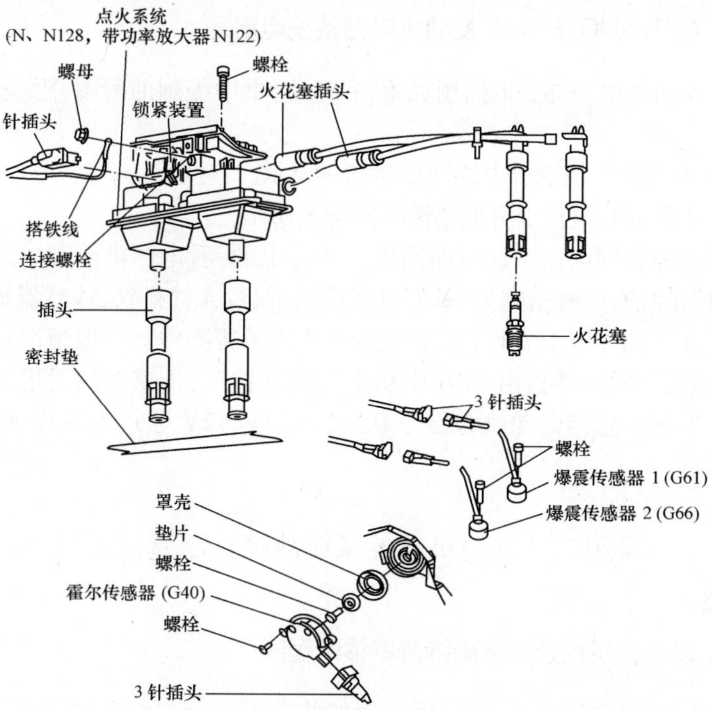

图1-4　ANQ发动机电控点火系统的主要部件及安装位置

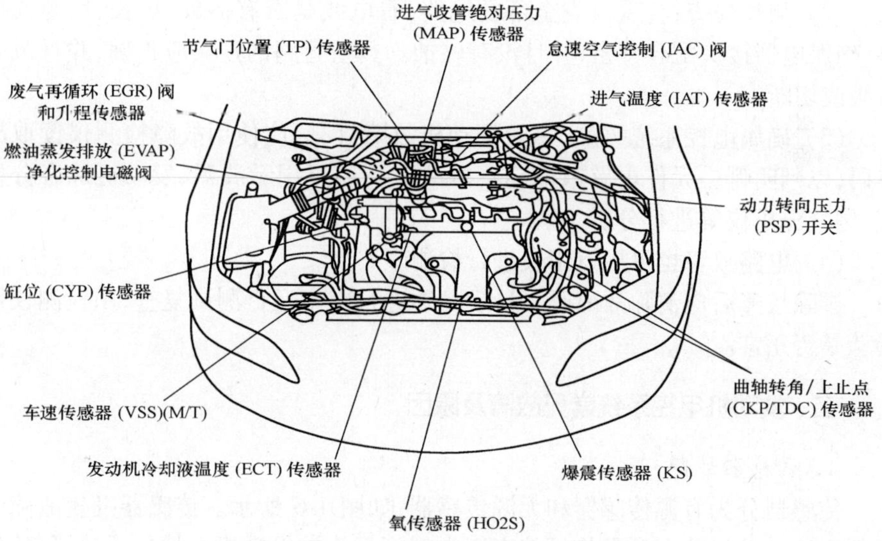

图1-5　F23A3发动机电控系统的安装位置图

三、AJR、ANQ、F23A3 发动机电控系统电路图

AJR 发动机电控部分电路图如附图 1(注:书中提到的附图、附表均放在书后)所示。

ANQ 发动机电控部分电路图如附图 2 所示。

F23A3 发动机电控部分电路图如附图 3 所示。

怎样才能看懂电控系统电路图呢? 一看电源:看电源供给哪些元件;二看搭铁:电控系统有三种搭铁方式,即直接搭铁、执行元件搭铁、传感器搭铁;三看一根线上连了几个电子元件,即哪些元件共用了哪些线。一般情况:执行元件共用电源线,搭铁线单独由 ECU 中功率三极管控制;传感器共用搭铁线,信号线单独。有源传感器电源线为参考电压(5V、2V、12V 等),无源传感器信号线即电源线。

课题二　发动机电控系统故障诊断基础知识

一、发动机电控系统故障的基本诊断程序

(1) 根据驾驶员所述,在故障发生的状态下进行驾驶测试,以验证来自驾驶员的信息。进入自诊断前,应仔细、全面的进行直观检查。

(2) 初步检查:直观检查全部的电路,看电线是否有擦破、拉长、切断或折皱,确保电器接头配合紧密,并且没有腐蚀。真空管路的连接应正确,并且没有折皱或切断。

(3) 确属电控系统故障,一般发动机故障灯亮,应使用故障检测仪读取故障码,以判明哪一元件电路故障。疑难故障则还可用示波器、发动机综合分析仪、尾气分析仪等进行分析。

(4) 电路故障也可用万用表进行检测。

排除故障后应清除故障码。最后必须进行汽车运行测试复查,用检测仪器检验是否正常。

二、发动机电控系统常见故障及原因

1. 传感器故障

传感器分为有源传感器和无源传感器,如图 1-6 所示。传感器发生故障时一般为该发动机状态参数信号偏离正常值而不能被发动机电控单元认可,致使发动机运行不良,甚至熄火。其常见故障有:电源开路,信号线短路,接触不良,

搭铁不良，传感器元件内部损坏，传感器支架松脱等。

传感器故障产生的同时，发动机电控单元点亮发动机故障灯。读取故障码后针对读取信息即可对特定的传感器电路进行检修。

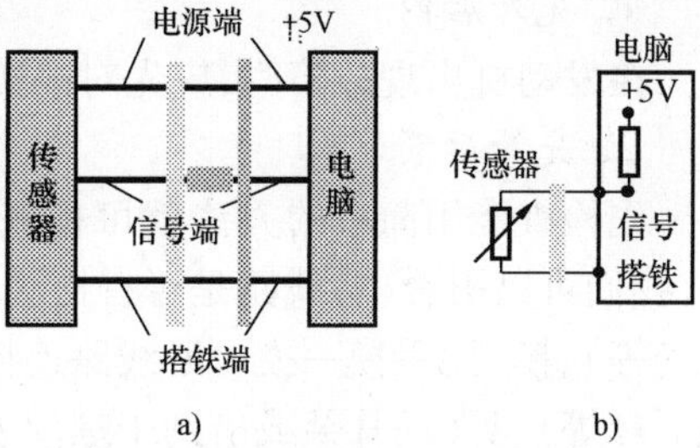

图 1-6　有源传感器和无源传感器
a) 有源传感器；b) 无源传感器

2. 执行器故障

执行器发生故障一般会使发动机某一指令不能执行，从而使发动机运行时性能下降，甚至熄火。例如燃油泵不工作、个别或所有喷油器不工作、个别或所有点火线圈不工作、怠速控制阀不工作或工作不良，活性炭罐电磁阀、EGR 阀、凸轮轴正时调节阀不工作等。

执行器的主要故障有控制电路线束短路、断路或执行元件损坏等。执行器正极连接电源（经继电器和熔断丝），负极连接 ECU，由 ECU 通过内部功率三极管来控制其通断，如图 1-7 所示。

3. 电控元件的模拟试验方法

在检修过程中，我们不能随便更换一个被怀疑而没有确诊损坏的电子元件，例如某些元件因线路短路而导致烧坏，我们如果没经过检测就直接更换，有可能导致连续烧坏电子元件。针对这种情况我们可以自己制作模拟设备进行替代检测。例如利用电位器可以模拟传输电压信号的传感器信号，如图 1-8 所示。也可用电子测试灯（自制）来代替执行器查看其控制电路。

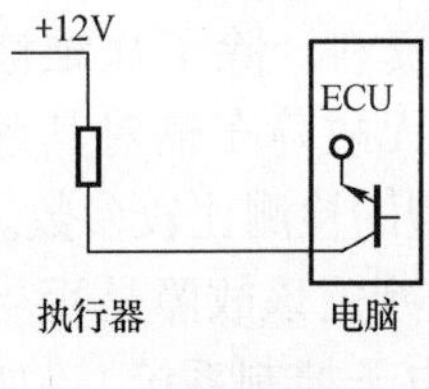

图 1-7　执行器控制电路

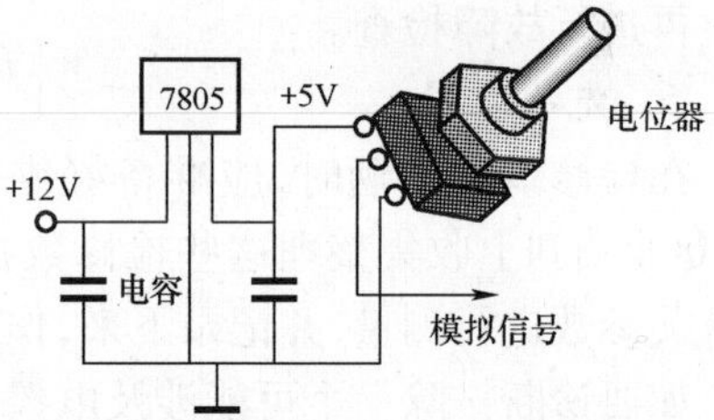

图 1-8　传感器模拟信号制作电路

三、发动机电控系统故障诊断基本原则

电控发动机发生故障时的检测诊断，如遵循故障诊断的一些基本原则，就会较为简单、准确而迅速地找出故障所在。其基本原则可概括为：

1. 先外后内

在发动机出现故障时，应先对电控系统以外的可能故障部位予以检查。

2. 先简后繁

先检查能用简单的方法就可检查的可能故障部位。例如直观检查最为简单，我们可以用看（看线路是否有松脱、断裂，油路有否漏油，进气管路有无破损漏气等）、摸（用手摸一摸可疑线路连接处有无不正常的高温以判断该处是否接触不良等）、听（用耳朵或借助于螺丝刀、听诊器等听一听有无漏气声、发动机有无异响、喷油器有无规律的“喀嗒”声）等直观检查方法将一些较为明显的故障迅速地查找出来。

直观检查未找出故障，需借助仪器、仪表或其他专用工具来进行检查时，应先检查容易检查的项目、能就车检查的项目。

3. 先熟后生

发动机的某一故障现象可能是以某些总成或部件的故障最为常见。应先对这些常见故障部位进行检查。若未找出故障，再对其他不常见的可能故障部位予以检查。

4. 代码优先

有些故障，在用故障自诊断系统检查前，应先按制造厂提供的方法读取故障代码，并检查和排除故障代码所指的故障部位，待故障代码所指的故障消除后，如果发动机故障现象仍存在，或者开始就无故障代码输出，再对发动机可能的故障部位进行检查。

5. 先思后行

对发动机的故障现象进行故障分析，在了解了可能的故障原因有哪些的基础上再进行故障检查。

6. 先备后用

在检修该型车辆时，应准备好维修车型的有关检修资料。除了从维修手册、专业书刊上收集整理这些检修数据资料外，还可利用无故障车辆对其系统的有关参数进行测量，并记录下来，作为日后检修同类车型的检测比较参数。

如要诊断排除一个可能涉及电控系统的故障，首先应判定该故障是否与电控系统有关（特别注意：电控发动机的故障并非一定出在电子控制系统）。如果发现发动机有故障，而故障指示灯并未发亮（未显示故障代码），大多数情况下，该故障可能与发动机电控系统无关，此时就应该像发动机没有装电控系统那样，按照基本诊断程序进行故障检查。否则，可能遇到一个本来与电控系统无关的故障，却检查电控系统的传感器、执行器和电路等，花费了很多时间，而真正的故障反而没有找到。表 1-2 所示为汽车维修企业常见的问诊表。

汽车维修企业问诊表 表 1-2

<table>
<tr><td colspan="2">客户姓名</td><td></td><td>登记号</td><td></td></tr>
<tr><td colspan="2">车牌号</td><td></td><td>登记日期</td><td></td></tr>
<tr><td colspan="2">发动机号</td><td></td><td>车身代号</td><td></td></tr>
<tr><td colspan="2">接车日期</td><td></td><td>里程表读数</td><td>km</td></tr>
<tr><td colspan="2">故障发生日期</td><td colspan="3"></td></tr>
<tr><td colspan="2">故障发生频次</td><td colspan="3">□经常 □有时 □仅一次 □其他</td></tr>
<tr><td rowspan="5">故障发生的条件</td><td>天气</td><td colspan="3">□晴天 □阴天 □雨天 □雪天 □其他</td></tr>
<tr><td>气温</td><td colspan="3">□炎热天 □热天 □冷天 □寒冷天(大约 ℃)</td></tr>
<tr><td>地点</td><td colspan="3">□高速公路 □一般公路 □市内 □上坡 □下坡 □粗糙路面 □其他</td></tr>
<tr><td>发动机冷却液温度</td><td colspan="3">□冷机 □暖机时 □暖机后 □任何温度 □其他</td></tr>
<tr><td>发动机工况</td><td colspan="3">□起动 □起动后 □怠速 □无负载
□行驶(□匀速 □加速 □减速) □其他</td></tr>
<tr><td rowspan="6">故障现象</td><td>发动机不能起动</td><td colspan="3">□不能起动 □怠速高 □怠速低 □怠速粗暴 □其他</td></tr>
<tr><td>起动困难</td><td colspan="3">□起动时运转转速低 □其他</td></tr>
<tr><td>怠速不良</td><td colspan="3">□怠速不稳 □怠速高 □怠速低 □怠速运转粗暴 □其他</td></tr>
<tr><td>动力不足</td><td colspan="3">□加速迟缓 □回火 □放炮 □喘振 □敲缸 □其他</td></tr>
<tr><td>发动机熄火</td><td colspan="3">□起动后立即熄火 □踩加速踏板后熄火 □松加速踏板后熄火 □空调工作时熄火 □其他</td></tr>
<tr><td>其他</td><td colspan="3"></td></tr>
<tr><td colspan="2">故障指示灯状态</td><td colspan="3">□常亮 □有时亮 □不亮</td></tr>
</table>

四、发动机电控系统维修安全及注意事项

(1) 在点火开关接通的情况下,不可随意断开任何一个带有电磁线圈装置的电路。

(2) 不可用快速充电机进行辅助起动,以防止充电机的脉冲高压损坏电子元件。不可在发动机运转时拆下蓄电池电缆;不能将蓄电池正负极接反。

(3) 检查发动机汽缸压力时,要拔掉汽油喷射控制系统的电源继电器或熔断丝。拆开油路部件时,应先释放油路压力;检修油路系统时,不能吸烟,远离

明火；橡胶密封件不能沾上汽油。

(4) 对微机及其连接的传感器、执行器进行故障诊断时，操作人员须预先消除身上的静电。不能轻易拆下电脑(ECU)盒盖。天线的连接线应远离电脑连线，其距离应≮20cm。

(5) 检测电控系统的器件时，应使用高阻抗的数字式万用表(内阻＞10MΩ)；绝对禁止使用试灯测试电路，或选择一只电子式安全测试灯。

(6) 在车身上使用电弧焊时，应断开ECU电源。

(7) 在拆卸电控汽油喷射系统各电线接头时，应先关掉点火开关，然后拆下蓄电池的负极搭铁线，断开蓄电池。如果只检查电控系统，则关掉点火开关即可，不必断开蓄电池，否则，存储于电控单元内的所有故障码将会全部消失，给发动机的故障排除带来困难。因此，如有必要，应在断开蓄电池之前，读取故障代码。

(8) 禁止用"试火法"检查晶体管电路的通断，只能用12V小试灯检查，以防止晶体管损坏；脉冲电路应用LED灯或示波器检查。

(9) 传感器电路应用LED灯或数字式万用表检查。

(10) 在拆卸或安装电感性传感器或电器前应将点火开关断开(OFF位置)，以防止其自感电动势损伤ECU和产生新的故障码。

(11) 某些故障报警灯的功率不得随意改变，否则会出现异常情况。

(12) 电控发动机检验的基本内容仍是油路、电路和密封性(特别是进气系统的密封性)的检验，机理分析和有关的实际参数是判断故障的依据。

(13) ECU有学习功能，但ECU的电源电路一旦被切断(如拆下蓄电池)后，它在发动机运行过程中存储的数据会消失。因此，在重新接通电源电路(如安装蓄电池)后，要让ECU"恢复记忆"，即需通过在不同工况下的路试让ECU重新学习，恢复学习控制。

(14) 不能随意调整节气门调节螺钉，否则易引起怠速控制失常，EGR装置和活性炭罐系统也可能过早地投入工作，造成发动机怠速运转不稳定或熄火。

课题三　发动机电控系统常用检测诊断设备

发动机电控系统常用的检测诊断设备有：诊断跨接线、测试灯、万用表、手持式真空泵、真空表、汽缸压力表、燃油压力表、汽车故障检测仪、汽车发动机综合性能分析仪、尾气分析仪、汽车专用示波器、听诊器等。

一、诊断跨接线

常见的跨接线有两种：鳄鱼夹式和测试针式，如图 1-9 所示。使用中必须注意跨接的两端工作电压应相同；绝对禁止错误地将电源与搭铁点跨接。

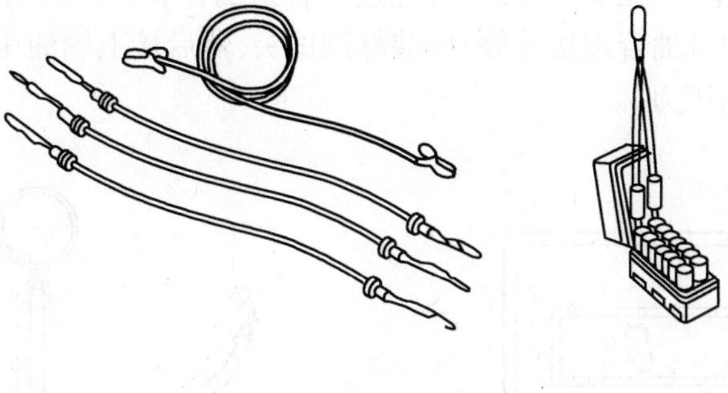

图 1-9　各类诊断跨接线

二、测试灯

如图 1-10 所示，用两个 LED(发光二极管)灯和 1 个 330Ω 的电阻器自制 1 个测试灯。它的作用是检测系统和元器件的工作电源电压。一端搭铁，另一端接电器部件的电源，如测试灯亮证明电源正常，如测试灯不亮证明出现故障，测试灯还可同时作为跨接线和指示灯使用。

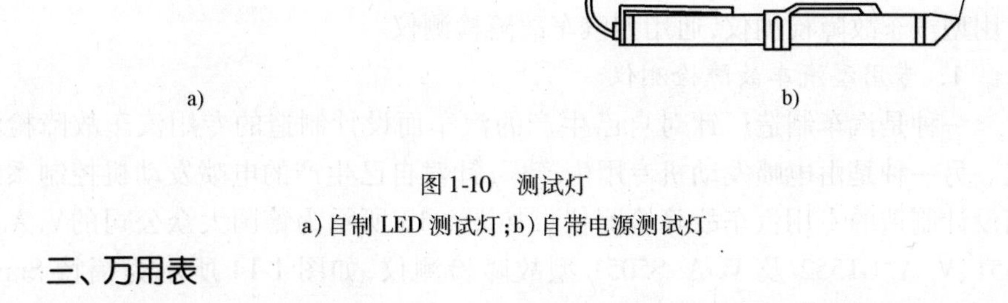

图 1-10　测试灯

a) 自制 LED 测试灯；b) 自带电源测试灯

三、万用表

一般的万用表都具有测试电压、电流、电阻、电容、三极管及二极管的功能。有些万用表还可以测试转速、频率及温度等。但常用的测试功能只有两项：电压的测试和电阻的测试。常见的万用表如图 1-11 所示。

四、燃油压力表

主要用来检测燃油系统的油压。如图 1-12 所示。测试油压时,首先把油压表接到测试头上,如无油压测试头,应选择合适的位置(如燃油滤清器、脉冲阻尼器、供油管与分油管连接处等)安装好测试头,然后接上燃油压力表。起动发动机,读取燃油压力。

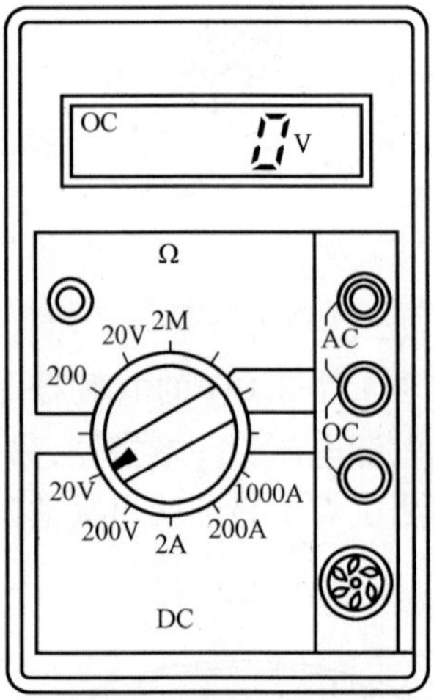

图 1-11　常见的万用表

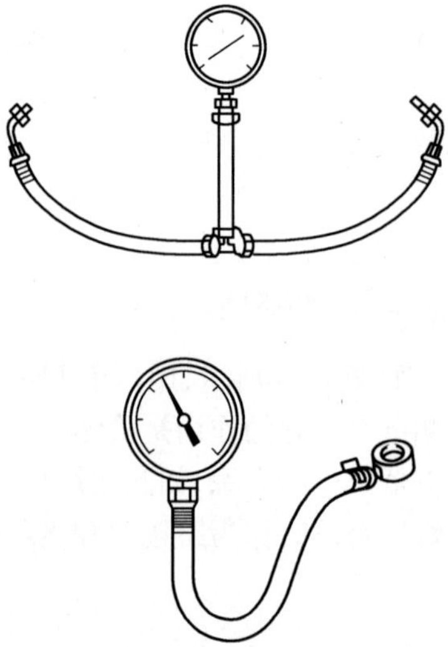

图 1-12　燃油压力表

五、汽车故障检测仪

汽车故障检测仪,又称为电脑解码器,种类很多。目前常见的主要有两类:专用型汽车故障检测仪,通用型汽车故障检测仪。

1. 专用型汽车故障检测仪

一种是汽车制造厂针对自己生产的汽车而设计制造的专用汽车故障检测仪。另一种是由电喷发动机专用生产厂,针对自己生产的电喷发动机控制系统而设计制造的专用汽车故障检测仪。如图 1-13 所示为德国大众公司的V. A. G 1551、V. A. G1552 及 V. A. S5051 型故障检测仪,如图 1-14 所示为福特 Super star II 型专用检测仪,如图 1-15 为通用公司生产的 TECH-1、T-100 专用检测仪。

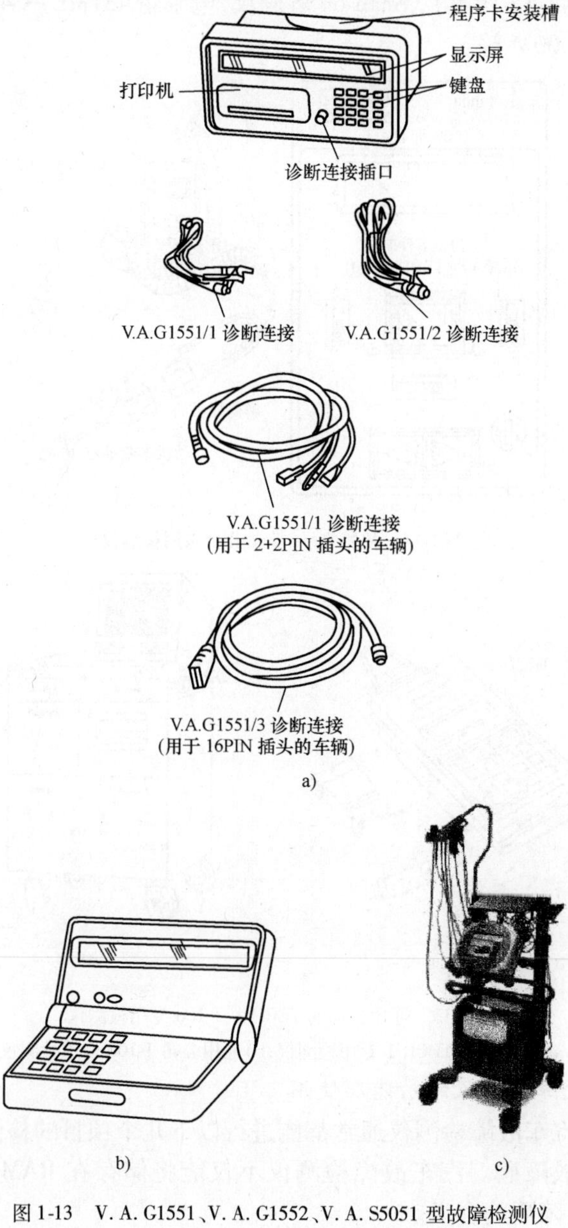

图 1-13　V. A. G1551、V. A. G1552、V. A. S5051 型故障检测仪

a) V. A. G. 1551；b) V. A. G1552；c) V. A. S5051

2. 通用型汽车故障检测仪

由一些汽车维修设备专用厂（或公司）设计制造的，可检测不同厂家生产的汽车。如深圳元征 ADC2000 汽车诊断电脑诊断仪（如图 1-16 所示）、OTC-2000

型解码器(如图 1-17 所示),Snap-on 解码仪,电眼睛 431ME、X-431,修车王 HY-222B,检测王 2000M 等。

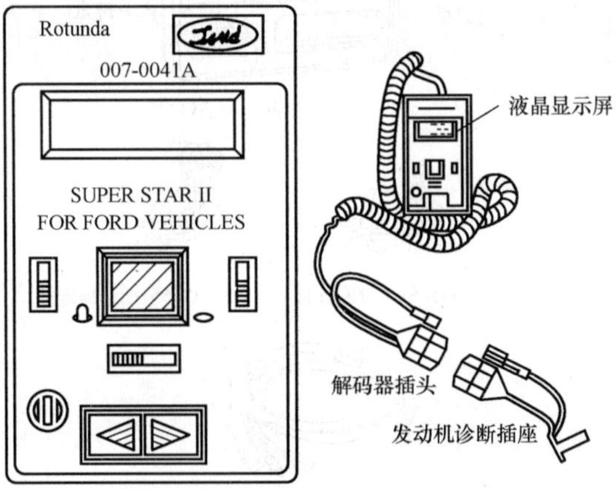

图 1-14　福特 Super star Ⅱ型专用检测仪

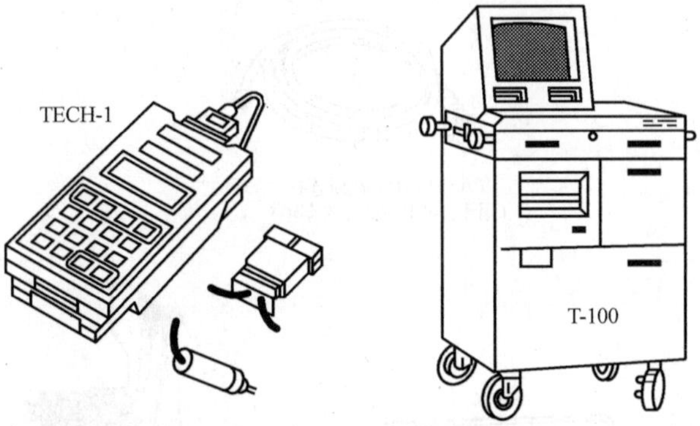

a)　　　　b)

图 1-15　通用公司的 TECH-1、T-100 专用检测仪

a)通用公司 TECH-1 专用检测仪;b)通用公司 T-100 专用检测仪

3. 汽车故障检测仪的功能及使用

目前各种汽车故障检测仪通常都能进行以下几个项目的检测:

(1) 读取故障码。汽车故障检测仪不仅能将储存在 RAM 中的故障码读出,还可显示故障码的含义。

(2) 数据流读取分析。将电控装置 ECU 在工作时的所有输入、输出信号,以数据表的形式显示出来,供检修人员分析判断。

(3) 执行器工作的检测。检修人员可通过检测仪向电控装置控制系统中的执行器发出控制信号,并根据电控装置的工作反应来判断所测的执行器及其控制线路是否正常。

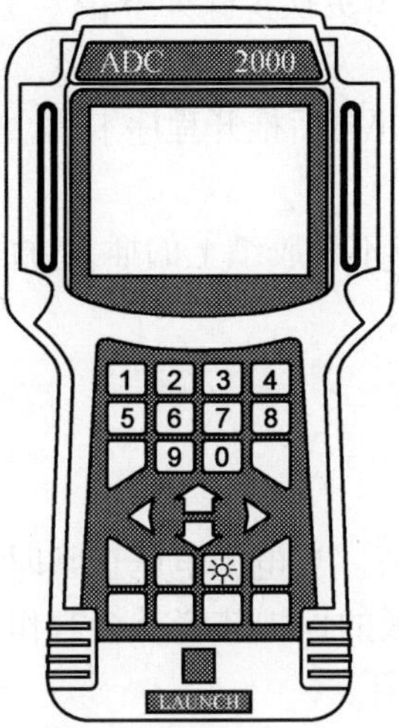

图 1-16　深圳元征 ADC2000 汽车诊断电脑诊断仪

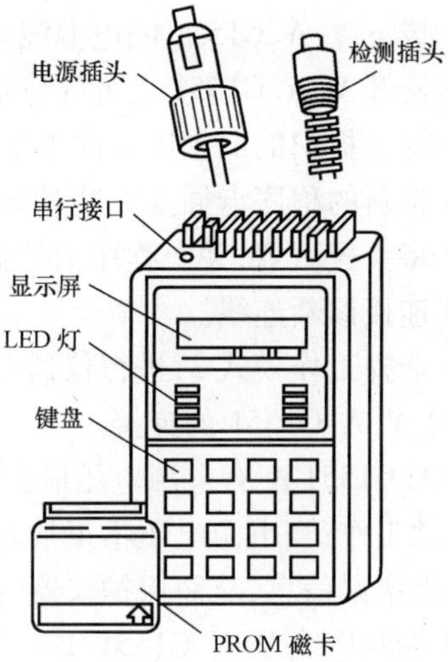

图 1-17　OTC-2000 型解码器

仪器的使用：

以 V. A. G1551 型汽车故障检测仪为例说明。

1）V. A. G1551 型汽车故障检测仪的组成

主要由液晶显示屏、键盘、检测程序卡等组成（见图 1-13）。诊断连接插口通过诊断连线，将大众系列车辆上的电源电压和信号输入 V. A. G1551。打印机用于将故障码、使用说明、测量数据打印出来。打印指令由“PRINT”键来控制。

键盘上的功能键：

（1）数字键 0 ~ 9：用于各种状态、功能的选择。

（2）“C”键：用于消除键入，退回到上一个操作步骤或终止程序运行。

（3）“Q”键：用于确定输入。

（4）“→”键：用于使程序继续运行或翻页。

（5）“HELP”键：用于调出当前功能的说明。

（6）“a”键：用于调整打印纸位置。

（7）“PRINT”键：用于接通或关闭打印机，打印机接通时，指示灯亮。V. A. G1552 取消了打印功能，没有打印键和打印纸输出键，“↑”和“↓”两个键，分别用于屏幕显示向前和向后翻页。

2）V. A. G1551 的安装调试

（1）程序卡的更换。更换程序卡时须切断电源，并注意不要接触程序卡上的触点，以避免使用时出现差错及防止静电。程序卡更换步骤如下：

① 拔下 V. A. G1551 的电源线。

② 松开 V. A. G1551 上方壳体护板上的螺钉，并向后推开程序卡槽盒盖。

③ 将夹板中的旧程序卡向上抽出。

④ 将新的程序卡插入安装基座的挡块处，注意不干胶纸上的插入方向。

⑤ 将夹板后置，关上程序卡护盖。

⑥ 连接诊断连线。

⑦ 选择工作模式 3，进行仪器自检。

（2）V. A. G1551 的连接。

V. A. G1551 配有电源电压极性变换的保护装置。当电源电压正常时，仪器即可正常工作；当电源电压不正常时，输入和输出板的保护装置就会起作用，屏幕显示出错误信息，从而保护仪器内部电路不被损坏。

① 诊断连线 V. A. G1551/1，用于诊断座形式为 2 + 2PIN 的汽车。

② 诊断连线 V. A. G1551/3，用于诊断座形式为 16PIN 的大众车系。

AJR 发动机诊断座位于变速器操纵杆防尘套内，与 V. A. G1551 的连接如图 1-18 所示；ANQ 发动机诊断座位于驻车制动手柄右侧盖板内，与 V. A. G1551 的连接如图 1-19 所示。

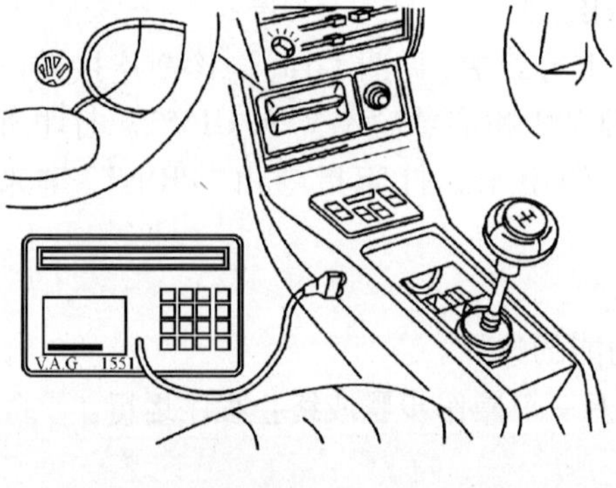

图 1-18　AJR 发动机与 V. A. G1551 的连接

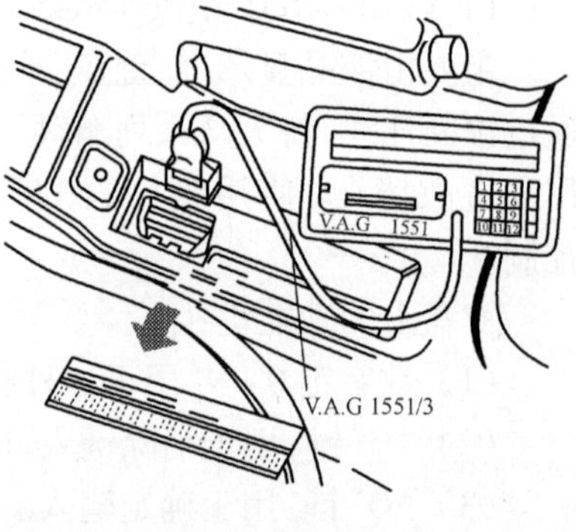

图 1-19　ANQ 发动机与 V. A. G1551 的连接

3）V. A. G1551 汽车故障检测仪的操作

当故障检测仪连线正确时，屏幕应显示：

V. A. G SELFDIAGNOSIS	V. A. G 自诊断
1- Rapid data transfer	1-快速数据传递
2-Flash code output	2-闪光码输出

在屏幕下方会交替出现“1-Rapid data transfer”、“2-Flash code output”。此外仪器还有以下未显示的工作模式，按 HELP 键可打印出来：“3-自我检测”、“4-服务站代码”。

我们常使用的就是第 1 种工作模式，即快速数据传递。模式“自我检测”用于仪器本身电子元件的检查及更换程序卡时调入程序。模式“服务站代码”用于“编制控制单元代码”和“改变匹配值”两种功能。这两种功能只有在输入服务站代码后才能执行，比如在更换捷达王 ABS 电控单元后，因作配件提供的电控单元出厂前未编码，如果装车后不编码会出现 ABS 报警灯点亮，且 ABS 不工作的情况。

选择工作模式时，只要输入其代码即可。如按 1 键，可进入“快速数据传递”工作模式。屏幕显示：

Rapid data transfer（快速数据传输）	HELP（帮助）
Enter address word XX（输入地址码 XX）	

常用的地址码如表 1-3 所示。

地址码一览表 表 1-3

编码	控制系统	编码	控制系统
00	整车电器自动检测	22	四轮驱动电控系统
01	发动机电控系统	24	驱动防滑控制系统
02	变速器电控系统	25	防盗系统
03	防抱死制动系统	26	电动车顶控制
08	空调/暖风电控系统	34	悬架控制系统
14	车轮减振电控系统	35	中控门锁
15	安全气囊	37	巡航控制系统
16	动力转向电控系统	56	收音机
17	组合仪表	65	轮胎气压检测

输入地址码后，显示屏上会出现该总成及名称，例如：

Rapid data transfer（快速数据传递）	Q（确定）
01 Engine electronics（01 发动机电控系统）	

这时,用 C 键可以修改输入的地址码,用 Q 键可以确认输入。显示如下:

Rapid data transfer(快速数据传递)
Tester sends address word 01(测试器发送地址码 01)

在进入"快速数据传递"工作模式输入地址码的过程中,仍然可能出现错误而使诊断过程中断,此时显示屏显示"控制单元不予答复!"。这种情况可能是由于中断插座连线故障或控制单元引起的。可按 HELP 键,按照仪器中的说明排除故障。

如果正常,按"→"键,V. A. G1551 进入功能选择状态,显示屏显示:

Rapid datatransfer(快速数据传递)	HELP(帮助)
Select function XX(功能选择 XX)	

功能代码如表 1-4 所示。

功能代码一览表 表 1-4

代码	功能	代码	功能
01	查询控制单元类型	07	控制单元编码
02	查询故障存储器	08	读测量数据块
03	执行元件诊断	09	读单元测量数据块
04	基本设置	10	匹配或自适应
05	清除故障存储器	11	登录
06	结束输出		

无论是哪个型号检测仪的地址码,上述功能代码都相同。

4) V. A. G1551 故障检测仪的功能

(1) 01——查询控制单元类型。此功能用于查询控制单元的部件编码、系统名称、软件版本等。下面是 AJR 发动机控制单元版本信息:

330 907 404 1. 8L R4/2V MOTR HS D01
Coding 08001 WSC XXXXX

330 907 404:表示控制单元零件号。

1. 8L:表示发动机排量为 1. 8L。

R4/2V:表示发动机结构形式为直列 4 缸 2 气门(每个缸)。

MOTR:表示电子控制燃油喷射系统名称(Motronic)。

HS:表示手动变速器;AT:表示自动变速器。

D01:控制单元软件的版本号。

Coding 08001:表示发动机控制单元编码为08001。但要注意不同零件号的控制单元,编码规则可能有所不同。

WSC XXXXX:服务站代码,它表明由哪一家最后对控制单元编制了代码(如未改变出厂时所设状态,则一直是 WSC 00000)。

(2) 02——查询故障存储器。此功能用于查询控制单元存储的故障代码。在"功能选择"状态下按0、2键,屏幕显示:

Rapid data transfer(快速数据传递)	Q(确定)
02 Interrogate fault memory(02 查询故障存储器)	

按Q键确认,如果没有故障,则屏幕显示"No faults recognised!"。若有故障,则显示屏上首先显示出故障的数量:

X faults recognised!(发现X个故障!)

按"→"键,翻页逐一显示各个故障代码及文字说明。在文字说明上面的数字是故障代码,右下角带有/SP字样的为偶发性故障,打印出来后,偶发性故障用"sporadk fault"表示。

(3) 03——执行元件诊断。选择此功能,可通过控制单元向每个执行元件发出驱动及停止的指令,以测试执行元件的动作情况。其显示如下:

Final Control diagnosis(执行元件诊断)	→
Injector Cylinder 1-N30(1缸喷油器-N30)	

此时1缸喷油器喷油,能听到或触摸感觉到元件的动作。按"→"键,可以发出对下一个执行元件进行诊断的指令。执行元件的诊断顺序由控制单元决定。如某个执行元件不工作,应检查该元件的控制电路、线束、插接件或机械部分。

(4) 04——基本设置。维修后总成内一些部件的安装调整会有所不同,因此应对某些总成进行基本设置。当点火开关打开,发动机不转时,基本设置功能可完成节气门控制部件与发动机控制单元的匹配;当发动机运转时,基本设置功能可完成点火正时检查,另借助于λ控制功能的开闭帮助查找故障等。

进行基本设置的条件是:发动机冷却液温度正常;测试过程中不允许散热器风扇旋转;关闭空调和其他用电设备;故障存储器中没有故障信息。

在"功能选择"状态下按0、4键,屏幕显示:

Basic setting(基本设置)　　　　HELP(帮助) Input display group number XX(输入显示组号 XX)

输入需要显示的组号,例如按 0、9、8 键,按 Q 键确认后屏幕显示:

System in basic setting 98 (系统基本设置 98)　　　　→ X. XXXV X. XXXV Iding ADP. runs (X. XXXV X. XXXV 怠速 ADP. 运行)

另一组测量值的显示可通过按 C 键,并输入所待测的小组编号来进行。在此过程中,控制单元可对控制的一些基本参数,例如点火提前角、λ 控制系数等进行调整。

(5) 05——清除故障存储器。执行此功能后即可将故障存储器内容清除。显示如下:

Rapid data transfer(快速数据传递)　　　　Q(确定) 05 Erase fault memory(05 清除故障存储器)

按 Q 键确认,如果故障存储器未被查询,就不能被清除。在查询或清除故障存储器时,如果关闭点火开关或发动机转速 >2500r/min,故障存储器也不能清除。

当屏幕出现以下显示时,说明故障存储器已被消除。

Rapid data transfer(快速数据传递) Fault memory iserased! (故障存储器被清除!)

此时,再按"→"键,则又回到功能选择状态。

(6) 06——结束输出功能。退出"功能选择"状态,回到"输入地址码"状态,可对其他总成进行故障查询。另外在关闭发动机或拆下 V. A. G1551 前须先执行 06 结束输出功能,否则在数据传输过程中突然断开,可能造成 V. A. G1551 或控制单元损坏。

按 0、6 键后显示:

Rapid data transfer(快速数据传递)　　　　Q(确定) 06 End output(06 结束输出)

(7) 07——控制单元编码。各种车型都对应着不同编码的控制单元。如果控制单元编码与车型不匹配,会造成许多不良后果。例如换挡冲击、发动机

燃烧不良、废气排放超标、油耗增加、机械寿命下降等。为此，控制单元内设置了可以改变的控制单元编码。通过改变控制单元编码，就可以改变控制单元内的存储内容，以此来改变控制单元的工作模式，以适应不同的发动机、变速器、汽车车身或传动系统，也可适应不同的气候、道路条件和不同国家的交通法规。

给控制单元编码在车辆出厂之前已进行，但如果原配控制单元损坏后更换新的控制单元时，显示编码不正确或新控制单元没有编码，就要对新控制单元进行编码。

在"功能选择"状态下按0、7键，则显示：

Rapid data transfer(快速数据传递)	Q(确定)
07 Code control unit(07 控制单元编码)	

按Q键确认，则屏幕显示：

Code control unit(控制单元编码)
Enter code number XXX(000-127)［输入编码XXX(000-127)］

用键盘输入该车的编码，屏幕显示出带有编码的控制单元记号，例如：

4A0907473 2.6L V6 MPFI ID01
Coding 001　WSC 06812(编码001　WSC06812)

其中"Coding 001"表示所输入的控制单元编码。

(8) 08——读测量数据块。此功能用于显示系统运行状态或传感器状态的数据信息(即数据流信息)。这些数据提供了各系统的工作状况，以及所有传感器信息。按0、8键后显示屏显示：

Rapid data transfer(快速数据传递)	Q(确定)
08 Read measured value block (08 读测量数据块)	

按Q键确认后，屏幕显示：

Read measured value block(读测量数据块)	HELP(帮助)
Enter display group number XX(输入显示组号:XX)	

例如输入显示组号03，并按Q键确认后，屏幕显示：

Read measunng value block 3(读测量数据块3)	HELP(帮助)
800r/min　14.000V　93.6℃　39.1℃	

(9) 09——读单元测量数据块。按0、9键,用Q键确认,进入"输入通道号码XX"状态。在这一状态下再输入一个两位通道号码,按Q键确认,可得到该通道内的测量值。

(10) 10——匹配或自适应。通过此功能,使用者可以用V. A. G1551的键盘将指令传至控制单元,对控制单元的一些参数设定或进行调整。此项功能可以进行怠速稳定控制和怠速转速的调整。

六、汽车发动机综合性能分析仪

发动机综合性能分析仪是以示波器为核心的测试仪器,当配合以多种传感器(包括夹持器、测试探头和测针等),能实现对多种电量、非电量参数(温度、压力、真空、转速等)的检测、分析与判断。

1. 类型

(1) 按使用方式,可分为台式移动式和便携式两种类型。

(2)按示波器形式,可分为模拟示波器式和数字示波器式两种类型。

(3)按示波器显示器形式,可分为阴极射管显示器式和液晶显示器式两种类型。

(4)按控制方式,可分为电子控制式、微机控制式和模块控制式3种类型。

(5)按使用的电源,可分为交流220V式、直流12V式和直流蓄电池式3种类型。

通常,电子控制式和微机控制式分析仪,一般属于台式移动式,在发动机综合性能检测或调试工位使用,移动范围不大;便携式分析仪携带方便,可携带到任何场所和任何车辆上检测;模块控制式分析仪,既可以和PC微机组成台式分析仪,又可以和笔记本微机组成便携式分析式。

2. 功能及特点

1) 功能

(1) 汽油机检测:可进行点火系检测、无负荷测功、动力平衡分析、转速稳定性分析、温度检测、进气管真空度检测、起动机与发电机检测、废气分析、数字万用表功能等。

(2) 柴油机检测:可检测喷油压力数据,观测、分析供油压力波形;检测喷油提前角;无负荷测功;烟度检测;起动机与发电机检测;转速稳定性分析;数字万用表功能等。

(3) 电控发动机检测:可进行空气流量检测;转速检测;温度检测;进气管真空度检测;节气门位置检测;爆震信号检测;氧传感器检测;喷油脉冲信号检测等。

(4) 故障分析:可进行故障查询,信号回放与分析。

（5）参数设定。

（6）数字示波器显示波形、数值。

2）特点

（1）具有动态测试功能：分析仪能迅速、准确地捕获发动机运转中各瞬变参数随时间变化的函数曲线，这些动态参数，是对发动机工作性能和技术状况进行准确判断的科学依据。

（2）具有普遍性和通用性：由于分析仪的测试、分析过程不依据被测发动机的数据卡，只针对发动机基本结构和工作原理的实际情况进行，因此，检测结果具有良好的普遍性，检测方法具有广泛的通用性。

（3）具有主动性：分析仪不仅能适时采集发动机的动态参数，而且还能主动地发出某些指令干预发动机的工作，以完成某些特定的试验程序，如发动机断缸试验。

3. 发动机综合分析仪使用方法

以元征 EA-1000 发动机综合性能分析仪为例，如图 1-20 所示。

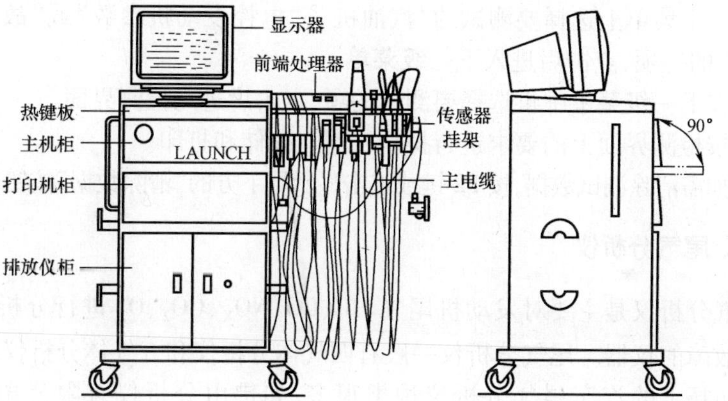

图 1-20　EA-1000 发动机综合性能分析仪外形图

1）准备工作

（1）分析仪准备：

① 接通 220V 电源，打开分析仪总开关、微机主机开关和微机显示器开关，暖机 20min。

② 在发动机不工作和点火系关闭的情况下，将信号提取系统连接到被测发动机上。

③ 电源线必须可靠接地。

④ 在测试电控燃油喷射发动机 ECU 时,除仪器电源接地外,仪器地线必须与发动机共同接地,测试人员必须随时与汽车车身接触。

(2) 发动机准备:

① 发动机应预热至正常工作温度。

② 调整发动机怠速,怠速转速应在规定范围之内。

③ 发动机在运转中。

2) 启动分析仪

① 分析仪已经预热。

② 鼠标双击显示器上"元征发动机分析仪"图标,启动分析仪综合性能检测程序。

③ 分析仪对各个适配器逐一进行自检。自检通过为绿,未通过将给予显示。

④ 显示屏出现"用户资料录入"界面。点击"修改"按钮,录入汽车用户资料,然后点出"确认"按钮,显示屏出现检测主、副菜单。

3) 检测方法

① 在主菜单上选择要测试的"汽油机"、"电控发动机参数"或"故障分析"等项目中的一项,点击后进入下一级菜单。

② 在下一级菜单中再选择要测试的项,点击后进入检测界面。

③ 按检测界面上的要求进行操作、读数、存储和打印。

④ 如需清除测试数据,按 F2 键或点击显示屏下方的"清除数据"按钮即可。

七、尾气分析仪

尾气分析仪是主要对发动机尾气 HC、CO、NO_X、CO_2、O_2 进行分析,进而判断汽车故障的仪器。尾气分析仪一般有四气体分析仪和五气体分析仪两种。

现市场上的汽车尾气分析仪种类很多,如佛山分析仪有限公司的 FGA-4100 汽车排气分析仪、南海市南华仪器有限公司的 NHA-500 废气分析仪等。

八、汽车专用示波器

1. 组成

汽车专用示波器种类较多,如 Fluke 98 汽车万用示波器、ESCORT-32SC/328C 汽车波形分析仪等。如图 1-21 所示为 Fluke 98 汽车万用示波器,如图 1-22所示为 ESCORT-32SC/328C 汽车波形分析仪。

2. 功能

以 ESCORT-32SC/328C 汽车波形分析仪为例说明。

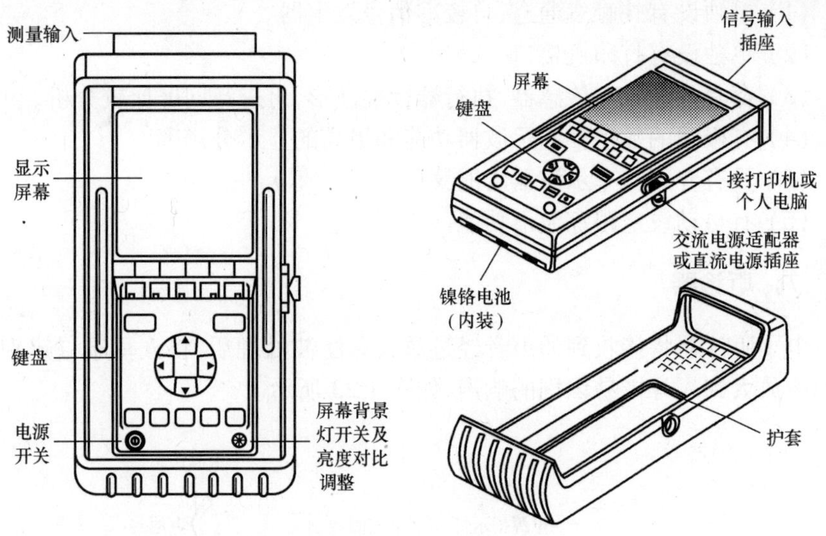

图1-21　Fluke 98 汽车万用示波器

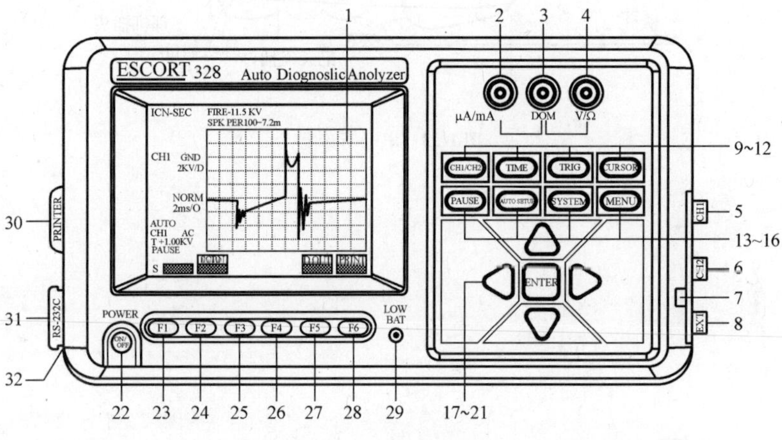

图1-22　ESCORT-32SC/328C 汽车波形分析仪

1-显示屏;2-万用表电流插座(μA/mA);3-万用表公共插座(COM);4-万用表电压/电阻插插座(V/Ω);5-示波器通道1(CH1);6-示波器通道2(CH2);7-自校准信号发生器(CAL);8-外触发通道(EXT);9-通道1/通道2 选择(CH1/CH2);10-时间选择(TIME);11-触发选择(TRIG);12-电子游标/标准波形库(CURSOR);13-锁定屏幕(PAUSE);14-自动设定(AUTO SETUP);15-系统选择(SYSTEM);16-回主菜单(MENU);17~20-上、下、左、右(← →↑↓);21-进入(ENTER);22-电源开关;23~28-功能键(F1/F2/F3/F4/F5/F6);29-电池低电压指示(LOW BAT);30-打印机接口(PRINTER);31-计算机通信口(RS-232C);32-充电电源插座

（1）单独设有外触发通道、自校准信号发生器。

（2）单独设有打印机接口。

（3）存有各种汽车传感器、执行器标准波形，可进行同屏比较分析。

（4）有极强的数字存储示波器功能和极高的显示分辨率。

（5）具有专用汽车示波器功能菜单。

（6）有自动设定跟踪波形功能。

九、听诊器

电子听诊器将接收到的声音经过放大和滤波处理后，将人耳难以辨别的微弱声响放大到人耳极易识别的响声，如图 1-23 所示。

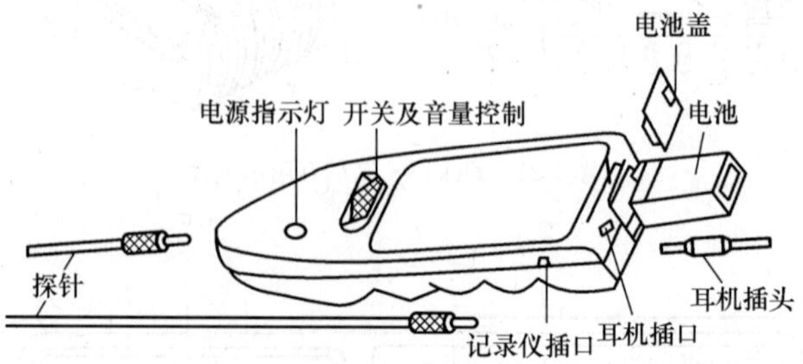

图 1-23　电子听诊器

单元二　发动机测试项目

知识目标

1. 熟悉发动机电控系统的基本运转参数；
2. 熟悉发动机电控系统的常见故障码；
3. 熟悉发动机电控系统的正常数据流及数据流的分析；
4. 熟悉发动机电控系统各种正常波形及波形的分析；
5. 熟悉发动机各种废气成分的标准值及废气成分的分析。

技能目标

1. 熟练掌握发动机电控系统动态基准的测试与动态调整；
2. 熟练掌握发动机电控系统故障码的读取及清除；
3. 熟练掌握发动机电控单元、防盗器、点火钥匙的匹配；
4. 熟练掌握发动机怠速的调整；
5. 熟练掌握发动机典型部件波形的测试方法；
6. 熟练掌握发动机废气成分的测试方法。

课题一　动态基准测试

电控发动机的基本运转参数是指发动机的怠速转速、燃油系统油压及点火提前角等，通过发动机动态基准测试可以测量发动机运行过程中的基本运转参数及执行器的基本工作情况，为判断发动机工作是否正常提供依据。

一、发动机怠速转速的测试与调整

1. ANQ 发动机怠速转速的测试与调整

1）怠速的检测

（1）测试条件：

① 排气系统无泄漏现象。

② 发动机冷却液温度 >85℃。

③ 蓄电池电压≮11.5V。

④ 关闭空调和其他用电设备。

⑤ 若为自动变速器的车辆,选挡手柄必须位于 P 或 N 位。

⑥ 节气门拉索位置调节正确。

(2) 测试方法与步骤:

① 关闭点火开关,用测试线束 V. A. G1551/3 将故障检测仪 V. A. G1551 与诊断插座连接。

② 打开点火开关,起动发动机,使其怠速运转,使车辆达到测试条件,接通故障检测仪电源开关,按 1 键、选择“快速数据传输”,输入地址码 01、进入“发动机电控系统”,按“→”键,按 0、4 键、选择“基本设置”功能,按 0、0、3 键、选择“显示组号 3”、按 Q 键确认,此时显示屏显示:

System in basic setting(系统基本设置)	→
XXX r/min　XX. XXX V　XX. X ℃　XX. X ℃	

显示区域 1 显示发动机转速;显示区域 2 显示蓄电池电压;显示区域 3 显示冷却液温度;显示区域 4 显示进气温度。

检查显示区域 3 中的温度是否超过 85℃。

③ 按 C 键,显示屏显示:

Basic setting(基本设置)	HELP(帮助)
Input display group number　XXX(输入显示组号　XXX)	

④ 按 0、0、1 键,选择“显示组号 1”,按 Q 键确认,显示屏显示:

System in basic setting (系统基本设置)	→
XXX r/min　X. XX ms　X°　XX° bef. TDC	

显示区域 1 显示发动机转速;显示区域 2 显示发动机负荷(曲轴每转喷射持续时间);显示区域 3 显示节气门角度;显示区域 4 显示点火提前角。

ANQ 发动机怠速标准值应为 800 ± 30 r/min。

⑤ 若怠速转速达到允许值,按“→”键,进入“选择功能”界面,再按 0、6 键、选择“结束输出”功能,按 Q 键确认。关闭点火开关。

如果怠速转速没有达到规定值,继续进行以下检查:将发动机电控单元同节气门控制部件进行匹配;完成试车;重新读取和清除故障码;检查进气系统的密封性;重复进行怠速转速的检查。如仍达不到规定值,应检查节气门控制部件。

2）怠速调整

在某些特殊情况下，如怠速中出现"隆隆"声响、振动等，允许对怠速作稍许修正，但要注意不要高于或低于规定的极限怠速转速。

① 连接故障检测仪 V. A. G1551，按怠速检查步骤进入"选择功能"界面，按1、1 键，选择"登录"功能，按 Q 键确认，显示屏显示：

Login procedu（登录）	HELP（帮助）
Input code number XXXXX（输入代码号 XXXXX）	

② 按 0、6、5、8 和 9 键，选定登录号 06589，按 Q 键确认，显示屏显示：

Data transfer fault（数据传输错误）

③ 关闭点火开关，并重复操作，在"选择功能"界面下，按 1、0 键，选择"匹配"功能，按 0、1 键，选定频道号 1，按 Q 键确认，显示屏显示：

Channel 1	Adaptation XXX（频道 1 匹配 XXX）			→
XXX r/min	XXX r/min	X. X %	X. X g/s	

显示区域 1 显示发动机转速（怠速转速）；显示区域 2 显示发动机转速（设定值）；显示区域 3 显示怠速稳定控制值（怠速控制）；显示区域 4 显示怠速空气流量。

④ 按 1、3 键可改变在显示区域 2 中"发动机转速（设定值）"的允许转速，以 10r/min 为一跃升幅度，显示屏显示：

Channel 1	Adaptation XXX （频道 1 匹配 XXX）			Q
XXX r/min	XXX r/min	X. X %	X. X g/s	

⑤ 按 Q 键确认，显示屏显示：

Channel 1	Adaptation XXX （频道 1 匹配 XXX）	Q
Store amended figure?（是否要存储修改值?）		

⑥ 按 Q 键确认，显示屏显示：

Channel 1	Adaptation XXX（频道 1 匹配 XXX）	→
Amended figure is stored（改变值已被存储）		

⑦ 按"→"键,进入"选择功能"界面,再按0、6键、选择"结束输出"功能,按Q键确认,关闭点火开关。

2. AJR发动机怠速的测试与调整

1）怠速的检测

（1）测试条件:

① 排气系统无泄漏现象。

② 发动机冷却液温度>80℃。

③ 蓄电池电压≮11.5V。

④ 关闭空调和其他用电设备。

⑤ 若为自动变速器的车辆,选挡手柄必须位于P或N位。

⑥ 节气门拉索位置调节正确。

（2）测试方法与步骤:

① 关闭点火开关,用测试线束V. A. G1551/3将故障检测仪V. A. G1551与诊断插座连接,打开点火开关,起动发动机,使其怠速运转,使车辆达到测试条件,接通故障检测仪电源开关,按1键、选择"快速数据传输"功能,输入地址码01、进入"发动机电控系统",按Q键确认,显示屏显示:

330 907 404 1.8L R4/2V MOTR HS D01	→
Coding 08001 WSC XXXXX(编码 08001 WSC XXXXX)	

② 按"→"键,再按0、8键,选择"阅读测量数据块"功能,按0、0、3键,选择"显示组号3",按Q键确认,显示屏显示:

Read measuring Value block 3 (读测量数据块3)	→
XXX r/min XX. XXX V XX. X ℃ XX. X ℃	

显示区域1显示发动机转速;显示区域2显示蓄电池电压;显示区域3显示冷却液温度;显示区域4显示进气温度。当冷却液温度>80℃时继续测试。

③ 按C键,再按0、0、5键,选择"显示组号5",按Q键确认,显示屏显示:

Read measuring Value block 5(读测量数据块5)	→
XXX r/min XXX r/min X. X % X. X g/s	

显示区域1显示发动机转速(怠速转速);显示区域2显示发动机转速(设定值);显示区域3显示怠速稳定控制值(怠速控制);显示区域4显示怠速空气

流量。

检查显示区域 1 中的发动机怠速转速，AJR 发动机怠速标准值应为 800 ± 30 r/min。

④ 若怠速转速达到允许值，按“→”键，进入“选择功能”界面，再按 0、6 键、选择“结束输出”，按 Q 键确认，关闭点火开关。

2）怠速调整

AJR 发动机怠速转速是由发动机电控单元预先设置的，使用中不需要调整。确需调整时，应预先知道登录号，除了显示界面略有不同之外，其方法和步骤与 ANQ 发动机怠速的调整基本相同。

3. F23A3 发动机怠速的测试与调整

（1）F23A3 发动机怠速的测试与调整可按 Honda PGM 专用检测仪的操作步骤进行，操作之前应做好如下检查工作：

① 检查 IAC 阀插头连接是否良好。

② 故障指示灯是否亮。

③ 点火正时是否正确。

④ 火花塞是否良好。

⑤ 空气滤清器是否清洁。

⑥ PCV（曲轴箱强制通风）系统是否良好。

如果上述检查有不良之处，应予以检修。

（2）不采用检测仪的怠速测试与调整方法如下：

① 拆下 EVAP 活性炭罐控制电磁阀的 2 芯插头。

② 连接转速表，如图 2-1 所示。

③ 起动发动机，将自动变速器操纵手柄置于 N 挡或 P 挡，使发动机转速保持在 3000r/min 运转，直到散热风扇起动。

④ 在发动机正常工作温度及其他电气设备均不工作的条件下，怠速转速应为标准值，否则应进行调整。F23A3 发动机的怠速标准值应为 770 ±50r/min。

⑤ 顺时针（降低怠速）或逆时针（提高怠速）转动怠速调整螺钉 1/4 圈，如图 2-2 所示。

⑥ 调整后再次检查发动机怠速，若仍超过标准值，可再转动怠速调整螺钉 1/4 圈，然后将加热器风扇置于高位（HI），打开空调，怠速运转发动机 1min。

⑦ 关闭空调，进一步检查怠速是否正常。若仍不正常，进行怠速故障分析与检查。

⑧ 检查调整结束后，拆下转速表，装回 EVAP 电磁阀的 2 芯插头。

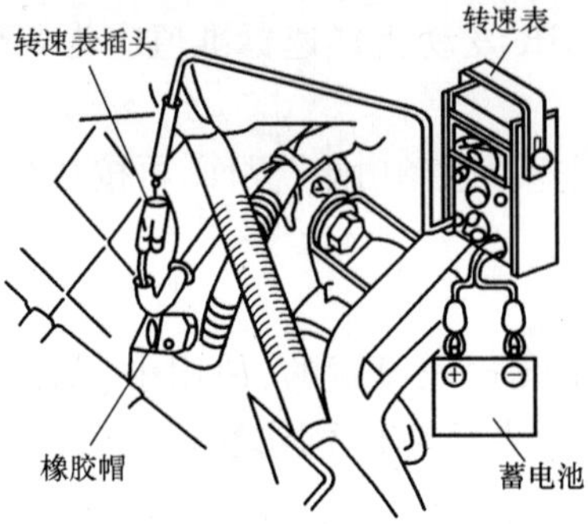

图 2-1　连接转速表

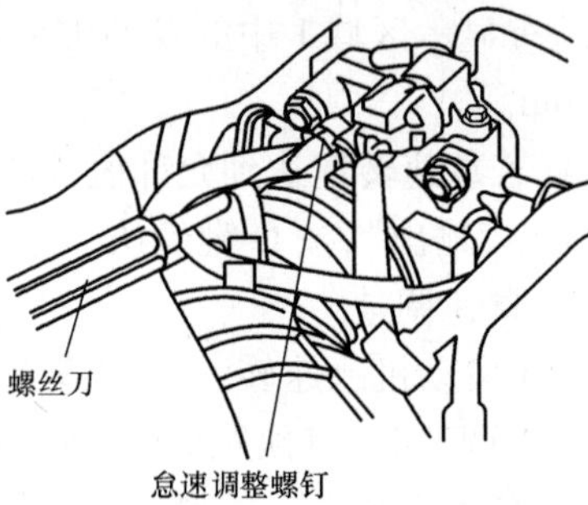

图 2-2　转动怠速调整螺钉调整怠速

二、燃油系统油压的测试

为了保证供油系统在发动机各种工况下都能供给足够数量的燃油，供油系统实际供给的燃油压力并非为一固定值，几种发动机燃油系统的油压标准如表 2-1 所示。

几种发动机燃油系统油压标准　　表 2-1

发动机	系统油压(kPa)(接真空管)	系统油压(kPa)(不接真空管)	保持压力(kPa)
AJR	250 左右	300 左右	>150
ANQ	350 左右	>400	>200
F23A3	260 ~ 310	320 ~ 370	—

各种车型电控燃油喷射发动机燃油系统油压测试方法与步骤基本相同。

1. ANQ 发动机燃油系统油压的检测

1）测试条件

（1）燃油泵继电器工作正常。

（2）燃油泵工作正常。

（3）蓄电池电压≮11.5V。

2）测试方法与步骤

（1）如图 2-3 箭头所示，松开油管接头。拆下前，在燃油分配管附近铺垫一块棉布，以便吸收流出的燃油。

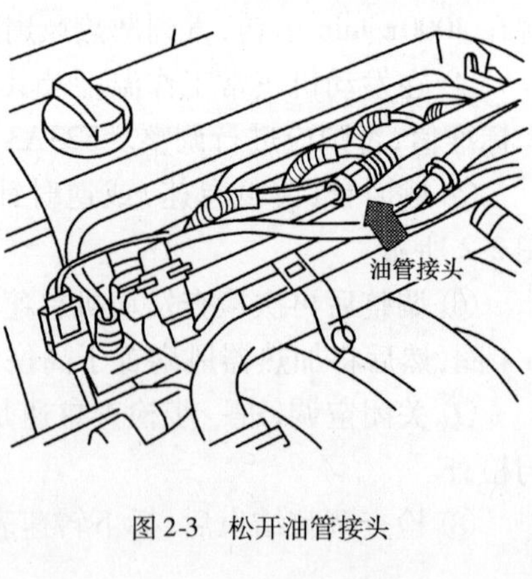

图 2-3　松开油管接头

（2）用适配器 V. A. G1318/6 和

V. A. G1318/7将燃油压力表 V. A. G1318 与燃油供油管和燃油分配管相连接，如图 2-4 所示。

(3) 打开燃油压力表开关，起动发动机，怠速运转，燃油压力表显示的供油压力应为 350kPa 左右。

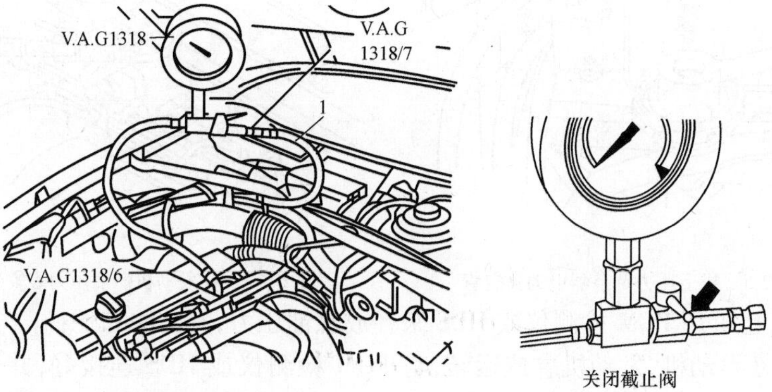

图 2-4　连接燃油压力表

(4) 如图 2-5 箭头所示，拔下压力调节器上的真空管，此时，燃油表压力应接近于 400kPa。

(5) 接上真空管，断开点火开关，利用压力表显示的压力降低值检查油路密封性和压力保持能力。点火开关断开 10min 后，燃油压力应保持在 200kPa 以上。否则，进行下一步检查。

(6) 起动发动机，怠速运转，在压力建立起来后，关闭点火开关，同时关闭压力测试仪的截止阀(手柄同燃油流动方向垂直)。

注视压力表上的压力降：

① 如压力不下降，故障在供油侧，检查燃油泵的单向阀工作是否正常。

② 如压力又下降，则打开压力测试仪的截止阀(手柄同流动方向一致)，起动发动机，怠速运转，在建立起压力后，关闭点火开关，同时将回流管夹紧。此时，若压力不下降，检查管路是否泄漏、压力调节器及喷油器安装处的 O 形密封圈是否失效、喷油器是否泄漏、压力测试仪密封性是否良好。

AJR 发动机燃油压力表安装位置和 ANQ 发动机相似，如图 2-6 所示。

2. F23A3 发动机燃油压力调节器保持压力的检测

(1) 释放燃油压力。

① 拆下蓄电池负极电缆，拆下燃油箱加油口盖，用棉布垫盖在燃油脉动阻尼器上，然后用扳手缓慢地旋松分油管上的脉动阻尼器，即可释放燃油系统的

压力。

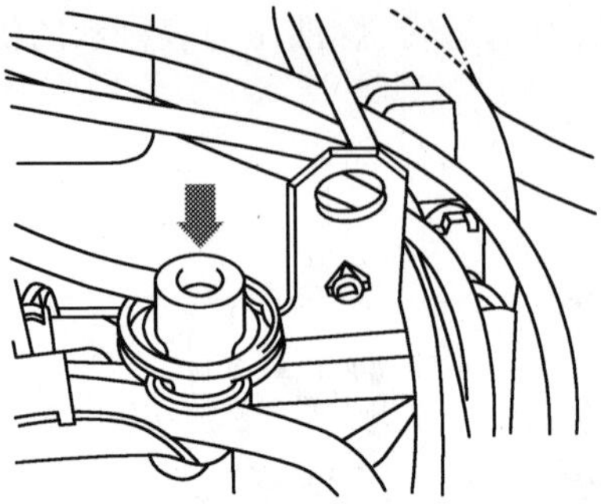

图 2-5 拔下压力调节器上的真空管

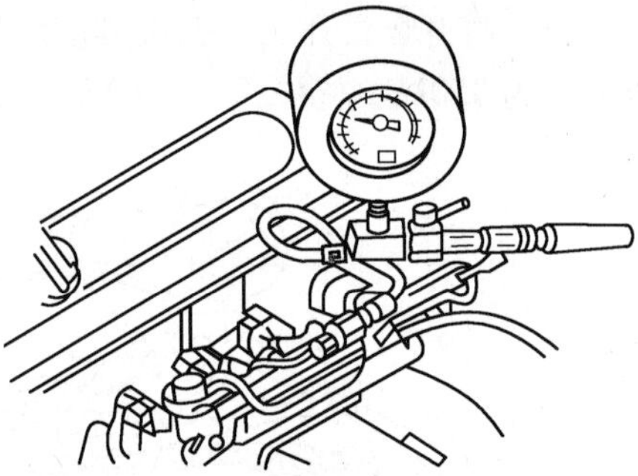

图 2-6 AJR 发动机燃油压力表安装位置

② 也可用 PGM 检测仪或 HDS 来释放燃油压力,其方法如下:

起动发动机,发动机怠速运转;将 PGM 检测仪或 HDS 连接好,并选择"关闭油泵"选项,让发动机自动熄火;关闭点火开关,即可。

(2) 从分油管上取下拧出的燃油脉动阻尼器,在其螺钉孔上安装燃油压力表(07406-0040002)及附件(07VAJ-0040100)。燃油表安装位置如图 2-7 所示。

(3) 接上蓄电池负极电缆,起动发动机,怠速运转,从燃油压力调节器上拆开真空软管(通向进气歧管的),并用夹子夹紧,使之不通气。

(4) 如此时发动机停转,接通点火开关,等候 2s 后再关闭点火开关,然后再接通点火开关并读取燃油压力值,应为 320 ~ 370kPa。

(5) 起动发动机,重新将真空软管与燃油压力调节器相连,此时燃油压力应为 260 ~ 310kPa。如检测值与规定不符,应先检查燃油泵是否正常,然后按下述方法进行检查。

① 如油压高于规定值,查燃油回油管和燃油管路是否被挤扁或堵塞、燃油压力调节器的工作是否正常。

② 如油压低于规定值,查燃油滤清器是否堵塞、燃油管路是否渗

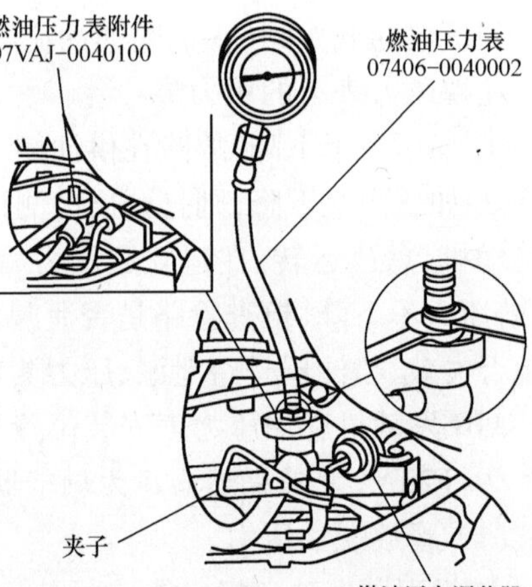

图 2-7 F23A3 发动机燃油压力表安装位置

漏、燃油压力调节器的工作是否正常。

三、喷油器的就车试验

在检查喷油器前，应先检查发动机的怠速、点火正时、怠速下的 CO 浓度等是否正常，必要时予以调整。

1. 听诊法

如图 2-8 所示，在发动机怠速运转时，用螺丝刀（旋具）或听诊器（触杆式）检查每个喷油器工作时是否有“咔哒”声，如各喷油器的“咔哒”声一致，则各喷油器工作正常；如果某个喷油器无“咔哒”声或声音不同（如声音发闷），更换该喷油器，并再次检查其响声，若仍无，作如下检查：

（1）检查喷油器的插头有无断开或锈蚀。

（2）检查喷油器连接线路有无断路、短路、导线破裂、接触不良等。

2. 断缸法

分别拔下每个喷油器的线束插头，起动发动机并怠速运转，看断开每个喷油器时发动机怠速的变化情况。

如断开每个汽缸的喷油器时发动机的怠速下降基本一致，则认为各个喷油器都正常工作；如断开某个汽缸的喷油器时发动机怠速无变化，说明该喷油器工作不良或不工作，应更换。

3. 发光二极管法

分别拔下喷油器线束插头；在该插头的两个端子间串接两只发光二极管和一只 510Ω/0.25W 的电阻组成的调码器，连接方法如图 2-9 所示；起动发动机。

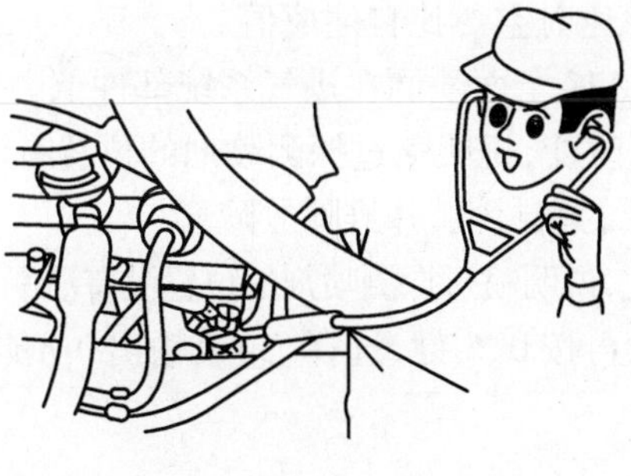

图 2-8　听诊法检查喷油器

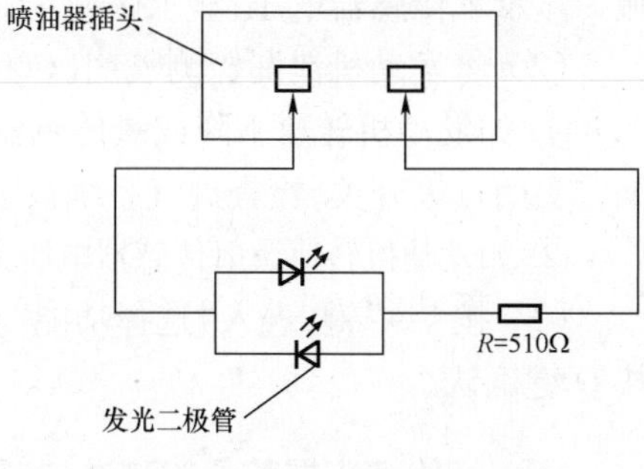

图 2-9　发光二极管法检查喷油器

（1）如发光二极管闪烁，说明喷油器电源线路、控制线路正常。

（2）如发光二极管不闪烁或不发光，说明喷油器电源线路、燃油泵继电器或电控单元有故障。

四、进气系统密封性的检查

发动机进气系统密封性的测试原理是:将发动机泄漏探测喷剂喷在进气系统的零部件上,如果进气系统有泄漏,利用进气系统中的真空作用,将探测喷剂同未被计量的空气一起被吸入,由于探测喷剂会降低混合气的燃烧性,使发动机转速降低,同时也使氧传感器读数发生变化,以此来判断发动机进气系统密封性的好坏。

下面以 ANQ 发动机为例,简述进气系统密封性的检查方法与步骤。

1. 测试条件

(1) 发动机冷却液温度 >85℃。

(2) 关闭空调和其他用电设备。

(3) 若为自动变速器的车辆,选挡手柄必须位于 P 或 N 位。

(4) 不允许有故障码存储,若有,应清除故障码或排除故障。

2. 测试方法与步骤

(1) 连接故障检测仪 V. A. G1551,打开点火开关,接通检测仪电源开关,按 1 键,输入地址码 01、进入"发动机电控系统",按"→"键,再按 0、8 键、选择"阅读测量数据块"功能,按 0、0、9 键、选择"显示组号 9", 按 Q 键确认,显示屏显示:

Read measured value block 9(读测量数据块 9)				→
XXX r/min	XX. X %	XX. XXX V	XX. X%	

显示区域 1 显示发动机转速;显示区域 2 显示混合气空燃比控制;显示区域 3 显示氧传感器电压;显示区域 4 显示怠速时空燃比自适应值。

(2) 将发动机泄漏探测喷剂(G001800A1)全面喷洒在进气系统部件上。

① 如发动机转速下降或氧传感器电压改变,说明喷过探测喷剂的位置有泄漏。关闭点火开关,检查进气系统被喷区域的密封性,并排除故障。

② 如发动机转速及氧传感器电压无变化,说明喷过探测喷剂的位置没有泄漏。

(3) 按"→"键,进入"选择功能"界面,再按 0、6 键、选择"结束输出"功能,按 Q 键确认。

五、初始点火提前角的测试与调整

1. ANQ 发动机初始点火提前角的测试与调整

1) 测试条件

(1) 发动机冷却液温度 >85℃。

（2）关闭空调和其他用电设备。

（3）若为自动变速器的车辆，选挡手柄必须位于 P 或 N 位。

（4）不允许有故障代码存储，若有应清除故障代码或排除故障。

（5）使车辆前轮保持在正前方。

2）测试方法与步骤

（1）连接故障检测仪 V. A. G1551，打开点火开关，接通检测仪电源开关，按 1 键，输入地址码 01、进入"发动机电控系统"，按"→"键，再按 0、8 键、选择"阅读测量数据块"功能，按 0、0、1 键、选择"显示组号 1"，按 Q 键确认，显示屏显示：

Read measured value block 1（读测量数据块 1）	→
XXX r/min　X. XX ms　X°　XX° bef. TDC	

显示区域 1 显示发动机转速；显示区域 2 显示发动机负荷（曲轴每转喷射持续时间）；显示区域 3 显示节气门角度；显示区域 4 显示点火提前角。

观察显示区域 1、4 的变化，ANQ 发动机：发动机转速 800 ± 30r/min，点火提前角 12 ±4. 5°。

（2）按"→"键，进入"选择功能"界面，再按 0、6 键、选择"结束输出"功能，按 Q 键确认。关闭点火开关。

AJR 发动机初始点火提前角的检查方法与 ANQ 发动机相同，AJR 发动机上述显示区域 1、4 正常显示应为：发动机转速 800 ± 30r/min，点火提前角 12° ±2. 5°。

ANQ 和 AJR 发动机都采用了无分电器直接点火系统，它具有两个点火线圈，无旋转元件，点火提前角主要由发动机电控单元根据发动机工况决定，不能人为调整。

2. F23A3 发动机初始点火提前角的测试与调整

F23A3 发动机的点火系统为电子控制式，主要是由蓄电池、分电器、高压线、火花塞和 ECM/PCM 等组成。点火线圈和点火控制模块 ICM（内置防噪声电容器）、汽缸位置（CYP）传感器均装在分电器内。

1）测试条件

关闭空调和其他用电设备。

2）点火正时的检查

（1）检查并视情调整发动机的怠速，使怠速稳定在 720 ~ 820r/min 间。

（2）从副驾驶席侧仪表板下的插头支架上拔出连接绿/黑和红/白导线的故障检查 2 芯插座，用 SCS 短路插头（维修检查信号插头）插入故障检查 2 芯插座，将二插脚短接，如图 2-10 所示。

（3）起动发动机，在自动变速器处于 P 或 N 位下使发动机转速稳定在

3000r/min,直到散热器风扇开始运转,然后使发动机怠速运转。

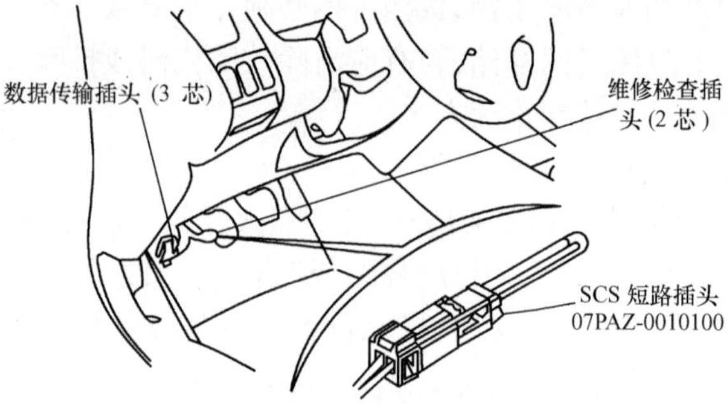

图 2-10　短接故障检查 2 芯插座

(4) 将点火正时检测仪的传感器接到第一缸高压线上,用正时检测仪的闪光灯对准正时带盖上的正时标记,如图 2-11 所示。在前照灯、鼓风机、后窗除雾器和空调器等用电器均不工作的情况下,检查点火正时。

曲轴皮带轮上的上止点前(BTDC)标记与同步带下罩上的检查标记对正,则表示点火正时值正确,标准值:12° ± 2°。如果点火正时不正确,需进行调整。

3) 点火正时的调整

(1) 松开分电器紧固螺栓,逆时针转动分电器外壳可增大点火提前角,顺时针转动分电器外壳则减小点火提前角,如图 2-12 所示。

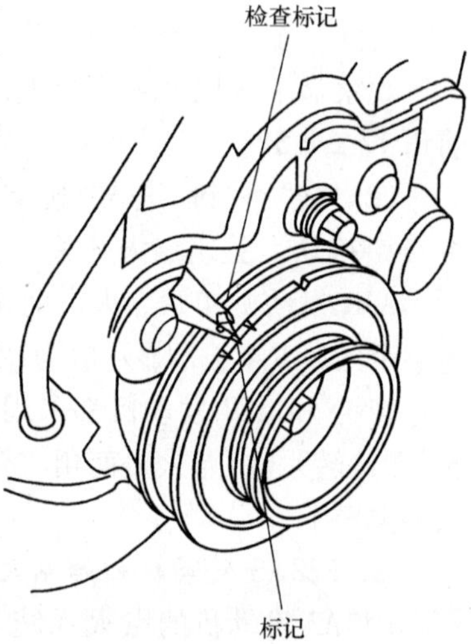

图 2-11　F23A3 发动机点火正时的检查

(2) 拧紧分电器紧固螺栓后,再次检查点火正时。如不在正常范围内,需再次松开分电器紧固螺栓调整点火正时,直至符合规定要求。

(3) 关闭点火开关,断开 SCS 短路插头,点火正时调整结束。

六、点火系的跳火试验

AJR、ANQ 发动机均采用无分电器式电子点火系,基本组成如图 2-13 所示。

在作点火系高压跳火试验时不宜直接采用点火系统的高压线做跳火试验,以免损坏点火线圈和电子点火模块中的大功率三极管。

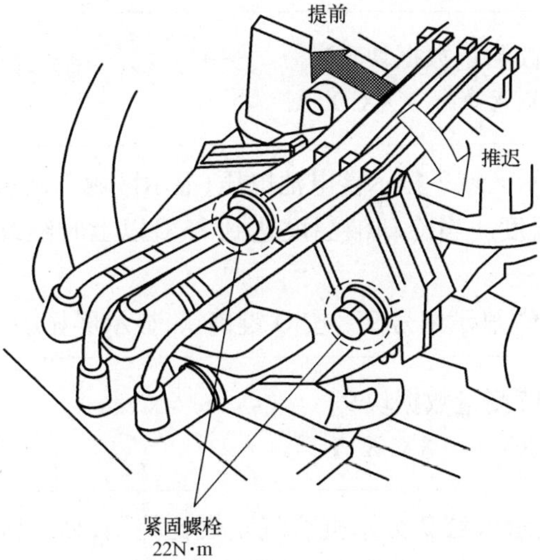

图 2-12　F23A3 发动机点火正时的调整

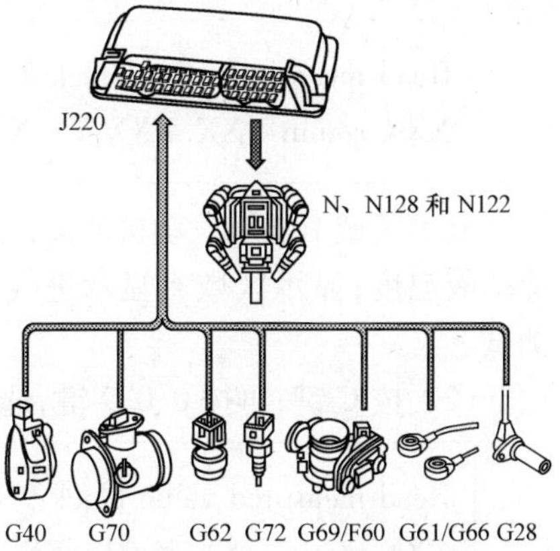

图 2-13　无分电器式电子点火系的组成
G40-霍耳传感器；G61/G66-爆震传感器；G70-空气流量计；G28-发动机转速传感器；G62-冷却液温度传感器；N、N128-点火线圈；G72-进气温度传感器；N122-功率放大器；G69-节气门位置传感器；J220-发动机电控单元；F60-怠速开关信号

正确的检查方法是：关闭点火开关，取下高压线，接入试验火花塞，然后把火花塞放在汽缸盖上，短暂起动发动机，应有蓝色强火花，否则应检查高压系统及元件，如图 2-14 所示。

七、发动机主要测试区域的测试

运用专用故障检测仪对发动机电控系统可进行多项内容的检查与测试，不同的发动机检查内容和方法有所不同，下面以 ANQ 发动机为例说明。

1. λ 调节的检查

检查条件：发动机控制单元必须与节气门控制部件匹配；冷却液温度 >85℃；在三元催化器和缸盖之间的排气系统必须无泄漏。

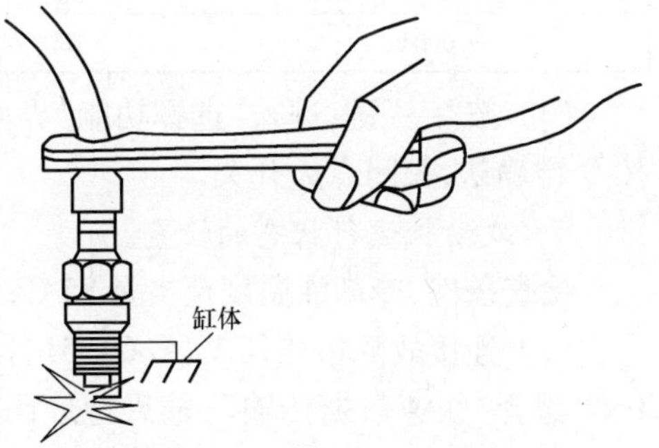

图 2-14　高压跳火试验

（1）连接故障检测仪 V. A. G1551，打开点火开关，接通检测仪电源开关，按 1 键、选择“快速数据传输”，输入地址码 01、进入“发动机电控系统”，按“→”键，再按 0、8 键、选择“阅读测量数据块”功能，按 0、0、3 键、选择“显示组号 3”，按 Q 键

确认,显示屏显示:

Read measured value block 3(读测量数据块 3)　　→
XXX r/min　XX. XXX V　XXX. X ℃　XXX. X ℃

显示区域 1 显示发动机转速;显示区域 2 显示蓄电池电压;显示区域 3 显示冷却液温度;显示区域 4 显示进气温度。当冷却液温度达到 85℃以上时继续测试。

(2) 按 C 键,再按 0、0、9 键,选择"显示组号 9",按 Q 键确认,显示屏显示:

Read measured value block 9(读测量数据块 9)　　→
XXX r/min　XX. X %　XX. XXX V　XX. X %

显示区域 1 显示发动机转速;显示区域 2 显示混合气空燃比控制;显示区域 3 显示氧传感器电压;显示区域 4 显示怠速时空燃比自适应值。

显示区域 3 即为 λ 传感器的电压。该值必须是每分钟至少变化 30 次,且在 0 ~ 1.0V 范围内摆动。如果 λ 调节不在给定范围内摆动,进行试车并再次重复检查 λ 传感器的电压;如仍达不到允许值,检查 λ 传感器加热;如果电压变化很慢,可能是传感器体上的长细孔或圆孔被堵塞、传感器的通风孔(连接电缆区域内)被堵塞、传感器过热或传感器被含铅的燃油损坏;如果数据保持恒定,可按表 2-2 所示进行检查。

λ 调节保持不变检查　　表 2-2

<table>
<tr><th>显　示</th><th>原　因</th><th>继续检查</th></tr>
<tr><td>0.400 ~ 0.500V</td><td>断路</td><td rowspan="3">检查基本电压
检查 λ 传感器导线</td></tr>
<tr><td>1.105V</td><td>同正极短路</td></tr>
<tr><td>0.000V</td><td>同搭铁短路</td></tr>
</table>

(3) 按"→"键,进入"选择功能"界面,再按 0、6 键、选择"结束输出"功能,按 Q 键确认,关闭点火开关。

2. *发动机运行状态的检查*

检查条件:冷却液温度至少是 85℃;节气门拉索调整应正常。

(1) 连接故障检测仪 V. A. G1551,打开点火开关,接通检测仪电源开关,按 1 键、选择"快速数据传输",输入地址码 01、进入"发动机电控系统",按"→"键,再按 0、8 键、选择"阅读测量数据块"功能,按 0、0、3 键、选择"显示组号 3",按 Q 键确认,显示屏显示:

Read measured value block 3（读测量数据块 3） →   XXX r/min　XX. XXX V　XXX. X ℃　XXX. X ℃

显示区域 1 显示发动机转速；显示区域 2 显示蓄电池电压；显示区域 3 显示冷却液温度；显示区域 4 显示进气温度。当冷却液温度达到 85℃以上时继续测试。

（2）按 C 键，再按 0、0、4 键，选择“显示组号 4”，按 Q 键确认，显示屏显示：

Read measured value block 4（读测量数据块 4） →   X∠°　X. XX g/s　X. XX g/s　XXXXXXX

显示区域 1 显示节气门开度；显示区域 2 显示怠速空气质量学习值；显示区域 3 显示怠速空气质量学习值；显示区域 4 显示发动机运行状况。

显示区域 4 显示与发动机运行状况对应的关系如表 2-3 所示。

发动机运行状况显示　　表 2-3

发动机运行状况	条　件	区域 4 中必须显示
怠速	只要发动机在怠速下运行	Iding（怠速）
滑行运行	转速升高到 3000r/min 以上，迅速关闭节气门，只要转速 > 1400r/min（转速 < 1400 r/min，则重新识别为怠速）	Overrun（滑行）
部分负荷	均匀地踩加速踏板	Part throttle（部分负荷）
加浓	迅速提高转速	Enrichment（加浓）
满负荷	加速踏板踩到底	Full throttle（满负荷）

如果达不到规定的值，读故障码，并排除可能的故障；检查加速踏板是否灵活；检查节气门电位计。

（3）按“→”键，再按 0、6 键、选择“结束输出”功能，按 Q 键确认，关闭点火开关。

3. 进气歧管切换阀的检查

只有当车辆性能不佳时，才需要进行检查。

（1）起动发动机并在怠速下运行。

（2）迅速提高发动机转速（节气门突然打开），安装在进气歧管左前方的进气歧管切换真空阀必须动作。如果不动作，需作如下检查。

（3）连接故障检测仪 V. A. G1551，打开点火开关，接通检测仪电源开关，按 1 键、选择“快速数据传输”，输入地址码 01、进入“发动机电控系统”，按“→”键，再按 0、3 键、选择“最终诊断控制”功能，直至显示屏上显示：

Final control diagnosis（最终控制诊断）→ Boost pressure control solenoid vavle-N156（进气歧管切换阀-N156）

按“→”键，检查双通道进气歧管切换阀（N156）是否有“咔嗒”声。如控制动作正常，则将 V. A. G1551 故障检测仪保持连接状态，如图 2-15 所示，拔下进气歧管的真空管并连接上手动真空泵 V. A. G1390 于拔下的管道上重新检查。

（4）如进气歧管切换阀被激活，与此同时均匀地按动手动泵，调节元件必须在两个位置往返来回摆动，如图 2-16 所示。如果进气管上不能进行切换功能，则需检查切换机构是否灵活；其他管路是否正确连接；真空系统包括进气管中真空容器的密封性是否良好。

4. 辅助信号的检查

1）速度信号的检查

检查条件：蓄电池电压≮11.5V；速度表必须正常。

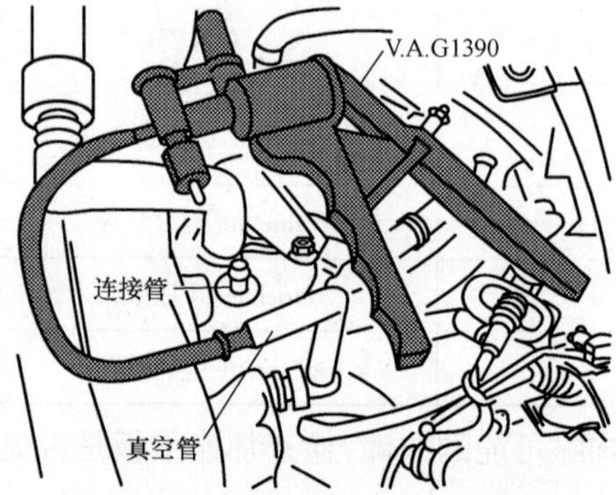

图 2-15　将手动真空泵接在真空管上

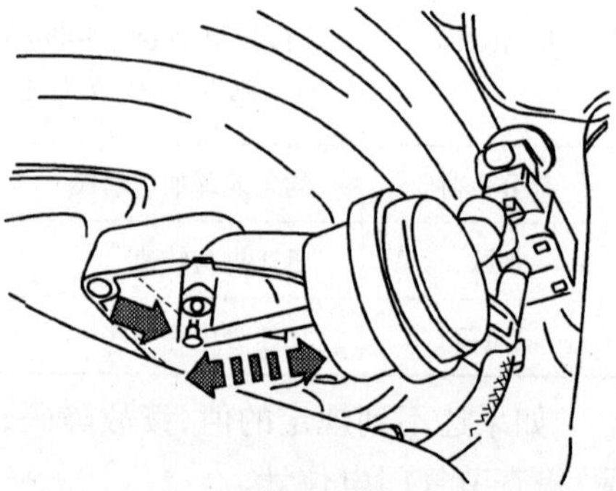

图 2-16　调节元件在两个位置之间来回摆动

（1）连接故障检测仪 V. A. G1551，打开点火开关，接通检测仪电源开关，按 1 键、选择“快速数据传输”，输入地址码 01、进入“发动机电控系统”，按“→”键，再按 0、8 键、选择“阅读测量数据块”功能，按 0、1、1 键、选择“显示组号 11”，按 Q 键确认，显示屏显示：

Read measured value block 11（读测量数据块 11） →
XXXX r/min X. XX ms XXX km/h XX. X L/h

显示区域1 显示发动机转速；显示区域2 显示发动机负荷；显示区域3 显示行驶速度；显示区域4 显示油耗。

（2）进行试车，显示区域3 中的显示值应接近行驶速度，放慢速度，显示值必须下降。如果不显示速度或显示值在慢速行驶中不下降，将测试盒 V. A. G1598/22 连接到电控单元线束上，用万用表同测试盒的插孔2 和20 连接，打开点火开关，从左前方升起车辆，转动前轮，电压值应在0 和最小4V 之间摆动。如显示不摆动，检查速度表及到速度传感器的导线。

（3）按“→”键，进入“选择功能”界面，再按0、6 键、选择“结束输出”功能，按Q 键确认，关闭点火开关。

2）空调压缩机信号的检查

检查条件：空调功能正常；空调关闭；在故障存储器中无故障存储；室内温度 >15℃。

（1）连接故障检测仪 V. A. G1551，打开点火开关，接通检测仪电源开关，按1 键、选择“快速数据传输”，输入地址码01、进入“发动机电控系统”，按“→”键，再按0、8 键、选择“阅读测量数据块”功能，按0、2、0 键、选择“显示组号20”，按Q 键确认，显示屏显示：

Read measured value block 20（读测量数据块 20） →
XXXX r/min XXXXXX XXXXXX XXXXXX

显示区域1 显示发动机转速；显示区域2 显示自动变速器运行状态（排挡选择信号）；显示区域3 显示空调工作状态；显示区域4 显示空调压缩机的工作状态（开/关）。

（2）显示区域4 中应显示“Compr. OFF”（压缩机关）。开启空调，选择设定最低的温度和最高的鼓风机速度，显示区域4 中显示“Compr. ON”（压缩机开）。若显示不变化，检查控制单元至空调之间的导线，若导线无故障，检查空调控制单元的功能。

（3）按“→”键，进入“选择功能”界面，再按0、6 键、选择“结束输出”功能，按Q 键确认。

3）在挡位选择过程中点火角后滞情况的检查

（1）连接故障检测仪 V. A. G1551，打开点火开关，接通检测仪电源开关，按

1 键、选择“快速数据传输”，输入地址码 01、进入“发动机电控系统”，按“→”键，再按 0、8 键、选择“阅读测量数据块”功能，按 0、1、9 键、选择“显示组号 19”，按 Q 键确认，显示屏显示：

Read measured value block 19（读测量数据块 19）	→
XXXX r/min X. XX ms X∠° XX. X°v. OT	

显示区域 1 显示发动机转速；显示区域 2 显示发动机负荷；显示区域 3 显示运行状态（显示 X1X 表示无点火角滞后；显示 X0X 表示有点火角滞后）；显示区域 4 显示点火角。

(2) 显示区域 3 显示为“X1X”。试车行驶，在换挡过程中，显示区域 3 中的显示必须短暂显示为“X0X”。以此来判断换挡时点火角是否有滞后（减少发动机的转矩）。

由于来自变速器的信号很短，可能需观察多次换挡过程。如果显示不变化，检查控制单元到自动变速器间的导线是否正常。

(3) 按“→”键，进入“选择功能”界面，再按“0、6”键、选择“结束输出”功能，按 Q 键确认，关闭点火开关。

4）驾驶挡位信号的检查

检查条件：自动变速器的手柄位于 P 或 N 挡位。

(1) 连接故障检测仪 V. A. G1551，打开点火开关，接通检测仪电源开关，按 1 键、选择“快速数据传输”，输入地址码 01、进入“发动机电控系统”，按“→”键，再按 0、8 键、选择“阅读测量数据块”功能，按 0、2、0 键、选择“显示组号 20”，按 Q 键确认，显示屏显示：

Read measured value block 20（读测量数据块 20）	→
XXXX r/min XXXXXX XXXXXX XXXXXX	

显示区域 1 显示发动机转速；显示区域 2 显示自动变速器运行状态（挡位选择信号）；显示区域 3 显示空调工作状态；显示区域 4 显示空调压缩机的工作状态（开/关）。

(2) 显示区域 2 中的显示必须是“Neutral”（空挡）。踏下制动踏板，设定驱动挡，显示为“Gear engag”（行驶挡结合）。如果显示不变化，检查控制单元至自动变速器间的导线连接情况。

(3) 按“→”键，进入“选择功能”界面，再按 0、6 键、选择“结束输出”功能，按 Q 键确认，关闭点火开关。

课题二　自诊断故障码的读取与清除

一、故障码的读取与清除

1. ANQ 发动机电控系统故障码的读取与清除

1）故障码的读取

条件：蓄电池电压 >11.5V；燃油喷射系统熔断丝正常；发动机和车身上的搭铁线连接可靠。

（1）关闭点火开关，用测试线束 V. A. G1551/3 将故障检测仪 V. A. G1551 与诊断插座连接。打开点火开关，起动发动机，使其怠速运转，使车辆达到测试条件，接通故障检测仪电源开关，按 1 键、选择“快速数据传输”，输入地址码 01、进入“发动机电控系统”，按 Q 键确认，显示屏显示：

800 907 559 B 1.8L R4/5V MOTR HS D01　　→ Coding　04001　　WSCXXXXX（编码　04001　WSCXXXXX）

（2）按“→”键，再按 0、2 键、选择“读取故障码”功能，按 Q 键确认，显示屏显示：

X Faults recognised!（X 个故障被识别！）

或：

No faults recognised!（没有故障被识别！）

（3）按“→”键，每一个故障的文字说明将单独显示在屏幕上，例如显示屏显示：

Engine speed sensor-G28（发动机转速传感器-G28） No signal（无信号）　　/SP（偶然性故障）

按“Print”键接通打印机（“Print”键上的指示灯将发亮），存储的故障码及文字说明将按顺序打印出来。故障码显示完毕，显示屏显示：

Rapid data transfer（快速数据传输）　HELP（帮助） Select function　XX（选择功能 XX）

此时进入"选择功能"界面,可继续进行诊断测试。

ANQ 发动机电控系统故障码如表 2-4 所示。

ANQ 发动机电控系统故障码 表 2-4

故障码与故障内容	故障现象	故障原因
未识别出故障	—	◇在有问题的情况下:自诊断不能识别出故障
00515 霍尔传感器 G40 故障	◇满负荷时发动机无动力 ◇排放值不正确 ◇油耗增加	◇通往正极的导线断路或短路 ◇搭铁短路 ◇霍尔传感器的传感器片扭弯 ◇G40 失效
00532 电源供应信号不正常	◇发动机 ECU 不工作 ◇怠速转速不在允许范围 ◇发动机 ECU 的学习(输入)值丢失	◇供电电压超过 16V(发电机故障) ◇由辅助起动而产生过电压 ◇供电电压低于 10V ◇同发动机 ECU 的搭铁不良 ◇蓄电池耗损 ◇在点火时无电
00670 节气门位置传感器 G127 的信号不正常	◇节气位置调节器关闭,发动机通过紧急运行间隙,机械确定的空气量进行怠速,怠速转速稍微增高 ◇增加怠速转速 ◇减速时负荷变化有冲击 ◇空调压缩机到 1520r/min 时才开启	◇在 G127 和发动机 ECU 间的信号线通往正极或搭铁断路或短路 ◇G127 供电电压故障 ◇G127 损坏 ◇发动机 ECU 信号中断(ECU 故障) ◇节气门卡死 ◇G127 的导线连接有故障
01119 挡位识别信号同正极或搭铁断路或短路	◇操纵发生问题(换挡机构冲击、变挡振动) ◇怠速转速不在许可范围 ◇怠速转速波动	选挡开关的导线通往正极或搭铁发生断路或短路
01120 凸轮轴调整机械故障	◇功率下降	◇凸轮轴调整电磁阀电压供应故障 ◇凸轮轴调整阀 N205 和发动机 ECU 间与正极或搭铁短路或断路 ◇ N205 故障 ◇ 机械凸轮调整故障 ◇ 熔断丝 29 故障

续上表

故障码与故障内容	故障现象	故障原因
01165 节气门控制部件J338故障	◇节气门位置调节器关闭,发动机通过紧急运行间隙,机械确定的空气量进行怠速,怠速转速稍微增高 ◇增加怠速转速 ◇加速时负荷变化有冲击 ◇空调压缩机到1520r/min时才开启	◇节气门卡死 ◇节气门位置调节器卡死/机械损伤 ◇节气门位置调节器(V60)的导线连接断路 ◇V60失效 ◇发动机ECU中的V60输出故障
01182 高度调适信号超出允许范围	◇起动困难 ◇节气门反应慢 ◇行驶有问题	◇节气门卡死 ◇节气门位置调节器卡死/机械损坏 ◇错误的节气门控制部件 ◇空气流量计(G70)和节气门控制部件的空气未计量 ◇空气滤清器阻塞
01247 活性炭罐电磁阀N80故障	◇在部分负荷区域内可能有抖动 ◇车辆可能有股燃油味	◇N80和发动机ECU间与正极或搭铁短路或断路 ◇N80电压供应故障 ◇N80故障 ◇熔断丝29故障
01249~01252 对应1、2、3、4缸喷油器N30、N31、N32、N33故障	◇发动机运行粗暴或发动机熄火	◇喷油器和发动机ECU间导线正极或搭铁短路 ◇喷油器电压供应故障 ◇喷油器故障 ◇熔断丝34故障
01259 燃油泵继电器J17搭铁短路/断路;J17同正极短路	◇断路时:发动机不转 ◇搭铁短路时:发动机通常继续运转,燃油泵一直转 ◇同正极短路时:发动机不转	◇J17与发动机ECU间导线搭铁或正极断路或短路 ◇J17电压供应故障 ◇J17故障

续上表

故障码与故障内容	故障现象	故障原因
16486 空气流量计 G70 信号太小	◇紧急运行由节气门角度和转速作为替代,运行中发动机无明显变化	◇G70 与发动机 ECU 间信号线有断路或搭铁短路 ◇G70 与发动机间有未计量的空气 ◇G70 电压供应故障 ◇G70 故障 ◇ECU 故障 ◇熔断丝 29 故障
16487 空气流量计 G70 信号太大		◇G70 与发动机 ECU 间信号线同正极短路 ◇G70 搭铁线故障 ◇G70 故障 ◇ECU 故障
16496 进气温度传感器 G42 信号太小	◇紧急运行替代值恒定为 19.5℃	◇G42 与发动机 ECU 间信号线搭铁短路 ◇G42 故障 ◇ECU 故障
16497 进气温度传感器 G42 信号太大		◇G42 与发动机 ECU 间信号线同正极短路或断路 ◇G42 的搭铁有故障 ◇G42 故障 ◇ECU 故障
16500 冷却液温度传感器 G62 信号不可信	◇温度很低时冷起动困难 ◇暖车阶段行驶性能不良 ◇燃油消耗增加 ◇废气排放增加	◇G62 由于接触不良而提供不可信信号 ◇发动机 ECU 故障
16501 冷却液温度传感器 G62 信号太小		◇G62 与发动机 ECU 的信号线搭铁短路 ◇G62 故障 ◇发动机 ECU 故障
16502 冷却液温度传感器 G62 信号太大		◇G62 与发动机 ECU 间的导线连接中通向正极断路或短路 ◇ G62 故障 ◇ 到 G62 搭铁线故障 ◇发动机 ECU 故障

续上表

<table>
<tr><th>故障码与故障内容</th><th>故障现象</th><th>故障原因</th></tr>
<tr><td>16505
节气门电位计 G69 信号不可信</td><td>◇加速时少数缺火
◇减油变载荷时有颠簸
◇怠速调节特性不稳定</td><td>◇G69 的插接处接触不良
◇G69 故障</td></tr>
<tr><td>16505
节气门电位计 G69 信号太小</td><td rowspan="2">◇加速时少数缺火
◇减油变载荷时有颠簸</td><td>◇G69 与 ECU 间的信号线中搭铁短路
◇G69 的电源故障
◇G69 故障</td></tr>
<tr><td>16507
节气门电位计 G69 信号太大</td><td>◇G69 与发动机 ECU 间的信号线中同正极发生短路或断路
◇G69 的电源故障
◇G69 故障</td></tr>
<tr><td>16514
氧传感器 1 电路中的电气故障</td><td rowspan="2">◇λ 调节处于固定不变
◇怠速变差
◇排放值不正常
◇油耗加大</td><td>◇在传感器加热插接处及氧传感器发生腐蚀
◇氧传感器搭铁线和信号线间短路
◇信号电压变化太小</td></tr>
<tr><td>16515
氧传感器 1 电压太低</td><td>◇传感器信号线搭铁或与屏蔽短路
◇氧传感器搭铁或与屏蔽短路
◇氧传感器 G39 故障</td></tr>
<tr><td>16516
氧传感器 1 电压太高</td><td>◇λ 调节处于固定不变
◇怠速变差
◇排放值不正常
◇油耗加大
◇火花塞积炭</td><td>◇传感器信号线同正极短路
◇氧传感器搭铁线和正极短路
◇氧传感器 G39 故障</td></tr>
<tr><td>16518
氧传感器 1 不起作用</td><td>◇λ 调节处于固定不变
◇怠速变差
◇排放值不正常
◇ 油耗加大</td><td>◇在传感器加热插接处及氧传感器发生腐蚀
◇氧传感器信号线间断路
◇氧传感器搭铁线断路
◇传感器加热无功能
◇氧传感器 G39 故障</td></tr>
</table>

续上表

故障码与故障内容	故障现象	故障原因
16519 氧传感器1加热电路中电气故障	◇氧传感器加热无功能	◇搭铁短路或断路
16705 发动机转速传感器G28不可信信号	◇发动机熄火	◇在G28上有金属屑粒 ◇G28同传感器轮距离大于2.3mm
16706 发动机转速传感器G28无信号	◇发动机不能起动 ◇发动机停转	◇信号线同搭铁线断路或短路或同正极短路 ◇搭铁线同正极短路或断路 ◇G28故障 ◇G28屏蔽线断路 ◇ECU故障
16711、16716 爆震传感器1 G61、爆震传感器2 G66信号太小	◇高油耗 ◇功率降低	◇爆震传感器插接件接触不良 ◇爆震传感器和发动机ECU间屏蔽线断路或对正极短路或对信号线短路 ◇爆震传感器和发动机ECU间搭铁线断路 ◇爆震传感器故障 ◇发动机ECU故障
16885 车速信号不可信信号	◇满负荷时在1挡中无空调压缩机的关闭 ◇怠速转速会出现短暂的偏离标准值 ◇使用该速度信号的系统功能故障	◇车速传感器G22故障 ◇G22和车速表G21短路或断路 ◇G21故障 ◇仪表板和发动机ECU间短路或断路 ◇车速表同使用车速信号的其他控制单元间的信号线短路 ◇发动机ECU故障
16989 发动机ECU故障	◇发动机不能起动	◇同发动机ECU搭铁线连接断路 ◇发动机ECU故障

故障码与故障内容	故障现象	故障原因
17733～17736 对应汽缸1、2、3、4爆震达到控制极限	◇高的油耗 ◇性能变差 ◇发动机工作粗暴 ◇达不到最高速度	◇低质量燃油(小于91号ROZ) ◇非正常的发动机运转噪声(辅助装置松动、支架/螺栓断裂) ◇爆震传感器的屏蔽线断路 ◇插接处松动 ◇爆震传感器旋紧力矩不对
17913 怠速开关F60不闭合/断路	◇在减速时负载变化地跃变 ◇怠速转速不在允许范围	◇节气门卡死 ◇节气门拉索调整 ◇地板垫子压在加速踏板上 ◇F60与发动机ECU间的正极导线断路或短路 ◇F60故障 ◇发动机ECU故障
17914 怠速开关F60不打开/搭铁短路	◇怠速控制进入固定设置 ◇减速时负载变化地跃变 ◇怠速转速不在允许范围	◇在节气门控制部件(J338)的插头中潮湿 ◇F60与发动机ECU间搭铁短路 ◇F60故障 ◇发动机ECU故障
17915 怠速系统学习值达到下限	◇怠速转速太高	◇在节气门控制部件之前未被计量空气
17916 怠速系统学习值达到上限	◇降低功率	◇进气系统堵塞(空气滤清器或进气通道)

续上表

故障码与故障内容	故障现象	故障原因
17920 进气歧管切换阀 N156 同正极短路	◇加速性变差	◇在 N156 与发动机 ECU 间的导线连接同正极短路 ◇N156 故障 ◇发动机 ECU 故障
17923 双通道进气歧管切换阀 N156 搭铁短路	◇加速性变差	◇在 N156 与发动机 ECU 间的导线搭铁短路 ◇N156 故障 ◇发动机 ECU 故障
17924 进气歧管切换阀 N156 断路	◇加速性变差	◇在 N156 与发动机 ECU 间的导线连接断路 ◇N156 的电压供应故障 ◇N156 故障 ◇熔断丝 29 故障 ◇发动机 ECU 故障
17934 凸轮轴调节阀 N205 同正极短路	◇功率降低	◇在 N205 与发动机 ECU 间的导线同正极或搭铁短路 ◇N205 故障 ◇熔断丝 29 故障 ◇发动机 ECU 故障
17935 凸轮轴调节阀 N205 搭铁短路	◇功率降低	◇在 N205 与发动机 ECU 间的导线搭铁短路 ◇N205 故障 ◇熔断丝 29 故障
17936 凸轮轴调节阀 N205 断路	◇功率降低	◇在 N205 与发动机 ECU 间的导线断路 ◇熔断丝 29 故障

续上表

<table>
<tr><th>故障码与故障内容</th><th>故障现象</th><th>故障原因</th></tr>
<tr><td>17953
节气门控制功能故障</td><td>◇怠速转速提高
◇减速时负载变化时有跃变</td><td>◇节气门电位计 G69 和节气门位置调节器的传感器 G127 的电压供应及搭铁线故障
◇G69 和 G127 信号线断路
◇G69 和 G127 故障
◇节气门位置调节器或节气门重或卡死</td></tr>
<tr><td>17966
节气驱动机构电路中的电气故障</td><td>◇怠速转速太高
◇空调压缩机在 1520r/min 后才开启</td><td>◇搭铁短路
◇同正极短路
◇节气门位置调节器 V60 故障</td></tr>
<tr><td>17967
节气门控制部件 J338 基本设置故障</td><td rowspan="2">◇怠速转速不在允许范围
◇怠速转速波动</td><td>◇发动机控制单元对节气门控制部件的匹配受中断，可能的原因是在匹配阶段中起动或加速踏板被操作</td></tr>
<tr><td>17972
节气门控制部件 J338 在匹配中电压不足</td><td>◇发动机控制单元同节气门控制部件作匹配时，发动机控制单元的电压低于 10V</td></tr>
<tr><td>17978
发动机 ECU 锁死</td><td>◇发动机只短暂地起动，但马上停止转动</td><td>◇以非法钥匙进行起动
◇通信线路的短路
◇不正确的编码
◇防盗系统故障
◇防盗控制单元故障/失效
◇更换发动机 ECU 后未与电子防盗器匹配</td></tr>
<tr><td>18010
供应 KL. 30 端子电压太低</td><td>◇发动机 ECU 中的学习值将丢失</td><td>◇蓄电池未接上
◇ECU 的电源供应端被拔下或导线断路</td></tr>
<tr><td>18020
发动机 ECU 编码不对</td><td>◇行驶特性不好（换挡冲击、负荷变化跃变）
◇排放增加
◇无 ASR 功能
◇ ASR 警告灯亮</td><td>◇带自动变速器的车辆编码为手动变速器
◇带前置驱动和 ASR 的车辆编码为全驱车辆</td></tr>
</table>

2）故障码的清除

（1）按读取故障码的操作程序进入诊断测试“选择功能”界面，按0、5键、选择“清除故障码”功能，按Q键确认，显示屏显示：

Rapid data transfer（快速数据传输） →
Faults memory is erased！（存储的故障码已被清除！）

（2）按“→”键，显示屏显示：

Rapid data transfer（快速数据传输） HELP（帮助）
Select function XX（选择功能 XX）

（3）按0、6键、选择“结束输出”功能，按Q键确认，关闭点火开关。

（4）重新试车并再次读取故障码，不得有故障码显示。

2. AJR发动机电控系统故障码的读取与清除

条件：蓄电池电压 >11.5V；燃油喷射系统熔断丝正常；发动机和变速器上的搭铁线连接可靠；起动发动机，试车（至少220s）。

试车中应当满足的条件有：在发动机冷却液温度 >70℃的情况下至少运转174s；发动机至少高速运行6s；发动机运转210s后至少再怠速运转10s；发动机转速至少有一次超过2200r/min。

对于发动机不能起动的车辆，应先排除机械故障，然后反复接通起动开关，使发动机转动数次。

AJR发动机故障诊断插座安装位置参见图1-18。

AJR发动机电控系统故障码的读取及清除方法与ANQ发动机相同。

AJR发动机电控系统故障码如表2-5所示。

AJR发动机电控系统故障码 表2-5

V. A. G1551显示	故障部位	V. A. G1551显示	故障部位
00000	无故障	00553	空气流量传感器（G70）
00513	发动机转速传感器（G28）	00668	30号电源线电压高低
00515	霍尔式凸轮轴位置传感器（G40）	01165	节气门控制组件J338基本设定错误

续上表

V. A. G1551 显示	故障部位	V. A. G1551 显示	故障部位
00518	节气门控制组件的节气门位置传感器(电位计)(G69)	01247	活性炭罐电磁阀(N80)
00522	冷却液温度传感器(G62)	01249	第1缸喷油器(N30)
00524	1、2 缸用 1 号爆震传感器(G61)	01250	第2缸喷油器(N31)
00527	进气温度传感器(G72)	01251	第3缸喷油器(N32)
00530	节气门怠速位置传感器(G88)	01252	第4缸喷油器(N33)
00540	3、4 缸用 2 号爆震传感器(G66)		

3. F23A3 发动机电控系统故障码的读取与清除

1)故障码的读取

(1) 关闭点火开关,用跨接线短路故障检查插座的 TE1 和 E1 端子。

(2) 接通点火开关,查看仪表板上的故障指示灯的闪烁规律,读取故障码,一位数的故障码用故障指示灯短闪烁的次数闪示;二位数的故障码则用故障指示灯的长闪烁表示第一位数,短闪烁表示第二位数,如图 2-17 所示。

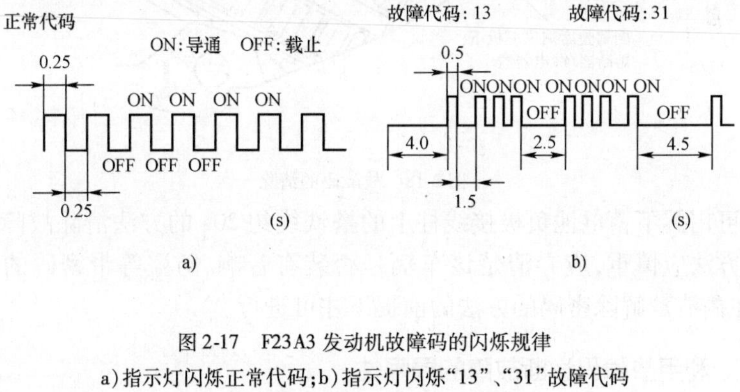

图 2-17 F23A3 发动机故障码的闪烁规律

a)指示灯闪烁正常代码;b)指示灯闪烁“13”、“31”故障代码

F23A3 发动机电控系统部分故障码如表 2-6 所示。

F23A3 发动机电控系统部分故障码　　表 2-6

故障码	故障部位	故障码	故障部位
1	电子控制系统模块(ECM)	11	怠速混合气调节器及其电路
2	氧传感器及其电路	12	废气再循环阀升程传感器及其电路
3	进气管绝对压力传感器及其电路	13	大气压力传感器及其电路
4	曲轴转角传感器及其电路	14	怠速空气控制阀及其电路
6	发动机冷却液温度传感器及其电路	15	点火输出信号
7	节气门位置传感器及其电路	17	车速传感器及其电路
8	上止点位置传感器及其电路	21	VTEC 电磁阀及其电路
9	1 缸位置传感器及其电路	23	爆震传感器及其电路
10	进气温度传感器及其电路	41	氧传感器加热器及其电路

2）故障码的清除

(1) 关闭点火开关,拔下故障检查插座上的跨接线。

(2) 从副驾驶座位侧的仪表板下的熔断丝/继电器盒内取下 13 号备用时钟熔断丝(7.5A)10s,故障码即被清除,如图 2-18 所示。

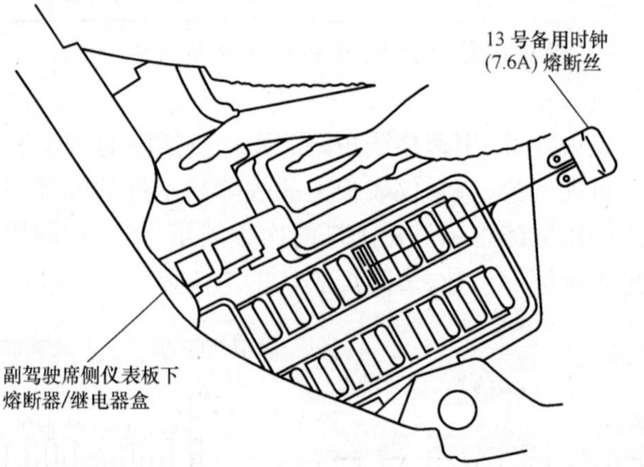

图 2-18　故障码的清除

也可用拆下蓄电池负极接线柱上的搭铁线约 20s 的方法清除故障码,但采用此种方法应慎重,应弄清楚该车辆是否装有音响、防盗等带密码的系统,如有,应在搞清楚解除密码的方法的前提下才可进行。

二、利用故障码诊断故障的局限性

对于发动机电控系统而言,故障码仅是一个“是”或“否”的界定结论,只能给出电控系统故障的大致范围,不可能指出故障的具体部位和原因,若欲判定故障的具体原因和部位,还需根据发动机的工作征兆,利用其他故障检测设备作进一步分析和检查才能做到。所以,利用故障码诊断故障还存在一定的局限性。

1. 局限性之一:故障灯亮并不表示一定有故障

自诊断系统的故障灯亮并不表示一定有故障。这有几种可能性:

(1) 可能是历史性故障。在排除完汽车故障以后,没有清除故障码,故障码还存在随机存储器(RAM)中,或在维修过程中插、拔了电路中的接头或器件,自诊断系统记下了这时的故障码。这些故障码常被称为"假故障码"。

(2) 可能是汽车维护灯亮。有些车型会在行驶一定里程或一定月份以后自动提醒驾驶员该做维护了。

(3) 可能是故障灯线路搭铁。

2. 局限性之二:没有故障码输出,电控系统不一定就没有故障

当传感器的灵敏度下降(虽在电控单元ECU设定的范围之内,但反应迟钝、输出特性偏移等),故障自诊断系统就无法检测出来了,故无故障码输出。这时就应该根据发动机的症状进行综合分析判断,应用故障检测仪读取相关数据流,对传感器单体进行有针对性的检测,找到并排除传感器故障。

3. 局限性之三:有故障码显示,代码所指的系统不一定有故障

故障码的含义并不具体在某一具体元件,而是代表故障系统。某个元器件的故障码,不一定就说明该元器件坏了,同时,电控汽车故障自诊断有可能显示错误的故障码,这种情况多数是由于工况信号失误而引起的假故障码,情况较多也较复杂,应视具体情况分析。

三、最终控制诊断

最终控制诊断功能,目的是检查部分执行元件及其控制线路工作的好坏。下面以ANQ发动机为例,说明最终控制诊断的操作方法与步骤。

1. 测试条件

熔断丝28、29、33和34必须正常。

2. 测试说明

(1) 执行元件测试只能在接通点火开关、发动机不运转的情况下进行。如果起动发动机运转,电控单元接收到转速信息时就会立即终止执行元件测试。

(2) 在诊断测试执行元件期间,被测试的执行元件将连续动作,直到单击"→"键时该元件动作才结束,并进入下一个执行元件测试。

(3) 在测试期间,能够听到执行元件动作的声音或通过触摸感觉到动作情况。

(4) 需要重复进行执行元件测试时,必须断开点火开关2s以后,才能再次

进行测试。

(5) 在执行元件测试期间，电动燃油泵将连续工作，测试进行 10min 之后将自动结束。

3. 诊断过程

(1) 连接故障检测仪 V. A. G1551，打开点火开关，接通检测仪电源开关，按 1 键，输入地址码 01、进入"发动机电控系统"，按"→"键，再按 0、3 键、选择"最终诊断控制"功能，显示屏显示：

Rapid data transfer(快速数据传输)	Q(确认)
03- Final control diagnosis(03-最终控制诊断)	

(2) 激活喷嘴(N30 ~ N33)：

① 按 Q 键确认，显示屏显示：

Final control diagnosis (最终控制诊断)	→
Injector cylinder 1-N30(第 1 缸喷油器 1-N30)	

② 此时，踩下加速踏板，使节气门控制组件中的怠速触点断开，第 1 缸喷油器将连续发出 5 次"咔嗒"声，动作 5 次。

③ 按"→"键，每次开启一个喷油器。

④ 按上述方法依次检查所有喷油器。

如果某个喷油器没有发出"咔嗒"声，说明该喷油器或其线路有故障，需要检修或更换喷油器。

(3) 激活活性炭罐电磁阀(N80)：

① 按"→"键，显示屏显示：

Final control diagnosis (最终控制诊断)	→
Activ. Charcoal filter solenoid valve 1-N80(活性炭罐电磁阀 1-N80)	

② 活性炭罐电磁阀必须有"咔嗒"动作，并持续到单击"→"键切换到对下一个执行元件测试。如果没有"咔嗒"声，则进入下步检查。

③ 如图 2-19 所示，拔下电磁阀的插头，用辅助线 V. A. G1594 将二极管检查灯 V. A. G1527 与拔下的插座进行连接，发光二极管应闪烁。

如发光二极管闪烁，将最终控制诊断进行到结束，关闭点火开关，更换电磁阀。

如发光二极管不闪烁，将最终控制诊断过程结束，关闭点火开关。如图2-20 所示，将测试盒 V. A. G1598/22 连接到控制单元的线束中，检查导线与蓄电池正极是否短路(电阻应为∞);检查测试盒插孔15与二端子插座端子2之间是否断路(导线电阻最大为1.5Ω);检查二端子插座端子1与燃油泵继电器J17

图2-19 检查活性炭罐电磁阀

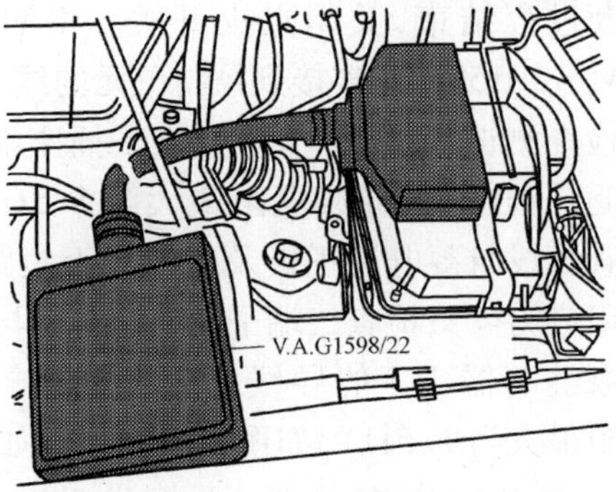

图2-20 连接V.A.G1598/22

的导线是否断路(导线电阻最大为1.5Ω),如图2-21所示。如果未发现导线中有故障,更换发动机电控单元。

(4) 激活进气歧管切换阀(N156):

① 按"→"键,显示屏显示:

Final control diagnosis (最终控制诊断) →
Boost pressure control solenoid valve N156(进气歧管切换阀 N156)

② 进气歧管切换阀必须有"咔嗒"动作,并持续到单击"→"键切换到对下一个执行元件测试。如果没有"咔嗒"声,则进入下步检查。

③ 如图2-22所示,将电磁阀的插头拔下,用辅助线V.A.G1594将二极管检查灯V.A.G1527与拔下的插座进行连接,发光二极管应闪烁。

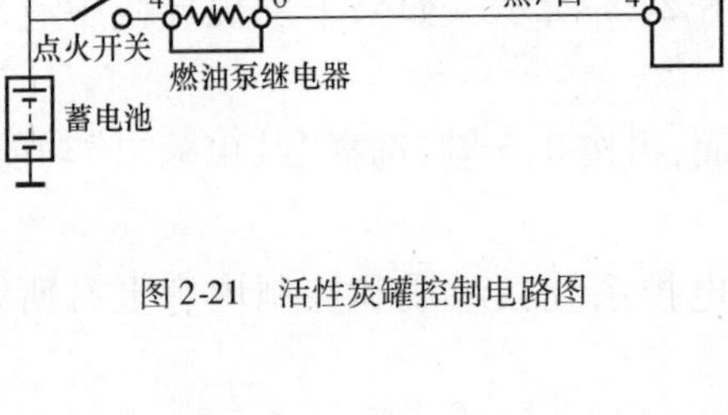

图2-21 活性炭罐控制电路图

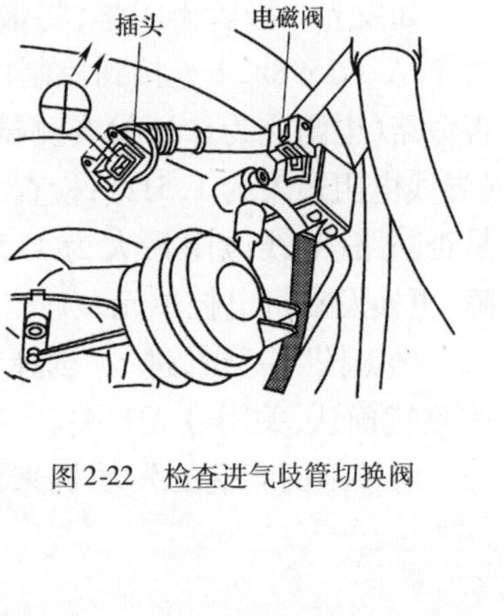

图2-22 检查进气歧管切换阀

如发光二极管闪烁,将最终控制诊断进行到结束,更换电磁阀。

如发光二极管不闪烁,将最终控制诊断过程结束,关闭点火开关。将测试盒V. A. G1598/22连接到控制单元的线束中,检查测试盒插孔 64 与二端子插座端子 2 间是否断路(导线电阻最大为 1. 5Ω);检查导线与蓄电池正极及搭铁是否短路(电阻应为∞);检查二端子插座端子 1 与燃油泵继电器 J17 的导线是否断路(导线电阻最大为 1. 5Ω),如图2-23所示。如果未发现导线中有故障,更换发动机电控单元。

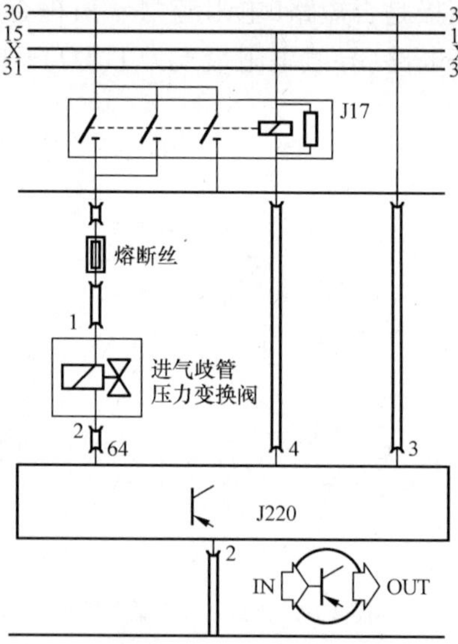

图 2-23　进气歧管切换阀的控制电路图

(5) 激活凸轮轴调整阀(N205):

① 按"→"键,显示屏显示:

Final control diagnosis (最终控制诊断)　　→
Camshaft adjustment 1(凸轮轴调整 1)

② 凸轮轴调整阀 1 必须有"咔嗒"动作,直到按"→"键结束最终控制诊断。如果没有"咔嗒"声,进入下步检查。

③ 拔下电磁阀的插头,用辅助导线 V. A. G1594 将 V. A. G1527 二极管检查灯与拔下的插头相连,如图 2- 24 所示,发光二极管必须闪烁。

如发光二极管闪烁,将最终控制诊断过程结束。关闭点火开关,更换电磁阀。

如发光二极管不闪烁,将最终控制诊断过程结束,关闭点火开关。将测试盒 V. A. G1598/22 连接到控制单元的线束中,检查导线与蓄电池正极、搭铁是否短路(电阻应为∞);检查测试盒插孔 55 与二端子插座端子 2 之间是否断路(导线电阻最大为 1. 5Ω);检查二端子插座端子 1 与燃油泵继电器 J17 的导线是否断路(导线电阻最大为 1. 5Ω),如图 2-25 所示。如果未发现导线中有故障,更换发动机电控单元。

(6) 按"→"键,进入"选择功能"界面,再按 0、6 键,选择"结束输出"功能,按 Q 键确认,关闭点火开关。

对于不同车辆的发动机来说,由于电控系统在组成和控制内容上有所差异,最终控制诊断的激活元件有所不同。

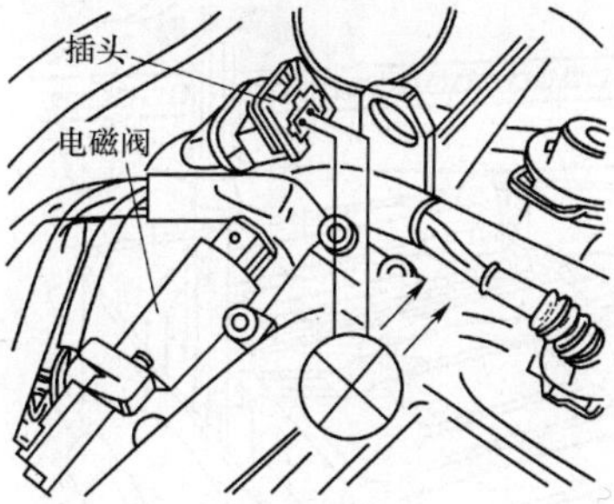

图 2-24　检查凸轮轴调整阀

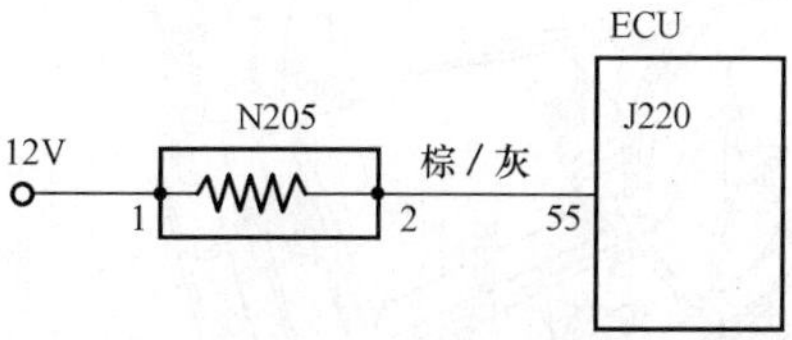

图 2-25　凸轮轴调整阀(N205)控制电路

课题三　匹配与调整

当汽车更换某些重要电子元器件时,对发动机系统必须进行相应的匹配和调整,否则将无法起动发动机。下面以 ANQ 发动机为例说明。

一、发动机电控单元的更换与编码

1. *发动机电控单元的更换*

(1) 关闭点火开关,用测试线束 V. A. G1551/3 将故障检测仪 V. A. G1551 与诊断插座连接。打开点火开关,接通故障检测仪电源开关,按 1 键,输入地址码 01、进入"发动机电控系统",按 Q 键确认,显示屏显示:

800 907 559 B 1.8L R4/5V MOTR HS D01　　　→
Coding　04001　WSC XXXXX(编码 04001　WSC XXXXX)

(2) 按"Print"键,打印出发动机电控单元的编码和标识。

(3) 按"→"键,再按 0、6 键、选定"结束输出",按 Q 键确认,关闭点火开关。

(4) 拆下电控单元保护盒的罩盖,如图 2-26 所示。

(5) 用螺丝刀撬开紧固夹,拔下电控单元的连接插头,取出旧的电控单元,装上新的电控单元,如图 2-27 所示。

① 检查以前的编码并对新的电控单元进行编码。

② 将新的电控单元同节气门控制部件匹配。

③ 将新的电控单元同电子防盗器进行匹配。

④ 查询新的电控单元的故障码并清除。

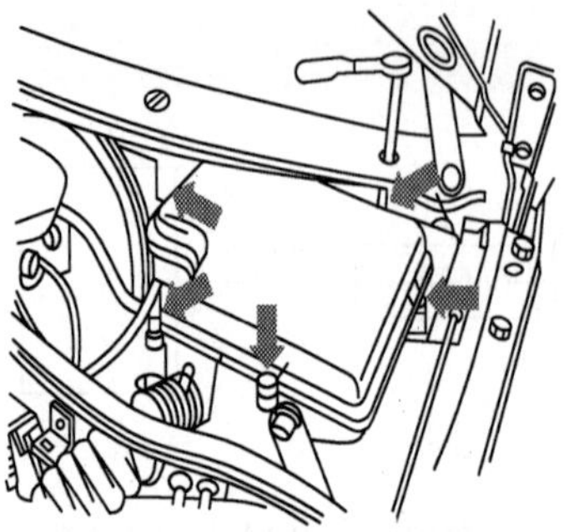

图 2-26　拆下控制单元保护盒的罩盖

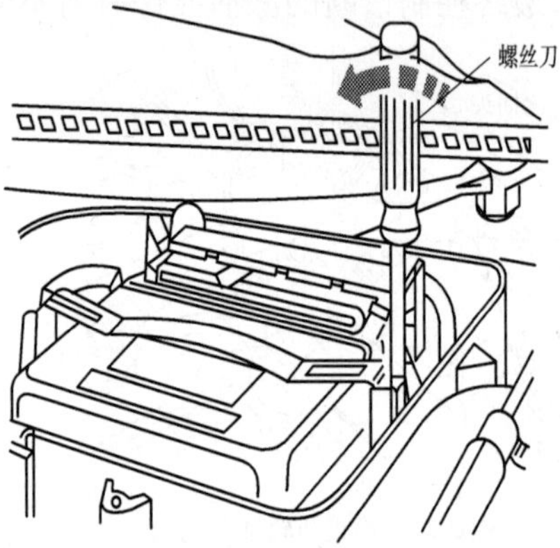

图 2-27　用螺丝刀撬开紧固夹

2. 发动机电控单元的编码

（1）关闭点火开关，用测试线束 V. A. G1551/3 将故障检测仪 V. A. G1551 与诊断插座连接，打开点火开关，接通故障检测仪电源开关，按 1 键，输入地址码 01、进入"发动机电控系统"，按"→"键，再按 0、7 键、选择"控制单元编码"功能，按 Q 键确认，显示屏显示：

Code control unit（电控单元编码） Q（确认） Enter in code number XXXXX（0～32000）（输入编码号 XXXXX（0～32000）

（2）输入该车辆电控单元相应的代码 04001，按 Q 键确认，显示器显示：

800 907 559 B 1.8L R4/5V MOTR HS D01 → Coding 04001 WSC XXXXX（编码 04001 WSC XXXXX）

如果输入了一个未经许可的代码时，显示屏显示：

Function is not recognized or cannot be perfored at the moment（功能不了解或目前不能执行）

（3）按"→"键，进入"选择功能"界面，再按 0、6 键、选择"结束输出"功能，按 Q 键确认。

（4）关闭点火开关，然后再打开，新输入的编码将起作用。

发动机电控单元的代码变化如表 2-7 所示。

发动机电控单元的代码变化 表 2-7

国家/排气	驱动/辅助功能	变速器	车辆型号
00 =	0 = 无驱动打滑控制的前轮驱动	0 = 5 挡手动变速器	0 =
01 =	1 =	1 =	1 = B 级 Passat
02 =	2 = 无驱动打滑调控的四轮驱动	2 =	2 =
03 =	3 =	3 = 自动变速器 01N	3 =
04 = 按欧洲 EUROII 标准的排放值	4 =	4 =	4 =
05 =	5 =	5 = 自动变速器 01V (Tiptronic)	5 =
06 =	6 =	6 =	6 =
07 =	7 =	7 =	7 =

ANQ 发动机电控单元代码组成如表 2-8 所示。

ANQ 发动机电控单元代码组成 表 2-8

帕 萨 特				1
5 挡手动变速器			0	
无驱动防滑控制的前驱动		0		
按欧Ⅱ排放标准值	04			
代码	04	0	0	1

二、发动机电控单元与节气门控制部件的匹配

当节气门体拆下重装、更换节气门体或发动机电控单元出问题时，必须进行电控单元与节气门控制部件的匹配。

匹配的前提：故障存储器中没有故障信息存在。

(1) 关闭点火开关，用测试线束 V. A. G1551/3 将故障检测仪 V. A. G1551 与诊断插座连接，打开点火开关，接通故障检测仪电源开关，按 1 键，输入地址码 01、进入"发动机电控系统"，按"→"键，再按 0、4 键、选择"基本设置"功能，按 0、9、8 键、选择"显示组号 98"，按 Q 键确认，显示屏显示：

> System in basic setting 98（系统基本设置 98） →
> X. XXX V X. XXX V Iding ADP. runs（X. XXX V X. XXX V 怠速 匹配. 运行）

显示区域 1 显示节气门电位计(G69)电压;显示区域 2 显示节气门位置传感器(G127)电压;显示区域 3 显示发动机运行状态;显示区域 4 显示调整模式。

在按 Q 键后,如节气门的位置调节器在最大、最小和 5 个中间位置运行后,控制单元将在连续存储器中存储相应的节气门角度。该过程持续约 10s,然后节气门在起动位置保持片刻,再关闭。匹配完成,显示屏显示:

System in basic setting 98(系统基本设置 98) →
X. XXX V X. XXX V Iding ADP. OK(X. XXX V X. XXX V 怠速 匹配.完成)

如果节气门脏污、节气门拉索调整错误或蓄电池电压太低或节气门控制部件损坏等,可能造成控制单元基本设置被中断,显示屏显示:

System in basic setting 98 (系统基本设置 98) →
X. XXX V X. XXX V Iding ADP. ERROR(X. XXX V X. XXX V 怠速 匹配.错误)

在中断之后,将在故障存储器中,存入故障码"17967"或"17972",在下一次打开点火开关时,将自动进入基本设置。

(2) 匹配完成后,按"→"键,进入"选择功能"界面,再按 0、6 键、选择"结束输出"功能,按 Q 键确认。关闭点火开关。

三、发动机电控单元与防盗器电控单元的匹配

发动机电控单元在更换后,必须重新与防盗器电控单元进行匹配。

匹配前提:必须使用一把合法的汽车钥匙。

(1) 关闭点火开关,用测试线束 V. A. G1551/3 将故障检测仪 V. A. G1551 与诊断插座连接, 打开点火开关,接通故障检测仪电源开关,按 1 键、选择"快速数据传输",再按 1、7 键、选择"仪表板总成",按 Q 键确认,显示屏显示:

B0919880 B5 Kombiinstr. VD0X06 →
Coding 00042 WSC XXXXX(编码 00042 WSC XXXXX)

(2) 按"→"键,按 1、0 键、选择"匹配"功能,按 Q 键确认,显示屏显示:

Adaptation(匹配)
Feed in channel number XX(输入频道号 XX)

（3）按0、0键、输入“频道号0”，按Q键确认，显示屏显示：

Adaptation（匹配）	Q（确认）
Erase learned values?（清除学习值?）	

（4）按Q键确认，显示屏显示：

Adaptation（匹配）	Q（确认）
Learned values have been erased（学习值已被清除）	

（5）按“→”键，进入“选择功能”界面，再按0、6键、选择“结束输出”功能，按Q键确认。关闭点开关。

下次再打开点火开关时，发动机电控单元的随机代码就被防盗器电控单元读入并储存起来。

当更换新的防盗器电控单元时，发动机电控单元的随机代码将自动被防盗器控制单元读入并储存起来，此时只需重新做一次所有钥匙匹配程序即可。

当更换从其他车上拆下来的防盗器电控单元时，应重新做一次发动机电控单元与防盗器控制单元的匹配程序，然后再重新做一次所有钥匙匹配程序。

四、汽车点火钥匙的匹配

1．匹配说明

（1）如果需要新的或附加点火钥匙，必须使其与防盗装置的控制单元相匹配。

（2）更换锁装置和组合仪表时注意操作方法。

（3）必须使所有的钥匙重新匹配。

（4）已匹配的钥匙数量，在适配功能选择之后显示。

（5）使用V. A. G1551的C键可以中断匹配。

（6）在点火钥匙匹配时，V. A. G1551的经销商编号，由防盗装置的控制单元加以存储。

2．匹配条件

（1）准备好所有的点火钥匙。

（2）带有被覆盖密码的钥匙牌（知道匹配所需的4位数密码）。

如果4位数密码不知道，或者密码牌丢失，可按以下步骤获得密码：

① 利用防盗装置的自诊断功能，读出14位数的防盗装置的识别码。

② 维修站将读出的14位数防盗器控制单元编号，发送到上海大众售后服

务中心，然后由上海大众服务中心将查得的密码发回到维修站。

3. 匹配方法与步骤

先将正确齿形钥匙插入点火开关中。

(1) 关闭点火开关，用测试线束 V. A. G1551/3 将故障检测仪 V. A. G1551 与诊断插座连接，打开点火开关，接通故障检测仪电源开关，按 1 键、选择“快速数据传输”，再按 1、7 键、选择“仪表板总成”，按“→”键，按 1、1 键、选择“登录”功能，显示屏显示：

Login procedu（登录）	HELP（帮助）
Input code number XXXXX（选择功能）	

(2) 输入密码，在 4 位数号码前加 0（例如 4 位数密码是 1915，则输入 01915），按 Q 键确认，显示屏显示：

Rapid data transfer（快速数据传输）	HELP（帮助）
Select function XX（输入地址码 XX）	

显示屏短时间会显示：

Tester sends address word 17（测试器发送地址词）

如果显示屏显示：

Function is unknown or（功能未知或）
cannot be carried out at moment（目前不能输出）

表明密码输入错误，需重新输入密码。但需注意：如果连续两次输入错误，第三次再想输入密码前，必须等 35 min 以后，并且不能关闭点火开关，同时通过选择“结束输出”功能，退出防盗器自诊断程序。

(3) 密码输入正确后，按 1、0 键，选择“匹配”功能，按 Q 键确认，显示屏显示：

Adaptation（匹配）
Feed in channel number XX（输入频道号 XX）

(4) 按 2、1 键，输入“频道号 21”，按 Q 键确认，显示屏显示：

Channel 21 Adaptation 2(频道 21　匹配 2) < -1　　　3 - >

(5) 按"→"键,显示屏显示:

Channel 21 Adaptation 2(频道 21 匹配 2) Input adaptation value　XXXXX(输入匹配值　XXXXX)

(6) 按 0、0、0、0 键,然后输入匹配的点火钥匙数量,包括现有的钥匙在内(例如匹配 3 把钥匙,则输入 00003),最多不能超过 8 把,按 Q 键确认,显示屏显示:

Channel 21 Adaptation 3(频道 21　匹配 3)　　　Q(确认) < -1　　3 - >

(7) 按 Q 键确认,显示屏显示:

Channel 21 Adaptation 3(频道 21　匹配 3)　　　Q(确认) Store changed value? (是储存更改的数值?)

(8) 按 Q 键确认,显示屏显示:

Channel 21 Adaptation 3(通道 21　匹配 3) Changed value is stored(更改的数值已储存)

(9) 按"→"键,进入"选择功能"界面,再按 0、6 键,选择"结束输出"功能,在点火开关上的这把钥匙匹配完毕。

(10) 关闭点火开关,拔出钥匙,插入下一把钥匙,再打开点火开关,组合仪表上防盗装置 K117 的警告灯熄灭,关闭点火开关。

(11) 重复上述操作,直到把所有的钥匙都匹配完毕为止。

在进行汽车钥匙匹配过程中,如有下列情况,则匹配自动结束。

① 从第 2 把钥匙的点火开关接通起,匹配钥匙的操作时间超过 30s。

② 使用一个已匹配过的钥匙再次进行匹配等,且接通时间超过 1s。

在匹配完毕后,应选择"查询故障"功能,如无故障显示,说明匹配钥匙已成功完成。

五、节气门拉索的调整

1. AJR 发动机节气门拉索的调整

节气门拉索是非常容易弯折的,轻度的弯折就会导致在行驶中断裂,因此在安装时必须非常的仔细,安装时要使节气门拉索在各个支承座和紧固点之间保持平直。

通过改变支架上卡板的位置来调整节气门拉索,如图 2-28 所示。

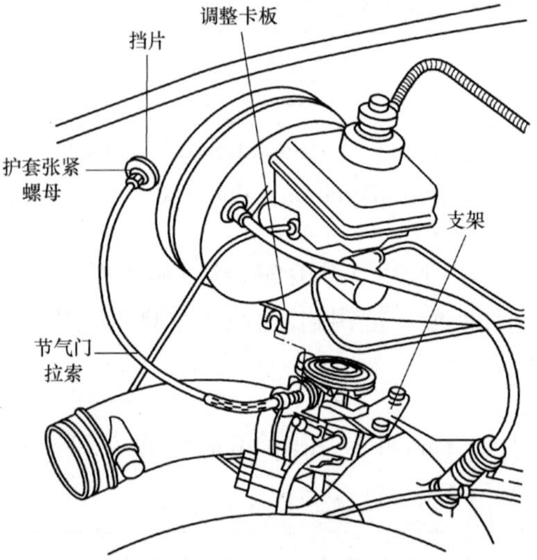

图 2-28　AJR 发动机节气门拉索的调整

2. F23A3 发动机节气门拉索的调整及安装

(1) 起动发动机,在 P 或 N 挡位下使发动机保持 3000r/min 稳定运转,直到散热器风扇起动,然后使发动机怠速运转。

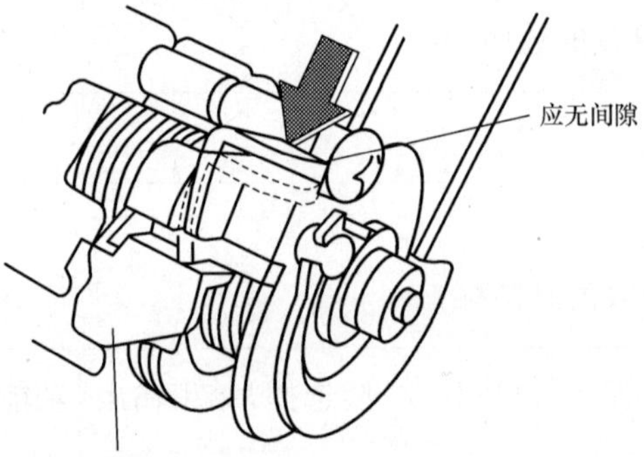

图 2-29　检查节气门联动装置与操纵杆

(2) 将节气门联动装置靠近节气门操纵杆,应无间隙,如图 2-29 所示。

(3) 检查拉索在节气门联动装置处的间隙,拉索的挠度应在 10 ~ 12mm 之间的范围内,如图 2-30 所示。

(4) 如果挠度不符合规定值,需松开锁紧螺母,通过转动调节螺母使其达到规定值,然后拧紧锁紧螺母,如图 2-31 所示。

(5) 检查节气门在加速踏板踩到底时是否全开,在松开加速踏板时节气门是否回至关闭位置,如不是,应对节气门拉索再作调整。

课题四　数据流的读取与分析

数据流就是电控单元、传感器、执行器间交流的数据参数,通过诊断接口由专用测试仪读出的数据称为数据流。

读取数据流可以检测到汽车各种传感器的工作状态,通过数据流还可以设定汽车的运行数据。

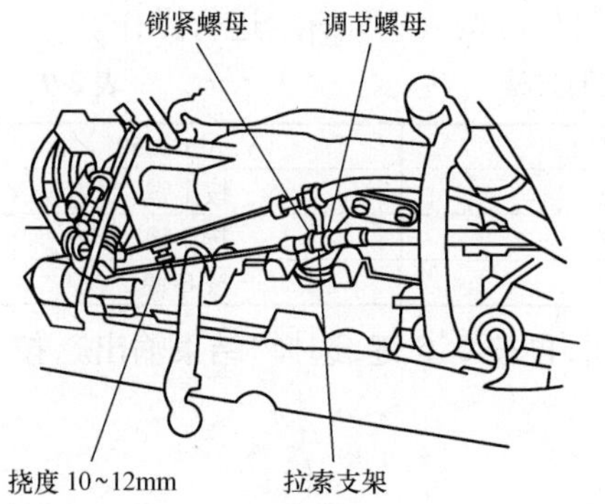

图 2-30 检查节气门拉索

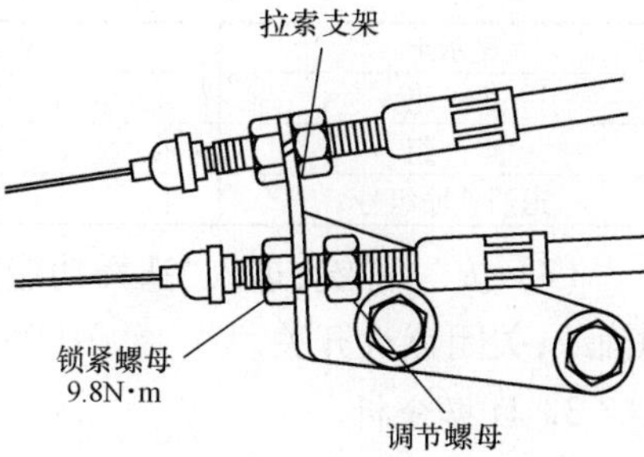

图 2-31 节气门拉索的调整

读数据流的设备可用各汽车公司专用的诊断设备,如大众公司的V. A. G1551(或 V. A. G1552)及 V. A. S5051、本田公司的 Honda PGM 等,也可用通用的诊断设备,如元征 X431 电眼睛、修车王等。下面以大众公司 V. A. G1551 汽车专用检测仪对 ANQ 发动机进行数据流的读取与分析为例加以说明。

一、ANQ 发动机数据流的读取与分析

1. 读取条件

(1) 发动机冷却液温度 >85℃。

(2) 关闭空调和其他所有用电设备。

(3) 若为自动变速器的车辆,选挡手柄必须位于 P 或 N 位。

(4)读故障码。不允许有故障码存在,若有应清除或排除故障。

2. 读取步骤

(1) 关闭点火开关,用测试线束 V. A. G1551/3 将故障检测仪 V. A. G1551 与诊断插座连接。打开点火开关,起动发动机,怠速运转,使车辆达到测试条件,接通故障检测仪电源开关,按 1 键,再按 0、1 键、选择"发动机电控系统",按 0、8 键、选择"阅读测量数据块"功能。

(2) 输入显示组编号,例如:按 0、0、1 键、选定"显示组 001",按 Q 键确认,显示屏显示:

Read measured value block 1（读测量数据块 1）			→
1	2	3	4

注:1 ~4 为显示区。

如要从一个显示组切换到另一个显示组,可按表 2-9 所示进行操作。

切换显示组的方法　　表 2-9

显示组	V. A. G1551	V. A. G1552
进一组	按 3 键	按↑键
退一组	按 1 键	按↓键
退回重输组号	按 C 键	按 C 键

(3) 按"→"键,进入"选择功能"界面,再按 0、6 键,选择"结束输出",按 Q 键确认,关闭点火开关。

3. 数据分析

ANQ 发动机测试数据共有 100 组,分别在 000 ~099 中,其中共有 26 组数据对汽车维修有指导意义,各组数据的内容和分析说明如下:

1)"显示组 000"

如表 2-10 所示。

显示组 000 的内容　　表 2-10

显示组 000(十进位显示值)			
读测试数据块 0 x x x x x x x x x x ←显示屏显示 1 2 3 4 5 6 7 8 9 10 ←显示区域		允许值	对应物理量
10	混合气的学习值	117 ~138	-8% ~8%
9	混合气的学习值	115 ~141	-0.64 ~0.64ms
8	氧过量调节器	77 ~179	-10% ~10%
7	怠速稳定的学习值	120 ~136	-4 ~4kg/h
6	怠速调节器	123 ~133	-2.5 ~2.5g/h
5	节气门角度	0 ~12	0∠° ~5∠°
4	发动机控制单元的电压供应	142 ~206	10 ~14.5V
3	发动机转速(怠速转速)	82 ~90	820 ~900r/min
2	发动机负荷	17 ~44	0.85 ~2.2ms
1	冷却液温度	170 ~104	80 ~105℃

2)"显示组 001"

显示组 001 的内容如表 2-11 所示，显示组 001 的分析如表 2-12 所示。

显示组 001 的内容 表 2-11

显示组 001-基本功能					
读测试数据块 1 xxx r/min	 x. xx ms	 x∠°	→ xx. x °	←显示屏显示	允许值
1	2	3	4	←显示区域	
			点火提前角		5.25°~14.25°
		节气门角度			0∠°~5∠°
	发动机负荷				1.00~2.50ms
发动机转速（怠速转速）					820~900r/min

显示组 001 的分析 表 2-12

显示区域	屏幕上的显示	可能的故障原因	故障排除
1	<820r/min	◇节气门控制部件卡住或故障 ◇有大量未计量的空气（由怠速稳定系统不能加以补偿）	◇检查节气门控制部件 ◇检查进气系统泄漏
	>900r/min	◇怠速开关不闭合/故障 ◇有大量未计量的空气（由怠速稳定系统不能加以补偿） ◇节气门控制部件卡住或故障	◇读取故障码 ◇检查进气系统的泄漏 ◇检查节气门控制部件
2	<1.00ms	◇较小的值仅会在滑行方式中的驾驶中出现	
	>2.50ms	◇怠速抖动（不是所有汽缸都工作） ◇空气流量计故障 ◇节气门控制部件故障 ◇电气设备被打开 ◇转向盘在极限位置上 ◇驾驶换挡选择（自动变速器）	◇喷油器或火花塞故障 ◇读取故障码 ◇检查节气门控制部件 ◇将转向盘置于中间位置 ◇选择手柄位于 P 或 N 位
3	>5∠°	◇发动机控制单元同节气门控制部件未作匹配 ◇节气门控制部件中的节气门电位计故障 ◇节气门卡住 ◇节气门拉索调整不当	◇将发动机控制单元同节气门控制部件作匹配 ◇查询故障代码 ◇检查节气门控制部件 ◇调整节气门拉索

显示区域2:在满负荷行驶,发动机转速为4000r/min时必须达到约6.5ms;发动机转速为6000r/min时约6.0ms。

显示区域3:当加速踏板完全踩到底时,显示值在75∠°~95∠°间。

3)“显示组002”

显示组002的内容如表2-13所示,显示组002的分析如表2-14所示。

显示组002的内容 表2-13

<table>
<tr><td colspan="5">显示组002-基本功能</td><td></td></tr>
<tr><td colspan="4">读测试数据块2 →
xxx r/min　x.xx ms　x.xx ms　x.x g/s</td><td>←显示屏显示</td><td rowspan="2">允许值</td></tr>
<tr><td>1</td><td>2</td><td>3</td><td>4</td><td>←显示区域</td></tr>
<tr><td></td><td></td><td></td><td colspan="2">吸入的空气量</td><td>2.0~4.0g/s</td></tr>
<tr><td></td><td></td><td colspan="3">喷油时间(每个工作循环)</td><td>2.00~5.00ms</td></tr>
<tr><td></td><td colspan="4">发动机负荷①</td><td>1.00~2.50ms</td></tr>
<tr><td colspan="5">发动机转速(怠速转速)</td><td>820~900r/min</td></tr>
</table>

注:①曲轴旋转一周的时间。

显示组002的分析 表2-14

显示区域	屏幕上的显示	可能的故障原因	故障排除
3	<1.00ms	◇来自活性炭罐系统的大的燃油量 ◇喷油器流量较大故障	◇检查活性炭罐的电磁阀 ◇检查喷射速率
3	在1.50~2.50ms之间	◇由于使用电气设备、空调设备、驾驶挡位选择、动力转向机在极限位置等引起的发动机负荷加大	◇排除负荷加大的原因(空调、动力转向等)
4	<2.0g/s	◇在进气歧管和空气流量计之间有大量未计量空气	◇排除未计量的空气故障
4	>4.0g/s	◇驾驶挡位选择(自动变速器) ◇发动机由于辅助设备而增加负荷	◇将选择手柄置P或N位 ◇排除负荷增加的原因

(1) 显示区域3中的值不是显示区域2中的2倍,而是一个经修整过的实际喷油时间。其影响因素有:λ调节、活性炭罐的混合气浓度、空气温度、电池电压(喷油器打开的快慢)等。

（2）如果发动机吸入未被计量的空气，则在显示区域 2 中的计算值会变化，每个工作循环的实际喷油时间将通过 λ 调节保持在允许值上。

（3）显示区域4 中将显示由空气流量计测量出的空气量。在节气门控制部件故障引起的紧急运行状态下，发动机以高怠速运转（约 1100 ~ 1300r/min），此时进气量有 4.5 ~ 5.5g/s。如果发动机控制单元识别出空气流量计有故障，则将节气门电位计的替代值（g/s）显示出来。

4）“显示组 003”

显示组 003 的内容如表 2-15 所示，显示组 003 的分析如表 2-16 所示。

显示组 003 的内容　　表 2-15

显示组 003-基本功能					
读测试数据块 3 xxx r/min	xx. xx V	xxx. x ℃	→ xxx. x ℃	←显示屏显示	允许值
1	2	3	4	←显示区域	
			进气温度		19.5 ~ 90℃
		冷却液温度			80 ~ 105℃
	发动机控制单元的电压供应				10.00 ~ 14.50V
发动机转速（怠速转速）					820 ~ 900r/min

显示组 003 的分析　　表 2-16

显示区域	屏幕上的显示	可能的故障原因	故障排除
2	<2.00V	◇发电机故障，蓄电池耗电太剧烈 ◇蓄电池起动后不久，由于大电流或用电设备负载太大 ◇发动机控制单元的电流供给和搭铁线接触不良 ◇点火关闭时漏电	◇检查电压、充电 ◇提高转速几分钟，并关闭用电设备 ◇检查发动机控制单元的电压供应 ◇排除漏电故障
	>14.50V	◇发电机上的电压调节器故障 ◇由于突然起动或快充电设备而产生过电压	◇检查电压，有必要时更换调节器 ◇查询故障代码

续上表

显示区域	屏幕上的显示	可能的故障原因	故障排除
3	<80℃	◇发动机太冷 ◇冷却液温度传感器同发动机控制单元的导线连接有故障	◇如需要可进行试车 ◇检查冷却液温度传感器
	>105℃	◇散热器受污染 ◇冷却风扇不工作 ◇节温器故障 ◇冷却液温度传感器同发动机控制单元的导线连接有故障	◇清洁散热器 ◇检查冷却风扇 ◇检查节温器 ◇检查冷却液温度传感器
4	恒定 19.5℃	◇识别出进气温度传感器(G42)故障 ◇进气温度传感器(G42)有故障	◇查询故障码 ◇检查进气温度传感器

(1) 显示区域 3 只要故障存储器中存入了与冷却液温度传感器 G62 相关的故障,发动机控制单元使用进气温度作为替代值实现发动机运转。然后温度按在控制单元中预定的模型特性升高。当发动机已经达到正常工作温度时则在一定时间后显示一固定的替代值,该固定值又同进气温度有关。

(2) 显示区域 4 中的允许值是可变的,显示值同环境温度密切相关。

5)"显示组 004"

显示组 004 的内容如表 2-17 所示,显示组 004 的分析如表 2-18 所示。

显示组 004 的内容 表 2-17

显示组 004-怠速稳定系统					
读测试数据块 4			→	←显示屏显示	允许值
x∠°	x. xx g/s	x. xx g/s	xxxxxxx		
1	2	3	4	←显示区域	
			动行状态		怠速、部分负荷、满负荷、加浓滑行
		怠速空气流量学习值(手动变速器排挡选在空挡)			−1.70~1.70g/s
	怠速空气流量学习值(自动变速器排挡选在 P 或 N 位)				−1.70~1.70g/s
节气门开度					0∠°~5∠°

显示组 004 的分析 表 2-18

显示区域	屏幕上的显示	可能的故障原因	故障排除
2	< -1.70g/s	◇在节气门后有未被计量空气	◇排除漏气故障
	> 1.70g/s	◇由于辅助设备而产生高负荷 ◇在进气区域中节流或有异物	◇关掉空调和用电设备 ◇排除节流或异物

（1）显示区域 1，在加速踏板踏到底时显示约 75∠°~95∠°。

（2）显示区域 2 和 3，将显示怠速稳定系统同预定设计给定的中间值偏离"学习值"有多大。在一台新的发动机上，由于摩擦力较大，其值位于正区域，在磨合的发动机上则位于负区域。在下公差极限上的数值连同在显示组 005 显示区域 3 中的值太低，则表明有空气未被计量，即进气系统有漏气现象。在手动变速器的车辆中在显示区域 3 中一直为 0。

（3）显示区域 4，将显示以下运行状态：怠速、部分负荷、满负荷、滑行、加浓（全节气门开度加浓）。

6）"显示组 005"

显示组 005 的内容如表 2-19 所示。

显示组 005 的内容 表 2-19

显示组 005-怠速稳定系统		
读测试数据块 5 → xxx r/min　xxx r/min　x. xx %　x. x g/s	←显示屏显示	允许值
1　2　3　4	←显示区域	
吸入的空气量（4）		2.0 ~4.0g/s
怠速进气量调节值（怠速调节器）（3）		-10.0% ~10.0%
发动机转速（怠速转速设定值）（2）		860r/min
发动机转速（怠速转速）（1）		820 ~900r/min

显示区域 1：显示实际的发动机机转速（最大 2550r/min）。

显示区域 2：显示发动机控制单元给出的允许转速，特殊情况下可对怠速转速进行微调，设定的怠速转速随后可自动改变。

显示区域3:由于在怠速时负荷的变化,将改变恒定转速时所需的怠速进气量。只有通过怠速稳定学习过程来平衡这一变化,并重新设定在平均值。平均值偏差的大小取决于载荷变化的大小。学习过程将以小步骤在每次怠速开关闭合时进行,在大偏差时需要有多个步骤,因此必须以大约20s的间隔短促踩加速踏板。"学习偏离"的偏差显示在显示组004的显示区域2中。

7)"显示组006"

显示组006的内容如表2-20所示,显示组006的分析如表2-21所示。

显示组006的内容 表2-20

显示组006-怠速稳定系统					
读测试数据块6 xxx r/min	xx. x %	xx. x %	→ x. xx °	←显示屏显示	允许值
1	2	3	4	←显示区域	
			点火提前角		-10°~45°
		λ调节器的调节值			-10.0%~10.0%
	怠速进气量调节值(怠速调节器)				-10.0%~10.0%
发动机转速					0~2550r/min

显示组006的分析 表2-21

显示区域	屏幕上的显示	可能的故障原因	故障排除
3	在公差范围之外	◇负区域:混合气太浓,λ调节使混合气稀 ◇正区域:混合气太稀,λ调节使混合气浓 ◇未计量的空气 ◇喷油器故障 ◇λ学习值在极限之上	◇等30s,直到显示稳定 ◇检查进气系统的泄漏 ◇检查喷射速率 ◇检查显示组7中的λ学习值

显示区域3,显示须在0左右摆动,如恒定显示0,则λ调节已不再起调节作用,读取故障码。λ调节运行状态可参看显示组021。

8)"显示组007"

显示组007的内容如表2-22所示。

显示组 007 的内容　　表 2-22

显示组 007-λ 学习值					
读测试数据块 7			→	←显示屏显示	允许值
xx. x %	x. xxx V	xx %	x. xx		
1	2	3	4	←显示区域	
			带燃油箱通风的 λ 修整因数		0.30 ~ 1.10
		活性炭罐的电磁阀 1 的占空比			0% ~ 99%
	λ 传感器电压				0.000 ~ 1.100V
λ 调节器的控制值					-10.0% ~ 10%

显示区域 2 提示：

(1) 混合气浓(残余氧少)时电压信号约 0.7 ~ 1.1V；混合气稀(残余氧多)时电压信号约 0.0 ~ 0.3V；由浓到稀变化时和在转折处($\lambda = 1.0$)时电压将由 0.7 ~ 1.1V 变化到 0.0 ~ 0.3V。

(2) 由于电压幅度大，λ 调节不能保持混合气浓度为 $\lambda = 1.0$ 的理想成分，使混合气在稍稀和稍浓之间反复摆动。

(3) 显示值必须不时地在 <0.3V 和 >0.6V。显示值 <0.45V，表明混合气较稀；显示值 >0.45V，表明混合气较浓。

9)"显示组 008"

显示组 008 的内容如表 2-23 所示，显示组 008 的分析如表 2-24 所示。

显示组 008 的内容　　表 2-23

显示组 008-λ 学习值					
读测试数据块 8			→	←显示屏显示	允许值
xx. x ms	xx. x%	xxx %	xxxxxxxx		
1	2	3	4	←显示区域	
			燃油箱通风的运行状态		活性炭罐电磁阀开或关或 λ 调节
		部分负荷时的 λ 学习值(倍增性)			-8.0% ~ 8.0%
	怠速时的 λ 学习值(累加性)				-10.0% ~ 10.0%
喷油时间(每个工作循环)					2.00 ~ 5.00ms

注：1. 累加性为故障(如未计量空气)在转速增大时影响将减小。在累加性学习中，喷射时间将以一固定值变化，变化量与基本的喷射时间无关。

2. 倍增性为故障(如喷油器有故障)在转速增加时影响将增大。倍增性学习值与喷射时间是成比例地变化，该变化取决于基本的喷射时间。

显示组 008 的分析 表 2-24

显示区域	屏幕上的显示	可能的故障原因	故障排除
2、3	低的 λ 学习值	◇部分负荷时学习值正常，怠速时学习值低：可能稀释机油 ◇喷油器泄漏 ◇燃油压力太高 ◇活性炭罐的电磁阀 1 常开 ◇空气流量计故障 ◇λ 传感器加热故障或 λ 传感器脏污	◇在高速公路上行驶后消除或更换机油 ◇检查喷油器的泄漏 ◇检查燃油压力调节器 ◇检查电磁阀 1 ◇检查空气流量计 ◇检查 λ 传感器加热
	高的 λ 学习值	◇怠速时学习值没有部分负荷时高：可能是在进气歧管区域有未计量的空气 ◇喷油器堵塞 ◇显示区域 2 和 3 高：空气流量计有故障 ◇燃油压力太低 ◇空气流量计和节气门间有未被计量的空气 ◇在排气歧管垫片处的有未计量的空气 ◇λ 传感器加热故障或 λ 传感器脏污	◇检查进气系统的泄漏 ◇检查喷油器 ◇检查空气流量计 ◇检查燃油压力调节器 ◇排除故障 ◇检查 λ 传感器加热

显示区域 2 和 3 提示：低值表示发动机在太浓的情况下，λ 调节使混合气稀；高值表示发动机运行在太稀的情况下，λ 调节使混合气浓。如果控制单元没有电压供应，所有学习值都将被删去。

10）“显示组 009”

显示组 009 的内容如表 2-25 所示，显示组 009 的分析如表 2-26 所示。

显示组 009 的内容 表 2-25

显示组 009-λ 学习值					
读测试数据块 9		→			
xxx r/min	xx. x %	xx. xxx V	xx. x %	←显示屏显示	允许值
1	2	3	4	←显示区域	
			在怠速时 λ 学习值（累加性）		-10.0% ~10.0%
		λ 传感器电压			0.000 ~1.000V
	λ 调节器调节值				-10.0% ~10.0%
发动机转速（怠速转速）					820 ~900r/min

显示组 009 的分析 表 2-26

显示区域	屏幕上的显示	可能的故障原因	故障排除
3	显示不摆动（恒定在0.000～0.300V或恒定在0.700～0.000V）	◇有大量未计量的空气 ◇火花塞故障 ◇燃油压力太高或太低 ◇喷油器故障 ◇冷却液温度传感器故障 ◇活性炭罐电磁阀1故障 ◇λ 传感器加热无功能 ◇λ 传感器故障或脏污	◇检查进气系统的泄漏 ◇检查火花塞 ◇检查燃油压力调节器和保持压力 ◇检查喷油器 ◇检查冷却液温度传感器 ◇检查活性炭罐电磁阀1 ◇检查 λ 传感器加热 ◇检查 λ 传感器
	恒定为1.000V	◇同正极短接：经由 λ 传感器、传感器导线、搭铁线、发动机控制单元	◇检查 λ 传感器导线
	恒定在0.400～0.500V	◇导线断接：经由 λ 传感器、传感器导线、搭铁线、发动机控制单元	
	恒定在0.000V	◇搭铁短接：经由 λ 传感器、传感器导线、搭铁线、发动机控制单元	

对于显示区域3，与显示组007显示区域2的显示值相同。

11）“显示组010”

显示组010的内容如表2-27所示。

显示组 010 的内容 表 2-27

显示组010-燃油箱通风					
读测试数据块10			→		
x.x %	xx.x %	xx	x.xx %	←显示屏显示	允许值
1	2	3	4	←显示区域	
			燃油箱通风系统净化速率		0.00%～0.30%
		活性炭罐的充填率			-3～32
	在燃油箱通风动作时的 λ 修整因素				0.30%～1.20%
活性炭罐电磁阀1的占空比					0%～99%

发动机ECU通过活性炭罐的电磁阀1（N80）决定由活性炭罐系统向发动机供应燃油气量。当活性炭罐系统为保持规定的净化率有一个高的充填率时，电磁阀1维持闭合（较低的占空比），作为 λ 调节工作的反应显示 λ 修整因素的变化。这种反应比预期的要低些，因为其间从燃油箱中出来的燃油气提高了充填率，则控制单元由此算出了一个较高的充填率。

对显示区域1：

（1）使用λ调节将使活性炭罐的电磁阀1（N80）以220～900s的间隔脉动（进行燃油箱通风），并关掉70s（无燃油箱通风）。在70s期间，λ调节学习了运行条件，使来自活性炭罐的燃油气数量与从燃油箱来的燃油气数量相同。

（2）占空比0%表示活性炭罐容器的电磁阀1闭合，占空比99%表示电磁阀1全开。

（3）怠速时，发动机仅能接受来自活性炭罐系统的某一最大燃油气量。因此在怠速时活性炭罐的电磁阀1的开度受限制，在部分负荷和满载时，其占空比可增加到99%。

（4）通过对在“初始设置”（电磁阀1闭合）和在“读测试数据块”（电磁阀1开约220～900s、闭约70s）时的显示值的比较，可判定活性炭罐系统的影响。

对显示区域2：

（1）若从活性炭罐系统中出来很浓的混合气，则λ调节须将其调稀，其值可达0.6，在这种情况下，λ调节将喷油量减少40%。

（2）在显示值为1.0（λ调节位于中性区域，即无修整因素）时，由活性炭罐系统出来的为理想混合气或电磁阀1闭合。

（3）在显示值为1.01～1.20时，活性炭罐系统来的混合气太稀，λ调节须使之加浓。

显示区域3：在“－3”时活性炭罐中无燃油蒸气，在“＋32”时活性炭罐中充满燃油蒸气。

显示区域4：活性炭罐系统的容积相对于所吸入的总容积比例将被显示出来，“0.00”即活性炭罐系统没有供给燃油蒸气（电磁阀1闭合），“0.30”即30%的进气量来自活性炭罐系统。

12）“显示组011”

显示组011的内容如表2-28所示。

显示组011的内容　　表2-28

显示组011-油耗					
读测试数据块11			→	←显示屏显示	允许值
xxx r/min	x.xx ms	xxx km/h	xx.x L/h		
1	2	3	4	←显示区域	
			油耗		0.50～1.50L/h
		行驶速度			0km/h
	发动机负荷				1.00～2.50ms
发动机转速（怠速转速）					820～900r/min

显示区域3:检查速度信号。

显示区域4:允许值仅适用于无辅助设备的负荷时的怠速运转情况(如自动变速器、空调暖风机、发电机),不适合于测试 L/100km 的油耗值。

13)“显示组 014”

显示组 014 的内容如表 2-29 所示。

显示组 014 的内容 表 2-29

显示组 014-爆震控制					
读测试数据块 14			→	←显示屏显示	允许值
xxx r/min	x. xx ms	xx. x °	xx. x °		
1	2	3	4	←显示区域	
			汽缸 2 由于爆震控制的点火角滞后		0° ~15.0°
		汽缸 1 由于爆震控制的点火角滞后			0° ~15.0°
	发动机负荷				1.00 ~2.50ms
发动机转速(怠速转速)					820 ~900r/min

14)“显示组 015”

显示组 015 的内容如表 2-30 所示。

显示组 015 的内容 表 2-30

显示组 015-爆震控制					
读测试数据块 15			→	←显示屏显示	允许值
xxx r/min	x. xx ms	xx. x °	xx. x °		
1	2	3	4	←显示区域	
			汽缸 4 由于爆震控制的点火角滞后		0° ~15.0°
		汽缸 3 由于爆震控制的点火角滞后			0° ~15.0°
	发动机负荷				1.00 ~2.50ms
发动机转速(怠速转速)					820 ~900r/min

(1) 显示组 14 和 15 ,爆震控制在发动机负荷超过 40% 时被激活,将显示目前的点火角滞后,在低于时则一直恒定显示上次数值。

(2) 在可听见的爆震而无可识别的点火角滞后,为了进行爆震传感器的故障识别(诊断),需将转速在 5s 内提高到 3500r/min 以上。可能的原因是:部件松动;在插头连接处腐蚀或发动机故障(如不正常燃烧)。

(3) 所有汽缸的点火角大大滞后,可能是以下原因:在插头连接处腐蚀;爆震传感器紧固力矩不正确;导线断路;爆震传感器故障;部件松动;燃油质量不佳(低于 95ROZ)。

15）“显示组 016”

显示组 016 的内容如表 2-31 所示。

显示组 016 的内容　　表 2-31

显示组 016-爆震控制					
读测试数据块 16 x. xxx V	 x. xxx V	 x. xxx V	→ x. xxx V	←显示屏显示	允许值
1	2	3	4	←显示区域	
			汽缸 4 爆震传感器电压信号		0.300 ~ 1.400V
		汽缸 3 爆震传感器电压信号			0.300 ~ 1.400V
	汽缸 2 爆震传感器电压信号				0.300 ~ 1.400V
汽缸 1 爆震传感器电压信号					0.300 ~ 1.400V

在高速时，显示的爆震传感器信号电压值可达到 5.1V。如果爆震传感器信号最大、最小差异大于 50%，可能是由于插接处腐蚀所致。

16）“显示组 018”

显示组 018 的内容如表 2-32 所示。

显示组 018 的内容　　表 2-32

显示组 018-爆震控制					
读测试数据块 18 xxxx r/min	 x. xx ms	 x. xx ms	→ xx. x %	←显示屏显示	允许值
1	2	3	4	←显示区域	
			高度修整因素		-30.0% ~ 25.0%
		发动机负荷，节气门开度			1.00 ~ 2.50ms
	发动机负荷				1.00 ~ 2.50ms
发动机转速（怠速转速）					820 ~ 900r/min

发动机控制单元将空气流量计的负荷信号与节气门角和发动机转速计算出来的负荷值进行比较，两值的偏差便是高度修整值。

显示区域 4：“ - 30%”相当于大约 70kPa 的外界气压（低于 100kPa 的 30%）；“25%”相当于大约 125kPa 的外界气压（高于 100kPa 的 25%）。

17）“显示组 019”

显示组 019 的内容如表 2-33 所示。

显示组 **019** 的内容　　表 2-33

显示组 019-自动变速器中的扭矩减少					
读测试数据块 19 xxxx r/min	x. xx ms	x	→ xx. x °	←显示屏显示	允许值
1	2	3	4	←显示区域	
			点火提前角		12.0°
		运行状态(×1×表示无点火角滞后;×0×表示点火角滞后)			×1×,×0×
	发动机负荷				1.00～2.50ms
发动机转速(怠速转速)					820～900r/min

如果通过点火滞后来减少发动机的转矩,以这一显示组来判定换挡时的抖动,由于信号短,点火滞后角并非总能被识别出来,因此不能用 V. A. G1551/1552 显示。

18)"显示组 020"

显示组 020 的内容如表 2-34 所示。

显示组 **020** 的内容　　表 2-34

显示组 020-运行状态					
读测试数据块 20 xxxx r/min	xxxxxxx	xxxxxxx	→ xxxxxxx	←显示屏显示	允许值
1	2	3	4	←显示区域	
			空调压缩机的工作状态(开/关)		Compr. ON(压缩机接通)、Compr. OFF(压缩机关闭)
		空调工作状态			A/C-High、A/C-Low
	自动变速器运行状态(排挡选择信号)				Neutral(空挡)、Gear selected ON(变速器手柄处于选择位置)
发动机转速(怠速转速)					820～900r/min

(1) 显示区域 2:Neutral ＝选择手柄位于 P 或 N;Gear selected ON＝选择手柄在 2/3/4/R/D,在带自动变速器的车辆中总是显示"Neutral"或"Gear selected ON"。

(2) 显示区域 3:A/C-High ＝空调要求有高的加热或冷却功率;A/ C -Low

=空调未开启。

(3) 显示区域 4:无空调的车辆总是显示“Compr. OFF”。

19)“显示组 021”

显示组 021 的内容如表 2-35 所示。

显示组 021 的内容 表 2-35

显示组 021-λ 调节					
读测试数据块 21			→	←显示屏显示	允许值
xxxx r/min	x. xx ms	xx ℃	xxxxxxx		
1	2	3	4	←显示区域	
			λ 调节工作状态		λ-Reg. OFF(λ 调节关) λ-Reg. ON(λ 调节开)
		冷却液温度			-39 ~ 140℃
	发动机负荷				1.00 ~ 2.50ms
发动机转速(怠速转速)					820 ~ 900r/min

(1) 在起动温度 <15℃(进气温度)时,发动机控制单元的 λ 调节要等冷却液温度达到 55℃后才开启。

(2) 在起动温度 >15℃(进气温度)时,如果识别出 λ 传感器处于工作准备状态的话,将开始 λ 调节。

(3) 在 λ 调节关掉时,发动机在特性点阵图控制下运转。

20)“显示组 023”

显示组 023 的内容如表 2-36 所示。

显示组 023 的内容 表 2-36

显示组 023-节气门控制单元的匹配					
读测试数据块 23			→	←显示屏显示	允许值
xxxxxxxx	xx. x %	xx. x %	xx. x %		
1	2	3	4	←显示区域	
			节气门位置调节器最大停止位置		18.0% ~54.0%
		节气门位置调节器的紧急运行停止位置			67.0% ~83.0%
	节气门位置调节器的最小停止位置				72.0% ~95.0%
学习需要显示					100 000

(1) 显示区域 1,如果达不到允许值,将节气门控制部件与发动机控制单元进行匹配。

(2) 显示区域 2、3 和 4,将显示在上次学习到的限位值。

（3）上述所有显示区域，在匹配完成后仍达不到允许值时，应检查导线连接是否断路或短路及插接件是否脏污和腐蚀，如仍未发现故障，更换节气门控制部件。

21）“显示组 024”

显示组 024 的内容如表 2-37 所示。

显示组 024 的内容 表 2-37

显示组 024-爆震控制					
读测试数据块 24			→	←显示屏显示	允许值
xxx r/min	x. xx ms	xx. x °	xx. x °		
1	2	3	4	←显示区域	
			汽缸 1～4 点火滞后角		0°～72.0°
		点火角			20°～40°
	发动机负荷				0～10.00ms
发动机转速（怠速转速）					820～900r/min

22）“显示组 025”

显示组 025 的内容如表 2-38 所示。

显示组 025 的内容 表 2-38

显示组 025-进气歧管切换和凸轮轴调整					
读测试数据块 25			→	←显示屏显示	允许值
xxxxxxxx	x. xx °	xxx	x. x °		
1	2	3	4	←显示区域	
			激活的凸轮轴调整角		－3°～21°
		工作状态（进气歧管切换/凸轮轴调整）			×00
	霍尔传感器调整偏差				－30°～30°
发动机工作状态					

（1）显示区域 1：含义如表 2-39 所示。

（2）显示区域 3：第一位数字无意义；第二位数字表示进气歧管切换（1 表示长的进气路径）；第三位数字表示凸轮轴调整，其中“0”表示未满足条件，控制未被激活；“1”表示满足条件，控制被激活。

(3) 显示区域3 和4,凸轮轴调整只有两个位置:正常位置和开启位置。为了使凸轮轴进入开启位置,车辆以静止加速到1 挡。

(4) 显示区域4 显示可调整的凸轮轴的实际位置。正常位置凸轮轴显示为 -3° ~6.0°;开启位置凸轮轴显示为 16.0° ~21.0°。如果试车时显示区域4 显示在6.0° ~16.0°之间,可能的原因有:油压不足、刚度不足、正时调节器失效。

显示组 025 区域 1 数字的含义 表 2-39

8 位数字								含　义	
x	x	x	x	x	x	x	x		显示
x								未定义	00000000
	x							1-怠速工况;0-非怠速	01000000
		x						1-部分负荷工况;0-非部分负荷	00100000
			x					1-全负荷工况;0-非全负荷	00010000
				x				1-加速工况;0-非加速	00001000
					x			1-减速工况;0-非减速	00000100
						x		未定义	00000010
							x	1-霍尔传感器正常;0-非正常	00000001

23) "显示组 026"

显示组 026 的内容如表 2-40 所示。

显示组 026 的内容 表 2-40

显示组 026-凸轮轴调整					
读测试数据块 26 xxxx r/min	x. xx ms	xxx	→ x. x °	←显示屏显示	允许值
1	2	3	4	←显示区域	
			激活的凸轮轴调整角		-3° ~21°
		工作状态(进气歧管切换/凸轮轴调整)			×00
	发动机负荷				0 ~10.00ms
发动机转速					0 ~6800r/min

24) "显示组 095"

显示组 095 的内容如表 2-41 所示。

显示组 095 的内容　　　　表 2-41

显示组 095-基本功能					
读测试数据块 95			→		
xxxx r/min	x. xx ms	xx. x °	xxx ℃	←显示屏显示	允许值
1	2	3	4	←显示区域	
			冷却液温度		80 ~ 105℃
		点火角			12.0°
	发动机负荷				1.00 ~ 2.50ms
发动机转速(怠速转速)					820 ~ 900r/min

25)“显示组 098”

显示组 098 的内容如表 2-42 所示。

显示组 098 的内容　　　　表 2-42

显示组 098-节气门控制部件的匹配					
读测试数据块 98			→		
x. xxx V	x. xxx V	xxxxxxx	xxxxxxx	←显示屏显示	允许值
1	2	3	4	←显示区域	
			调整模式		ADP. is running(ADP 工作) ADP. OK(ADP 正常) ADP. ERROR(ADP 错误)
		发动机运行状态			Idling(怠速) Part throttle(部分负荷)
	节气门位置传感器(G127)电压				0.5 ~ 4.9V
节气门电位(G69)电压					0.5 ~ 4.9V

26)“显示组 099”

显示组 099 的内容如表 2-43 所示。

显示组 099 的内容　　　　表 2-43

显示组 099-调节					
读测试数据块 99			→		
xxxx r/min	xxx ℃	xx. x %	xxxxxxx	←显示屏显示	允许值
1	2	3	4	←显示区域	
			λ 调节工作状态		λ-Reg. OFF λ-Reg. ON
		λ 调节			-10% ~ 10%
	冷却液温度				-40 ~ 125℃
发动机转速(怠速转速)					820 ~ 900r/min

二、AJR 发动机数据流的读取与分析

AJR 发动机数据流的读取方法及步骤与 ANQ 相似，测试数据组如表 2-44 所示。

AJR 发动机测试数据组一览表 表 2-44

显示组号	屏幕显示	说　明	允 许 值
00 基本功能	Read measuring Value block 0 1 2 3 4 5 6 7 8 9 10	1-冷却液温度 2-发动机负荷 3-发动机转速（怠速转速） 4-蓄电池电压 5-节气门角度 6-怠速空气流量控制值 7-怠速空气流量测量值 8-混合气成分控制值 9-混合气成分测量值 10-混合气成分测量值	80 ~ 105℃ 1 ~ 2.5ms 700 ~ 900r/min 10 ~ 14.5V 0° ~ 5° -2.5 ~ 2.5g/h -4.0 ~ 4.0kg/h -10% ~ 10% -0.64 ~ 0.64ms -8% ~ 8%
01 基本功能	Read measuring Value block 1 1　2　3　4	1-发动机转速 2-发动机负荷（曲轴每转喷射持续时间） 3-节气门角度 4-点火提前角	770 ~ 830r/min 1.00 ~ 2.50ms 0° ~ 5° 7.5° ~ 16.5°V. OT
02 基本功能	Read measuring Value block 2 1　2　3　4	1-发动机转速 2-发动机负荷（曲轴每转喷射持续时间） 3-发动机每循环喷射时间 4-进气流量	770 ~ 830 r/min 1.00 ~ 2.50ms 2.00 ~ 5.00ms 2.0 ~ 4.0g/s
03 基本功能	Read measuring Value block 3 1　2　3　4	1-发动机转速 2-蓄电池电压 3-冷却液温度 4-进气温度	770 ~ 830 r/min 10.000 ~ 14.500V 80 ~ 105℃ Umgeb. Temp ~ 90℃

续上表

显示组号	屏幕显示	说　明	允 许 值
04 怠速稳定系统	Read measuring Value block 4 1　2　3　4	1-节气门角度 2-怠速空气流量测量值(手动空挡位置) 3-怠速空气流量测量值(自动在P挡) 4-工作状况(怠速、部分负荷、满负荷、加浓、滑行)	0°～5° -1.70～1.70g/s -1.70～1.70g/s Leerlau/teillast/Vollast/Schub/Anreicherung
05 怠速稳定	Read measuring Value block 5 1　2　3　4	1-怠速转速(测量值) 2-发动机转速(设定值) 3-怠速控制 4-进气流量	770～830 r/min 800 r/min -10.0%～10.0% 2.0～4.0g/s
06 怠速稳定	Read measuring Value block 6 1　2　3　4	1-怠速转速 2-怠速控制 3-混合气λ控制 4-点火提前角	770～830 r/min -10.0%～10.0% -10.0%～10.0% 7.5°～16.5°V. OT
07 λ学习值	Read measuring Value block 7 1　2　3　4	1-混合气λ控制 2-λ传感器电压 3-活性炭罐电磁阀占空比 4-燃油通风的λ修正因素	-10.0%～10.0% 0.100～1.000V 0%～99% 0.30～1.10
08 λ学习值	Read measuring Value block 8 1　2　3　4	1-发动机每循环喷射时间 2-怠速时λ调节值 3-部分负荷时λ调节值 4-燃油箱通风运行状态	2.00～5.00 -10.0%～10.0% -8.0%～8.0% TE active(活性炭罐电磁阀动作)/TE not active(活性炭罐电磁阀关闭)/λadaption(λ调节作用)

续上表

显示组号	屏幕显示	说　明	允许值
09 λ学习值	Read measuring Value block 9 1　2　3　4	1-发动机转速(测量值) 2-混合气λ控制 3-λ传感器电压 4-怠速时λ调节值	770～830 r/min －10.0%～10.0% 0.100～1.000V －10.0%～10.0%
10 燃油箱 通风	Read measuring Value block 10 1　2　3　4	1-活性炭罐电磁阀的占空比 2-燃油箱通风动作时的λ修正因素 3-活性炭罐过滤器充满水平 4-活性炭罐电磁阀供应空气的比例	0%～99% 0.30～1.20 －3～32 0.00～0.30
11 燃油消耗	Read measuring Value block 11 1　2　3　4	1-发动机转速 2-发动机负荷(曲轴每转喷射持续时间) 3-行驶速度 4-燃油消耗	770～830 r/min 1.00～2.50ms 0km/h 0.5～1.50L/h
12 燃油消耗	Read measuring Value block 12 1　2　3　4	1-发动机转速 2-蓄电池电压 3 燃油消耗 4-点火提前角	770～830 r/min 10～14.5V 0.5～1.50L/h 7.5°～16.5°V. OT
13 爆震控制	Read measuring Value block 13 1　2　3　4	1-1 缸爆震控制点火滞后角 2-2 缸爆震控制点火滞后角 3-3 缸爆震控制点火滞后角 4-4 缸爆震控制点火滞后角	0°～15°kW(曲轴转角) 0°～15°kW 0°～15°kW 0°～15°kW
14 爆震控制	Read measuring Value block 14 1　2　3　4	1-发动机转速 2-发动机负荷(曲轴每转喷射持续时间) 3-1 缸爆震控制点火滞后角 4-2 缸爆震控制点火滞后角	770～830 r/min 1.00～2.50ms 0°～15.0°kW 0°～15.0°kW

续上表

显示组号	屏幕显示	说 明	允许值
15 爆震控制	Read measuring Value block 15 1 2 3 4	1-发动机转速 2-发动机负荷(曲轴每转喷射持续时间) 3-3 缸爆震控制点火滞后角 4-4 缸爆震控制点火滞后角	770 ~ 830 r/min 1.00 ~ 2.50ms 0° ~ 15.0°kW 0° ~ 15.0°kW
16 爆震控制	Read measuring Value block 16 1 2 3 4	1-1 缸爆震传感器信号电压 2-2 缸爆震传感器信号电压 3-3 缸爆震传感器信号电压 4-4 缸爆震传感器信号电压	0.300 ~ 1.400V 0.300 ~ 1.400V 0.300 ~ 1.400V 0.300 ~ 1.400V
17 催化转换器加热	Read measuring Value block 16 1 2 3 4	1-发动机转速 2-发动机负荷(曲轴每转喷射持续时间) 3-3 催化转换器加热能量平衡 4-4 缸爆震控制点火滞后角	770 ~ 830 r/min 1.00 ~ 2.50ms — 0° ~ 15.0°kW
18 海拔高度适配	Read measuring Value block 18 1 2 3 4	1-发动机转速 2-发动机负荷(没有高度修正) 3-发动机负荷,节气门角度 4-高度修正因素	770 ~ 830 r/min 1.00 ~ 2.50ms — 0% 20%
19 在自动变速器中的转矩减小	Read measuring Value block 19 1 2 3 4	1-发动机转速 2-发动机负荷(曲轴每转喷射持续时间) 3-变速器挡位信号 4-点火提前角	770 ~ 830 r/min 1.00 ~ 2.50ms Neutral/Gear selected ON 12°V. OT
20 运行状态	Read measuring Value block 20 1 2 3 4	1-发动机转速 2-自动变速换挡选择信号 3-空调工作状态 4-空调压缩机工作状态	770 ~ 830 r/min Neutral/Gear selected ON A/C-High A/C-Low Compr. OFF/ ON

续上表

显示组号	屏幕显示	说　明	允许值
21 λ 调节	Read measuring Value block 21 1　2　3　4	1-发动机转速 2-发动机负荷(曲轴每转喷射持续时间) 3-冷却液温度 4-λ 控制工作状态	770 ~ 830 r/min 1.00 ~ 2.50ms 80 ~ 105℃ λ-Reg. OFF/λ-Reg. ON
23 节气门控制部件	Read measuring Value block 23 1　2　3　4	1-节气门控制部件工作状态 2-节气门位置调节器最小停止位置 3-节气门位置调节器紧急运行停止位置 4-节气门位置调节器最大停止位置	00000001 72.0% ~95.0% 67.0% ~83.0% 18.0% ~54.0%
24 爆震控制	Read measuring Value block 24 1　2　3　4	1-发动机转速 2-发动机负荷(曲轴每转喷射持续时间) 3-点火提前角 4-1 ~4 缸点火滞后角平均值	0 ~6800 r/min 0 ~10.00ms -10° ~45°V. OT 0° ~(1 +2 +3 +4)/4 °kW
98 节气门控制部件匹配	Read measuring Value block 98 1　2　3　4	1-节气门电位计电压 2-节气门位置传感器电压 3-工作状态 4-匹配状态	0 ~5V 0.5 ~4.9V Idling/ Part throttle ADP Running/ADP OK/ADP ERROR
99 λ 控制	Read measuring Value block 99 1　2　3　4	1-发动机转速 2-冷却液温度 3-混合气成分 λ 控制 4-λ 控制工作状态	770 ~860 r/min 80 ~105℃ -10.0% ~10.0% λ-Reg. OFF/λ-Reg. ON

三、F23A3 发动机数据流的读取与分析

用 Honda PGM、电眼睛、修车王、金德等检测仪可以读取 F23A3 发动机电控系统的数据流，其数据参数如表 2-45 所示。

F23A3 发动机电控系统的数据参数 表 2-45

序号	数据名称	单位	(怠速时)标准值
1	发动机实际转速	r/min	770 ± 50
2	车速	km/h	0
3	挡位指示	R-DL	P
4	制动开关	OFF/ON	OFF
5	冷气开关	OFF/ON	OFF
6	起动电机开关	OFF/ON	ON
7	PSP 开关(动力转向压力开关)	OFF/ON	OFF
8	SCS(短接插头)	OPEN/SHORT	OPEN
9	HO_2S(氧传感器)加热器	OFF/ON	ON
10	冷气离合器	OFF/ON	OFF
11	故障指示灯	OFF/ON	OFF
12	主继电器	OFF/ON	ON
13	VTEC(可变气门控制机构)电磁阀	OFF/ON	OFF
14	风扇控制	OFF/ON	ON
15	FIA(燃油喷射空气系统)电磁阀	OFF/ON	OFF
16	发动机支架电磁阀	OFF/ON	OFF
17	含氧回馈状况	OPEN/CLOSED	OPEN
18	ECT(发动机冷却液温度)传感器	℃	取决于起动时冷却液温度
19	进气温度	℃	取决于起动时冷却液温度
20	MAP(进气歧管压力)传感器	kPa	120
21	大气压力传感器	kPa	101
22	节气门位置传感器		-1.95°
23	HO_2 传感器(加热型氧传感器)	V	0 ~ 1 变化
24	蓄电池电压	V	13.5 ~ 14.5
25	交流发电机		95%
26	ELD(电气负荷装置)	A	36
27	EGR VLS(废气再循环阀升程传感器)	V	0.14 ~ 1.0
28	喷油器	ms	1.5 ~ 3.5
29	点火提前角		10° ~ 14°
30	进气控制阀	OFF/ON	OFF
31	蒸气净化控制断续		0% ~ 25% 可变

课题五　波形的读取与分析

一、汽车电子信号类型及判定依据

汽车电气系统中存在5种基本类型的电子信号:直流、交流、频率调制、脉宽调制和串行数据信号,如图2-32所示。任何汽车发动机电控系统电子信号都具有幅值、频率、脉宽、形状和阵列等5个可以度量的参数指标即判定依据,如图2-33所示。发动机ECU需要通过分辨这些特征来识别各个传感器提供的各种信息,并依据这些特征来发出各种命令,指挥不同的执行器动作。汽车维修人员可通过汽车专用示波器读取这些电子信息来诊断汽车是否有故障及故障的所在。

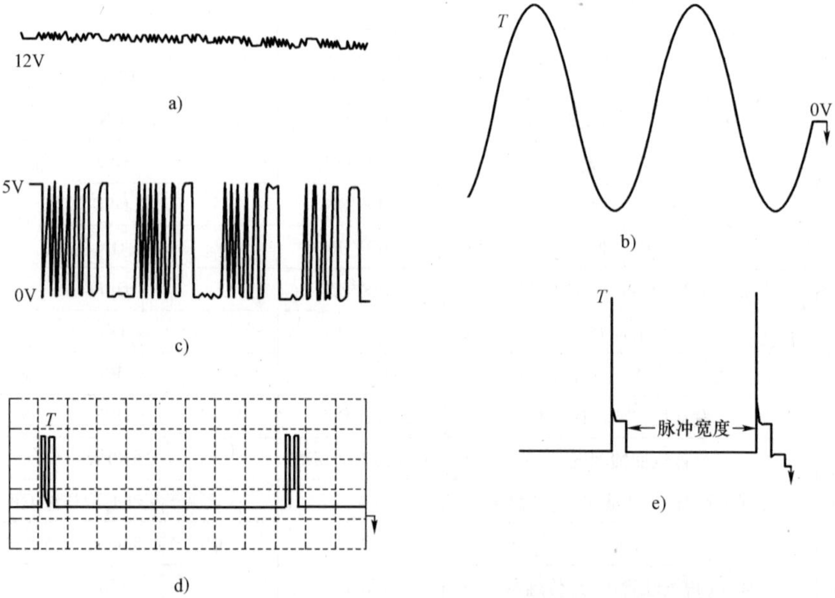

图2-32　汽车电子信号的类型

a)直流信号;b)交流信号;c)频率调制信号;d)串行数据(多路)信号;e)脉宽调制信号

幅值:指电子信号在一定点上的即时电压,也表示波形的最高和最低的差值。

频率:信号的循环时间,即电子信号在两个事件或循环之间的时间,一般指每秒的循环数(HZ),也表示每秒的波形周期数。

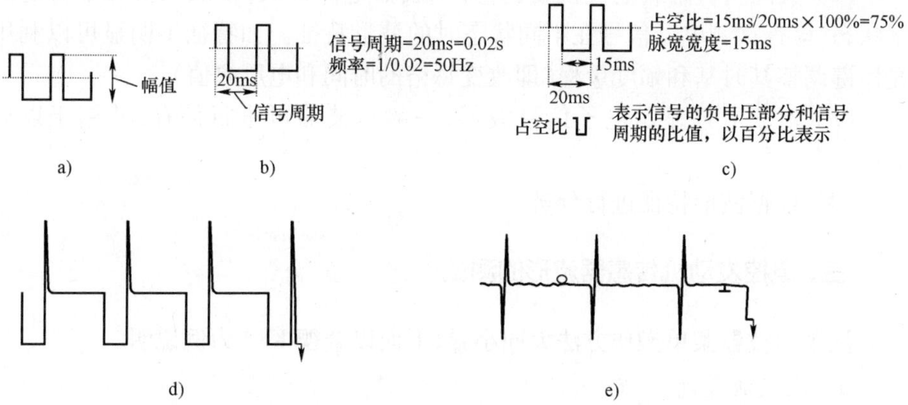

图 2-33　汽车电子信号的判定依据

a)幅值;b)频率;c)脉宽;d)形状;e)阵列

脉宽:电子信号所占的时间或占空比。

形状:电子信号的外形特征,它的曲线、轮廓和上升沿、下降沿等。

阵列:组成专门信息信号的重复方式。

汽车电子信号特征组成:每一类型的电子信号都可以由 5 种判定依据中的一个或多个特征组成,如表 2-46 所示。

汽车电子信号特征组成　　表 2-46

判定依据	幅值	频率	形状	脉冲宽度	阵列
直流信号	○				
交流信号	○	○	○		
频率调制信号	○	○	○		
脉宽调制信号	○	○	○	○	
串行数据(多路)信号	○	○	○	○	○

二、波形测试的步骤

(1) 连接好波形测试设备——示波器:接好示波器电源(9V 或 12V 恒压输入,也可用内置干电池)。红色 A 通道探针接信号输出端子,黑色 COM 公共输入端用鳄鱼夹搭铁;如同一传感器有两个输入信号,则红色 A 通道接高输出端,黑色 COM 公共输入端接低输出端;如要同时测试两个信号波形时黄色 B 通道探针接另一个信号输出端子即可。

（2）关闭所有附属电气设备，打开示波器电源开关，使发动机处于特定测试状态，检查被测电子信号在不同状态时的波形特征。如特征不明显可以利用光标键调整其时基和幅度量程（即改变每格的时间和电压幅值）。

（3）对于屏幕显示电子信号波形，一般示波器可进行储存，并用于以后对比。

（4）根据波形特征进行分析。

三、电控发动机传感器波形的测试

汽车示波器菜单操作方法大同小异，下面以金德 K80 为例说明。

1. 空气流量计

AJR、ANQ 发动机采用热膜式空气流量计。

1）波形检测方法

（1）连接好波形测试设备，测试笔接入 K80 通道 1（CH1 端口），鳄鱼夹搭铁，测试探针接传感器信号输出端子（G70 的 5 号端子）。

（2）关闭所有附属电气设备，起动发动机，使其怠速稳定运转。打开示波器电源开关，在主菜单屏幕（如图 2-34 所示）下，选择“示波器”，选择“空气/燃油”，选择“空气流量传感器”，再选择“空气流量传感器-模拟型”，如图 2-35 所示，按“ENTER”键确认。检查怠速时输出信号电压。作加速和减速试验，应有如图 2-36 所示波形出现。

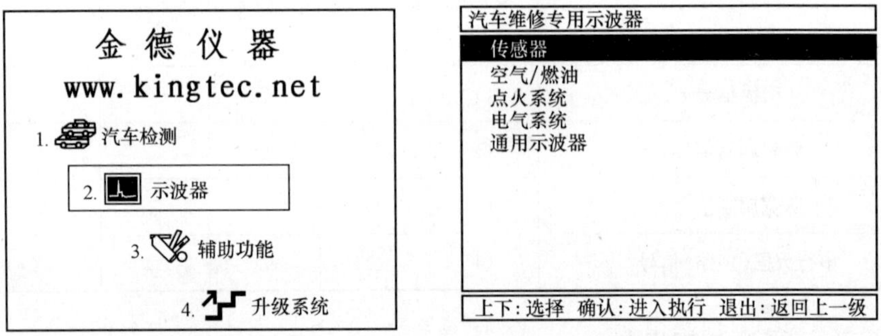

图 2-34　金德 K80 屏幕主菜单

a）主菜单界面；b）示波器功能选项显示屏

（3）将发动机转速从怠速加至节气门全开（加速过程中节气门应以缓中速打开），节气门全开后持续 2s，但不要使发动机超速运转。

（4）再将发动机降至怠速运转，并保持 2s。

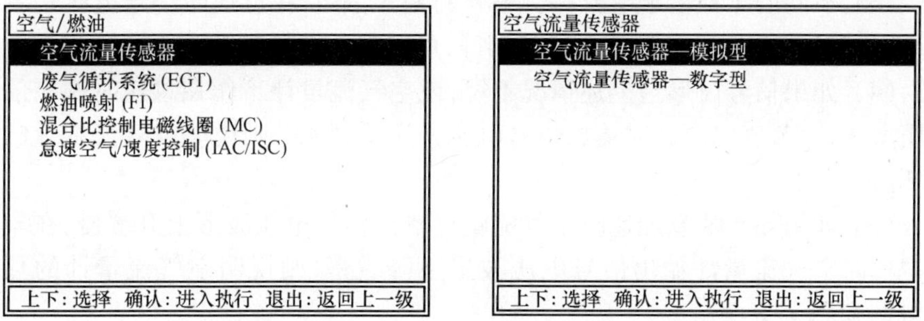

a) b)

图 2-35 空气流量计检测菜单

a)空气/燃油系统选项菜单显示屏;b)空气流量传感器选项显示屏

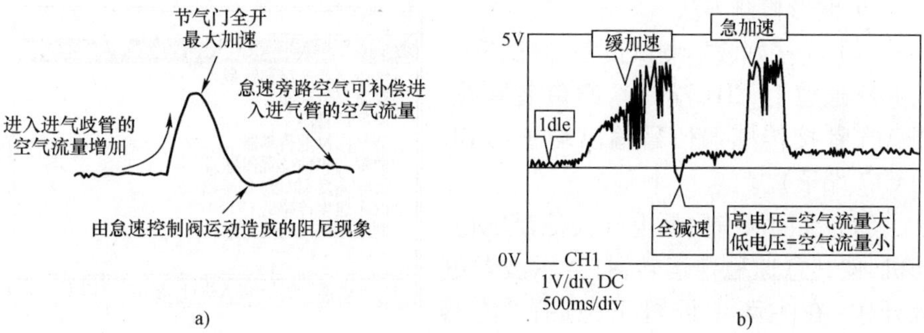

a) b)

图 2-36 空气流量计信号波形

a)波形分析;b)实测波形

(5) 再从怠速工况急加速发动机至节气门全开,然后再关小节气门使发动机回至怠速。

(6) 定住波形,仔细观察空气流量传感器波形。

2) 波形分析

(1) 从维修资料中找出输出信号电压参考值进行比较,通常热线(热膜)式空气流量计输出信号电压范围是从怠速时超过 1V 变至节气门全开时超过 4V,当急减速时输出信号电压应比怠速时的电压稍低。

(2) 发动机运转时,波形的幅值应在不断地波动。因为热线式空气流量计没有任何运动部件,因此没有惯性,所以它能快速的对空气流量的变化做出反应。在加速时的波形上所看到的杂波实际是在低进气真空之下各缸进气口上的空气气流脉动,发动机 ECU 中的超级处理电路读入后会清除这些信号,所以这些脉冲没有关系。

(3) 不同的车型输出电压将有很大的差异,察看在怠速时信号电压是否为0.25V、燃油混合气是否正常或冒黑烟等,可以判断空气流量计的好坏。

(4) 如果信号波形与上述情况不符,或空气流量计工作在怠速时输出信号电压太高,而节气门全开时输出信号电压又达不到4V,则说明空气流量计已经损坏。

(5) 如果在车辆急加速时空气流量计输出信号电压波形上升缓慢,在车辆急减速时空气流量计输出信号电压波形下降缓慢,则说明空气流量计的热线(热膜)脏污。

(6) 出现这些情况,均应清洁或更换热线(热膜)式空气流量计。

2. 进气歧管绝对压力传感器

F23A3 发动机采用半导体压敏电阻式进气歧管绝对压力传感器。

1) 波形检测方法

(1) 连接好波形测试设备,测试笔接入K80通道1(CH1端口),鳄鱼夹搭铁,测试探针接传感器信号输出端子(ECU的C17端子)。

(2) 关闭所有附属电气设备,起动发动机,使其怠速稳定运转,打开示波器电源开关,在主菜单屏幕下,选择"传感器",再选择"歧管绝对压力(MAP)",如图2-37所示,按"ENTER"键确认。检查怠速输出信号电压。做加速和减速试验,应有类似图2-38中的波形出现。

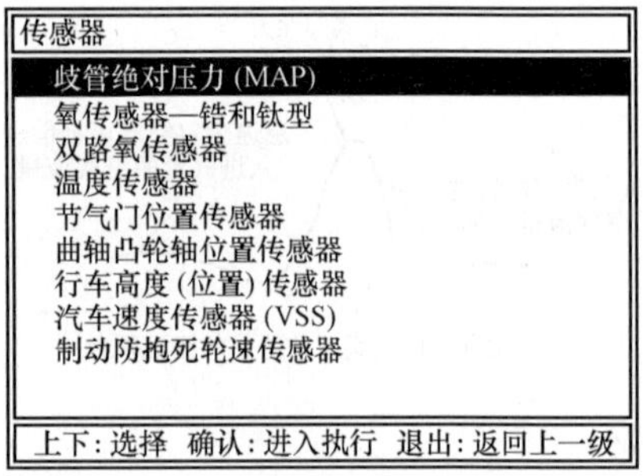

图2-37 进气歧管绝对压力传感器检测的菜单显示屏

(3) 将发动机转速从怠速加到节气门全开(加速过程中节气门应缓中速打开),并持续约2s,不应超速。

(4) 再减速回到怠速状况,持续约2s。

(5) 再急加速至节气门全开,然后再回到怠速。将波形定位,观察波形。

(6) 也可以用手动真空泵对其进行抽真空测试,观察真空表读数值与输出电压信号的对应关系。

2) 波形分析

(1) 从车型技术资料中查到各种不同车型在不同真空度下的输出电压值,将这些参数与示波器显示的波形进行比较。通常半导体压敏电阻式进气歧管绝对压力传感器的输出电压在怠速时为1.25V,当节气门全开时略低于5V,全减速时接近0V。

(2) 大多数进气歧管绝对压力传感器在真空度高时(急减速是81kPa)产生

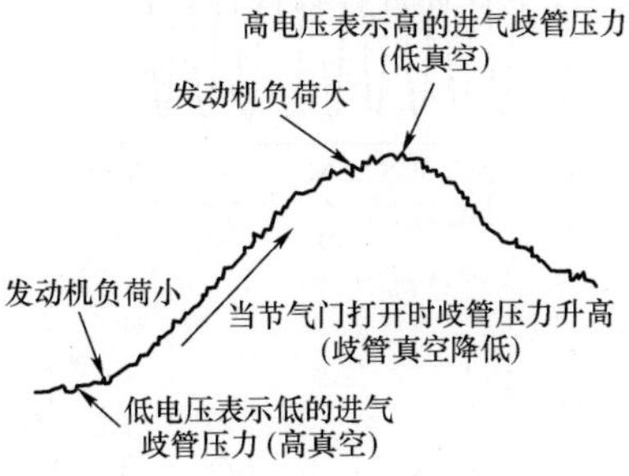

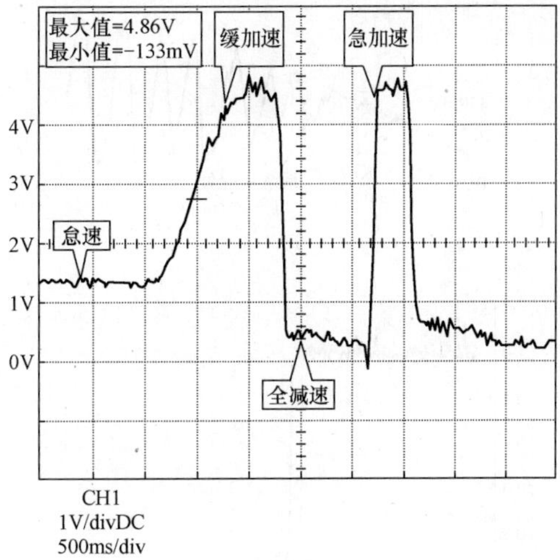

图 2-38　进气歧管绝对压力传感器波形

a)波形分析;b)实测波形

低的电压信号(接近0V),而真空值低时(全负荷时接近10kPa)产生高的电压信号(接近5V),也有些进气歧管压力传感器设计成相反方式,即当真空度增高时输出电压也增高。

(3) 当进气歧管绝对压力传感器有故障时,可以查阅维修手册,波形的幅值应保持在接近特定的真空度范围内,波形幅值的变化不应有较大的偏差。

(4) 当传感器输出电压不能随发动机真空值变化时,在波形图上可明显看出来,同时发动机将不能正常工作。

(5) 如果出现不正常的信号波形,更换半导体压敏电阻式进气歧管绝对压力传感器。

3. 氧传感器

氧传感器输出的信号电压波形如图 2-39 所示。

发动机起动后氧传感器输出的信号电压先逐渐升高到 450 mV,然后进入升高和下降(混合气变浓和变稀)的循环,即燃油反馈控制系统进入了闭环状态。

如氧传感器有故障,波形就不能正确反映燃油反馈控制系统的状况。

测试氧传感器信号波形有 2 种常用的方法:丙烷加注法和急加速法。

1) 丙烷加注法检测氧传感器信号波形

氧传感器信号测试中有 3 个参数(最高信号电压、最低信号电压和混合气

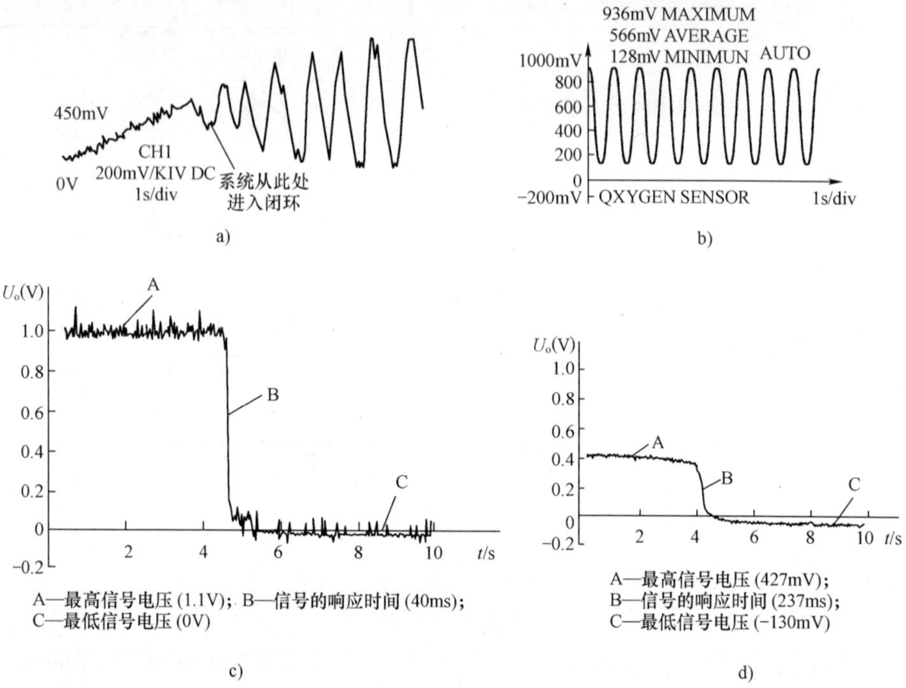

图 2-39　氧传感器的波形

a)从开环控制到闭环控制的信号波形；b)良好的氧传感器信号波形；c)正常波形；d)不正常的氧传感器波形

从浓到稀时信号的响应时间）需要检查，只要在这 3 个参数中有 1 个不符合规定，氧传感器就必须予以更换。更换氧传感器后还需对新氧传感器的这 3 个参数进行检查，以判断新的氧传感器是否完好。

（1）测试步骤：

连接好波形测试设备，测试笔接入 K80 通道 1（CH1 端口），鳄鱼夹搭铁，测试探针接传感器信号输出端子（AJR、ANQ 发动机的 4 号端子，F23A3 发动机的 2 号端子）。起动发动机，达到发动机正常温度，且为闭环控制。打开示波器电源开关，在主菜单屏幕下，选择“传感器”，再选择“氧传感器-锆和钛型”，按“ENTER”键确认。

① 连接并安装加注丙烷的工具。

② 把丙烷接到真空管入口处（对于有 PCV 系统或制动助力系统的汽车应在其连接完好的条件下进行测试）。

③ 接上并设置好波形测试设备。

④ 起动发动机，并让发动机在 2500r/min 下运转 2～3min。

⑤ 使发动机怠速运转。

⑥ 打开丙烷开关，缓慢加注丙烷，直到氧传感器输出的信号电压升高（混合气变浓），此时一个运行正常的燃油反馈控制系统会试图将氧传感器的信号电压向变小（混合气变稀）的方向拉回。

⑦ 然后继续缓慢地加注丙烷，直到该系统失去将混合气变稀的能力。

⑧ 接着再继续加注丙烷，直到发动机转速因混合气过浓而下降 100 ~ 200r/min。这个操作步骤必须在 20 ~ 25s 内完成。

⑨ 迅速把丙烷输入端移离真空管，以造成极大的瞬时真空泄漏（这时发动机失速正常现象，并不影响测试结果），然后关闭丙烷开关。

⑩ 待信号电压波形移动到波形测试设备显示屏的中央位置时锁定波形，测试完成。分析信号电压波形确定氧传感器是否合格。

（2）分析：

① 氧传感器信号波形参数标准见表 2-47。

氧传感器信号波形参数标准 表 2-47

序号	测量参数	允许范围
1	最高信号电压	>850mV
2	最低信号电压	75 ~ 175mV
3	混合气从浓到稀的最大允许响应时间	<100ms（波形中在 300 ~ 600mV 之间的下降段应该是上下垂直的）

② 一个已损坏的氧传感器可能输出如图 2-39d）所示的信号电压波形，其中，最高信号电压下降至 427mV，最低信号电压 <0V，混合气从浓到稀时信号的响应时间却延长为 237ms，所以这 3 个参数均不符合标准。

③ 如在关闭丙烷开关前，发动机怠速运转时间（即混合气达到过浓状态的时间）超过 25s，则可能是氧传感器的温度太低，这不仅会使信号电压的幅值过低，而且还会使输出信号下降的时间延长，造成氧传感器不合格的假象。

④ 在检测前应将氧传感器充分预热（让发动机在 2500r/min 下运转 2 ~ 3min）。

⑤ 如从信号电压波形上还无法准确地断定氧传感器的好坏，可用波形测试设备上的游动标尺读出最大和最小信号电压值以及信号的响应时间，然后用这 3 个参数来判断氧传感器的好坏。

2）急加速法检测氧传感器波形

（1）测试步骤：

① 以 2500r/min 的转速预热发动机和氧传感器 2 ~ 6min，再让发动机怠速

运转 20s。

② 在 2s 内将发动机节气门从全闭(怠速)至全开 1 次,共进行 5 ~6 次。不要使发动机空转转速超过 4000r/min,只要用节气门进行急加速和急减速就可以了。

③ 定住屏幕上的波形,如图 2-40 所示。

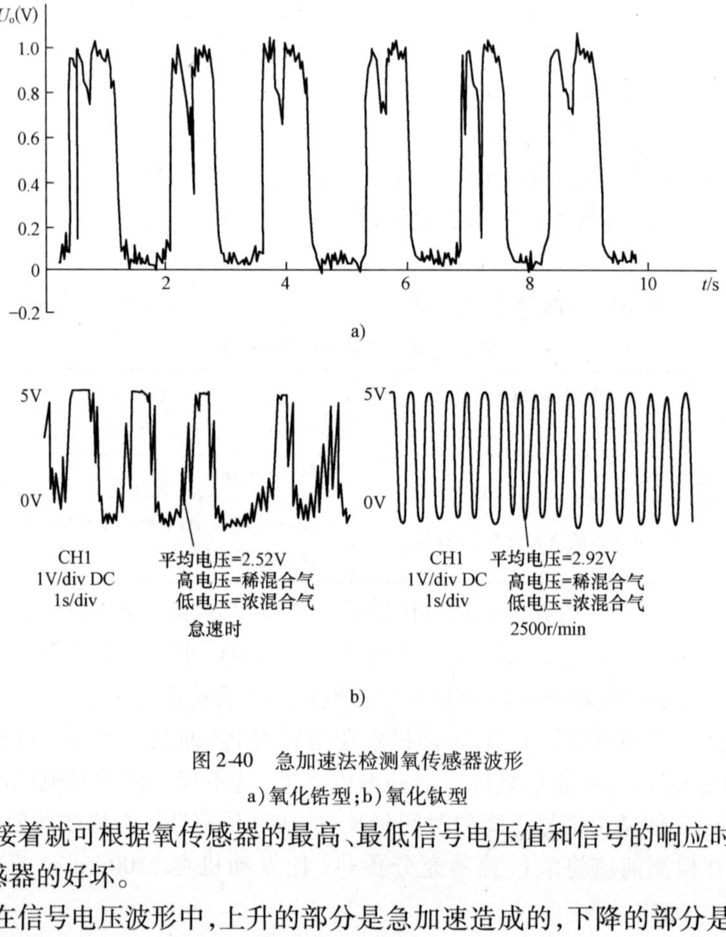

图 2-40　急加速法检测氧传感器波形

a)氧化锆型;b)氧化钛型

④ 接着就可根据氧传感器的最高、最低信号电压值和信号的响应时间来判断氧传感器的好坏。

⑤ 在信号电压波形中,上升的部分是急加速造成的,下降的部分是急减速造成的。

(2) 分析:

如波形上限不能达到 1V(氧化锆型)或 5V(氧化钛型),则此氧传感器已损坏。氧化锆型氧传感器的输出电压信号随混合气浓度的增加,电压升高;氧化钛型氧传感器的输出电压信号随混合气浓度的增加,电压降低。

3) 双氧传感器波形的检测

主氧传感器用于向 ECU 提供混合气浓度的信号,装在三元催化反应器前面;副氧传感器用于测试催化净化效率,装在三元催化反应器后面。在汽车匀速行驶时,副氧传感器信号电压的波动应比主氧传感器信号电压的波动小得多,因为正常运行的三元催化反应器在转化 HC 和 CO 时要消耗氧气。

当三元催化反应器损坏时,转化效率丧失,这时在其前后的排气管中的氧气量十分接近(几乎相当于没装三元催化反应器),前、后两氧传感器的信号电压波形就趋于相同,并且电压波动范围也趋于一致。出现这种情况时应更换三元催化转化器,如图 2-41 所示。

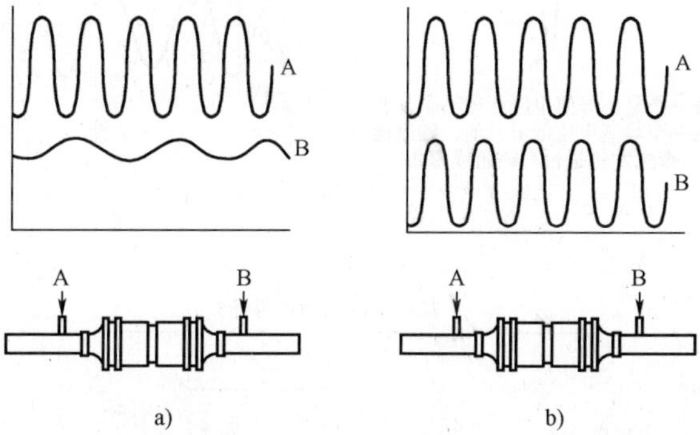

图 2-41　主、副氧传感器的波形

a)三元催化转化器正常;b)三元催化转化器不正常(失效)

测试方法:

① 连接好波形测试设备,测试笔接入 K80 通道 1、通道 2(CH1、CH2 端口),将其中一个测试笔的鳄鱼夹搭铁,分别用测试探针接入前后氧传感器信号线。

② 起动发动机,达到发动机正常温度,且为闭环控制。

③ 打开示波器电源开关,在主菜单屏幕下,选择"传感器",再选择"双路氧传感器",按"ENTER"键确认。

④ 观察波形情况。

4. 转速传感器(曲轴位置传感器)

F23A3、AJR、ANQ 发动机曲轴位置传感器均采用磁电式曲轴位置传感器。

1) 波形检测方法

连接好波形测试设备,测试笔接入 K80 通道 1(CH1 端口),鳄鱼夹搭铁,测试探针接传感器信号输出端子。打开示波器电源开关,在主菜单屏幕下,选择"传感器",再选择"曲轴凸轮轴位置传感器",按"ENTER"键确认。起动发动机,观察波形。如正在诊断的是发动机无法起动的故障,也要边起动边观察传感器是否有信号输出。

（1）F23A3 发动机 CKP 传感器的检测：将示波器的信号探针插入传感器的信号线（3 号端子），起动发动机，观察波形，应如图 2-42 所示，所有电压最大峰值和最小峰值几乎都一样。

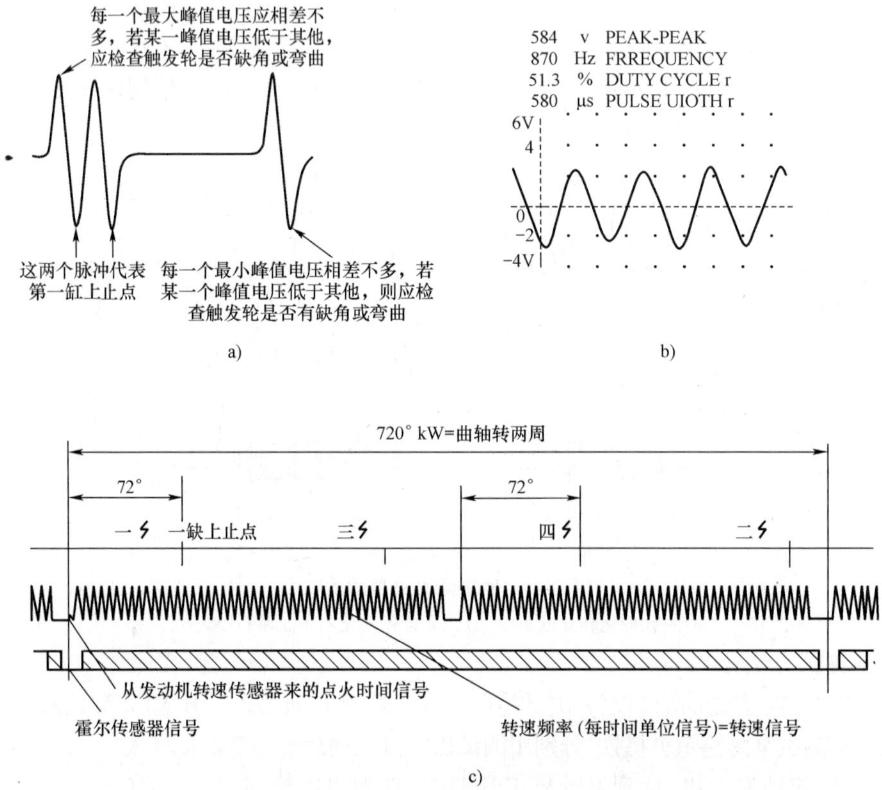

图 2-42　磁电式曲轴转速传感器

a）波形分析；b）F23A3 发动机实测的正常波形；c）ANQ 发动机实测的正常波形

（2）AJR、ANQ 发动机曲轴位置传感器的检测：

① 探针接传感器输出端子（G28 信号端子为 1 号端子）。

② 关闭所有附属电气设备，起动发动机，检查输出信号波形，应如图 2-42 所示。

③ 即使发动机不能正常运转，只要起动机能带动发动机转动，也能检测出信号波形。

2）分析

磁电式曲轴位置传感器标准波形的输出电压和频率随车速变化而变化，波形的上下波动应在0V电平的上下基本对称。所有的电压最大峰值和最小峰值几乎一样,相差很小。每一个波形从负到正至少上升3V。

(1) 若各个峰值都不等,且相差很大,则是触发轮松旷。

(2) 如波形为0V电压位置处显示一直线:

① 确定示波器到传感器的连接是否正常。

② 确认相关零件在运转(分电器轴、曲轴、凸轮轴)。

③ 查传感器是否损坏、传感器的空气隙是否正常。

(3) 如果在发动机运转时不能检测到信号波形,必须更换转速传感器。

5. 凸轮轴位置传感器(霍尔传感器)

AJR、ANQ发动机由霍尔传感器G40向ECU提供第1缸点火信号。

1) 波形检测方法

(1) 连接好波形测试设备,探针接传感器信号端子,鳄鱼夹搭铁,即AJR、ANQ发动机G40的2号端子接CH1。打开示波器电源开关,在主菜单屏幕下,选择"传感器",再选择"曲轴凸轮轴位置传感器",按"ENTER"键确认。

(2) 关闭所有附属电气设备,起动发动机,并使其怠速稳定运转,检查输出信号波形,应如图2-43所示。

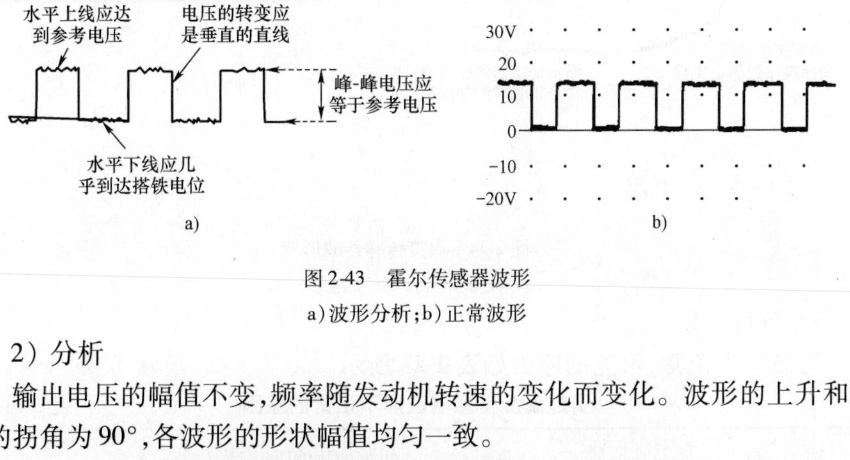

图2-43 霍尔传感器波形

a) 波形分析; b) 正常波形

2) 分析

输出电压的幅值不变,频率随发动机转速的变化而变化。波形的上升和下降的拐角为90°,各波形的形状幅值均匀一致。

(1) 水平下线若离搭铁电位太高说明电阻太大或搭铁不良。

(2) 如波形为0V电压位置处显示一条直线:

① 确认传感器和示波器连接良好。

② 确认相关元件在运转(分电器轴、曲轴、凸轮轴)。

③ 用示波器查传感器的电源电路和PCM的电源及搭铁电路。

④ 查电源电压和传感器参考电压。

(3) 如波形为电源电压处显示一条直线：

① 查传感器的搭铁电路是否良好。

② 确认相关元件在运转。

如传感器的搭铁电路良好，则可能传感器本身已损坏。

(4) 如果在发动机运转时不能检测到信号波形，则必须更换转速传感器。

6. 温度传感器

1) 波形检测方法

(1) 连接好波形测试设备，测试笔接入 K80 通道 1(CH1 端口)，鳄鱼夹搭铁，测试探针接传感器信号输出端子。

(2) 关闭所有附属电气设备，起动发动机，打开示波器电源开关，在主菜单屏幕下，选择“传感器”，再选择“温度传感器”，按“ENTER”键确认。在发动机暖机过程中观察温度传感器的波形变化，应如图 2-44 所示。负温度系数热敏电阻(NTC)型温度传感器的波形基本类似。

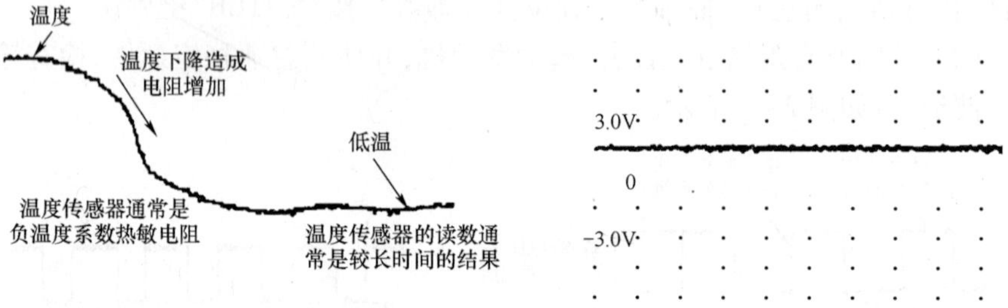

a)　　　　b)

图 2-44　温度传感器波形

a) 波形分析；b) 正常波形

2) 分析

若波形不正常，可能的原因如表 2-48 所示。

引起温度传感器波形不正常的原因　　表 2-48

部　　位	可能的故障原因
冷却液温度传感器	发动机过热，冷却液不足，传感器本身损坏，传感器电源电压不正常，ECU 输出电压不正常、搭铁不良，ECU 有故障
进气温度传感器	空气滤清器有阻塞，插接器和线束有松动或污损，传感器本身损坏，传感器电源电压不正常，ECU 输出电压不正常、搭铁不良，ECU 有故障

7. 节气门位置传感器

1）波形检测方法

(1) 连接好波形测试设备，测试笔接入 K80 通道 1（CH1 端口），鳄鱼夹搭铁，测试探针接传感器信号输出端子（AJR、ANQ 中 J338 的 5 号端子，F23A3 的 2 号端子接 CH1）。

(2) 关闭所有附属电气设备，起动发动机，打开示波器电源开关，在主菜单屏幕下，选择“传感器”，再选择“节气门位置传感器”，按“ENTER”键确认。逐渐开大节气门，检查输出信号波形，应如图 2-45 所示。

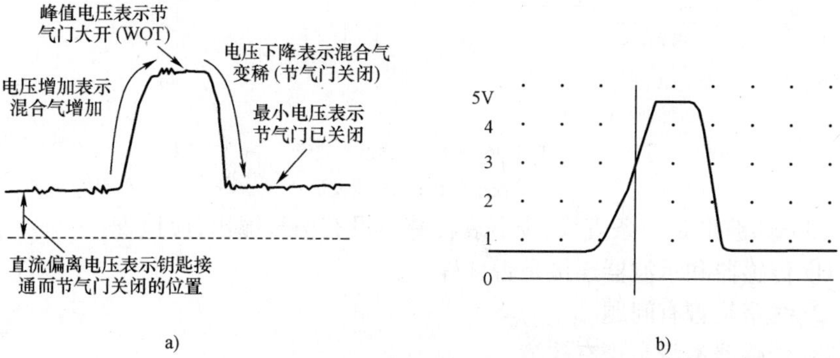

图 2-45　节气门位置传感器波形
a）波形分析；b）正常波形

2）分析

波形上不应有任何断点、对搭铁电位尖峰或大波折，特别要注意前 1/4 节气门开度的波形。如波形与标准不符，可能原因有：节气门位置传感器内部滑片电阻接触不良；线束有故障；插接器接触不良；传感器基准电压不正常；ECU 搭铁不良。

8. 爆震传感器

爆震传感器一般不易损坏，如发现此传感器有问题，可能是线路或发动机确实有故障。

(1) 连接好波形测试设备，测试笔接入 K80 通道 1（CH1 端口），鳄鱼夹搭铁，测试探针接传感器信号端子。打开示波器电源开关，在主菜单屏幕下，选择“点火系统”，再选择“爆震传感器-压电晶体”，按“ENTER”键确认。

(2) 起动发动机，用木槌敲击爆震传感器附近的缸体，此时示波器上应有一突变的波形，敲击力越大，波形幅值也越大。不同类型的爆震传感器，峰值电压有所不同。爆震传感器的量程一般为 5 ~ 15kHz，如图 2-46 所示。

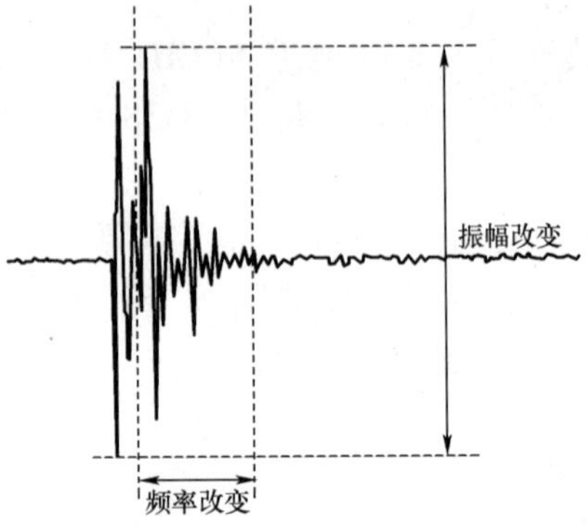

a)

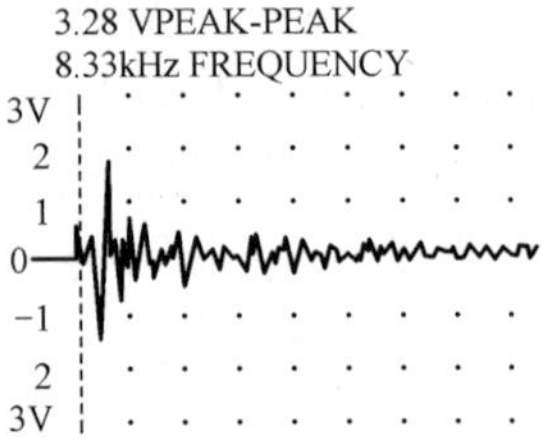

b)

图 2-46　爆震传感器的波形
a) 波形分析；b) 实测波形

(3) 如波形是一条直线，则爆震传感器没有信号输出，应检查：

① 传感器和示波器连接是否良好。

② 线路是否有问题。

③ 传感器本身是否有故障。

四、发动机电控系统执行器波形的测试

以金德 K80 为例说明。

1. 喷油器波形

1) 波形检测方法

(1) 连接好波形测试设备，测试笔接入 K80 通道 1(CH1 端口)，鳄鱼夹搭铁，测试探针接传感器信号端子。

(2) 将换挡操纵手柄置于停车挡或空挡。起动发动机，以 2500r/min 的转速保持 2 ~ 3min，直至发动机完全热机。打开示波器电源开关，在主菜单屏幕下，选择“空气/燃油”，再选择“燃油喷射(FI)”，按“ENTER”键确认。

(3) 同时使燃油反馈控制系统进入闭环控制状态(可以通过观察波形测试设备上氧传感器的信号确定这一点)。

(4) 关掉空调和所有附属电器设备。

(5) 缓慢加速并观察在加速时喷油器的喷油持续时间的相应增加状况。AJR、ANQ、F23A3 发动机喷油器均采用传统型喷油器(饱和开关型)，波形应如图 2-47 所示。AJR、ANQ 发动机在怠速无负荷时的波形如图 2-47b) 所示。

F23A3 发动机的喷油脉宽:正常范围 0 ~32.6ms,怠速时 1 ~4ms,节气门全开时 12ms。

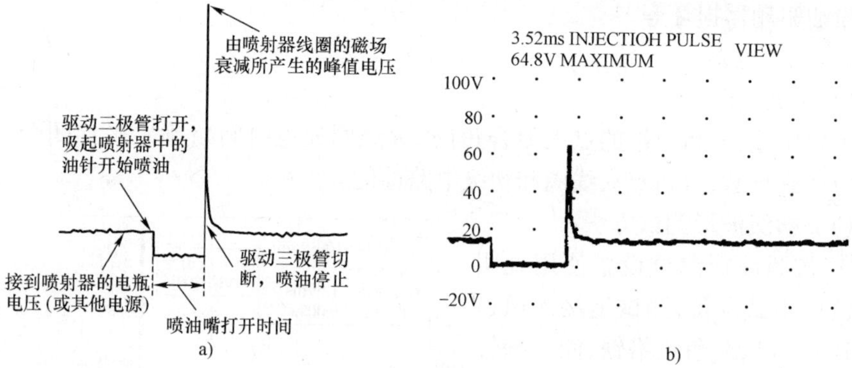

图 2-47　喷油器波形

a)饱和开关型喷油器波形;b)AJK、ANQ 发动机怠速无负荷时喷油器波形

2）分析

(1) 可以用手工加入丙烷的方法使混合气更浓,或者在造成真空泄漏使它变稀的同时,观察相应喷油持续时间的变化。

(2) 如怀疑喷油器线圈短路或喷油驱动器有故障,可以用静态测试喷油器线圈电阻值的方法来判断。

(3) 大多数情况下,如果喷油器电路有故障,就一点脉冲信号都没有,可能有两种情况:波形是一条 0V 的直线;波形是一条 12V 电压的水平线(喷油器电源电压)。

① 如波形是一条 0V 直线,首先应确认:

a. 波形测试设备和喷油器连接是否良好。

b. 必要的零件(分电器轴、曲轴和凸轮轴等)是运转的。

c. 用波形测试设备检查喷油器供电电源电路以及发动机 ECU 的电源和搭铁电路,如果喷油器上没有电源电压,检查其他电磁阀(炭罐电磁控制阀等)电源电压。

d. 如果喷油器供电电源正常,喷油器线圈可能断路或喷油器插头损坏,个别情况是发动机 ECU 中喷油器控制电路频繁搭铁,代替了推动脉冲,频繁的从喷油器向汽缸中喷射燃油,造成发动机淹缸的后果。

② 如波形是一条 12V 供电电压水平直线,首先确认:

a. 必要零件(如分电器轴、曲轴和凸轮轴等)是运转的。

b. 如喷油器供给电压正常,说明发动机 ECU 没有提供喷油器的搭铁。

c. 可能有以下原因造成：ECU 内部或外部搭铁电路不良；ECU 没有收到曲轴、凸轮轴位置传感器发出的发动机转速信号或同步信号；ECU 电源故障；ECU 内部喷油驱动器损坏等。

2. 点火波形

1）初级波形

主要用途：分析单缸的点火闭合角（点火线圈充电时间）；确定平均闭合角的度数或毫秒数；分析点火线圈和初级电路性能。

（1）初级波形测试方法：

① 按照波形测试设备使用说明连接波形测试设备，测试笔接入通道 1（CH1 端口），鳄鱼夹搭铁，测试探针接在点火线圈初级触发信号线，探针拨在 ×10 位置。起动发动机，打开示波器电源开关，在主菜单屏幕下，选择“点火系统”，再选择“初级点火”，按“ENTER”键确认。

② 使发动机怠速运转，再加速发动机或按照行驶性能出现故障时或点火不良发生时的条件来起动发动机或驾驶汽车。

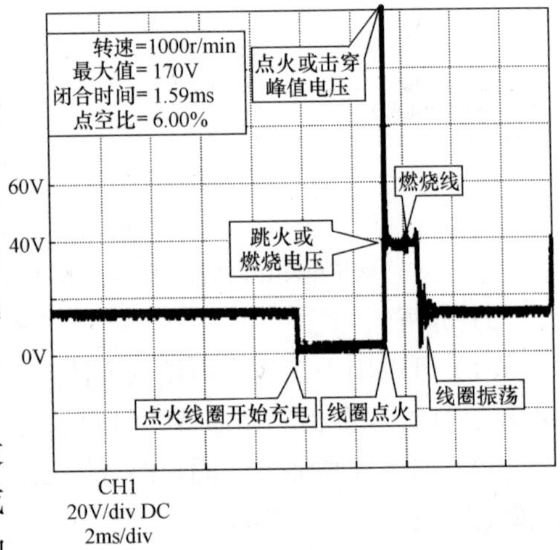

图 2-48　电子点火初级单缸波形

③ 察看波形，应如图 2-48 所示的初级点火（闭合角）波形。

（2）波形分析：

① 分析单缸的点火闭合角（点火线圈充电时间）。

② 确定平均闭合角的度数或毫秒数。

③ 分析点火线圈和初级电路性能。

2）次级波形

主要用途：分析单缸点火闭合角（点火线圈充电时间分析）；分析点火线圈和次级高压电路性能（燃烧线或点火击穿电压分析）；检查单缸混合气空燃比是否正常（燃烧线分析）；查出造成汽缸断火的原因（燃烧线分析）。

（1）点火次级单缸波形测试及分析。

① 按照波形测试设备使用说明连接波形测试设备，如图 2-49 所示。F23A3 发动机采用机械式配电器分配高压电，其连接应如图 2-49a）所示；AJR、ANQ 发动机采用双缸点火，其连接应如图 2-49b）所示。

② 起动发动机，调整触发电平直到波形稳定，显示屏上如图 2-50 所示。

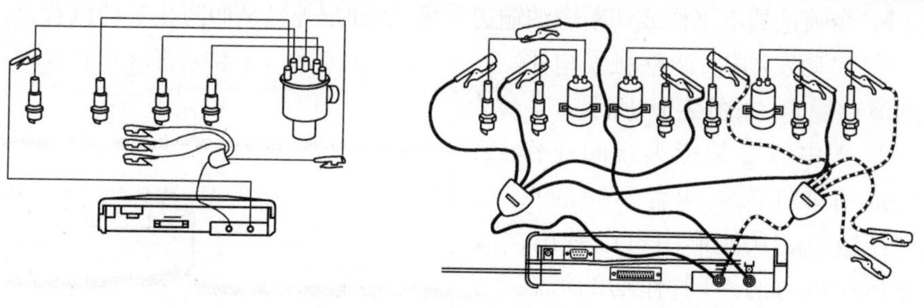

a)　　　　　　　　　　　　　　　　　　　　　　　　b)

图 2-49　次级点火测试连接方法

a)单缸显示-分电器;b)多缸并列显示

③ 观察点火线圈,在开始充电时,保持相对一致的波形下降沿,这表明各缸闭合角相同以及点火正时精确。

④ 观察击穿电压高度的一致性,如果击穿电压太高(甚至超过了示波器的显示屏),表明在点火次级电路中电阻值过高(如开路或火花塞损坏、高压线或是火花塞间隙过大),如果击穿电压太低,表明点火次级电路电阻低于正常值(火花塞间隙过小、污浊和破裂或有漏电的高压线等)。

⑤ 观察跳火或燃烧电压的相对一致性,它说明的是火花塞工作和各缸空燃比正常与否,如果混合气太稀,燃烧电压就比正常值低一些。

⑥ 观察跳火或燃烧线应十分"干净",即燃烧线上应没有过多的杂波。过多的杂波表明汽缸点火不良,或由于喷油器损坏、污浊的火花塞以及其他等原因。燃烧线的持续时间长度与汽缸内混合气浓或稀有关。燃烧线太长(通常 >2ms)表示混合气浓,燃烧线太短(通常 <0.75ms)表示混合气稀。

(2) 双缸同时点火次级波形测试及分析(AJR、ANQ 发动机)。

① 双缸电子点火最高电压的测试:

a. 按照波形测试设备使用说明连接波形测试设备。把 1、4 缸或 2、3 缸高压线信号分别接入示波器 CH1 和 CH2。

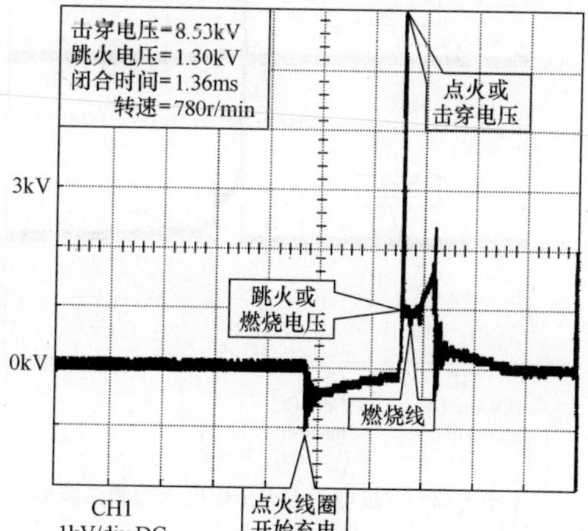

图 2-50　点火次级单缸波形

b. 令喷油器不工作或切断燃油输送系统(燃油泵等),从而防止发动机着车。

c. 起动发动机,调整触发电平直到波形稳定,如图 2-51 所示。

d. 图中波形是点火线圈在作功汽缸和排气汽缸两者不同的点火电压输出。从波形中可以看出,由于压缩压力的不同,作功的汽缸所需要的点火电压较高。

e. 确定波形上点火峰值电压,通常在新式或高能点火系统中,击穿电压大约在 15kV 甚至超过 30kV。

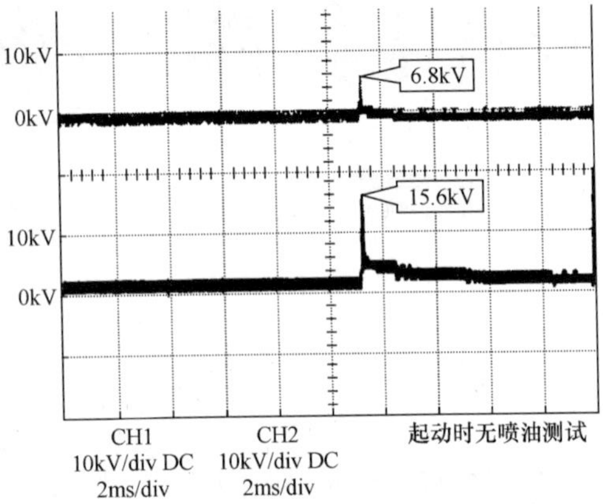

图 2-51 双缸电子点火最高次级电压的测试波形

f. 击穿电压因火花塞间隙、发动机汽缸压缩比和混合气空燃比不同而有所差异,如在双火花塞(El)系统中,在排气行程的火花塞峰值电压要比在作功行程的火花塞峰值电压低接近 5kV。

g. 注意,在判断击穿峰值电压较低的点火线圈是否可用时,首先应确认火花塞和高压线是否完好,因为在测试时,如果次级高压线短路或火花塞电阻过小(如间隙小、受污损等),可能导致点火线圈输出电压低。

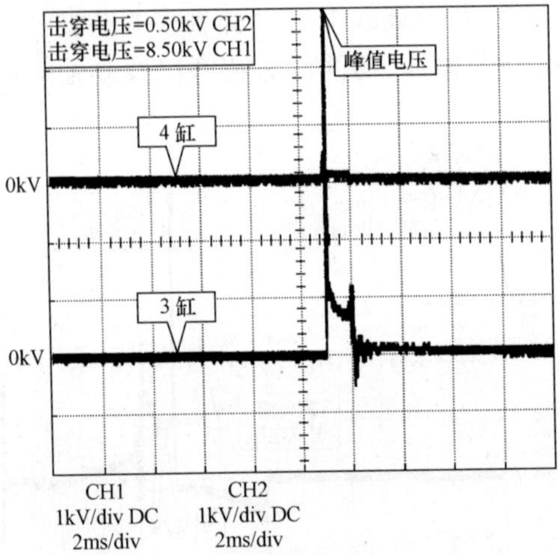

图 2-52 双缸电子点火工作电压的测试波形

② 双缸电子点火工作电压的测试。

双缸电子点火工作电压的测试,将使用示波器双通道显示方式,将作功点火和排气点火波形及点火电压(数字显示)同时显示在示波器上。

双缸电子点火工作电压的波形如图 2-52 所示。

双缸电子点火工作电压的测试,对测试电子式无分电器点火线圈是一种有效的方法。它可以用于测试电子点火系统工作状况的以下几个方面:

a. 分析单个汽缸的点火闭合角(点火线圈充电时间)。

b. 分析点火线圈和次级高压电路性能(用燃烧线或点火击穿电压分析)。

c. 检查单缸的混合气空燃比是否正常(用燃烧线分析)。

d. 查出造成汽缸断火的原因(从燃烧线判断污浊或破裂的火花塞)。

(3) 点火次级陈列波形测试及分析(ANQ 与 F23A3 发动机)。

测试步骤如下:

① 按照波形测试设备使用说明连接波形测试设备。把一端连示波器,另一端同时夹在各缸高压线上。

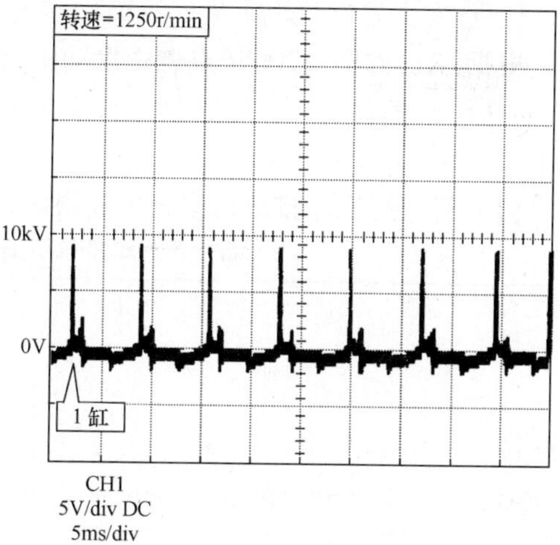

图 2-53　次级点火陈列波形

② 起动发动机或路试车辆,调整触发电平直到波形稳定,如图2-53所示。

③ 确认各缸幅值、频率、形状和脉冲宽度等判定性尺度的一致性。

④ 各缸的点火峰值电压高度应该相对一致,基本相等,相互之间任何的差别都表明可能存在故障。

⑤ 如果有一个汽缸的点火波形峰值电压明显比其他缸高出许多,则表明该缸的点火次级系统中存在着较高的电阻。这意味着点火高压线可能开路或电阻太大。反之,如果有一个缸的点火波形峰值电压比较低,则可能是点火高压线短路或火花塞间隙过小、火花塞受污损或破裂。

⑥ 当急加速时所有汽缸的击穿电压应该均匀地提高,如果某个汽缸的击穿电压升高过大,则说明该汽缸有问题。

课题六　废气成分测试与分析

一、汽车排气污染物的成分及排放限值

1. 汽车排气污染物成分

汽车排气的污染物主要是一氧化碳(CO)、碳氢化合物(HC)、氮氧化合物(NO_x)、硫化物(主要是 SO_2)、碳烟及其他一些有害物质。其中,CO、HC、NO_x和碳烟主要来源于汽车尾气的排放,少部分来自曲轴箱窜气,部分 HC 还来自于油箱和整个供油系统的蒸发与滴漏。

2. 排气污染物排放限值

1）点燃式发动机汽车排气污染物排放限值

根据 GB 18285—2005《点燃式发动机汽车排气污染物排放限值及测量方法（双怠速法及简易工况法）》的规定，点燃式发动机汽车排气污染物排放限值如下。

（1）新生产汽车排放污染物排放限值，如表 2-49 所示。

新生产汽车排气污染物排放限值（体积分数）　　表 2-49

车　型	类　别			
	怠　速		高怠速	
	CO（%）	HC（$\times10^{-6}$）	CO（%）	HC（$\times10^{-6}$）
2005 年 7 月 1 日起新生产的第一类轻型汽车	0.5	100	0.3	100
2005 年 7 月 1 日起新生产的第二类轻型汽车	0.8	150	0.5	150
2005 年 7 月 1 日起新生产的重型汽车	1.0	200	0.7	200

（2）在用汽车排气污染物排放限值，如表 2-50 所示。

在用汽车排气污染物排放限值（体积分数）　　表 2-50

车　型	类　别			
	怠　速		高怠速	
	CO（%）	HC（$\times10^{-6}$）	CO（%）	HC（$\times10^{-6}$）
1995 年 7 月 1 日前生产的轻型汽车	4.5	1200	3.0	900
1995 年 7 月 1 日起生产的轻型汽车	4.5	900	3.0	900
2000 年 7 月 1 日起生产的第一类轻型汽车◆	0.8	150	0.3	100
2001 年 10 月 1 日起生产的第二类轻型汽车	1.0	200	0.5	150
1995 年 7 月 1 日前生产的重型汽车	5.0	2000	3.5	1200
1995 年 7 月 1 日起生产的重型汽车	4.5	1200	3.0	900
2004 年 9 月 1 日起生产的重型汽车	1.5	250	0.7	200
◆对于 2001 年 5 月 31 日以前生产的 5 座以下（含 5 座）的微型客车，执行此类在用车排放限值				

相关术语的含义如表 2-51 所示。

术语含义说明 表 2-51

术语		定义
工况	怠速工况	发动机无负载运转状态，即离合器处于接合位置、变速器处于空挡位置（自动变速器的车应处于“N”或“P”挡位）；采用化油器供油系统的车，阻风门应处于全开位置；加速踏板处于完全松开位置
	高怠速工况	满足上述（除最后一项）条件，用加速踏板将发动机转速稳定控制在 50% 额定转速或制造厂技术文件中规定的高怠速转速时的工况。本标准中将轻型汽车的高怠速转速规定为 2500 ± 100r/min，重型车的高怠速转速规定为 1800 ± 100 r/min；如有特殊规定的，按照制造厂技术文件中规定的高怠速转速
车辆分类	轻型汽车	最大总质量≯3500kg 的 M_1 类、M_2 类和 N_1 类车辆
	第一类轻型车	设计乘员数≯6 人（包括驾驶员），且最大总质量≤2500kg 的 M_1 类车
	第二类轻型车	本标准适用范围内除第一类车以外的其他所有轻型汽车
	重型车	最大总质量 >3500kg 的车辆
	新生产汽车	本标准中指制造厂合格入库或出厂的汽车
	在用汽车	已经登记注册并取得号牌的汽车
	M_1 类车辆	至少有 4 个车轮，或有 3 个车轮且厂定最大总质量 >1000kg，除驾驶员座位外，乘客座位≯8 个的载客车辆
	M_2 类车辆	至少有 4 个车轮，或有 3 个车轮且厂定最大总质量 >1000kg，除驾驶员座位外，乘客座位 >8 个，且厂定最大总质量≯5000kg 的载客车辆
	N_1 类车辆	至少有 4 个车轮，或有 3 个车轮且厂定最大总质量 >1000kg，厂定最大总质量≯3500kg 的载货车辆

（3）过量空气系数（λ）的要求。

对于使用闭环控制电子燃油喷射系统和三元催化转化器技术的汽车进行过量空气系数（λ）的测定。进行 λ 测试前，应按照制造厂使用说明书的规定预热发动机。当发动机转速为高怠速转速时，λ 应在 1.00 ±0.03 或制造厂规定的范围内。

（4）在用汽车的排放监控。

自 GB 18285—2005 实施之日起，我国点燃式发动机在用汽车排放监控，采用双怠速法排气污染物排放限值及测量方法。但在机动车保有量大、污染严重的地区，也可采用简易工况法。

同时，对于同一车型的在用汽车实施排放监控，环保定期检测时不得采用两种或两种以上的排气污染物排放检测方法。

2）压燃式发动机汽车排气污染物排放限值

根据 GB 3847—2005《车用压燃式发动机和压燃式发动机汽车排气烟度排

放限值及测量方法》的规定,压燃式发动机汽车排气污染物排放限值如下。

(1) 对于本标准实施后生产的在用汽车。

自 GB 3847—2005 实施之日起,按本标准规定经型式核准批准车型生产的在用汽车,应按要求进行自由加速试验,所测得的排气光吸收系数不应大于车型核准批准的自由加速排气烟度排放限值加 $0.5m^{-1}$。表 2-52 所示为车型核准批准的稳定转速试验的烟度排放限值。

稳定转速试验的烟度排放限值 表 2-52

名义流量 G(L/s)	≤42	45	50	55	60	65	70	75	80	85	90
光吸收系数 $K(m^{-1})$	2.26	2.19	2.08	1.985	1.90	1.84	1.775	1.72	1.665	1.62	1.575
名义流量 G(L/s)	95	100	105	110	115	120	125	130	135	140	145
光吸收系数 $K(m^{-1})$	1.535	1.495	1.465	1.425	1.395	1.345	1.37	1.32	1.30	1.27	1.25
名义流量 G(L/s)	150	155	160	165	170	175	180	185	190	195	≥200
光吸收系数 $K(m^{-1})$	1.225	1.205	1.19	1.17	1.155	1.14	1.125	1.11	1.095	1.08	1.065

注:1. 虽然以上数值均修约至最接近的 0.01~0.005,但这并不意味着测量也需要精确到这种程度。

2. "光吸收系数 K"是用来表示光束被单位长度的排烟衰减的一个系数,是单位体积的微粒数、微粒的平均投影和微粒的消光系数三者的乘积。

(2) 对于 2001 年 10 月 1 日起生产的在用汽车。

自 2001 年 10 月 1 日起至本标准实施之日生产的汽车,按 GB 3847—2005 的要求进行自由加速试验,所测得的排气光吸收系数不应大于以下数值:自然吸气式:$2.5\ m^{-1}$;涡轮增压式:$3.0\ m^{-1}$。

(3) 对于 2001 年 10 月 1 日前生产的在用汽车。

自 1995 年 7 月 1 日起至 2001 年 9 月 30 日期间生产的在用汽车,按 GB 3847—2005 的要求进行自由加速试验,所测得的烟度值应≯4.5Rb。

自 1995 年 6 月 30 日以前生产的在用汽车,按 GB 3847—2005 的要求进行自由加速试验,所测得的烟度值应≯5.0Rb。

(4) 在用汽车的排放监控。

自 GB 3847—2005 实施之日起,压燃式发动机在用汽车排放监控,采用本标准规定的排气烟度排放限值及测量方法。在机动车保有量大、污染严重的地区,可采用标准中规定的加载减速工况法。在用汽车的排放监控也可采用目测法,对高排放汽车进行筛选,由具有资格的人员进行。

各省级环境保护行政主管部门可根据当地实际情况,确定在用汽车排放监控方案,选择自由加速法或加载减速工况法中的一种方法作为在用汽车排气污染物排放检测方法。对于同一车型的在用汽车实施排放监控或环保定期检测时不得采用两种或两种以上的排气污染物排放检测方法。

二、汽车排气污染物的测量

1. 点燃式发动机汽车排气污染物测量

根据 GB l8285—2005 的规定,点燃式发动机汽车排气污染物测量程序如下:

(1) 应保证被检测车辆处于制造厂规定的正常状态,发动机进气系统应装有空气滤清器,排气系统应装有排气消声器,并不得有泄漏。

(2) 应在发动机上安装转速计、点火正时仪、冷却液和润滑油测温计等测量仪器。测量时,发动机冷却液和润滑油温度应≮80℃,或者达到汽车使用说明书规定的热车状态。

(3) 发动机从怠速状态加速至70%额定转速,运转30s后降至高怠速状态。将取样探头插入排气管中,深度≮400mm,并固定在排气管上。维持15s后,由具有平均值功能的仪器读取30s内的平均值,或者人工读取30s内的最高值和最低值,其平均值即为高怠速污染物测量结果。对于使用闭环控制电子燃油喷射系统和三元催化转化器技术的汽车,还应同时读取过量空气系数(λ)的数值。

(4) 发动机从高怠速降至怠速状态15s后,由具有平均值功能的仪器读取30s内的平均值,或者人工读取30s内的最高值和最低值,其平均值即为怠速污染物测量结果。

(5) 若为多排气管时,取各排气管测量结果的算术平均值作为测量结果。

(6) 若车辆排气管长度小于测量深度时,应使用排气加长管。

(7) 另外,对于单一燃料汽车,仅按燃用气体燃料进行排放检测;对于两用燃料汽车,要求对两种燃料分别进行排放检测。

下面以国产NHA-500废气分析仪操作为例,说明双怠速法测量方法与步骤。NAH-500废气分析仪采用不分光红外吸收法原理,测量机动车排放废气中的CO、HC和CO_2的成分,用化学电池原理测量排气中的NO和O_2的成分,并可根据测得的CO、CO_2、HC和O_2成分计算出过量空气系数λ。

1) 仪器的组成

如图2-54所示,NHA-500废气分析仪主要由本体、短导管、前置过滤器、取样管、取样探头、嵌入式微型打印机等组成。

仪器前面板的布置及各部分的名称如图2-55所示。

(1) “S”键:水平移动液晶显示屏上的光标(三角箭头),以选择所需的项目。

(2) “K”键:确认所选择的项目。

(3) “▲”键:上移液晶显示屏上的光标,选择所需的项目;调节显示屏上文字、图像的对比度;校正前用于修改标准气的设定值。

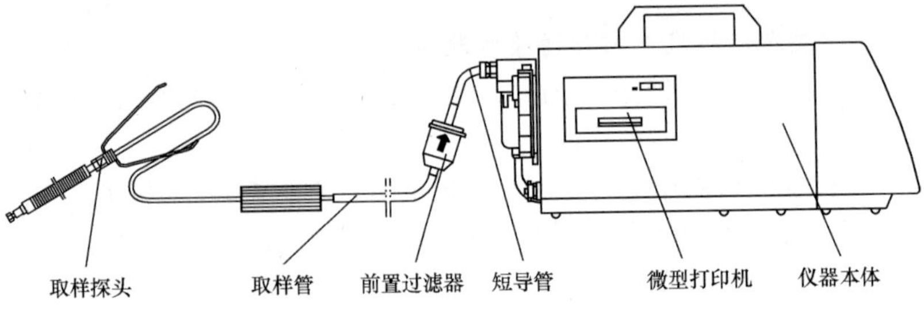

图 2-54　NAH-500 仪器的组成

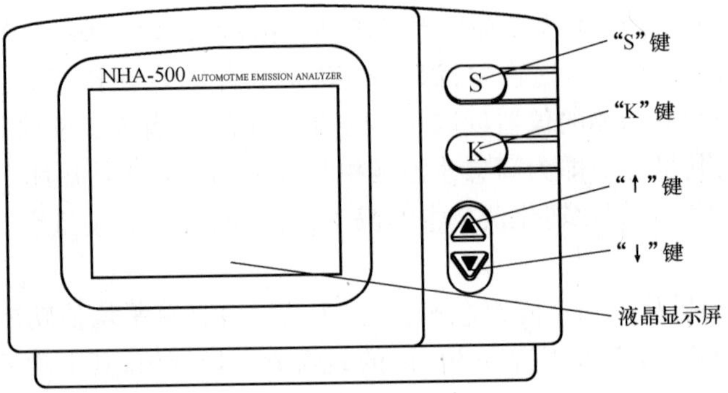

图 2-55　NAH-500 仪器前面板布置

(4)"▼"键:下移液晶显示屏上的光标,选择所需的项目,其余功能同"▲"键。

(5)液晶显示屏:显示中文菜单和测量数据。

仪器后面板及各部分的名称如图 2-56 所示。

2)检测步骤与方法

(1)按使用说明书安装好仪器各部分。

(2)开机后,仪器显示屏会显示仪器预热、泄漏检查、自动调零等一系列工作过程,显示屏进入主菜单,如图 2-57 所示。

(3)视情况对仪器进行调零、校准、检漏和设置后,进入双怠速测量操作。

"双怠速标准测量"子菜单如图 2-58 所示。上部是子菜单的名称,中部是 HC、CO、CO_2、O_2、NO、n、λ 和 T 的即时测量值,下部是提示区。右下角指示当量流量的标尺,3 格到 5 格表示正常,1 格或无格表示流量不足。

① 准备。

将转速测量钳夹在发动机第 1 缸的火花塞高压线外,注意测量钳口背面的箭头，使其指向火花塞，再将油温测量探头插入发动机的润滑油标尺孔中，一直插到探头接触到润滑油为止。

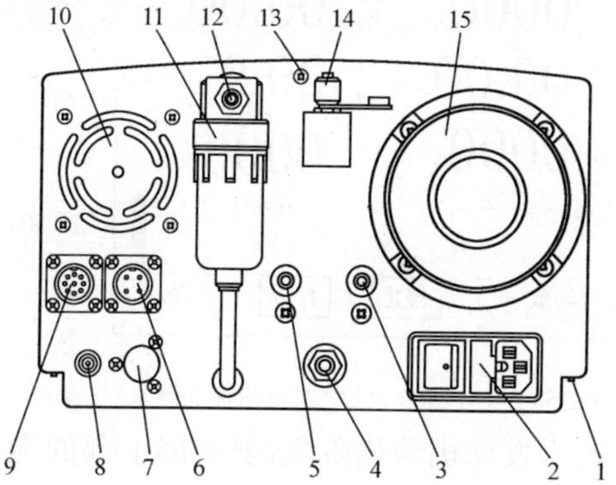

图 2-56　NAH-500 仪器后面板布置

1-底板紧固螺钉；2-电源插座及开关；3-O_2 传感器排气口；4-主排气口；5-NO 传感器排气口；6-油温信号插座；7-二次过滤器；8-转速信号插座；9-输出信号插座；10-冷却风扇；11-分水过滤器；12-样气入口；13-背板紧固螺钉；14-标准气入口；15-粉尘过滤器

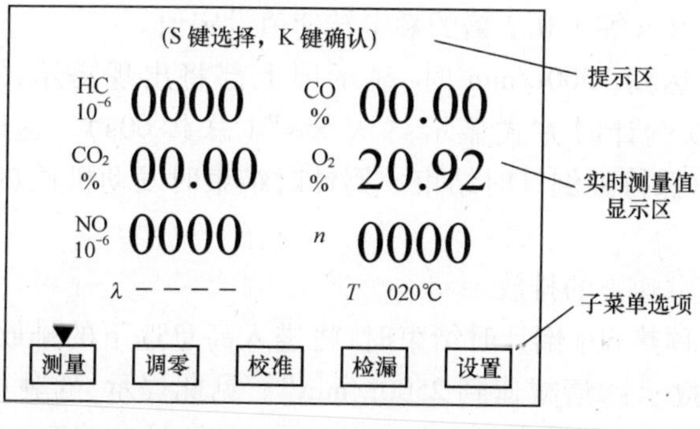

图 2-57　NAH-500 仪器显示屏主菜单

② HC 残留物检查及发动机预热。

a. 进入“双怠速标准测量”子菜单后，仪器首先开始 HC 残留物检查。显示屏下部将出现提示：“正在进行 HC 残留检查… × ×s”，“ × ×s”表示剩下的残留检查时间(倒计时，最大 30s)。检查结束后，如合格，则显示：“HC 残留检查 OK”；如不合格，则显示：“HC 残留检查超范围，请清洗管道”。

b. HC 残留物检查结束时，显示屏上部子菜单的名称将变换为提示：“额定转速：5000▲▼修改，K 确认”。应按下“▲”键或“▼”键，将该提示中的额定转速值设定为被测车辆的发动机额定转速标称值(精确到 100r/min)，然后按一下 K 键确认。

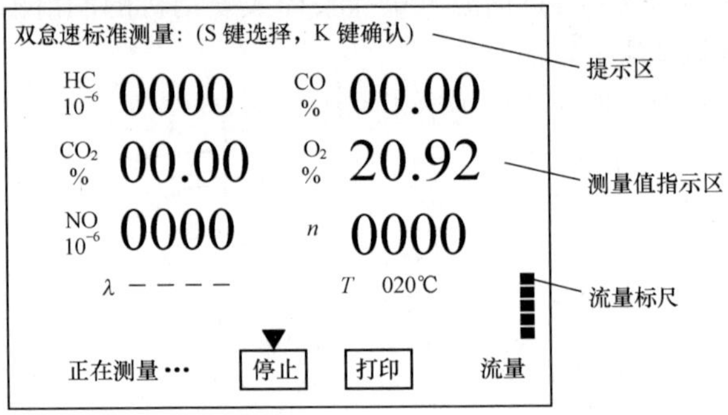

图 2-58　NAH-500 仪器“双怠速标准测量”子菜单

c. 按下 K 键后，进入发动机预热阶段，显示屏上部的提示将变换为：“请加速到 3500r/min”。见此提示后驾驶员应使发动机加速，并注视显示屏上不断变化的转速值，直到 3500r/min 左右为止。

注意：只有额定转速值为默认值 5000r/min 时，提示才显示为：“请加速到 3500r/min”。如果额定转速值设定为其他值，提示将显示为：“请加速到××××r/min”，××××等于 0.7 倍的额定转速值设定值。

d. 当转速达到 3500r/min 时，显示屏上部将出现提示：“请保持 3500r/min”，下部则以倒计时方式显示：“××s”（总共 60s）。这时，驾驶员应将 3500r/min 转速保持到倒计时结束。倒计时结束时发动机预热完成，将进入排放测量阶段。

③ 测量高怠速下的排放。

a. 发动机预热 60s 倒计时结束时，将进入高怠速下的排放测量阶段，显示屏上部将出现提示：“请减速到 2500r/min”。见此提示，驾驶员应将发动机减速，同时注视显示屏中部不断变化的转速值，直到转速降到 2500r/min 左右为止。这时，上部的提示将改变为：“请保持 2500r/min”，下部将显示：“请插入取样探头”。见此提示，驾驶员应将转速保持在 2500 ± 250r/min 的范围内。与此同时，操作人员要将取样探头插入排气管中，插入深度为 400mm。

b. 插入取样探头后显示屏上部将继续显示：“请保持 2500r/min”，而下部的提示则改变为：“正在取样…××s”（倒计时，总共 45s，前 15s 为预备阶段，后 30s 为实际取样阶段）。

如果在后 30s 期间，转速值超过 2500 ± 250r/min 范围，显示屏上部将出现提示：“转速超范围，请保持 2500r/min”。这时仪器将停止取样，直到转速回到 2500 ± 250r/min 范围内仪器才重新取样。

c. 取样倒计时结束时高怠速下的排放测量完毕，将进入怠速下的排放测量阶段。这时显示屏下部的提示消失，上部将显示："请减速到怠速…"。

④ 测量怠速下的排放。

a. 显示屏上部出现"请减速至怠速…"提示时，驾驶员应将车辆减速。当转速下降到1100r/min以下时，显示屏上部的提示会改变为："请保持怠速…"，下部将显示："正在取样…××s"。

b. 取样倒计时结束时，怠速下的排放测量完毕，显示屏将转换为"测量完成"界面，下部显示出"高速"、"低速"、"打印"和"退出"4个选项。

⑤ 读取测量数据。

a. 读取高怠速排放的测量数据。

按下S键，将光标移到"高速"选项上，再按一下K键，显示屏将转换为"高怠速数据"界面，显示高怠速工况下HC、CO、CO_2、O_2、NO和n的最大值、最小值、平均值以及λ和T的数值，下部仍显示4个选项。

b. 读取怠速排放测量数据。

按下S键，将光标移到"低速"选项上，再按一下K键，显示屏将转换为"低怠速数据"界面，显示怠速工况下的HC、CO、CO_2、O_2、NO和n的最大值、最小值、平均值以及λ和T的数值，下部仍显示4个选项。

c. 打印测量数据。

按下S键，将光标移到"打印"选项上，然后按一下K键。仪器将打印出高怠速工况下和怠速工况下排放的测量结果，同时光标将自动回到"退出"选项上。

d. 结束本次测量。

测量完一辆车后，请将取样探头从排气管中拔出，从发动机上取下转速测量钳并拔出油温测量探头。光标位于"退出"项上时按一下K键，显示屏将返回到主菜单，而光标将自动位于"测量"选项上。如需继续进行双怠速排放测量，可按一下K键，然后重复以上步骤。

2. 压燃式发动机汽车排气污染物测量

根据GB 3847—2005的规定，压燃式发动机在用汽车排气污染物测量方法按在用车生产年份不同有：自由加速试验——不透光烟度法；加载减速试验——不透光烟度法；自由加速试验——滤纸烟度法。下面以自由加速试验——不透光烟度法来说明压燃式发动机汽车排气污染物测量程序。

(1) 车辆在不进行预处理的情况下也可以进行试验。出于安全考虑，必须确保发动机处于热状态，并且机械状态良好。

(2) 发动机应充分预热。例如：在发动机机油标尺孔位置测得的机油温度应至少为80℃；如果温度低于80℃，发动机也应处于正常运转温度。因车辆结构,无法进行温度测量时可以通过其他方法使发动机处于正常运转温度(例如,通过控制发动机冷却风扇)。

(3) 采用至少3次自由加速过程或其他等效方法对排气系统进行吹拂。

(4) 目测检测车辆的排气系统的相关部件是否泄漏。

(5) 发动机(包括所有装有废气涡轮增压的发动机),在每个自由加速循环的起点均处于怠速状态。对重型发动机,将加速踏板放开后至少等待10s。

(6) 在进行自由加速测量时,必须在1s内,将加速踏板快速、连续地完全踩到底,使喷油泵在最短时间内供给最大油量。

(7) 对每一个自由加速测量,在松开加速踏板前,发动机必须达到断油点转速。对带自动变速器的车辆,则应达到制造厂申明的转速(如果没有该数据值,则应达到断油转速的2/3)。关于这一点,在测量过程中必须进行检查。例如:通过监测发动机转速,或延长加速踏板踏到底后与松开加速踏板前的间隔时间,对于重型汽车,该间隔时间应至少为2s。

(8) 计算结果取最后3次自由加速测量结果的算术平均值。在计算均值时可以忽略与测量均值相差很大的测量值。

下面以国产NHT-1不透光烟度计操作为例,说明测量方法与步骤。其测量原理是使光束通过被测排气一段给定的长度,通过测量排气吸收光的程度得到排气中可见污染物含量的多少。

1) 仪器的组成

如图2-59所示,NHT-1不透光烟度计主要由测量单元、控制单元、取样探头、连接电缆等组成。

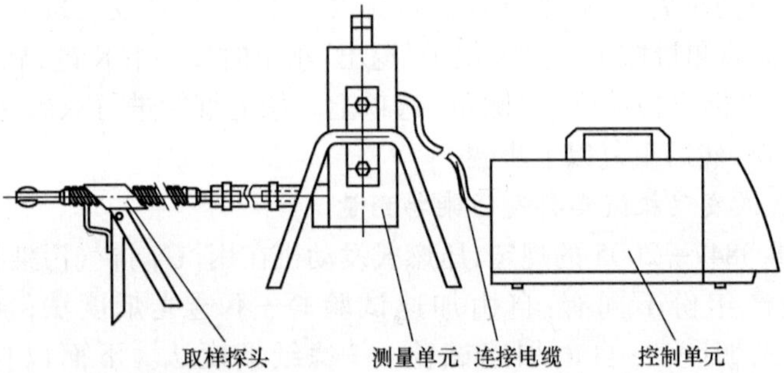

图2-59 NHT-1烟度计的组成

控制单元前面板的布置及各部分的名称如图2-60所示,后面板的布置及各部分的名称如图2-61所示。

测量单元正面和背面的布置及各部分的名称如图2-62和图2-63所示。

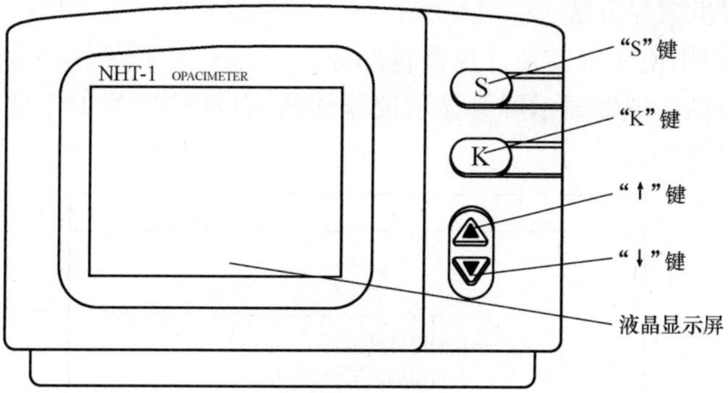

图 2-60　控制单元前面板布置

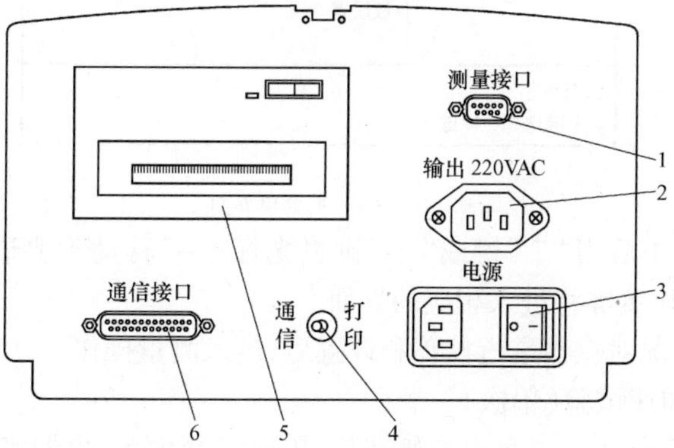

图 2-61　控制单元后面板布置

1-测量信号接口插座;2-220V 输出插座;3-电源插座;4-打印/通信转换开关;5-微型打印机;6-通信接口插座

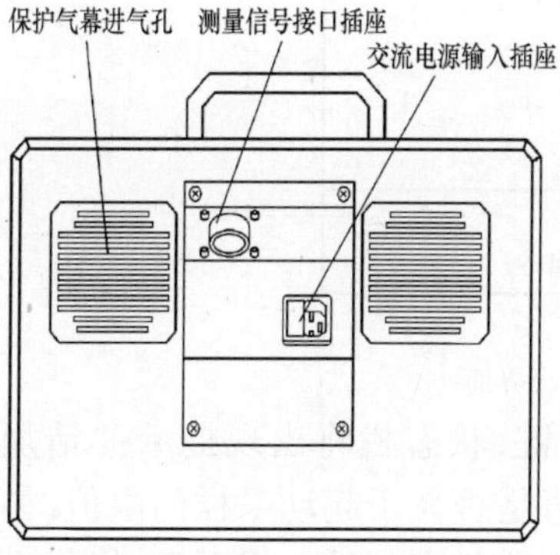

图 2-62　测量单元正面板布置

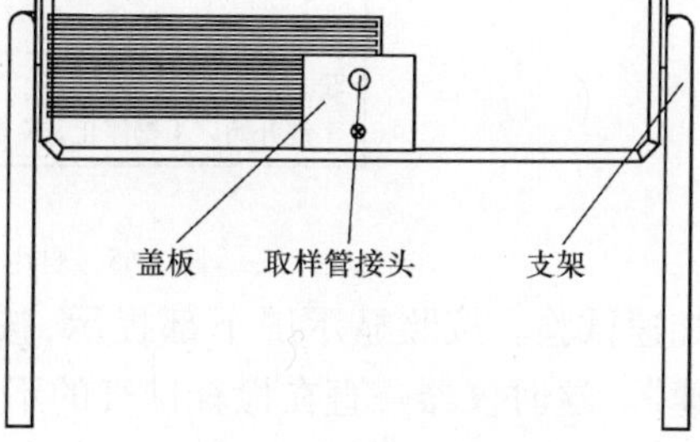

图 2-63　测量单元背面板布置

2）检测步骤与方法

（1）按使用说明书安装好仪器各部分。

（2）开机后，仪器显示屏会显示仪器预热、自动校正等工作过程，显示屏进入主菜单，如图 2-64 所示。

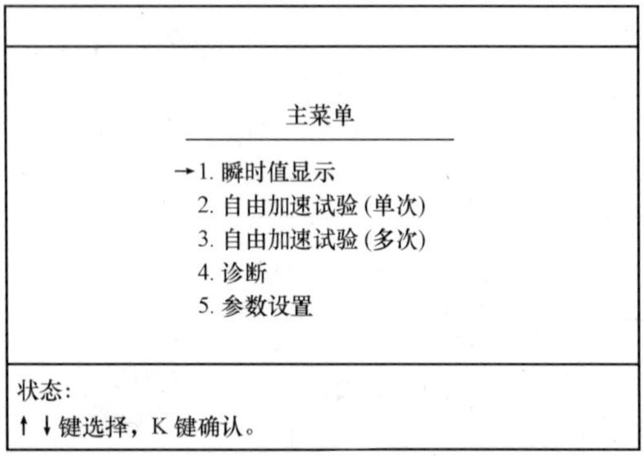

图 2-64　主菜单界面

进入主菜单后用“↑”键或“↓”键将光标“→”移动到要进行的项目前，再按一下 K 键，显示屏将进入相应的界面。

（3）视情况对仪器进行校正和设置后，进入测量操作。

① 自由加速试验(单次)。

如图 2-65 所示，在“自由加速试验(单次)”界面下，仪器将只进行一次自由

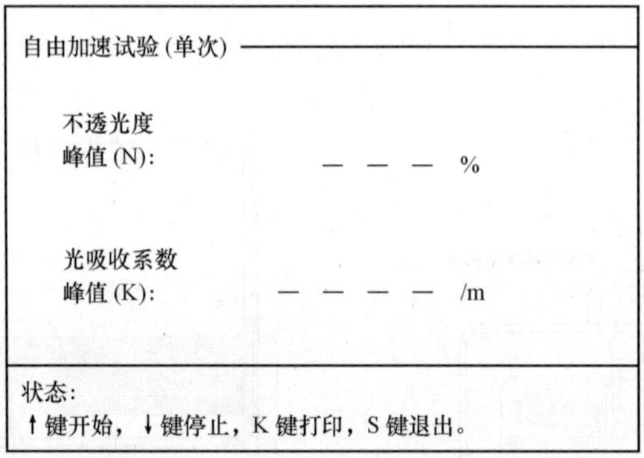

图 2-65　自由加速试验(单次)界面

加速试验。按照显示屏下部提示，按一下“↑”键，状态栏将出现提示：“请加速”。这时仪器一直在检查排气的不透光度示值是否大于起动采样门限值，如果示值小于此门限值，仪器将始终处于该检查等待状态。见此提示后，操作人

员应迅速踩下车辆的加速踏板，使发动机急剧加速到最高额定转速，并在该转速下保持3～4s，然后立即松开加速踏板，使发动机的转速恢复至怠速。踩下加速踏板后，发动机的排烟将会急剧增加，仪器一旦检测到排气的不透光度超过起动采样门限值，就会开始连续采集数据。此时，状态栏将显示："正在检测，请稍等"。松开加速踏板后，排烟将迅速减少。当不透光度示值下降到停止采样门限值或采样时间超过5s，仪器停止采样，转入数据处理程序，从采集的数据中找出最大值，作为本次的测量结果，并将它显示在显示屏中部的测量数据区，同时，状态栏中将出现提示："完成"，表示本次自由加速试验结束。起动采样门限值及停止采样门限值可由用户在"参数设置"界面中设置。

测量过程中若要终止试验，可按下"↓"键。这时，状态栏将显示："测试停止，数据无效"。如果想继续进行试验，可再按一下"↑"键。如果按下K键，仪器将打印本次测量结果。如果按下S键，界面将返回主菜单。

② 自由加速试验（多次）。

如图2-66所示，在"自由加速试验（多次）"界面下，可进行任意次自由加速试验，每次的测试过程与自由加速试验（单次）相同，一次测试结束后会自动转入下一次测试。但是仪器只保存最近连续6次的测量数据（峰值），并以滚动的方式显示这6次测试的光吸收系数峰值。即进行完最新的一次测试后，就将其峰值显示在第6行上，同时删除上次第1行上显示的峰值，并将上次第2行的峰值递进到第1行。

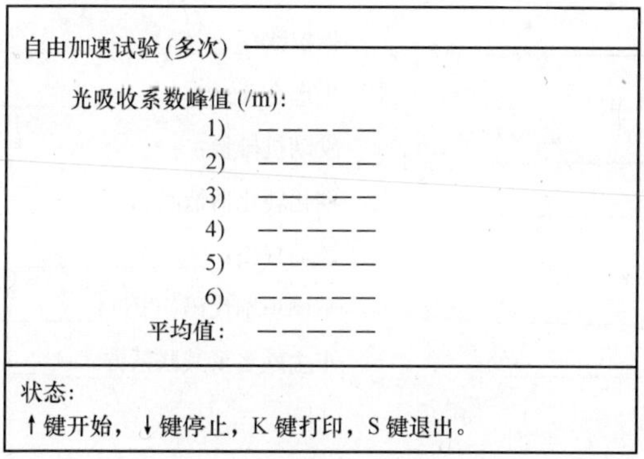

图2-66　自由加速试验（多次）界面

如果光吸收系数示值连续4次均在0.25m^{-1}的带宽内，并且没有连续下降趋势，则将这4次示值的算术平均值作为测量结果。一旦平均值栏出现了数据，状态栏中将出现提示："完成"，表示本次自由加速试验结束。如果要继续进行自由加速试验（多次），可按下"↑"键。如果按下K键，仪器将打印出本次试验的平均值及得出此平均值的4次峰值。按下S键，界面将返回主菜单。

三、测量结果判定

1. 点燃式发动机汽车排气污染物测量结果判定

根据GB 18285—2005的规定，点燃式发动机汽车排气污染物测量结果判定规则如下。

① 对于标准中规定的车辆，如果检测污染物有一项超过规定的限值，则认为排放不合格。

② 对于使用闭环控制电子燃油喷射系统和三元催化转化器技术的车辆，如果检测的过量空气系数（λ）超出标准中的要求，则认为排放不合格。

表2-53为点燃式发动机汽车双怠速法排气污染物测试报告格式。

点燃式发动机汽车双怠速法排气污染物测试报告　　　　表2-53

检测站名称：________	检测日期：________
检测操作员：________	检测驾驶员：________
1. 车辆信息	
车辆型号：________	变速器型号：________
基准质量：________	发动机型号：________
单车轴重：________	汽缸数：________
驱动方式：________	燃油型号：________
累计行驶里程：________	挡位数：________
车牌号码：________	生产企业：________
车辆登记日期：________	发动机排量：________
生产企业：________	催化转化器情况：________
最大总质量：________	燃油规格：________
底盘型号：________	车辆识别代码（VIN）：________
驱动轮胎气压：________	车主姓名及其联系方式：________
2. 检测设备	
设备认证编号：________	
设备名称：________　型号：________	制造厂：________
3. 检测环境状态	
温度：________　大气压：________	相对湿度：________
4. 检测结果及裁决	

续上表

内容	过量空气系数 λ	怠 速		高怠速	
		CO(%)	HC($\times10^{-6}$)	CO(%)	HC($\times10^{-6}$)
测试结果					
限 值					
判定结果	合格/不合格	合格/不合格	合格/不合格	合格/不合格	合格/不合格
裁 决	通过/未通过				

2. 压燃式发动机汽车排气污染物测量结果判定

根据 GB 3847—2005 的规定,压燃式发动机汽车排气污染物测量结果判定规则见压燃式发动机汽车排气污染物排放限值中的说明。

表 2-54 为在用汽车自由加速试验(不透光烟度法)检测报告格式。

在用汽车自由加速试验(不透光烟度法)检测报告 表 2-54

检测报告编号:

检测站名称:________ 检测日期:________

1. 测试车辆信息

车牌号码:________ 车型和生产厂:________

车辆登记日期:________ 重大总质量:________

基准质量:________ 燃油规格:________

发动机型号/排量:________ 累计行驶里程:________

进气方式: 自然吸气/涡轮增压 排气后处理装置: 有/无

供油系统形式:________

车辆识别代码(VIN):________

2. 车主姓名:________ 联系方式:________

3. 检测环境状态

温度:________ 大气压:________ 相对湿度:________

4. 检测结果

怠速转速(r/min)	最后 3 次测量值(m^{-1})			平均值(m^{-1})	限值(m^{-1})	合格判定
	1	2	3			

测试仪器型号:________

检测员:________

审核员:________

批准人:________

四、废气成分分析

汽车排放物超标的原因如下。

1）HC 排放量过大

（1）点火系统缺火。

点火系统缺火会导致燃料没有经过燃烧就直接排到发动机外，HC 排放量会相当高。当发动机长期缺火时，氧传感器会持续输出低电压信号，使控制单元会认为混合气太稀而对系统不断进行加浓。

（2）点火提前角调整不当。

对于点火提前角可以调整的系统，先做调整；对于不能调整的系统，只能从点火控制系统的有关控制输入信号和点火控制器等方面来考虑。

（3）混合气过稀或过浓。

在 CO 与 O_2 的读数偏高时，检测混合气的浓度。提供过量空气系数 λ 示值的分析仪可以给出各种工况下的 λ 值，在维修过程当中可以直接根据 λ 值的大小来确定混合气的浓度，从而直接判断出究竟问题是出在燃油系统还是点火系统。

（4）汽缸压力偏低。

汽缸压力偏低使燃料燃烧不完全。检查各缸的汽缸压力，如偏低，通常是汽缸垫漏气、气门密封不严、活塞和汽缸壁的间隙过大或活塞环磨损等。

（5）控制系统的输入传感器给出不当数据。

① 可能是空气流量计或歧管压力传感器信号有问题，导致发动机 ECU 对基本喷油量和基本点火提前角的控制失效。可利用故障检测仪读出空气流量计或歧管压力传感器及喷油脉宽等在各种工况下的数据流，确定故障部位。

② 可能是其他和喷油量相关的传感器的故障，比如水温传感器、进气温度传感器和氧传感器等。

（6）催化转化器有故障。

使 HC 没有经过催化转化就排到大气中。可用故障检测仪读出并观察副氧传感器的数据，如其信号电压波动较大，则催化转化器失效。

（7）电子控制单元的故障。

2）CO 的排放量过大

CO 的排放量过大主要是由于混合气过浓引起的。因此，我们在这里主要检测燃油供给系统，以及和喷油量相关的各个传感器的故障。

（1）混合气偏浓。

测试燃油压力，测试输入传感器数据。氧传感器会持续输出一个较高的信号电压。

（2）空气滤清器污脏。

检查空气滤清器，必要时更换。

（3）喷油器有故障。

用喷油器清洗机进行压力试验，看喷油器有无滴漏。

（4）燃油压力比指定值高。

测试燃油泵压力。

（5）输入传感器有故障。

测试各输入传感器数据。

（6）催化转化器有故障。

测试催化转化器。

3）HC 和 CO 的排放量过大

（1）混合气偏浓。

检测相关的燃油供给及控制系统的故障。

（2）曲轴箱通风（PCV）系统有故障。

测试 PCV 系统。

（3）发动机机油被汽油稀释。

查看发动机的机油。发动机机油被稀释会引起窜气的增加，导致发动机燃烧不完全。

（4）催化转化器有故障。

测试催化转化器。

4）CO_2的排放量比正常值低

（1）由于排气管路的泄漏，使得分析仪采集到的试样被稀释。

查排气管有没有泄漏，排气管有无“噼、噼”的漏气声。

（2）混合气偏浓。

如果伴随有 CO 的排放量过高，那么主要从混合气过浓查起。

5）NO_x的排放量过大

（1）EGR 阀工作不正常。

EGR 系统的作用主要是降低 NO_x的排放量。它主要在发动机中速时工作，在怠速、大负荷时一般不工作，因此只需检查 EGR 在发动机中等负荷下的工作情况即可。

（2）发动机工作时发生爆燃。

当爆震传感器的扭紧力矩不够时，会导致传感器不够灵敏，有可能检测不到爆震信号导致发动机爆震。但如爆震传感器的扭紧力矩太大，则会导致传感器过于灵敏。

(3) 燃烧室积炭导致压缩比过高,从而导致爆燃。

对发动机进行汽缸压力检查,如高于标准值,对发动机进行维修。

(4) 冷却液温度过高。

冷却系统本身的故障、点火正时不正确等会引起发动机冷却液温度过高,导致 NOx 排放量过大。

(5) 催化转化器失效。检查方法和上面相同。

6) O_2排放量比正常值低,而 CO 的排放量偏高

(1) 混合气过浓。

燃烧的不完全使 CO 的排放量增加。

(2) 喷油嘴泄漏。

在试验台上检查喷油嘴是否有滴漏现象。

(3) 曲轴箱通风(PCV)系统堵塞。

诊断 PCV 系统。

(4) 燃油箱通风系统在怠速与低速时工作。

燃油箱通风系统(EVAP)和废气再循环系统(EGR)一样,只有在中等负荷时才工作。当阀门失效时会导致在怠速、低速时有燃油蒸气进入燃烧室。

7) O_2排放量比正常值高,而 CO 排放量比正常值要低

(1) 混合气过稀。

检测相关的燃油控制系统。检查是否有真空泄漏,测试燃油压力是否过低,检查喷油嘴有没有堵塞。

(2) 用解码器检查氧传感器的信号电压。

如果废气中的O_2的含量比较高,那么氧传感器的信号电压会处于比较高的电压值。

(3) 检查二次空气喷射系统。

有些车辆配备有二次空气喷射系统,一般二次空气喷射泵在发动机冷起动时及急加速时工作。在使用分析仪分析废气的时候二次空气喷射泵不应该工作。

8) 柴油机排放量比正常值高

(1) 喷油提前角过大。应减小喷油提前角。

(2) 喷油质量太差。应改善喷油器的质量,控制燃烧条件。

(3) 喷油泵供油量过大。应调整喷油泵的供油量。

单元三　汽油机电控部件的检测

知识目标

1. 熟悉发动机各传感器、执行器的失效形式及会引起的故障现象；
2. 熟悉发动机电控单元的失效形式及会引起的故障现象。

技能目标

1. 熟练掌握发动机传感器、执行器性能的万用表检查法；
2. 熟练掌握发动机电控单元性能的万用表检查法。

课题一　传感器的检测

一、空气流量计(MAF)

1. 主要故障

作为发动机 ECU 计算喷油量的主要依据，如果空气流量计存在故障，将会使发动机混合气过浓或过稀。空气流量计的主要故障及现象见表 3-1。

空气流量计的主要故障及现象　　表 3-1

主要故障	可能产生的现象
传感器线束与搭铁线开路或短路	1. 发动机起动困难 2. 发动机怠速发抖 3. 加速性能差，且有回火、放炮现象 4. 油耗大，CO 含量高
传感器线束插接器松动或污损	
传感器接线端子锈蚀造成阻值过大	
传感器内部损坏	

2. 检测

AJR、ANQ 发动机均采用热膜式空气流量计，见图 3-1，其与 ECU 间的检测如图 3-2 所示。

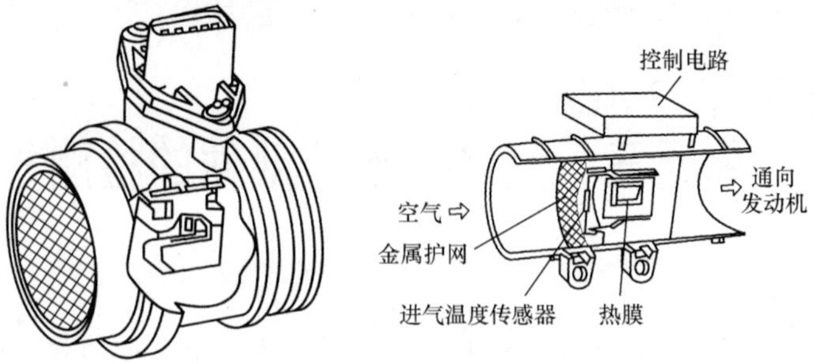

图 3-1　热膜式空气流量计

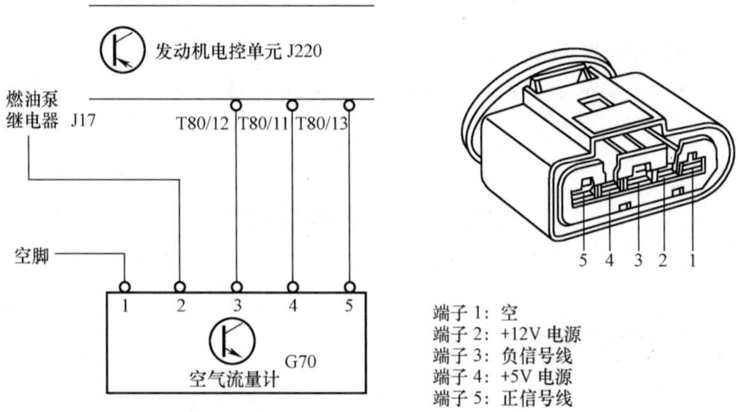

图 3-2　AJR 、ANQ 发动机空气流量计与 ECU 间的检测

空气流量计电压的检测如表 3-2 所示。

空气流量计电压的检测　　　　表 3-2

步骤	操作过程	结果分析及处理
1	检查电源电压：关闭点火开关，拔下空气流量计 5 芯插头，起动发动机，用万用表检测插头端子 2 和发动机搭铁点间的电压。测端子 4 与搭铁间的电压	端子 2 的搭铁电压应为 12V。如电压为 0，应检查熔断丝与端子 2 间的线路有无断路；若无断路，检查燃油泵继电器 端子 4 与搭铁间的电压应为 5V。若电压正常，测试线路；若不正常，检查 J220 的端子 11 电压是否为 5V；若是，查线路断路；若不是，更换发动机 ECU
2	查信号电压：关闭点火开关，拆下空滤器，接通点火开关，但不起动发动机，用 450W 的电吹风（冷风挡）向空气流量计入口吹气，测端子 5、3 间的电压，看信号电压的变化	电压为：2.0 ~ 4.0V。若电压不变化，说明空气流量计失效，更换

空气流量计线路测试要求见表 3-3。

空气流量计线路测试要求 表 3-3

AJR、ANQ 发动机	
要求	空气流量计各端子上触点与发动机 ECU 上相关端子间线路的阻值应 $<1\Omega$
处理	若线路有断路或短路,应修复;如线路无故障,更换空气流量计

二、进气歧管压力传感器(MAP)

1. 主要故障

进气歧管绝对压力传感器主要故障及现象见表 3-4。

进气歧管绝对压力传感器主要故障及现象 表 3-4

主要故障	可能产生的现象
真空管松脱或破裂	1. 发动机起动困难 2. 怠速不稳、发动机抖动 3. 加速不良,当负荷变化时有冲击 4. 油耗大,CO 含量高
电源电压不正确	
传感器线束与搭铁线开路或短路	
传感器线束插接器松动、污损或端子锈蚀造成阻值过大	
传感器内部损坏	

2. 检测

F23A3 发动机的进气歧管压力传感器如图 3-3 所示,其与 ECM/PCM 间的连接如图 3-4 所示。

电压的检测:检测步骤见表 3-5。

F23A3 发动机的进气歧管压力传感器电压的检测 表 3-5

步骤	操作过程	结果分析及处理
1	检查真空管是否松脱或破损	若有,更换真空管
2	拔下线束插接器,接通点火开关,但不起动,用万用表检测传感器正极 1 端子与负极 3 端子间的电源电压	约为 5V,若供电电压正常,测试线路;若电压不正常,更换发动机 ECM/PCM
3	测量插头端子 2 与负极 3 端子之间的信号电压	发动机静态电压应为 0.03V,运转时为 0.8 ~ 4.2V,如电压不符,应更换传感器

线路电阻值的测试:测试要求见表 3-6。

F23A3 发动机进气歧管压力传感器线路电阻值的测试 表 3-6

F23A3 发动机进气歧管绝对压力传感器	
要求	发动机 ECM/PCM 上的端子 C19 与 MAP 传感器上的 1 号端子、C17 与 MAP 传感器上的 3 号端子、C7 与 MAP 传感器上的 2 号端子间应导通(线路阻值应 <0.5Ω)
处理	若线路有断路或短路,应修复;如果线路没有故障,应更换传感器

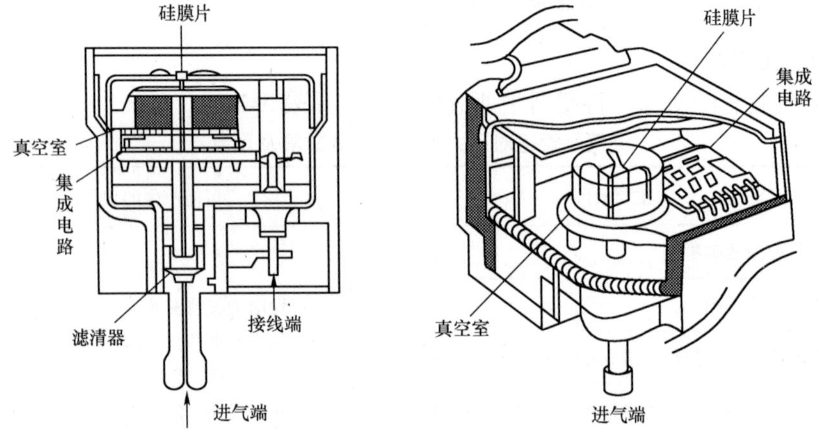

图 3-3 F23A3 发动机进气歧管压力传感器

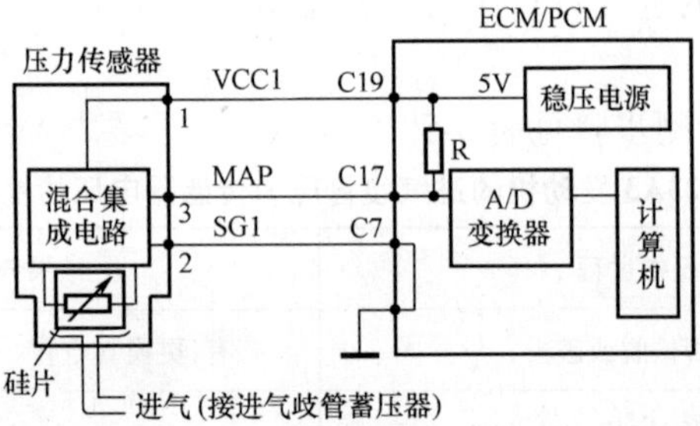

图 3-4 F23A3 发动机进气歧管压力传感器与 ECM/PCM 间的连接

三、曲轴位置传感器

1. 主要故障

曲轴位置传感器的主要故障及现象见表 3-7。

曲轴位置传感器的主要故障及现象　　表 3-7

主要故障	可能产生的现象
传感器支架松脱	1. 发动机无法起动 2. 无高压火 3. 发动机突然熄火
传感器气隙 >1mm 或飞轮齿圈有损伤	
传感器线束与搭铁线开路或短路	
传感器线束插接器松动、污损或端子锈蚀造成阻值过大	
传感器内部损坏	

2. 检测

AJR、ANQ 及 F23A3 发动机均采用磁脉冲式曲轴位置传感器。

1）F23A3 发动机的曲轴转角与上止点传感器 CKP/TDC

传感器 CKP/TDC 如图 3-5 所示，检测步骤如表 3-8 所示。

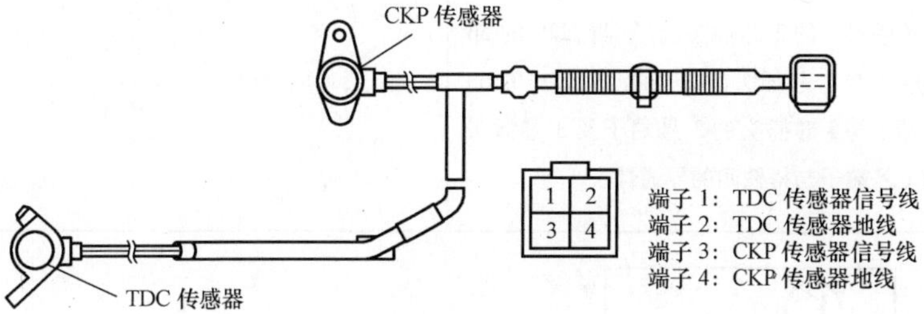

图 3-5　F23A3 发动机曲轴转身与上止点传感器 CKP/TDC 传感器

F23A3 发动机的曲轴转角与上止点传感器 CKP/TDC 的检测　　表 3-8

步骤	操作过程	结果分析及处理
1	检查曲轴位置传感器与发动机控制单元之间导线是否连接不良或松动	若是，修理或连接好导线
2	关闭点火开关，拔下传感器 4 芯插头，用万用表检测曲轴位置传感器的电阻值	分别测量曲轴传感器 3、4 号端子间及上止点传感器的 1、2 号端子间电阻
		标准阻值应为 1850～2450Ω，如超过极限，更换曲轴位置传感器
3	如果电阻值正常，则检查传感器电路有无短路现象。可分别检查每一个端子与车体搭铁的导通性	如导通，更换发动机 ECU

2）AJR、ANQ 发动机曲轴转速传感器的检测

其检测步骤见表 3-9，电路图及接线见图 3-6。

AJR、ANQ 发动机曲轴转速传感器的检测 表 3-9

步骤	操作过程	结果分析及处理
1	检查曲轴位置传感器与发动机控制单元之间导线是否连接不良或松动	若是，修理或连接好导线
2	关闭点火开关，拔下传感器导线连接器，用万用表检测曲轴位置传感器的电阻值	AJR、ANQ 发动机为 3 针插头（图 3-4），用万用表测量传感器 1、2 号端子间的电阻。3 号端为屏蔽，阻值应为 480 ~ 1000Ω，如超过极限，更换曲轴位置传感器
3	关闭点火开关，拔下 J220 的连接插头，拔下传感器上的 3 芯插头，分别测 J220 的 56 号端子与 3 芯插头的 2 号端子、J220 的 63 号端子与 3 芯插头的 3 号端子及 3 芯插头的 1 号端子与搭铁间的导通性	要求：均应导通

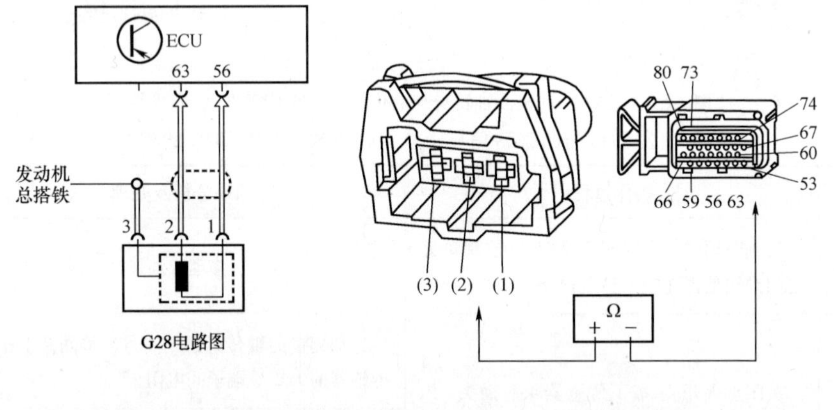

图 3-6 AJR、ANQ 发动机曲轴转速传感器电路图及接线

四、凸轮轴位置传感器

1. 主要故障

凸轮轴位置传感器的主要故障及现象见表 3-10。

凸轮轴位置传感器的主要故障及现象　　表 3-10

主要故障	可能产生的现象
传感器线束插接器松动、污损或端子锈蚀造成阻值过大	1. 发动机大、全负荷时功率不足 2. 发动机尾气排放不正常 3. 油耗大
传感器线束与搭铁线开路或短路	
传感器内部损坏	

2. 检测

AJR、ANQ 发动机采用霍尔式凸轮轴位置传感器，该传感器电路图及插接器端子如图 3-7 所示。

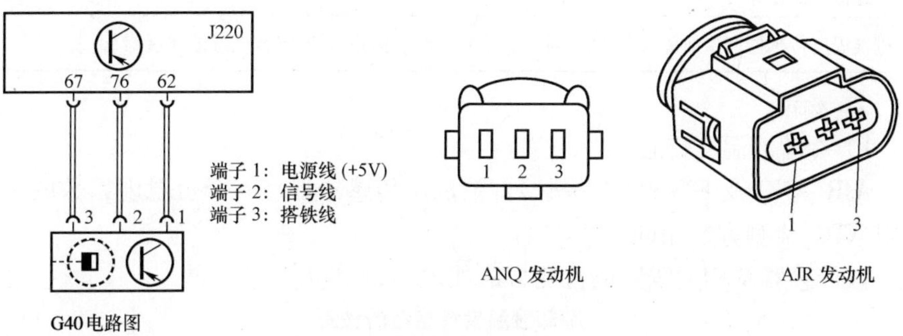

图 3-7　AJR、ANQ 发动机凸轮轴位置传感器电路图及插接器端子

AJR、ANQ 发动机凸轮轴位置传感器检测步骤如表 3-11 所示。

AJR、ANQ 发动机霍尔式凸轮轴位置传感器检测步骤　　表 3-11

步骤	操作过程	结果分析及处理
1	不拔下霍尔传感器插头，用测试灯从背面连接插头端子 2、3，起动发动机	测试灯应闪烁，如不闪烁，进行下一步的检查
2	断开点火开关，拔下传感器 3 芯插头，打开点火开关，用万用表分别检测端子 1、3 间及端子 2、3 间的电压	端子 1、3 间的电压应约为 5V。端子 2、3 间的电压接近蓄电池电压 如不符，检查传感器和 ECU 间的线路是否断路或短路
3	断开点火开关，拔下线束与传感器及 ECU 的连接端子，用万用表电阻挡分别检测连接导线的电阻值	标准值为 ≯1.5Ω，否则，应检查、更换导线，如正常，应检查发动机 ECU

五、发动机温度传感器

1. 主要故障

发动机温度传感器故障及现象见表 3-12。

发动机温度传感器（冷却液、进气温度）的主要故障及现象　　表 3-12

<table>
<tr><th>主要故障</th><th>可能产生的现象</th></tr>
<tr><td>传感器线束插接器松动</td><td rowspan="4">1. 冷起动困难
2. 怠速发抖
3. 暖机过程不正常，且油耗大
4. 冷车进挡转速下降过大</td></tr>
<tr><td>传感器端子锈蚀或受潮</td></tr>
<tr><td>传感器线束与搭铁线开路或短路</td></tr>
<tr><td>传感器内部损坏</td></tr>
<tr><td colspan="2">进气温度传感器产生故障会使 ECU 对空燃比修正产生偏差，导致混合气过浓或过稀</td></tr>
</table>

2. 检测

1）冷却液温度传感器

AJR、ANQ 及 F23A3 发动机冷却液温度传感器都是一个负温度系数的热敏电阻 NTC，检测方法相同。

该传感器及相关线路的检测方法如表 3-13 所示。

冷却液温度传感器的检测　　表 3-13

<table>
<tr><th rowspan="2">步骤</th><th rowspan="2">操作过程</th><th colspan="2">结果分析及处理</th></tr>
<tr><th>AJR、ANQ</th><th>F23A3</th></tr>
<tr><td>1</td><td>检查冷却液温度传感器线束连接是否可靠</td><td colspan="2">应连接可靠，否则重新连接</td></tr>
<tr><td>2</td><td>测传感器的信号电压：起动发动机，测信号线与车体搭铁间的电压</td><td>测 1 号线与 3 号线间的电压，标准值：0.1～4.8V。随冷却液温度升高，电压下降，如图 3-8 所示</td><td>测信号线与车体搭铁间的电压，标准值：0.1～4.8V。随冷却液温度升高，电压下降，如图 3-9 所示</td></tr>
<tr><td>3</td><td>测传感器电源电压：关闭点火开关，拔下传感器的插头，打开点火开关，测电源电压线对车体搭铁间的电压</td><td>测 4 芯插头线束一侧的 1、3 端子间的电压，电压应为 5V；否则，线束断路或短路故障</td><td>测传感器 2 芯插头线束一侧的 2 号端子与搭铁间的电压值，应为 5V；否则，线束断路或短路故障</td></tr>
</table>

续上表

步骤	操作过程	结果分析及处理	
		AJR、ANQ	F23A3
4	测传感器的电阻值:关闭点火开关,拔下传感器的导线连接器,用万用表检测传感器的电阻值	用万用表检测冷却液温度传感器1、3端子间的电阻值	用万用表检测该传感器2端子间的电阻值
		0℃时,阻值应为5~6.5kΩ;30℃时,阻值应为1.5~2.1kΩ;80℃时,相应阻值为275~375Ω;100℃时,相应阻值为150~225Ω;否则更换冷却液温度传感器	0℃时,阻值应为5~7kΩ;40℃时,阻值应为1~1.2kΩ;正常温度时,阻值为200~400Ω;否则更换冷却液温度传感器

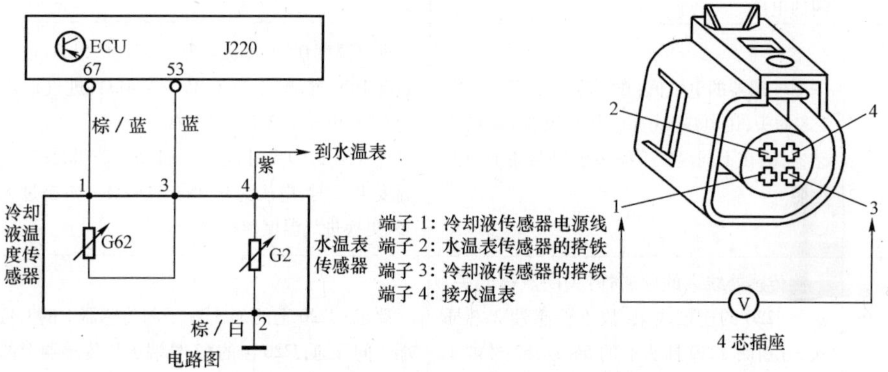

图3-8 AJR、ANQ发动机冷却液温度传感器的检测

2)进气温度传感器的检测

AJR、ANQ发动机进气温度传感器的检测如表3-14所示,其电路如图3-10所示。

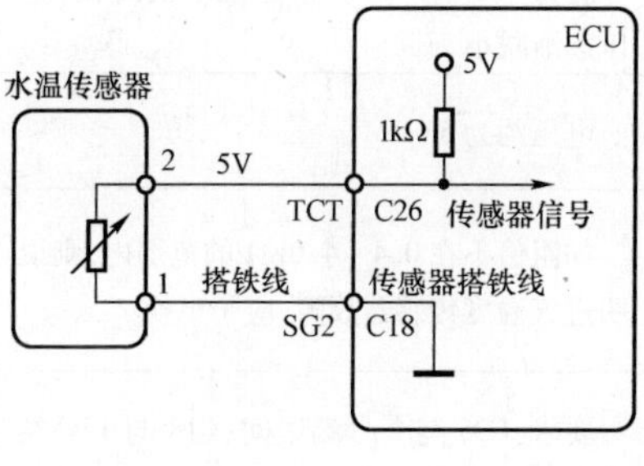

图3-9 F23A3发动机冷却液温度传感器电路图

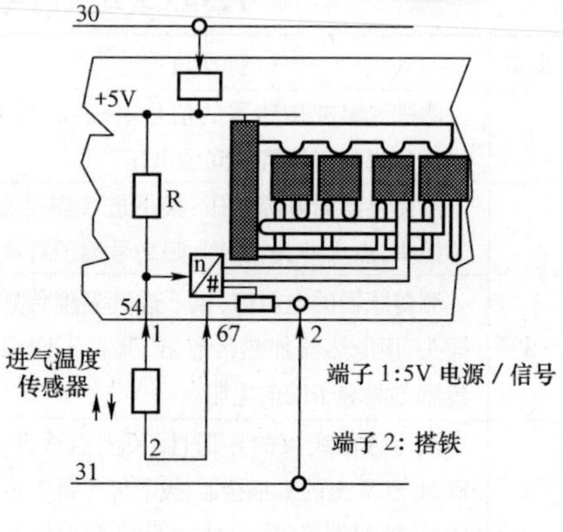

图3-10 AJR、ANQ发动机进气温度传感器电路图

AJR、ANQ 发动机进气温度传感器的检测 表 3-14

步骤	操作过程	结果分析及处理
1	测进气温度传感器的信号电压:关闭点火开关,将万用表正极笔刺入传感器2芯连接器的1号端子内,负极笔刺入2号端,起动发动机,看电压的变化	应为0.1~4.8V,且随温度的升高,电压逐渐减小 进气温度-20℃时,电压为4.79V;进气温度0℃时,电压为4.45V 进气温度20℃时,电压为3.80V;进气温度40℃时,电压为3.10V
2	测传感器的电源电压:拔下进气温度传感器2芯插头,点火开关在ON,测1、2号端子间的电压	电压约为5V
3	测传感器的电阻值:拔下进气温度传感器2芯插头,用电热器(如电热吹风器)加热传感器,测在不同温度下的传感器两端子间的电阻	进气温度0℃时,电压为5.00~6.5kΩ;进气温度10℃时,电压为3.35~4.4kΩ;进气温度20℃时,电压为2.25~3.0kΩ 进气温度30℃时,电压为1.5~2.0kΩ;进气温度40℃时,电压为0.95~1.4kΩ。如超过太多,更换进气温度传感器
4	测传感器线束的导通性:关闭点火开关,拔下J220的连接线束,拔下传感器2芯插头,分别测J220插头上的54号、67号端子与传感器2芯插头上的1号、2号端子间的导通性	要求:J220上的54号端子与传感器上的1号端子间导通;J220上的67号端子与传感器上的2号端子间导通

F23A3 发动机进气温度传感器的检测如表3-15所示,其电路如图3-11所示。

F23A3 发动机进气温度传感器的检测步骤 表 3-15

步骤	操作过程	结果分析及处理
1	测进气温度传感器的信号电压:起动发动机,测信号线与车体搭铁间的电压	应为0.1~4.8V。且随温度的升高,电压逐渐减小
2	测传感器的电源电压:拔下进气温度传感器2芯插头,点火开关在ON,测2号端子对地电压	电压约为5V
3	测传感器的电阻值:拔下进气温度传感器2芯插头,用电热器加热传感器,测在不同温度下的传感器两端子间的电阻	如阻值不在0.4~4.0kΩ的范围内,则说明进气温度传感器故障,应予更换
4	测传感器线束的导通性:关闭点火开关,拔下ECM/PCM上的C插接器,拔下传感器2芯插头,测C25与2号端子间、C18与1号端子间的导通性	要求:C25与2号端子间、C18与1号端子间均应导通

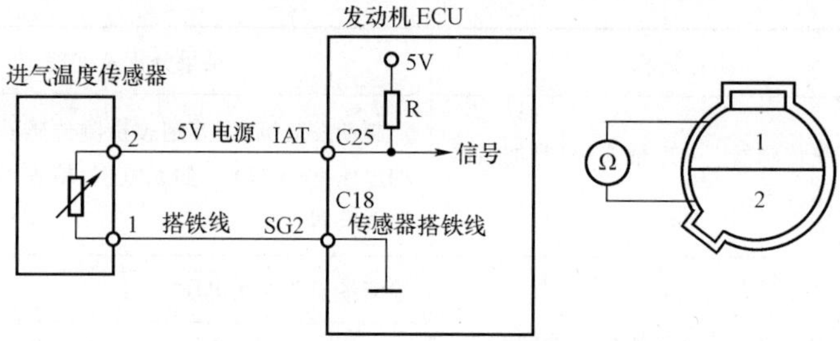

图 3-11　F23A3 发动机进气温度传感器电路图

六、氧传感器

1. 主要故障

氧传感器的主要故障及现象见表 3-16。

氧传感器的主要故障及现象　　表 3-16

主要故障	可能产生的现象
传感器线束插接器松动或端子锈蚀造成阻值过大	1. 起动困难 2. 转速下降且加速性不良 3. 油耗增大 4. 排气管冒黑烟 5. 尾气排放超标
信号线与搭铁线短路或断路	
氧传感器加热电阻损坏	
加热器线路不良	
氧传感器损坏	

2. 检测

AJR、ANQ 发动机采用自加热氧化钛式氧传感器，F23A3 发动机采用自加热氧化锆式氧传感器。

1）就车检测

（1）AJR、ANQ 发动机氧传感器的就车检查见表 3-17。

AJR、ANQ 发动机氧传感器的就车检查　　表 3-17

步骤	操作过程	结果分析及处理
1	检查氧传感器线束连接是否可靠	应连接可靠
2	关闭点火开关，拔下氧传感器上 4 芯插头，检测加热器阻值	测量传感器端子 1、2 间的电阻（图 3-12）
		在室温时氧传感器加热器电阻约 1 ~ 5Ω，温度上升一点，电阻值迅速上升
		如加热器电路断路，更换氧传感器；如加热器电路通路，应再测试氧传感器加热器的供电电压

续上表

步骤	操作过程	结果分析及处理
3	拔下氧传感器上4芯插头，检测加热器电源电压	起动发动机，用万用表检测传感器端子1、2间的电压，应≮11V。如无电压，检查熔断丝或燃油泵继电器
4	用万用表两脚分别连接传感器两端子，检测氧传感器信号电压	检测端子3、4间电压 应为0.45~0.55V。开大节气门，电压上升，约为0.7~0.9V；拔下真空管，电压应下降，约为0.1~0.3V；否则更换氧传感器

AJR、ANQ发动机氧传感器的控制电路如图3-13所示。

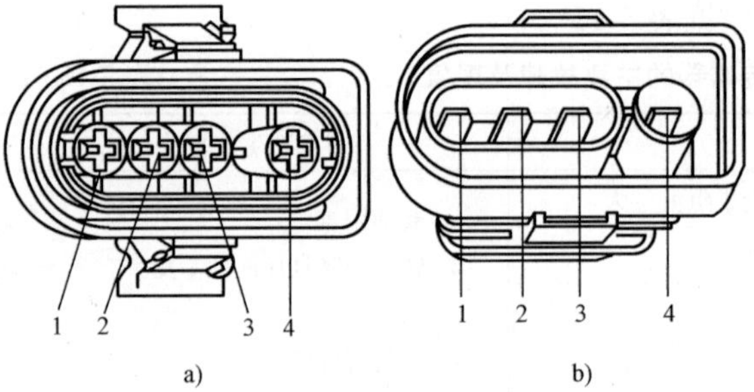

图3-12　AJR、ANQ发动机氧传感器插接器

a）插头（传感器一端）；b）插座（电脑一端）

1-加热元件正极；2-加热元件负极；3-信号电压负极；4-信号电压正极

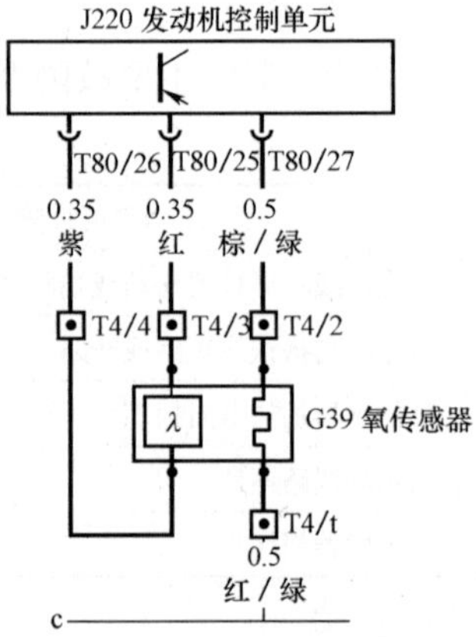

图3-13　AJR、ANQ发动机氧传感器控制电路

（2）F23A3氧传感器的就车检查见表3-18。

F23A3氧传感器的就车检查　　表3-18

步骤	操作过程	结果分析及处理
1	测氧传感器的信号电压：起动发动机，以2500r/min转速运转，测传感器1、2端子间的电压（图3-14）	应在0~1V间摆动，10s内摆动应多于8次。转速达4500r/min时，电压≥0.6V；否则更换氧传感器
2	测传感器加热器的电阻值：关闭点火开关，拔下氧传感器上4芯插头，测端子3、4间的电阻	应为：10~40Ω，见图3-15；否则应更换此传感器

续上表

步骤	操作过程	结果分析及处理
3	测传感器电源电压:拔下氧传感器上4芯插头,打开点火开关,测4芯插头的4号端子与车体搭铁间的电压	应为12V
4	测传感器线束的导通性:关闭点火开关,拔下ECM上的C插头,拔下传感器的4芯插头,分别测传感器的4芯插头上的1、2、3端子与C18、C16、C1间的导通	要求:4芯插头上的1端子与C18导通;4芯插头上的2端子与C16导通;4芯插头上的3端子与C1导通

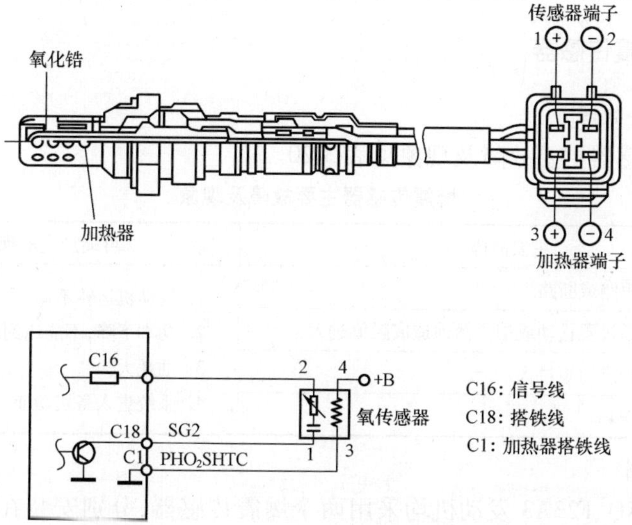

图3-14　F23A3发动机氧传感器

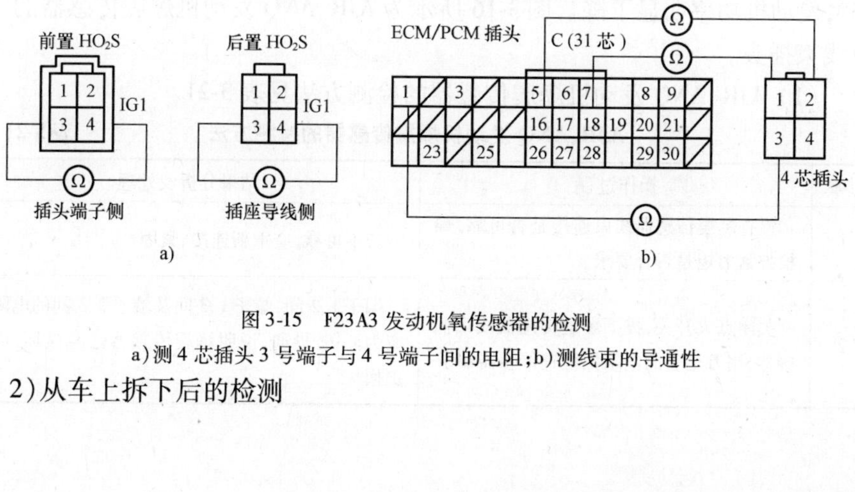

图3-15　F23A3发动机氧传感器的检测

a)测4芯插头3号端子与4号端子间的电阻;b)测线束的导通性

2)从车上拆下后的检测

从车上拆下后的检测见表 3-19。

氧传感器从车上拆下后的检测　　表 3-19

步骤	操作过程	结果分析及处理
1	从车上拆下氧传感器,通过观察顶尖颜色判断故障	淡灰色为正常;白色,由硅污染造成,要更换氧传感器;棕色为铅污染,要更换氧传感器;黑色为积炭造成,故障排除后积炭一般可自动清除
2	通过丙烷焊枪加热氧传感器,用万用表电压挡测量信号值	火焰对准(包住)传感器敏感元件,电压迅速上升到 1V;火焰离开传感器敏感元件,电压迅速下降为 0V。如果传感器输出电压没有上述变化则应更换传感器

七、爆震传感器

1. 主要故障

爆震传感器主要故障及现象见表 3-20。

爆震传感器主要故障及现象　　表 3-20

主要故障	可能产生的现象
信号线搭铁短路或断路	1. 发动机运转不稳 2. 功率下降,不能达到最高车速 3. 油耗大 4. 系统进入备用功能
传感器线束插接器松动或端子锈蚀造成阻值过大	
爆震传感器固定力矩过大	
爆震传感器损坏	

2. 检测

AJR、ANQ、F23A3 发动机均采用两个爆震传感器,分别安装在汽缸体进气管侧第 1、2 缸和第 3、4 缸之间。爆震传感器发生故障时,发动机 ECU 检测到故障信息后,使发动机进入备用功能下运行,此时各缸都相应推迟点火提前角约 15°,发动机功率明显下降。图 3-16 所示为 AJR、ANQ 发动机爆震传感器的电路及线束插头。

(1) AJR、ANQ 发动机爆震传感器的检测方法见表 3-21。

AJR、ANQ 发动机爆震传感器的检测方法　　表 3-21

步骤	操作过程	结果分析及处理
1	检查爆震传感器线束连接是否可靠,螺栓拧紧力矩是否合要求	若不可靠,应重新连接、紧固
2	关闭点火开关,拔下爆震传感器线束插接器,用万用表的电阻挡检查传感器端子	端子 1、2 间,端子 1、3 间及端子 2、3 间的电阻均应为∞;若导通,说明爆震传感器已经损坏,应该更换

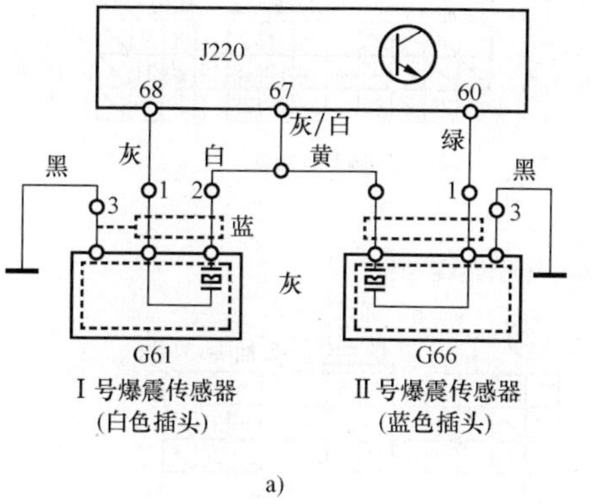

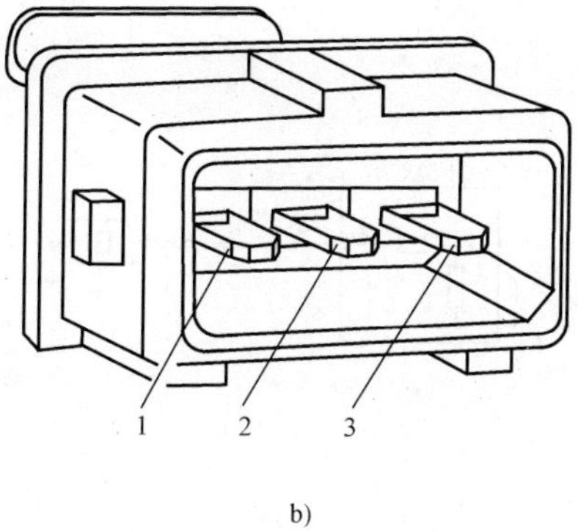

图 3-16　AJR、ANQ 发动机爆震传感器的电路及线束插头

a)电路图;b)3 芯插头

(2) F23A3 发动机爆震传感器的检测见表 3-22,其连接电路如图 3-17 所示。

F23A3 发动机爆震传感器的检测　　表 3-22

步骤	操作过程	结果分析及处理
1	检查爆震传感器线束连接是否可靠,螺栓拧紧力矩是否合要求	若不可靠,应重新连接、紧固
2	检查传感器(KS)线是否短路:关闭点火开关,拔下 KS 插头,断开 ECM 插接器 C。查 C3 端子与地间的通路情况	如通路,说明 ECM 与 KS 间的线路有短路故障,需排除;如不通路,进行下一步检修
3	检查 KS 传感器线路是否断路:查 C3 端子与 KS 插头端子间的通断性	如不通路,说明 ECM 与 KS 间的线路有断路,需排除;如通路,进行下一步检修
4	测 KS 的电阻值:关闭点火开关,拔下 KS 插头,测 KS 插头上端子与车体搭铁间的电阻值	应为∞。若阻值为 0,表明 KS 击穿,需更换
5	检查 KS 传感器的好坏:换用一个好的 KS 传感器,在 N 或 P 挡下使发动机在 3000 ~ 4000r/min 下运转,并保持 10S,看故障指示灯是否亮并闪故障码 23	如灯不亮且无故障码,更换原来的 KS 传感器;如仍有故障码闪示,则更换一个好的 ECM 再试

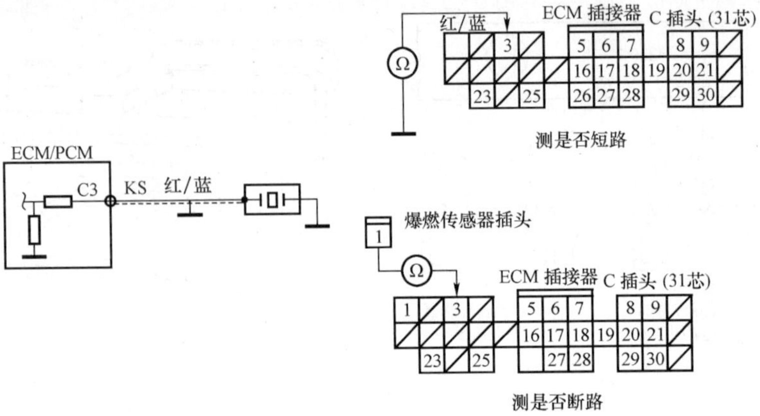

图 3-17 F23A3 发动机爆震传感器连接电路

八、节气门位置传感器

1. 主要故障

节气门位置传感器主要故障及现象见表 3-23。

节气门位置传感器主要故障及现象 表 3-23

主要故障	可能产生的现象
信号线搭铁短路或断路	1. 起动不良 2. 怠速不稳 3. 负荷变化生硬 4. 系统进入备用功能
传感器线束插接器松动或端子锈蚀造成阻值过大	
怠速触点接触不良	
节气门卡滞	
传感器损坏	

2. 检测

(1) F23A3 发动机采用线性式节气门位置传感器，该传感器的结构及电路图如图 3-18 所示，其检测如图 3-19 所示。

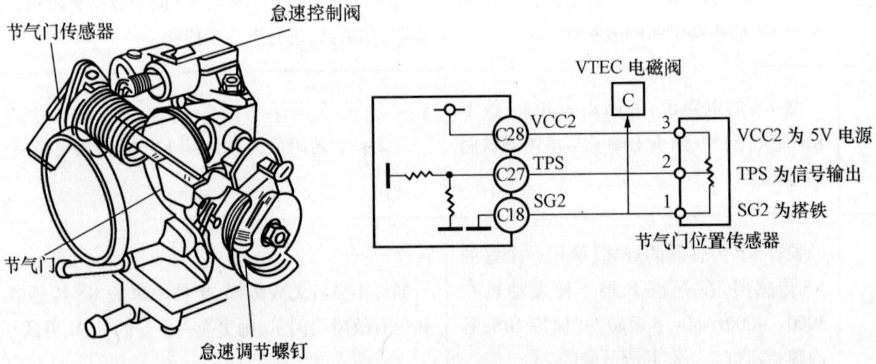

图 3-18 F23A3 发动机节气门位置传感器结构及电路图

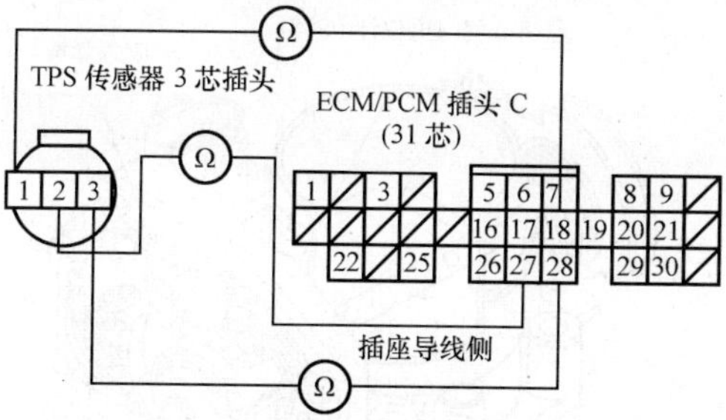

图 3-19　F23A3 发动机节气门位置传感器的检测

节气门位置传感器的检测方法如表 3-24 所示。

节气门位置传感器的检测　　表 3-24

步骤	操作过程	结果分析及处理
1	检查节气门位置传感器与 ECM/PCM 之间的导线是否存在连接不良现象	如连接不良，检修或更换导线
2	打开点火开关，用万用表检测传感器信号线与搭铁线间的电压值。再用手转动节气门，看电压表的读数变化	电压值：节气门完全关闭时，为 0.5V；节气门完全打开（缓慢打开）时，为 3.8V
3	检测节气门位置传感器的电源电压。测 3 号端子与搭铁间的电压	该电压应为 5V；若无，检查 TPS 的线束
4	检测 TPS 线束的导通性。关闭点火开关，拔下 ECM 的 C 插接器，拔下 TPS 的 3 芯插头，分别测量 3 芯插头的 1、2、3 端子与 C18、C27、C28 间的导通性	要求：C18 与 1 号端子通；C27 与 2 号端子通；C28 与 3 号端子通
5	检测 TPS 的电阻值。关闭点火开关，拔下 TPS 的 3 芯插头，用万用表测各端子间的阻值，用手转动节气门轴，看电阻值的变化	阻值要求：3、1 端子间在任意状态下，为 3.1 ~ 5.2kΩ；2、1 端子间在节气门全闭时，为 0.51 ~ 0.91kΩ；2、1 端子间在节气门全开时，为 4.8 ~ 5.3kΩ

（2）AJR、ANQ 发动机采用节气门直动式怠速控制系统，即节气门控制组件 J338。该组件包括节气门位置传感器（G69）、怠速节气门位置传感器（G88）、怠速开关（F60）和怠速直流电机（V60）。它安装在节气门体上。

节气门控制组件 J338 如图 3-20、图 3-21 所示。

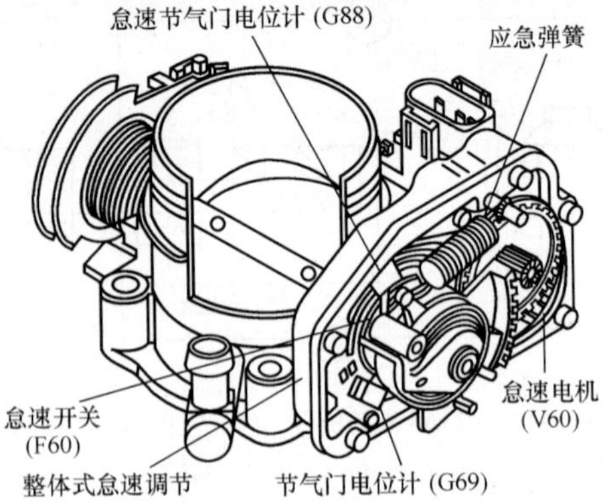

图 3-20　AJR、ANQ 发动机节气门控制组件

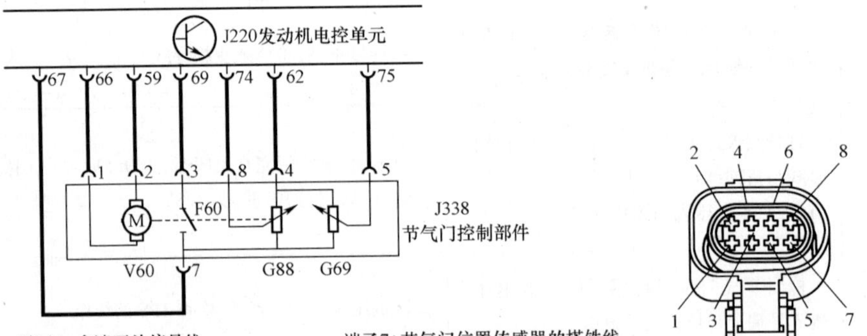

端子3：怠速开关信号线
端子4：节气门位置传感器的电源线
端子5：节气门位置传感器的信号线
端子7：节气门位置传感器的搭铁线
端子8：怠速节气门位置传感器的信号线

a)　　b)

图 3-21　节气门控制组件电路图及 8 针插头

a)电路图；b)8 针插头

节气门控制组件的检测如表 3-25 所示。

节气门控制组件的检测　　表 3-25

步骤		操作过程	结果分析及处理
1	检测G69	测 G69 输出电压信号：打开点火开关，检测 5、7 号端子间的电压	当节气门全闭时，应为 0.3 ~ 0.8V；当节气门全开时，需达到 4V
		测 G69 电源电压：关点火开关，拔下 J220 的连接插头，打开点火开关，测 62、67 端子间的电压	应为 5V

续上表

步骤		操作过程	结果分析及处理
1	检测G69	测 G69 线束的导通性:关点火开关,拔下控制部件的 8 芯插头,测 J220 的 62、67、75 各端子与 J338 的 4、5、7 端子间的导通性	62、4 端子间应导通;67、7 端子间应导通;75 与 5 端子间应导通
		测 G69 的电阻值:测 8 芯插头的 4、7 端子间的电阻值;测 5、7 端子间的电阻值	4、7 端子间的阻值:节气门任意状态下约为 700Ω。5、7 端子间的阻值:节气门全闭时为 1.6kΩ;节气门全开时为 0.95kΩ。4、5 端子间的阻值:节气门全闭时为 0.9kΩ;节气门全开时为 1.73kΩ
2	检测G88	测 G88 的输出电压信号:打开点火开关,测 8、7 号端子间的电压,慢慢踩加速踏板,看电压的变化	节气门全闭时:应为 0.3 ~ 0.8V;当节气门全开时:需达到 4V
		测 G88 电源电压:关点火开关,拔下 J220 的连接插头,打开点火开关,测 62、67 端子间的电压	应为 5V
		测 G88 线束的导通性:关点火开关,拔下控制部件的 8 芯插头,测 J220 的 62、67、74 端子与 J338 的 4、7 端子间的导通性	62 与 4 号端子间应导通;67 与 7 号端子间应导通;74 与 8 号端子间应导通
		测 G88 的电阻值:测 8 芯插头的 4 与 7 端子间、4 与 8 端子间、7 与 8 端子间的电阻值	电阻值:4、7 端子间在节气门任意状态下为 700Ω;4、8 端子间在节气门全闭时为 735Ω;7、8 端子间在节气门全闭时为 1170Ω
3	检测F60	关闭点火开关,拔下 J338 的 8 芯插头,检测 3、7 端子间的电阻	电阻值:节气门全闭时,应 < 1Ω;缓慢踩下加速踏板,阻值应为∞。否则更换节气门体
4	检测V60	测 V60 的电阻值:关闭点火开关,拔下 J338 的 8 芯插头,检测 1、2 端子间的电阻	电阻值:应为 3 ~ 200Ω,若不合要求,更换节气门体
		测 V60 线束的导通性:关闭点火开关,拔下 J338 的 8 芯插头,拔下 J220 的连接插头,分别测 J338 的 1 号、2 号端子与 J220 的 66 号、59 号端子间的导通性	要求:J338 的 1 号端子与 J220 的 66 号端子间应导通;J338 的 2 号端子与 J220 的 59 号端子间的应导通

课题二 执行元件的检测

一、电动燃油泵

1. 主要故障

电动燃油泵主要故障及可能产生的现象见表3-26。

电动燃油泵主要故障及可能产生的现象 表3-26

主要故障	可能产生的现象
电动燃油泵线束插接器松动	1. 发动机不易起动 2. 混合气过稀造成动力下降、加速性能差、怠速不稳、最高车速下降 3. 发动机不能起动
电动燃油泵电机线圈断路或短路	
电动燃油泵泵体磨损	
电动燃油泵泵体卡滞	
电动燃油泵限压阀、单向阀失效	

2. 检测

1）电动燃油泵就车检查

电动燃油泵就车检查见表3-27。

电动燃油泵就车检查 表3-27

步骤	操作过程	结果分析及处理 AJR、ANQ	 F23A3
1	测试蓄电池电压，检查汽油滤清器	若不正常先排除电源故障或检查、更换汽油滤清器	
2	接通点火开关，但不起动	在2～3s内应能听到燃油泵转动的声音。如发动机转速≤30r/min，即使点火开关接通，电动燃油泵也会停止工作	
3	若无燃油泵转动声，关闭点火开关，检查中央线路板上熔断丝及燃油泵继电器	燃油泵继电器为J17	检查PGM-FI主继电器
		如有故障，应更换熔断丝或油泵继电器	
4	如果上述检查都完好，打开行李厢饰板，从密封凸缘拔下燃油泵导线插接器	拔下3芯插头，起动发动机，测量线束端插接器端子（如图3-22、图3-23所示）1、3间的电压，约为12V左右	拔下泵的5芯插头（如图3-24所示）。用跨接线跨接PGM-FI主继电器7芯插头的4、5端子，起动发动机，测量线束端插接器端子5对地间的电压，约为12V左右
		如果无电压，根据电路图查找并消除电路中的断路故障。如线束完好，应检查发动机ECU。如电压符合要求，查油泵密封凸缘与油泵间的导线是否断路，如没断，则油泵已坏应更换	如果无电压，应查燃油泵线束

2）电动燃油泵部件检查

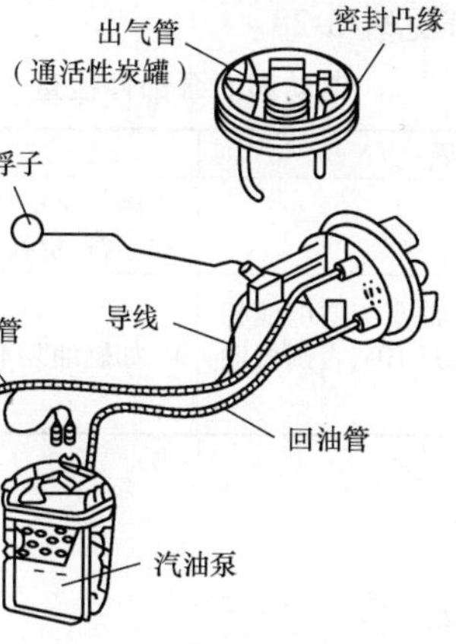

图 3-22　AJR、ANQ 发动机燃油泵及其附件

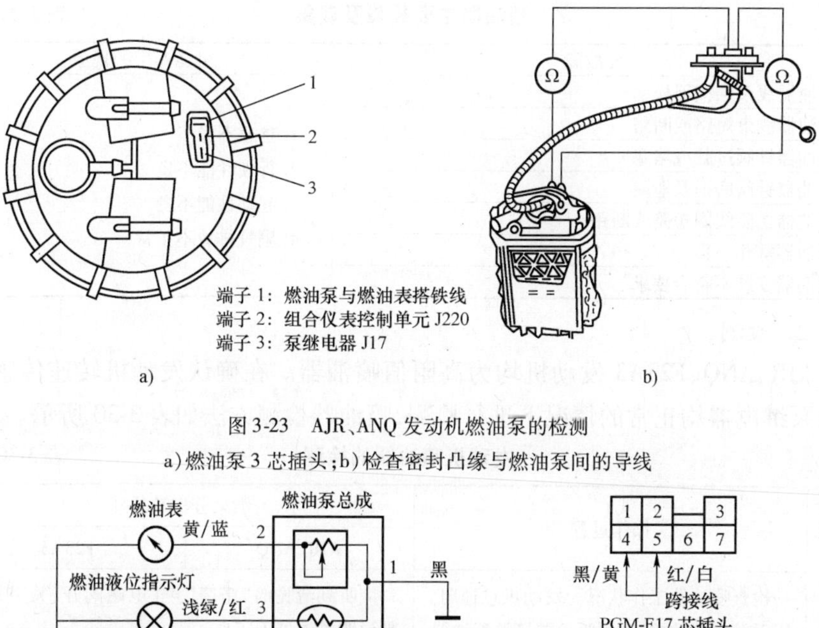

图 3-23　AJR、ANQ 发动机燃油泵的检测

a）燃油泵 3 芯插头；b）检查密封凸缘与燃油泵间的导线

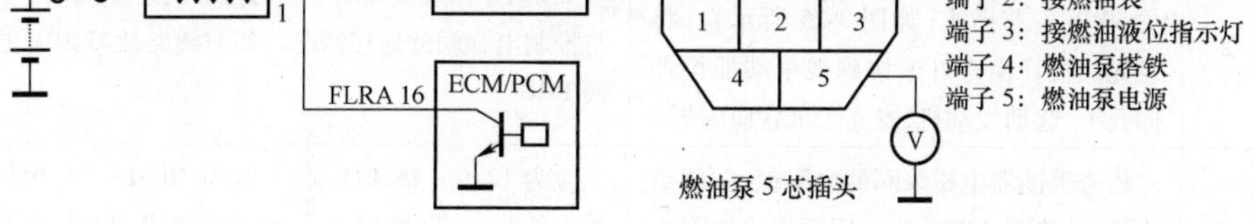

图 3-24　F23A3 发动机燃油泵的检测

电动燃油泵部件检查见表 3-28。

电动燃油泵部件检查　　表 3-28

步骤	操作过程	结果分析及处理
1	燃油泵电阻检查	燃油泵电动机线圈的电阻值应为 0.2～0.3Ω，如不符，更换燃油泵
2	工作性能的检查：将燃油泵与蓄电池相接，每次接通时间不得超过 10s，否则可能烧坏燃油泵电机线圈	如燃油泵不转动，则须更换油泵

二、喷油器

1. 主要故障

喷油器主要故障及现象见表 3-29。

喷油器主要故障及现象　　表 3-29

主要故障	可能产生的现象
喷油器线束插接器松动	1. 怠速不稳 2. 行驶性能不良 3. 起动性能不良 4. 尾气排放不正常
喷油器线束短路或断路	
喷油器针阀过脏或堵塞	
喷油器针阀磨损及泄漏	
喷油器电磁线圈短路或断路	
喷油器雾化不良	
喷油器安装不符合要求	

2. 检测

AJR、ANQ、F23A3 发动机均为高阻值喷油器。在确认发动机转速传感器、汽油泵继电器均正常的情况下进行检测，喷油器检测方法如表 3-30 所示。

发动机喷油器的检测　　表 3-30

步骤	操作过程	结果分析及处理	
		AJR、ANQ	F23A3
1	检查喷油器工作状况。发动机怠速时，用手触摸喷油器，或用听诊器接触喷油器	应听到清脆的“嗒嗒”声（电磁阀开、关声），否则说明喷油器不工作	
2	检查喷油器的驱动电路：关闭点火开关，拔下 2 芯插头（如图 3-25 所示）。将发光二极管检查灯连接到线束端插接器插孔上，起动发动机，发光二极管应闪烁	如果不闪烁，检查端子 1 与电源间连接或端子 2 与控制电脑间的连接情况。如非线路故障则需更换 ECU	
3	检查喷油器电磁线圈的电阻值：关闭点火开关，拔下 2 芯插头。用万用表检测喷油器 2 芯插头的电阻	应为 12.0～15.0Ω。如不符要求，更换喷油器	应为 10.0～13.0Ω。如不符要求，更换喷油器

三、怠速电控阀

1. 主要故障

主要故障及现象见表3-31。

怠速电控阀主要故障及现象 表3-31

主要故障	可能产生的现象
怠速电控阀线束插接器松动	1. 怠速不稳 2. 怠速向低中速过渡不良 3. 油耗大 4. 发动机易熄火
怠速电控阀线束短路或断路	
节气门体积炭过多	
怠速电控阀线圈短路或断路	
怠速基本设定错误	

2. 检测

(1) F23A3发动机的怠速控制系统采用节气门旁通气道控制,怠速电控阀采用旋转滑阀式(如图3-26所示)。发动机怠速的高低由怠速电控阀(IAC)开度的大小决定,检测方法见表3-32。

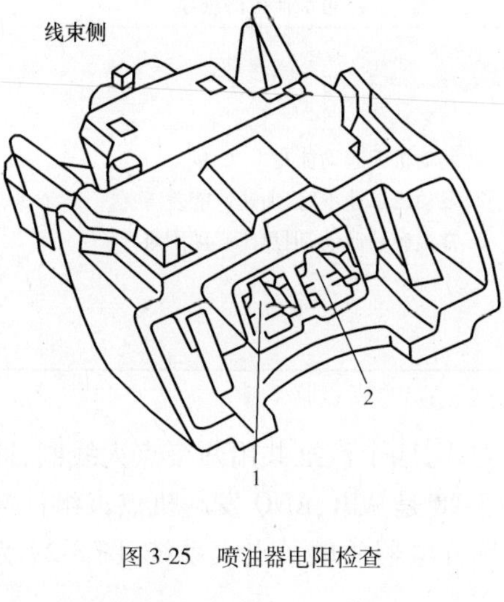

图3-25 喷油器电阻检查

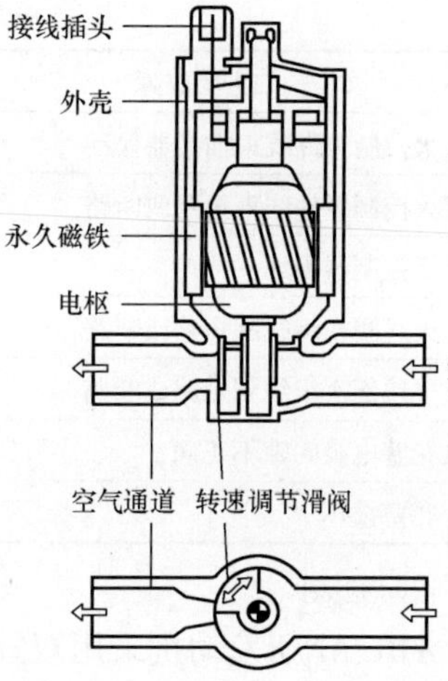

图3-26 F23A3发动机旋转滑阀式怠速电控阀

F23A3 发动机旋转滑阀式怠速电控阀的检测方法 表 3-32

步骤	操作过程	结果分析及处理
1	检测怠速电控阀的电阻：关闭点火开关，拔下怠速电控阀 3 芯插头（如图 3-27 所示），用万用表电阻挡分别检测怠速电控阀接线端 1、3 与 2 之间的电阻	一般当怠速电控阀温度在-10 ~ 50℃时，阻值应为 17 ~ 25Ω，否则更换怠速电控阀
2	测试怠速电控阀的电源电压：关闭点火开关，拔下怠速电控阀 3 芯插头，测 2 号端子的搭铁电压	应为 12V，如不符，查线束是否短路或断路及发动机 ECU 是否损坏
	测试怠速电控阀的运行状况 1：向 1、2 端子间提供 12V 电压	怠速电控阀应关闭，否则需更换
3	测试怠速电控阀的运行状况 2：向 3、2 端子间提供 12V 电压	怠速电控阀应打开，否则需更换

（2）AJR、ANQ 发动机均采用节气门直动式怠速控制系统。用步进电机调节节气门开度来控制怠速转速，其检测方法如课题一中所述。

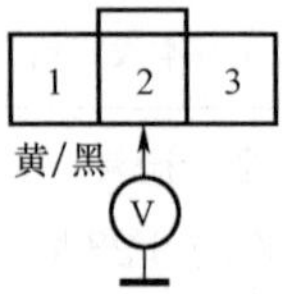

图 3-27 F23A3 发动机怠速控制阀 3 芯插头

四、点火装置主要部件

1. 主要故障

点火装置主要故障及现象见表 3-33。

点火装置主要故障及现象 表 3-33

主要故障	可能产生的现象
点火控制组件线束插接器松动	1. 发动机无起动征兆 2. 发动机怠速不稳，加速性能差 3. 常温容易起动，但热车起动困难
点火控制组件线束短路或断路	
点火控制器损坏	
点火线圈初级线圈短路或断路	
点火线圈次级线圈短路或断路	
火花塞电极间隙不正确	
火花塞损坏	

2. 检测

AJR、ANQ 发动机采用双缸同时点火方式，四个汽缸共用两个点火线圈，即一个点火线圈高压回路有两个火花塞，图 3-28 是 AJR、ANQ 发动机点火组件与电控单元的连接图。F23A3 发动机采用带分电器的电子点火系统，图 3-29 为 F23A3 发动机点火系统电路。

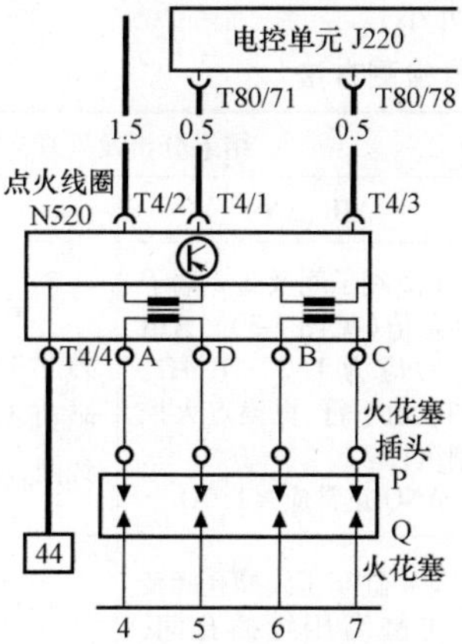

点火线圈上各插头的含义

端子号	含义
1	点火电路 2、3 缸控制端
2	点火线圈的电源 (+12V)
3	点火电路 1、4 缸控制端
4	搭铁线
A	接第 1 缸火花塞
B	接第 2 缸火花塞
C	接第 3 缸火花塞
D	接第 4 缸火花塞

图 3-28　AJR、ANQ 发动机点火组件与电控单元的连接

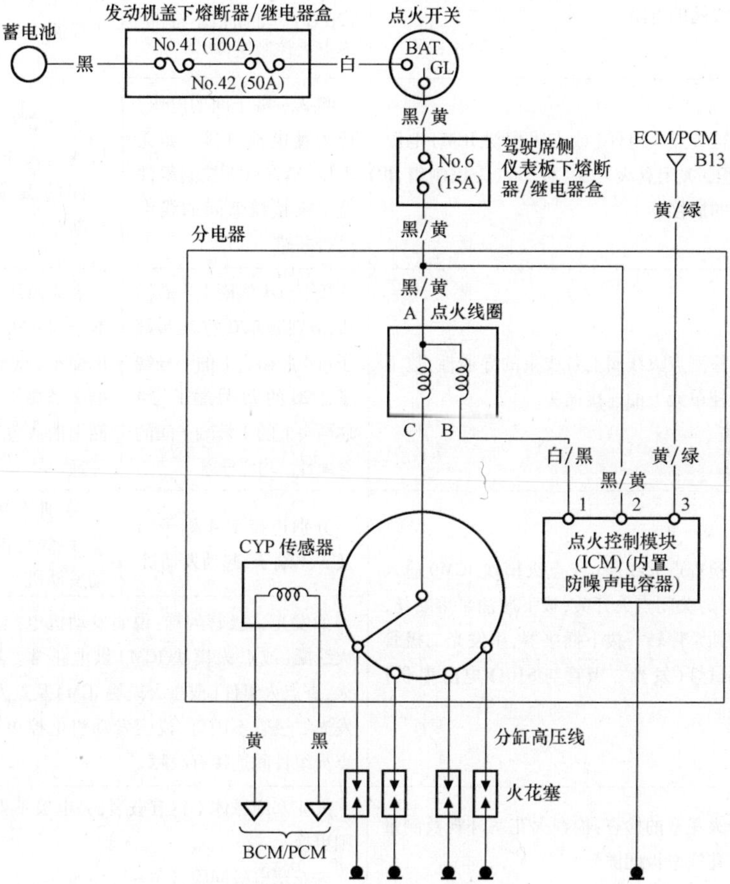

图 3-29　F23A3 发动机点火系统电路

发动机点火装置检测方法如表 3-34 所示。

发动机点火装置检测方法 表 3-34

<table>
<tr><th rowspan="2">步骤</th><th rowspan="2">操 作 过 程</th><th colspan="2">结果分析及处理</th></tr>
<tr><th>AJR、ANQ</th><th>F23A3</th></tr>
<tr><td>1</td><td>检查点火线圈初级线圈阻值:关闭点火开关,拔下点火控制组件上的插接器,用万用表检测初级线圈的电阻</td><td>1、2 端子间及 2、3 端子间阻值(见图 3-30):AJR 正常应为 1.2 ~ 1.4Ω。如阻值不符,更换点火控制组件
ANQ 正常应 < 1.0Ω</td><td>A、B 端子间,正常为 0.45 ~ 0.55Ω。如阻值不符,更换点火线圈,见图 3-31</td></tr>
<tr><td>2</td><td>检查点火线圈次级线圈阻值:关闭点火开关,拔下点火线圈上各高压线,检测次级线圈的电阻</td><td>1、4 缸高压线插孔间及 2、3 缸高压线插孔间:AJR 正常应为 6 ~ 8kΩ;ANQ 应为 4.0 ~ 6.0kΩ(20℃)。如阻值不符,更换点火控制组件</td><td>A、C 端子间,正常应为 16.8 ~ 25.2kΩ。如阻值不符,更换点火线圈</td></tr>
<tr><td>3</td><td>检查点火组件(或点火模块 ICM)电源电压:关闭点火开关,拔下点火控制组件上的插接器</td><td>测 2、4 端子间的电压,应为蓄电池电压。如无电压,检查点火控制组件至中央接线盒间的线束是否断路</td><td>应为蓄电池电压。检查点火开关与 ICM 之间的黑/黄导线是否断路</td></tr>
<tr><td>4</td><td>检测点火线圈上各线束的导通性:拔下电控单元上的连接插头</td><td>拔下点火线圈上 4 芯插头,分别测 J220 的 71 号端子与 4 芯插头上的 1 号端子、J220 的 78 号端子与 4 芯插头上的 3 号端子间的导通性。均应导通</td><td>点火模块上的 1 号端子与点火线圈上的 B 端子、点火模块上的 2 号端子与点火线圈上的 A 端子间均应导通</td></tr>
<tr><td rowspan="2">5</td><td rowspan="2">检查点火线圈(或点火模块 ICM)输入信号:关闭点火开关,拔下燃油泵熔断丝,使油泵停转。拔下插接器,用发光二极管测试灯(发光二极管与 510Ω 电阻串联)检测</td><td>分别连接 1、4 端子以及 3、4 端子,起动发动机</td><td>分别连接 ICM 的黄/绿线与搭铁点,起动发动机</td></tr>
<tr><td colspan="2">如发光二极管闪烁:说明发动机电控单元给点火线圈(或点火模块 ICM)供电正常。如无高压火,查点火组件(或点火模块 ICM)及点火线圈;如发光二极管不闪烁,说明发动机电控单元或其与点火组件间连接有故障</td></tr>
<tr><td>6</td><td>火花塞的检查:检查火花塞外观及测量火花塞电极间隙</td><td colspan="2">火花塞绝缘体不得有破裂,旁电极不得烧蚀,否则更换
火花塞电极间隙:1.0 ~ 1.1mm</td></tr>
</table>

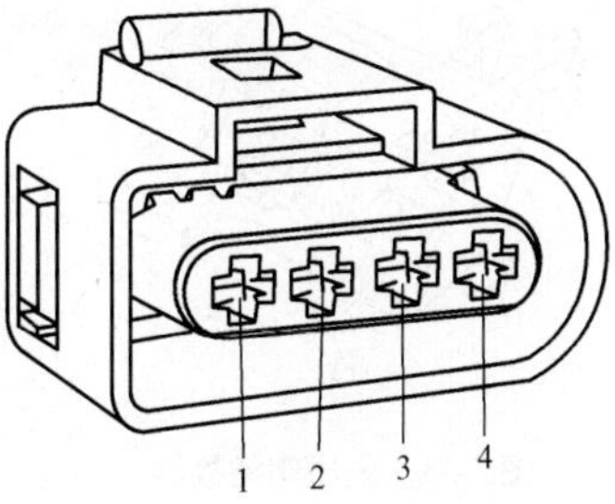

图 3-30　AJR、ANQ 点火控制组件线束插接器

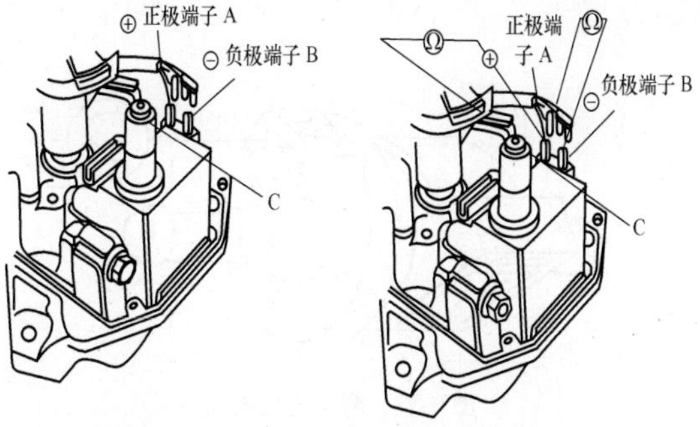

测初级线圈的电阻　　测次级线圈的电阻

图 3-31　F23A3 发动机点火线圈电阻值的测量

五、活性炭罐电磁阀

1. 主要故障

活性炭罐电磁阀的主要故障及现象见表 3-35。

活性炭罐电磁阀的主要故障及现象　　表 3-35

主要故障	可能产生的现象
活性炭罐电磁阀线束短路或断路	1. 车箱内或车边有汽油味 2. 部分负荷时，汽车行驶不平顺
活性炭罐电磁阀线束插接器松动	
活性炭罐电磁阀损坏	

2. 检修

活性炭罐电磁阀的检修方法见表 3-36。

活性炭罐电磁阀的检修方法　　表 3-36

步骤	操作过程	结果分析及处理
1	检测活性炭罐电磁阀线圈的电阻：关闭点火开关，拔下电磁阀线束插接器，用万用表检测电磁阀线圈的电阻值	AJR、ANQ 应为 22～30Ω；F23A3 应为 33Ω。如电阻值不符规定，则应更换电磁阀
2	检查活性炭罐电磁阀的电源电压。关闭点火开关，拔下电磁阀线束插接器，然后接通点火开关，用万用表电压挡检测线束插接器 1、2 端子间的电压（如图 3-32、图 3-33 所示）	应为蓄电池电压。如无电压，应检查线束是否短路或断路，熔断丝及油泵继电器是否烧坏或损坏
3	就车检查：起动发动机运转，用手触摸活性炭罐电磁阀	应有明显的振动感，当断开点火开关，应能听到电磁阀关闭的声音。如没有上述现象，应检查活性炭罐电磁阀及电磁阀线束

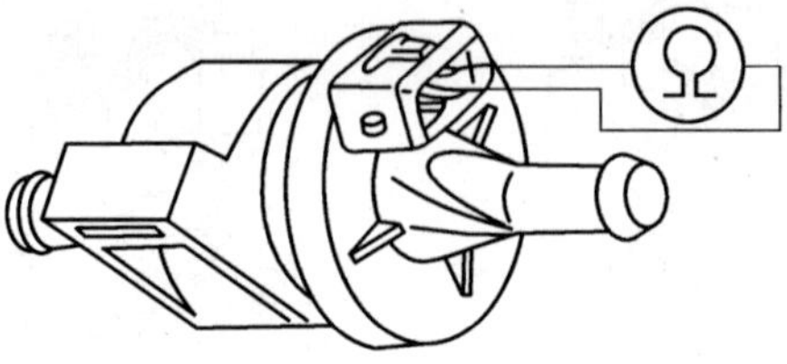

图 3-32　测量电磁阀电阻

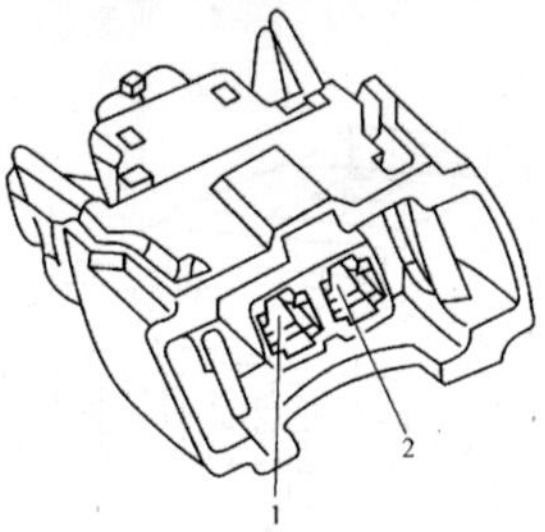

图 3-33　电磁阀插接器

课题三　发动机电控单元(ECU)的检测

一、主要故障

在正常的情况下使用电控单元本身不太容易产生故障,但很多维修人员不按照维修手册中规定的要求诊断故障,当发动机产生故障经多次维修不能解决问题时,最后就会把原因归咎于发动机控制单元,从而造成了故障的误判。

发动机 ECU 的主要故障见表 3-37。

发动机 ECU 主要故障及现象　　表 3-37

主要故障	可能产生的现象
焊点松脱	1. 发动机无法起动或起动困难 2. 油耗大且排放超标 3. 发动机怠速抖动 4. 加速性能差 5. 无高速
集成块损坏	
电容击穿	
电控单元固定螺栓松动	
其他电子元件损坏	

上述故障产生的原因除了使用时间过长引起的自然损伤、老化外,主要由以下几方面原因造成:

(1) 电控单元受潮,将造成电气元件短路、腐蚀以及接头的损坏。

(2) 电压超载。通常是因为电磁阀或执行器电路短路引起的。

(3) 振动,会引起插接器、焊点松动以及线路板上出现微小的裂纹。

(4) 不规范的操作,例如:

① 用内阻较小的万用表或用试灯检测与 ECU 相连的电气元件。

② 在拔下电感元件的导线时,未先断开点火开关。

③ 安装发动机电控单元之前未先断开蓄电池。

④ 在拆装过程中未采取静电防护措施等。

二、发动机 ECU 的检测

1. AJR、ANQ 发动机 ECU 的检测

1) AJR、ANQ 发动机 ECU 各端子的连接

要检测电控单元工作是否正常,就一定要熟悉其插座上各端子的含义。

AJR、ANQ 发动机电控单元 J220 的线束插座上有 80 个接线端子,如图 3-34 所示。采用 2 个插接器(52 针插接器, 28 针插接器),分别与电源、传感器、执行器相连。AJR 有效端子为 36 个,ANQ 有效端子为 43 个,其余为备用端子。各端子的连接及功能如表 3-38 所示。

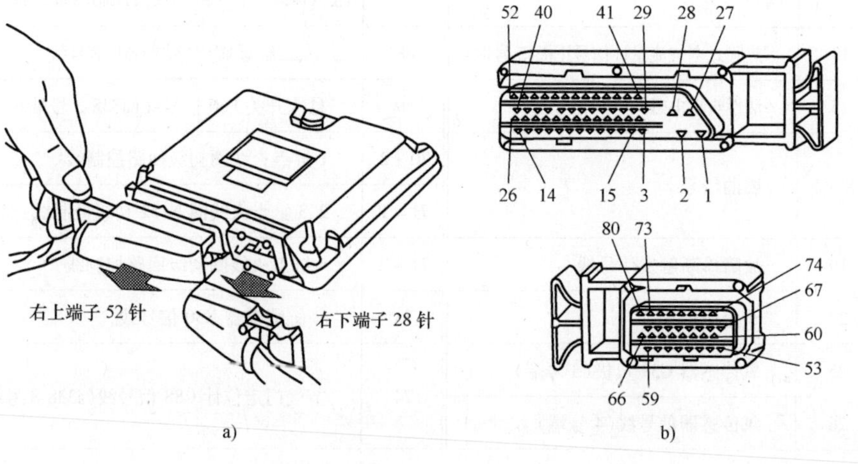

图 3-34 AJR、ANQ 发动机 ECU (J220)及其线束插座

AJR、ANQ 发动机 ECU 上各端子的连接 表 3-38

端子号	连接部位及功能	端子号	连接部位及功能
1	电控单元熔断丝,连接电源“15”号线,受点火开关控制	55 * 2	凸轮轴调节阀 N205 可变进气相位负极
		56	曲轴位置传感器 G28 正极(3 号端)
2	爆震传感器、曲轴位置传感器屏蔽线搭铁;点火控制器搭铁点	58	三缸喷油器 N32 信号线
3	电控单元常火线,连接电源“30”号线	59	怠速电机 V60 负极(节气门控制组件 J338-2 号端)

续上表

端子号	连接部位及功能	端子号	连接部位及功能
4	电动燃油泵控制线	60	三、四缸爆震传感器 G66 信号线
6	发动机转速信号	62	凸轮轴位置传感器 G40、节气门控制组件 J338 电源线
8	空调压缩机信号	63	曲轴位置传感器负极（2 号端）
10	空调开关信号	64 * 2	可变路径进气管电控阀 N156 信号
11	热膜式空气流量计 G70 电源线（4 号端）	65	四缸喷油器 N33 信号线
		66	怠速电机电源正极（J338-1 号端）
12	热膜式空气流量计信号负极（3 号端）	67	凸轮轴位置传感器、冷却液温度传感器、进气温度传感器、节气门控制组件负极
13	热膜式空气流量计信号正极(5 号端)	68	一、二缸爆震传感器 G61 信号线
15	活性炭罐电磁阀 N80 信号线	69	怠速开关 F60 信号线（J338-3 号端）
18 * 2	燃油信号	70 * 2	1 缸点火线圈初级回路控制线
		71 * 1	2、3 缸点火线圈 N152 初级控制线
19	故障诊断触发信号线	71 * 2	4 缸点火线圈初级回路控制线
20	车速信号线	73	一缸喷油器 N30 信号线
25	氧传感器 G39 负极（3 号端）	74	节气门定位计 G88 信号线（J338-8 号端）
26	氧传感器信号线（4 号端）		
27	氧传感器加热器电源线（2 号端）	75	节气门电位计 G69 信号线（J338-8 号端）
29 * 2	CAN(L) 信号线		
41 * 2	CAN(H) 信号线	76	凸轮轴位置传感器信号线
53	冷却液温度传感器 G62 信号线	77 * 2	3 缸点火线圈初级回路控制线
		78 * 1	1、4 缸点火线圈 N152 初级控制线
		78 * 2	2 缸点火线圈初级回路控制线
54	进气温度传感器信号线	80	二缸喷油器 N31 信号线

注：*1 为 AJR 发动机用；*2 为 ANQ 发动机用。

2）AJR、ANQ 发动机电控系统检修及参数如表 3-39 所示。

AJR、ANQ 发动机电控系统的检修及参数 表 3-39

检测项目		检测端子	检测条件	检测参数
供电电路		3 至 2	任何时候	蓄电池电压
		1 至 2	打开点火开关	蓄电池电压
搭铁电路		2 至蓄电池负极	打开点火开关	0V
油泵控制		4 至 2	发动机运转	0V
			打开点火开关 2s 后	0V
点火控制		(71、78)至 2	发动机运转	脉冲
		* B5(70、77)至 2	发动机运转	脉冲
霍尔传感器		62 至 2	发动机运转	5V
		76 至 2	打开点火开关	蓄电池电压
空气流量计		11 至 2	打开点火开关	5V
		2 至搭铁	打开点火开关	12V
进气温度传感器		54 至 2	拔下插头，打开点火开关	5V
			打开点火开关，插好插头	0.5～3V
节气门控制组件	节气门定位器	(59、66)至 2	打开点火开关	0V
			怠速运转	脉冲电压
	节气门电位计	75 至 2	打开点火开关，节气门全闭	4.2V
			打开点火开关，节气门全开	0.8V
	节气门定位电位计	74 至 2	打开点火开关	3.9V
	怠速开关	69 至 2	节气门怠速位置	0V
			节气门其他位置	12V
爆震传感器		(60、68) 至 2	测电阻	≮1000Ω
			发动机运转	0.3～1.4V
水温传感器		53 至 2	拔下插头，打开点火开关	5V
			拔下插头，打开点火开关	0.5～2.5V
氧传感器		25 至 26	发动机运转	0.3～0.9V
		27 至 2	打开点火开关	0V
喷油器		(58、65、73、80) 至 2	点火开关打开瞬时	1V
			点火开关开后未运转	蓄电池电压
			发动机运转	7～10V
发动机转速传感器		56 至 63	关闭点火开关，测电阻	500～1000Ω

续上表

检测项目	检测端子	检测条件	检测参数
空调控制	10 至 2	空调开	0V
		空调关	蓄电池电压
	8 至 2	空调压缩机运转	0V
		空调压缩机不运转	蓄电池电压
各传感器搭铁	67 至 2	打开点火开关	0V

2. F23A3 发动机 ECU 的检测

图 3-35 为 F23A3 发动机 ECM/PCM 线束插接器各端子的排列图，各端子的连接情况及正常参数如表 3-40 ~ 表 3-42 所示。

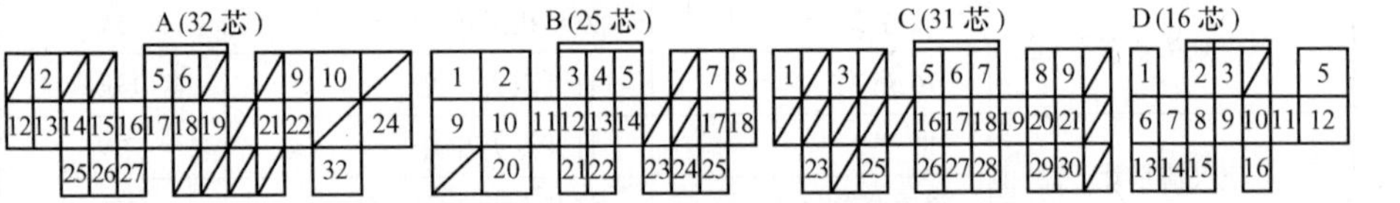

图 3-35 F23A3 发动机 ECM/PCM 线束插接器各端子的排列

ECM 插接器 A(32 芯)备端子的连接说明和正常参数 表 3-40

端子号	端子名称	导线颜色	连接说明	检测条件	检测参数
2	MCS	绿/白	起动发动机支架控制电磁阀	发动机怠速	0V
				发动机高于怠速	蓄电池电压
5	CRS	蓝/绿	检测定速巡航控制信号	接通点火开关 ON	脉冲信号
6	PCS	红	EVAP 净化控制电磁阀	发动机运转，冷却液温度 <75℃	蓄电池电压
				发动机运转，冷却液温度 >75℃	0V
9	VSSOUT	蓝/白	输送车速传感器信号	汽车行驶（或使车轮转动）	脉冲信号
10	SCS	棕	故障检查插座故障码触发信号	故障检查插座端子短接	0V
				故障检查插座端子不短接	蓄电池电压
12	IMOLMP	粉红	控制防起动装置指示灯	防起动装置指示灯亮	0V
				防起动装置指示灯熄灭	蓄电池电压
13	IMOEN	蓝	发送防起动装置信号		
14	D4IND	绿/黑	控制 D4 指示灯	D4 灯亮	0V
				D4 灯不亮	蓄电池电压

续上表

端子号	端子名称	导线颜色	连接说明	检测条件	检测参数
15	FLR	绿/黄	控制燃油泵继电器	接通点火开关 ON 后 2s 内	0V
				接通点火开关 ON 2s 后	蓄电池电压
16	FLR	绿/黄	起动燃油泵继电器	接遣点火开关 ON 后 2s 内	0V
				接通点火开关 ON 2s 后	蓄电池电压
17	ACC	红	起动空调离合器继电器	压缩机接通	0V
				压缩机关闭	蓄电池电压
18	MIL	绿/橙	控制故障指示灯 MIL	故障指示灯亮	0V
				故障指示不亮	蓄电池电压
19	NEP	蓝	输出发动机转速信号	发动机运转	脉冲信号
21	K	浅蓝	发送和接收扫描工具信号	接通点火开关 ON	脉冲信号
22	IMA	绿/红	检测怠速混合气调节器信号	接通点火开关 ON	约 0.5 ~ 4.5V
24	STS	蓝/橙	检测起动开头信号	接通起动开关 ON	蓄电池电压
				关闭起动开关	0V
25	IMOCD	红	检测防起动装置信号		
26	PSPSW	绿	检测 PSP 开关信号	发动机怠速,转向盘置于正前方位置	0V
				发动机怠速,转向盘置于止动位置	蓄电池电压
27	ACS	蓝/红	检测空调开关信号	空调开关接通	0V
				空调开关关闭	约 5V
32	BKSW	白/黑	检测制动开关信号	松开制动踏板	0V
				踩下制动踏板	蓄电池电压

ECM 插接器 B(25 芯)各端子的连接说明和正常参数 表 3-41

端子号	端子名称	导线颜色	连接说明	检测条件	检测参数
1	IGPI	黄/黑	ECM 控制电路的电源	接通点火开关 ON	蓄电池电压
				关闭点火开关	0V
2	PGl	黑	ECM 控制电路的搭铁	任何情况下	低于 IV

续上表

端子号	端子名称	导线颜色	连接说明	检测条件	检测参数
3	INJ2	红	启动 2 号喷油器	发动机运转	脉冲电压
4	INJ3	蓝	启动 3 号喷油器	发动机运转	
5	INJ4	黄	启动 4 号喷油器	发动机运转	
7	E-EGR	粉红	启动 EGR 阀	发动机充分升温,EGR 工作	受控状态
				EGR 不工作	0V
8	LSA	白	A/T 离合器压力控制电磁阀 A-侧	接通点火开关 ON	脉冲电压
9	1GP2	黄/黑	ECM 控制电路的电源	接通点火开关 ON	蓄电池电压
				关闭点火开关	0V
10	PG2	黑	ECM 控制电路的搭铁	任何情况下	低于 1V
11	INJl	棕	启动 1 号喷油器	发动机运转	脉冲电压
12	VTS	绿/黄	启动 VTEC 电磁阀	发动机在低转速	0V
				发动机在高转速	蓄电池电压
13	ICM	黄/绿	发送点火脉冲	接通点火开关 ON	蓄电池电压
				发动机运转	约 10V
14	OP2SW	蓝/黑	检测第二机油压力开关	接通点火开关 ON	蓄电池电压
17	LSA +	红	A/T 离合器压力控制电磁阀 A + 侧	接通点火开关 ON	脉冲电压
18	LSB-	绿	A/T 离合器压力控制电磁阀 B-侧	接通点火开关 ON	脉冲电压
20	LGl	棕/黑	ECM 控制电路的搭铁	任何情况下	低于 1V
21	VBU	白/黄	ECM 和故障码存储器的电源		蓄电池电压
22	LG2	棕/黑	ECM 控制电路的搭铁	任何情况下	低于 lV
23	IACV	黑/蓝	启动 IAC 阀	发动机运转	脉冲电压
24	OP3SW	蓝/白	检测第三机油压力开关	接通点火开关 ON	蓄电池电压
25	LSB +	橙	A/T 离合器压力控制电磁阀 B + 侧	接通点火开关 ON	脉冲电压

ECM 插接器 C(31 芯)各端子的连接说明和正常参数 表 3-42

端子号	端子名称	导线颜色	连接说明	检测条件	检测参数
1	P02SHTC	黑/白	启动前置氧传感器加热器	接通点火开关 ON	蓄电池电压
				发动机在正常温度下运转	0V
3	KS	红/蓝	检测爆震传感器信号	发动机爆震时	脉冲电压
5	ALTF	白/红	检测交流发电机 FR 信号	发动机在正常温度下运转	蓄电池电压
6	EGRL	白/黑	检测 EGR 阀升程传感器信号	怠速下	约为 1.2V
7	SGl	绿/白	MAP 传感器搭铁	在任何情况下	低于 1V
8	CKPP	蓝	CKP 传感器 P 侧	在发动机运转时	脉冲电压
9	CKPM	白	CKP 传感器 M 侧(地线)	在任何情况下	低于 1V
16	PH02S	白	检测前置氧传感器信号	怠速下,当发动机达正常温度时节气门完全打开	高于 0.6V
				节气门迅速关闭	低于 0.4V
17	MAP	红/绿	检测进气管压力传感器信号	接通点火开关 ON	约为 3V
				怠速时(电压与发动机的转速有关)	约为 1.0V
18	SG2	绿/黑	传感器地线	在任何情况下	低于 1V
19	VCCl	黄/红	MAP 传感器电源	接通点火开关 ON	约为 5V
				关闭点火开关	0V
20	TDCP	绿	TDC 传感器 P 侧	发动机运转	脉冲电压
21	TDCM	红	TDC 传感器 M 侧(地线)		
23	VSS	蓝/白	检测 VSS 信号	接通点火开关 ON,并转动前轮	0~5V 脉动
25	IAT	红/黄	检测 IAT 传感器信号	接通点火开关 ON,测量电压与进气温度有关	0.1~4.8V
26	ECT	红/白	检测发动机温度传感器信号	接通点火开关 ON,测量电压与进气温度有关	0.1~4.8V
27	TPS	红/黑	检测节气门位置传感器信号	节气门完全打开	约为 4.8V
				节气门完全关闭	约为 0.5V
28	VCC2	黄/蓝	传感器电源	接通点火开关 ON	约为 5V
				关闭点火开关	0V
29	CYPP	黄	CYP 传感器 P 侧(检测信号)	发动机运转	脉冲电压
30	CYPM	黑	CYP 传感器 M 侧(地线)		

ECM 插接器 D(16 芯)各端子连接 A/T 的各电磁阀及主轴、中间轴转速传感器和各挡位开关,在此不再加以详细说明。

三、更换发动机 ECU 的注意事项

发动机电控单元一般不可修复,如果确认有故障,则必须更换。更换发动机电控单元时应注意以下几点:

(1) 正确识别是更换电脑的前提。正确地识别不仅需要知道被换车辆的厂家、车型、年代以及发动机的排量,还要知道发动机电控单元上写的 OEM 零件号,通过这个零件号在供货商中查找所需的电控单元。

通常情况下,标定芯片和可编程只读存储器 PROM 因存储着针对不同车型的程序,所以不与电控单元一起销售,如果更换的可编程只读存储器 PROM 没有按所修的车型正确编程,那么在安装后必须进行重新编程。

(2) 在拆卸旧的或安装新的电控单元前都必须断开蓄电池,等安装好后再重新连接上。

(3) 在安装好新的电控单元后,电脑必须经过"再学习"这一过程,使电脑建立基本的怠速、空燃比的学习修正值等。"再学习"对于有些车型来说需要经过一些特定的程序才能建立,而有些车型只需要经过短时间的驾驶即可,具体的要求应参照相关车型的维修手册。

单元四　发动机电控燃油喷射系统的故障诊断

知识目标

1. 熟悉发动机不能起动或起动困难的故障现象；
2. 熟悉发动机怠速不良、加速不良的故障现象；
3. 熟悉引起发动机油耗过高、排放值不正常故障的原因。

技能目标

1. 熟练掌握发动机不能起动或起动困难故障的诊断与排除方法；
2. 熟练掌握发动机怠速不良、加速不良故障的诊断与排除方法；
3. 熟练掌握发动机油耗过高、排放值不正常故障的诊断与排除方法。

课题一　发动机不能起动或起动困难

不能起动或起动困难是发动机常见的故障之一，其故障原因及排除方法见表4-1。

发动机不能起动或起动困难的故障原因及排除方法　　表4-1

故障现象	故障原因	故障排除方法
不能起动或起动困难	1. 燃油箱油量不足	1. 加足燃油
	2. 电动燃油泵不工作	2. 检查燃油泵
	3. 管路、燃油滤清器堵塞或渗漏	3. 检查管路，必要时更换燃油滤清器
	4. 燃油压力调节器阀门卡住	4. 检查燃油压力调节器
	5. 喷油器不喷油	5. 检查喷油器
	6. 冷却液温度传感器故障	6. 检测冷却液温度传感器及电路
	7. 发动机转速、曲轴转角/上止点位置传感器信号故障	7. 检测发动机转速、曲轴转角/上止点位置传感器及电路
	8. 空气流量计、进气压力传感器故障	8. 检测空气流量计、进气压力传感器
	9. 节气门控制部件、怠速控制（IAC）阀故障	9. 检测节气门控制部件、怠速控制（IAC）阀
	10. 燃油泵继电器短路或断路	10. 检测燃油泵继电器及电路
	11. 发动机电控单元故障	11. 检测或更换发动机电控单元
	12. 火花塞、点火线圈损坏	12. 更换火花塞、点火线圈
	13. 汽缸压力过低	13. 检查汽缸压力

发动机不能起动的现象主要可分为：

(1) 起动机能带动发动机运转，但发动机无任何着车的征兆。

(2) 有着车的征兆，但发动机不能起动。

(3) 起动机带不动发动机，或能带动但转动缓慢无力。

一、发动机不能起动，且无任何着车征兆

1. 故障现象

起动发动机时，起动机能带动发动机运转，但无着车征兆，发动机不能起动。

2. 故障原因分析

发动机不能起动的原因主要有电控系统故障、点火系统故障、燃油供给系统故障、空气供给系统故障和机械部分故障等。

1) 电控系统故障

(1) 发动机转速、曲轴转角/上止点位置传感器故障。

发动机电控单元根据转速、曲轴转角/上止点位置传感器提供的信号，控制发动机的喷油正时和点火正时。电控单元检测不到此信号时，发动机将不能起动。

(2) 冷却液温度传感器故障。

若冷却液温度传感器提供的信号失准，则会造成发动机冷车或热车不能起动。

(3) 空气流量、进气压力传感器故障。

电控单元根据此传感器的信号作为燃油喷射和点火控制的主控信号。当空气流量计或进气压力传感器出现故障导致信号中断时，电控单元使发动机进入故障应急状态，造成发动机不能起动或起动困难(不同机型有所不同)。

(4) 节气门控制部件、怠速控制(IAC)阀故障。

节气门控制部件或怠速控制阀能自动将发动机的怠速转速保持在设定的最佳值。AJR、ANQ发动机均采用节气门直动式控制部件，F23A3发动机采用怠速控制阀。当节气门控制部件或怠速控制阀出现故障时，会使发动机混合气浓度异常，造成发动机不能起动或起动困难。

(5) 燃油泵继电器故障。

接通点火开关时，燃油泵继电器触点闭合，使燃油泵工作。此继电器短路、断路或连接线路发生故障，发动机电控单元就停止点火线圈、喷油器和燃油泵的工作，发动机不能起动。

(6) 发动机电控单元故障。

电控单元故障导致发动机不能起动的原因有：

(1) 电控单元自身或线路故障。电控单元将不能有效接收信号和输出执行信号。

(2) 使用非法钥匙起动发动机、通信线路短路、电控单元编码不正确、防盗系统故障、电控单元更换后没有和电子防盗系统匹配等会引起发动机电控单元锁死故障。当发动机电控单元锁死时，发动机只能短暂的起动后，马上停止转动。

2) 点火系统故障

点火系统故障可能会使发动机点火能量低或点火正时不准，导致发动机不能起动。点火系统常见的故障有火花塞损坏、点火线圈损坏、分电器（F23A3 发动机）损坏及连接导线损坏等。

AJR、ANQ 发动机采用无分电器的直接点火系统，点火正时不可调整。F23A3 发动机采用有分电器的电子点火系统，点火正时可以微调。

3) 燃油供给系统故障

燃油供给系统常见的故障有：

(1) 油箱中的燃油量不足。

(2) 电动燃油泵不工作或泵油压力过低。

(3) 供油管路、燃油滤清器堵塞或渗漏。

(4) 燃油压力调节器阀门卡住或密封不严。

当燃油压力调节器的阀门卡住，使阀门处在常开位置时，系统油压降低，影响喷油质量。另外，燃油压力调节器的 O 形密封圈损坏，也会造成系统泄漏。

(5) 喷油器故障。

喷油器因电路故障或内部元件损坏使其不工作、卡死或漏油时，就不能形成良好的可燃混合气，使发动机不能起动。

4) 空气供给系统故障

(1) 空气滤清器堵塞时，进气量减小，混合气过浓，使发动机不能起动。

(2) 进气管路漏气时，空气不经空气流量计检测（AJR、ANQ 发动机）直接进入汽缸，使汽缸的混合气过稀，发动机不能起动。

(3) 节气门卡死使汽缸内的混合气浓度异常，导致发动机不能起动。

5) 机械系统故障

发动机机械系统故障可能会导致汽缸压力过低，发动机不能起动或起动困难。机械系统常见的故障有气门关闭不严、缸垫密封不严、活塞环与缸壁间隙过大、火花塞座孔漏气等。

6) 起动操作方法不当

电控发动机,在起动发动机时,不能踩加速踏板。如果起动时将加速踏板完全踩下或反复踩踏加速踏板,会使控制系统的“清溢”功能起作用,导致喷油器不喷油,造成发动机不能起动。

3. 故障诊断与排除

1）电控系统的故障诊断与排除

发动机电控系统故障指示灯报警时,说明电控系统有故障。可用故障检测仪检查出故障代码,并结合表4-2对可能产生故障的元件和线路进行检查。

发动机与“不能起动或起动困难”故障有关的故障码 表4-2

故障代码 / 故障原因 \ 发动机	AJR	ANQ	F23A3
发动机转速、曲轴转角/上止点位置传感器	00513、00515	00515、16705、16706	4、8、9
冷却液温度传感器	00522	16500、16501、16502	6
空气流量计或进气压力传感器	00553	16486、16487	3
节气门控制部件或怠速控制(IAC)阀	00516、00518、00530	00282、01165	14
燃油泵继电器	01259	01259	—
发动机电控单元	01177	01314、16989、17978	故障指示灯一直亮
喷油器	01249、01250、01251、01252	01249、01250、01251、01252	—

在检查中,应特别注意传感器线路及连接器的导通是否良好。

(1) 发动机转速、曲轴转角/上止点位置传感器的检测。

检查线路是否有断路、插头内插针是否弯曲或折断、传感器定位螺钉是否松脱。若上述检查部位均良好,或修复、换新件后仍无转速信号或信号不可信时,须进一步检查传感器。检查步骤见单元三相关内容。

(2) 冷却液温度传感器的检测。

检查线路是否有断路、插针是否弯曲或折断。若上述检查部位均良好,或修复、换新件后仍无水温信号或信号不可信时,则进一步检查传感器。

①AJR和ANQ发动机冷却液温度传感器的检测:

a. 连接故障检测仪V. A. G1551(或车辆系统测试仪V. A. G1552),接通点火开关,选择地址码01,进入“发动机电子系统”,显示屏显示:

Rapid data transfer(快速数据传输)	HELP(帮助)
Select function ××(功能选择)	

b. 按0、8键,选择"读测试数据块",按Q键确认,显示屏显示:

Read measured value block(读测试数据块)	HELP(帮助)
Input display group number ×××(输入显示组号码×××)	

c. 按0、0、3键,选定"显示组号003",按Q键确认,显示屏显示:

Read measured value block 3 (读测试数据块3)				→
1	2	3	4	

显示区域3为冷却液温度值,发动机热机时正常值为80~105℃;冷态时约为环境温度。若此值偏离正常值,则进行下一步检查:

(a) 排除冷却系统的故障因素。

(b) 查冷却液温度传感器本身或线路是否有故障,参见图3-8。在冷态时,冷却液温度传感器端子3、4间的电阻值是否随着传感器温度的升高而降低。

(c) 若显示值为-46℃,表明传感器同蓄电池正极断路或短路;若显示值为141℃,表明传感器与搭铁处短路。

d. 按"→"键,再按0、6键,选择"结束输出"功能,并按Q键确认,关闭点火开关。

② F23A3发动机冷却液温度传感器的检测:

a. 验证故障代码,进行故障码消除操作后,接通点火开关,重新读码。如故障指示灯仍显示故障代码6,进行下一步检查。

b. 检查发动机冷却液温度传感器两端子间电阻,在发动机正常工作温度时应为200~400Ω,否则予以更换,见图4-1所示。如阻值正常,进行下一步检查。

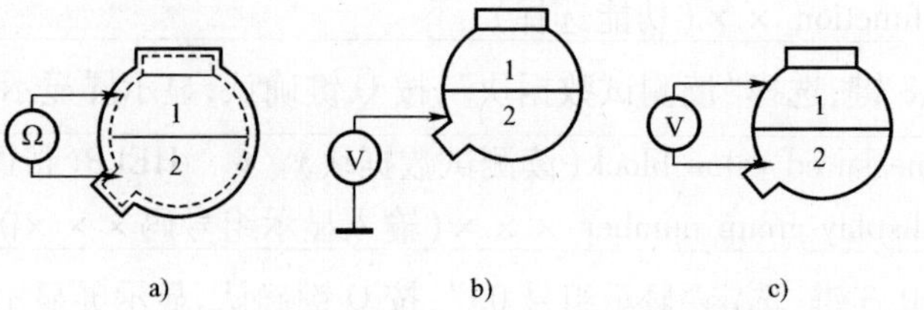

图4-1 F23A3发动机冷却液温度传感器的检测

a)检测两端子间的电阻;b)检查触点2的搭铁电压;c)检查两端子间的电压

c. 接通点火开关,检测传感器2芯插头的2号端子与车体的搭铁电压,应为5V。

(a) 如电压正常,检查2芯插头两端子间的电压。如电压<5V,说明发动机控制模块(ECM)插接器C(31芯)的SG2端子(传感器搭铁线)与冷却液温度传感器间的线路有断路;如电压约为5V,更换ECM,再试。

(b) 如电压不正常,进行下一步检查:

查ECM的C插接器端子C26的搭铁电压,如图4-2所示。

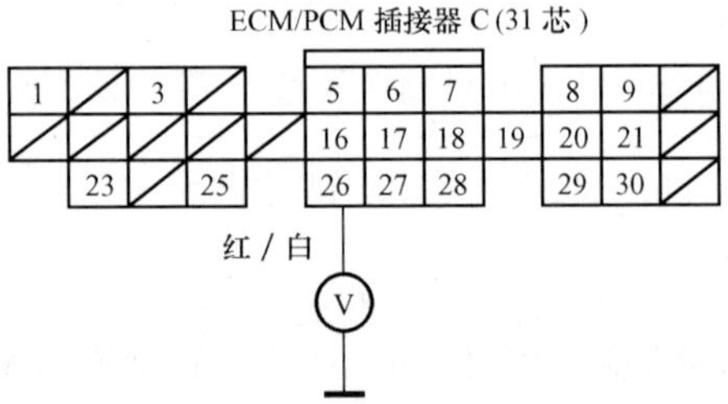

图4-2　检测C插接器端子C26与车体搭铁之间的电压

如电压为5V:端子C26与冷却液温度传感器间的导线有断路。

如电压不为5V:关闭点火开关,从发动机控制模块上拆开插接器C,然后进行下一步检查。

查端子C26与车体搭铁间的导通情况。如导通,端子C26与传感器间的导线有短路故障;如不导通,更换一个ECM,再试。

(3) 空气流量计、进气压传感器的检测。

① 空气流量计(MAF)的检测。AJR、ANQ发动机采用热膜式空气流量计,参见图3-2,其检测步骤如下:

a. 连接故障检测仪V. A. G1551(或V. A. G1552),起动发动机,选择地址码01,进入"发动机电子系统",显示屏显示:

Rapid data transfer(快速数据传输)	HELP(帮助)
Select function ××(功能选择)	

b. 按0、8键,选择"读测试数据块",按Q键确认,显示屏显示:

Read measured value block(读测试数据块)	HELP(帮助)
Input display group number ×××(输入显示组号码×××)	

c. 按0、0、3键,选定"显示组号03",按Q键确认,显示屏显示:

Read measured value block 3 (读测试数据块3)	→
1　2　3　4	

显示区域3为冷却液温度,其值应>85°C。

d. 通过显示组切换键转换到显示组 2，显示屏显示：

Read measured value block 2（读测试数据块 2）			→
1	2	3	4

显示区域 3 中为吸入的空气量，允许值为 2.00 ~ 4.00g/s。

e. 按"→"键，再按 0、6 键，选定"结束输出"功能，按 Q 键确认，关闭点火开关。

如显示区域 3 中的显示值不合要求或有空气流量计故障码时，应检查空气流量计的电压。

f. 检查空气流量计的电压：

（a）拔下空气流量计的五针插头。

（b）起动发动机并怠速运转，测量插头 G70/2 与发动机搭铁间的电压，应为 12V，否则应检查燃油泵继电器 J17、ECU 对燃油泵继电器的控制，以及连接线路是否存在断路或短路故障。

（c）起动发动机并怠速运转，测量插头 G70/4 与发动机搭铁之间的电压为 5V，否则应检查 G70/4 与 T80/11 之间是否存在断路或短路故障。

g. 检查空气流量计的信号线：

（a）将测试盒 V. A. G1598/22 连接到发动机电控单元线束上。

（b）检测 G70/3 与 T80/12、G70/4 与 T80/11、G70/5 与 T80/13 之间线路是否导通，导线最大阻值为 1.5Ω。

（c）检查所有导线相互之间是否短路。

（d）如导线正常，更换空气流量计。

②进气压力（MAP）传感器的检测。F23A3 发动机采用半导体压敏电阻式进气压力传感器。

a. 接通点火开关，检测 ECM 的 C 插接器端子 C7 与 C19 之间的电压，如图 4-3 所示。

（a）如电压不为 5V，更换一个 ECM 后再试。如果故障症状消失且故障指示灯不再显示故障码，说明原来的 ECM 已损坏，予以更换。

（b）如电压约为 5V，进行下一步检查。

b. 查 ECM 的 C17 端子电压，如图 4-4 所示。

检测 ECM 的 C7 与 C17 间的电压，观察电压是否为 5V 左右。

（a）如电压正常，查端子 C7 的搭铁电压。

（b）如电压不正常，进行下一步检查。

c. 检测进气歧管压力传感器（MAP）。

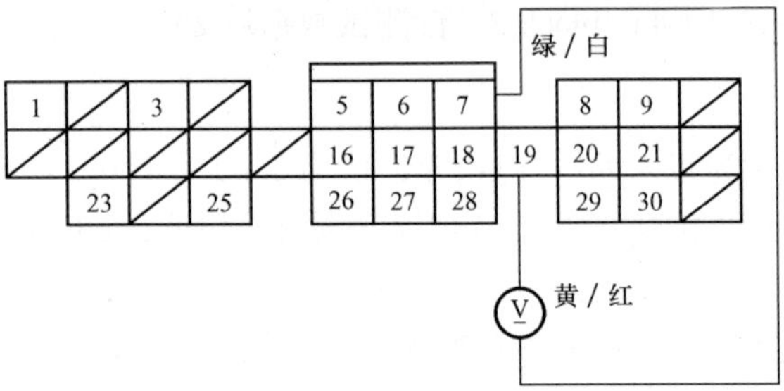

图 4-3　检测 C 插接器端子 C7 与 C19 间的电压

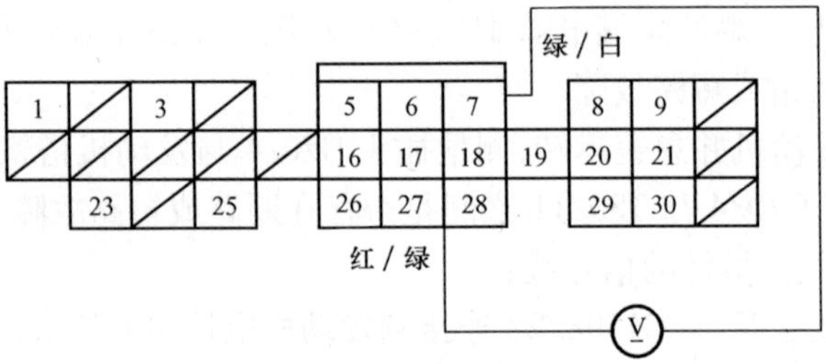

图 4-4　检测 C 插接器端子 C7 与 C17 间的电压

(a) 关闭点火开关,从 MAP 传感器上断开 3 芯插头。

(b) 接通点火开关。

(c) 测 C 插接器的 C7、C17 端子间电压,看是否为 5V。

如电压为 5V,说明 MAP 传感器已损坏,予以更换;如电压不正常,进行下一步检查。

d. 查 C19 端子与 MAP 传感器间的线路有无短路。

测 MAP 传感器 3 芯插头的 1 号插头与搭铁间的电压,看是否为 5V,见图4-5。

(a) 如电压不正常,说明端子 C19 与 MAP 传感器间的线路有断路故障,应检修。

(b) 如果电压正常,进行下一步检查。

e. 查端子 C17 与 MAP 传感器间的线路有无短路。

(a) 关闭点火开关,从 ECM 上拔下插接器 C 插头。

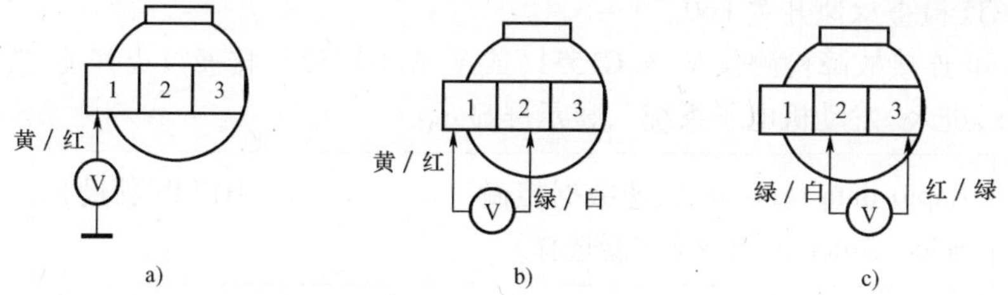

图 4-5　F23A3 发动机 MAP 传感器 3 芯插头

a）查插头 1 号端子的搭铁电压；b）查插头 1、2 号端子间的电压；c）查插头 2、3 号端子间的电压

（b）检查 C17 端子与搭铁间的导通情况，如图 4-6 所示。

如导通，排除端子 C17 与 MAP 传感器间的线路短路故障。

如不导通，换一个好的 ECM 后再试，如故障现象消失，说明原来的 ECM 已坏，需更换。

f. 查端子 C7 与 MAP 传感器间的线路有无断路。

关闭点火开关，从 MAP 传感器上断开 3 芯插头，接通点火开关，测量传感器插头 1、2 间的电压。看是否为 5V。

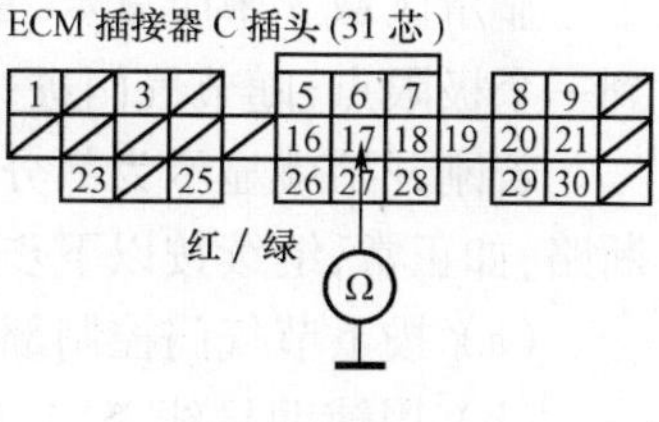

图 4-6　检测 ECM 插接器 C17 端子与搭铁间的导通情况

（a）如无电压，说明 C7 端子（MAP 搭铁线）与 MAP 传感器间的线路有断路故障，予以排除。

（b）如果电压正常，进行下一步检查。

g. 查 C17 端子与 MAP 传感器间的线路有无断路。

测 MAP 传感器插头 2、3 端子间的电压，看是否为 5V。

（a）如电压为 5V，为传感器坏，予以更换。

（b）如电压不为 5V，检修 ECM 插接器 C17 端子与 MAP 传感器间的线路断路故障。

（4）节气门控制部件、怠速控制阀的检测。

发动机熄火时拔下节气门控制部件（AJR、ANQ）或怠速控制阀（F23A3）的线束插头，起动后再插上插头，如发动机转速随之变化，说明节气门控制部件或怠速控制（IAC）阀工作正常；如转速无变化，说明节气门控制部件或怠速控制阀不工作，应检查节气门控制部件或怠速控制阀线束插头是否有脉冲电压信号，无信号则应检查控制线路；若有信号说明节气门控制部件或怠速控制阀损坏，应予更换。

AJR、ANQ 发动机节气门控制部件 J338 的检测，电路连接参见图 3-21。

① 检查怠速开关 F60。

a. 连接故障检测仪 V. A. G1551(或 V. A. G1552),接通点火开关,选择地址码 01,进入“发动机电子系统”,显示屏显示:

Rapid data transfer(快速数据传输)	HELP(帮助)
Select function ××(功能选择)	

b. 按 0、8 键,选择“读测试数据块”,按 Q 键确认,显示屏显示:

Read measured value block(读测试数据块)	HELP(帮助)
Input display group number ×××(输入显示组号码×××)	

c. 按 0、9、8 键,选定“显示组号 98”,按 Q 键确认,显示屏显示:

Read measured value block 98(读测试数据块 98)				→
1	2	3	4	

显示区域 3 中应显示“Idling”(怠速)。慢慢开启节气门,在怠速行驶后达到一个极限点,随节气门进一步打开,则应显示“Part throttle”(部分负荷)。

若刚开始就显示为部分负荷,应先查同蓄电池正极连接的导线是否短路或断路,如正常,继续按以下步骤进行检查:

(a) 拔下节气门控制部件的 8 针插头。

(b) 用辅助导线 V. A. G1594 将插头的端子 3 和 7 跨接,观察显示器上的显示。

如显示怠速,按“→”键,再按 0、6 键,选择“结束输出”,按 Q 键确认。关闭点火开关,更换节气门控制部件。

如显示部分负荷,按“→”键,再按 0、6 键,选择“结束输出”,按 Q 键确认。关闭点火开关,查节气门控制部件的供电电压和到发动机电控单元的导线。如电压和导线正常,更换电控单元。

节气门控制部件的供电电压:正常情况下,拔下节气门控制部件的 8 针插头,将点火开关置于 ON 位置时,插头配线侧的端子 4 和 7 间应有 4.5V 以上的电压;将点火开关置于 OFF 位置时,端子 3 和 7 间应有 9V 以上的电压。

若刚开始显示怠速,当节气门进一步打开后,仍显示怠速,则先查导线是否短路,如正常,继续按以下步骤进行检查:

(a) 拔下节气门控制部件的 8 针插头。

(b) 如显示为部分负荷,按“→”键,再按 0、6 键,选择“结束输出”,按 Q 键确认。关闭点火开关,更换节气门控制部件。

(c) 如仍显示怠速，按"→"键，再按0、6键，选择"结束输出"，按Q键确认。关闭点火开关，查节气门控制部件的供电电压和到发动机电控单元的导线，如电压和导线正常，更换电控单元。

② 检查怠速直流电机V60和怠速节气门位置传感器G88。

检查时，冷却液温度应>85℃。

a. 连接故障检测仪V. A. G1551(或V. A. G1552)，接通点火开关，选择地址码01，进入"发动机电子系统"，显示屏显示：

Rapid data transfer(快速数据传输)	HELP(帮助)
Select function ××(功能选择)	

b. 按0、8键，选择"读测试数据块"，按Q键确认，显示屏显示：

Read measured value block(读测试数据块)	HELP(帮助)
Input display group number ×××(输入显示组号码×××)	

c. 按0、0、3键，选定"显示组号3"，按Q键确认，显示屏显示：

Read measured value block 3(读测试数据块3)	→
1 2 3 4	

查看显示区域3中的冷却液温度是否>85℃。

d. 按C键，显示屏显示：

Read measured value block(读测试数据块)	HELP(帮助)
Input display group number ×××(输入显示组号码×××)	

e. 按0、9、8键，选定"显示组号98"，按Q键确认，显示屏显示：

Read measured value block 98(读测试数据块98)	→
1 2 3 4	

查看显示区域2中的怠速节气门位置传感器的电压值，应在0.5~4.9V之间。

(a) 如电压不合要求，按"→"键，再按0、6键，选择"结束输出"，按Q键确认。关闭点火开关，拔下节气门控制部件的8针插头，测量端子1、2间的电阻，允许值为3~200Ω。如电阻符合规定，查节气门控制部件的供电电压和到发动机电控单元的导线。

(b) 若找不到故障，更换节气门控制部件。

③ 检查节气门传感器 G69。

检查时，冷却液温度应 >85℃。

a. 连接故障检测仪 V. A. G1551（或 V. A. G1552），接通点火开关，选择地址码 01，进入“发动机电子系统”，显示屏显示：

Rapid data transfer（快速数据传输）	HELP（帮助）
Select function ××（功能选择）	

b. 按 0、8 键，选择“读测试数据块”，按 Q 键确认，显示屏显示：

Read measured value block（读测试数据块）	HELP（帮助）
Input display group number ×××（输入显示组号码×××）	

c. 按 0、0、3 键，选定“显示组号 3”，按 Q 键确认，显示屏显示：

Read measured value block 3（读测试数据块 3）	→
1　　2　　3　　4	

查看显示区域 3 中的冷却冷却温度是否 >85℃。

d. 按 C 键，显示屏显示：

Read measured value block（读测试数据块）	HELP（帮助）
Input display group number ×××（输入显示组号码×××）	

e. 按 0、0、1 键，选定“显示组号 1”，按 Q 键确认，显示屏显示：

Read measured value block 1（读测试数据块 1）	→
1　　2　　3　　4	

f. 查看显示区域 3 中节气门角度值（允许值 0°～5°）。将节气门慢慢打开，直到全开，显示的角度值必须均匀升高。

（a）如显示值恒定为 0°：拔下节气门控制部件的 8 针插头，用辅助导线 V. A. G1594 将插头的端子 5 和 7 跨接，注意显示屏上的显示。

若显示值 >90°：按“→”键，再按 0、6 键，选择“结束输出”，按 Q 键确认。关闭点火开关，更换节气门控制部件。

若显示值为 0°：按“→”键，再按 0、6 键，选择“结束输出”，按 Q 键确认，关闭点火开关，检查节气门控制部件的供电电压和到发动机电控单元的导线。如电压和导线正常，更换电控单元。

（b）如显示值越过 90°：拔下节气门控制部件的 8 针插头，观察显示屏上的显示。

若显示值为0°：按"→"键，再按0、6键，选择"结束输出"，按Q键确认，关闭点火开关，更换节气门控制部件。

若显示值>90°：按"→"键，再按0、6键，选择"结束输出"，按Q键确认，关闭点火开关，检查节气门控制部件的供电电压和到控制单元的导线。如电压和导线正常，更换电控单元。

F23A3发动机怠速控制阀（IAC）的检测，其控制系统如图4-7所示。

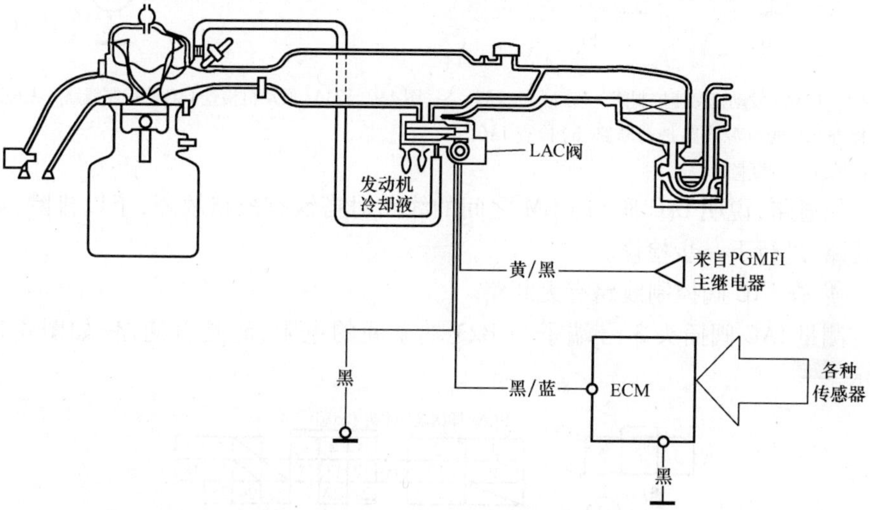

图4-7　F23A3发动机怠速控制系统

① 查IAC阀电源线路是否断路。

a. 关闭点火开关，从IAC阀上断开3芯插头。

b. 接通点火开关。

c. 测量3芯插头的2号端子的搭铁电压，如图4-8所示，看是否为蓄电池电压。

如不是蓄电池电压，检修IAC阀与PGM－FI主继电器间的导线；如电压正常，进行下一步检修。

② 查IAC阀接地线路是否断路。

a. 关闭点火开关。

b. 查3芯插头的1号端子与搭铁之间的通路情况。

如不通路，排除IAC阀与G101（节温器壳体处）间的线路断路故障；如通路，进行下一步检修。

③ 查 IAC 阀控制线路有无短路。

a. 在点火开关关闭时，断开 ECM 插接器 B 插头。

b. 查 ECM 插接器 B 插头的 B23 端子与搭铁间的通路情况，如图 4-9 所示。

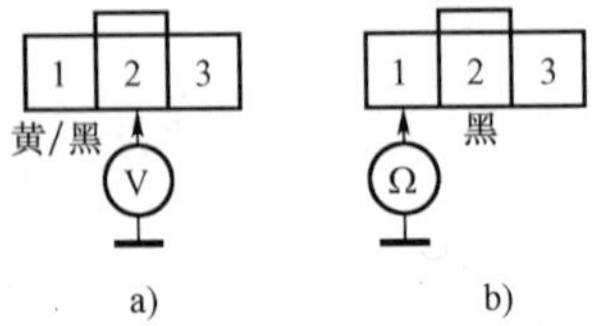

图 4-8　F23A3 发动机怠速控制阀 3 芯插头的检测
a) 检查 IAC 阀电源线路是否断路；b) 检查 IAC 阀搭铁线是否断路

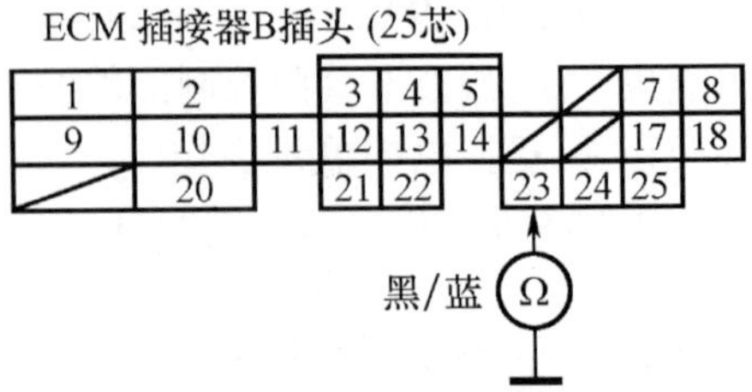

图 4-9　F23A3 发动机检查 IAC 阀控制线路有无短路

如通路，说明 IAC 阀与 ECM 之间的线路对搭铁有短路故障，予以排除；如不通路，进行下一步检修。

④ 查 IAC 阀控制线路有无断路。

测量 IAC 阀插头 3 号端子与 B23 端子间的电阻，看是否通路，如图 4-10 所示。

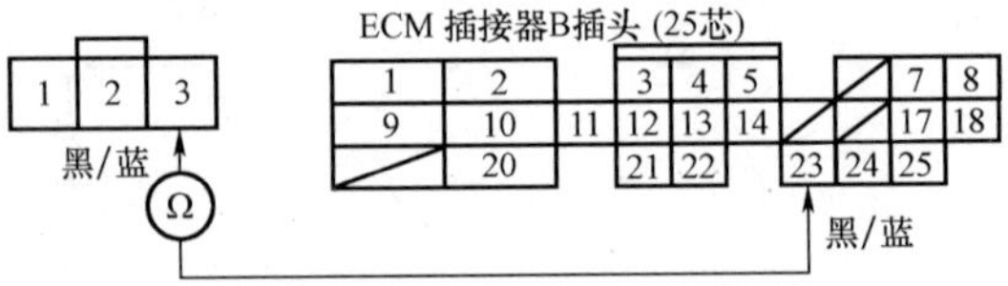

图 4-10　F23A3 发动机检查 IAC 阀控制线路有无断路

如不通路，排除 IAC 阀与 ECM 间的线路断路故障；如通路，则进行下一步检修。

⑤ 检查 IAC 阀。

a. 重新接上 IAC 阀的 3 芯插头。

b. 接通点火开关，测量 B23 端子的搭铁电压，看是否为蓄电池电压，如图 4-11 所示。

如无蓄电池电压，则 IAC 阀内部有断路故障，更换 IAC 阀；如是蓄电池电压，更换一个 ECM 后再试。

(5) 燃油泵继电器的检测。

更换一新的燃油泵继电器看故障是否排除，若排除，为燃油泵继电器失效，更换即可；若故障依然存在，按照电路图检查继电器线路是否短路或断路。

① AJR 发动机燃油泵继电器的检测。

a. 拆下火花塞，如果火花塞表面干燥或只有少量潮湿的汽油，说明喷油器的喷油量太少，应检查电动汽油泵的工作情况。

b. 当蓄电池电压正常时，接通点火开关，在汽油箱加油口处应能听到汽油泵运转声响（约2s），如无汽油泵的运转声，进行下一步检查。

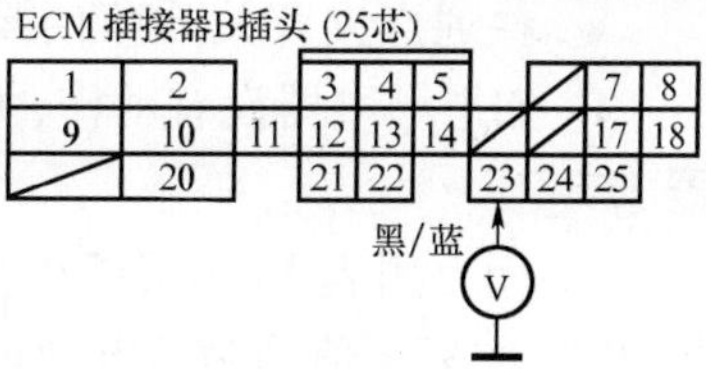

图 4-11　F23A3 发动机 IAC 阀的检查

c. 检查中央继电器盒上燃油泵熔断丝，必要时更换熔断丝；若熔断丝良好，则关闭点火开关，将测试盒 V. A. G1598/22 连接到电控单元的线束上。

d. 用辅助导线 V. A. G1594 短接测试盒插孔 2 和 4。AJR 发动机燃油泵继电器的接线如图 4-12 所示。

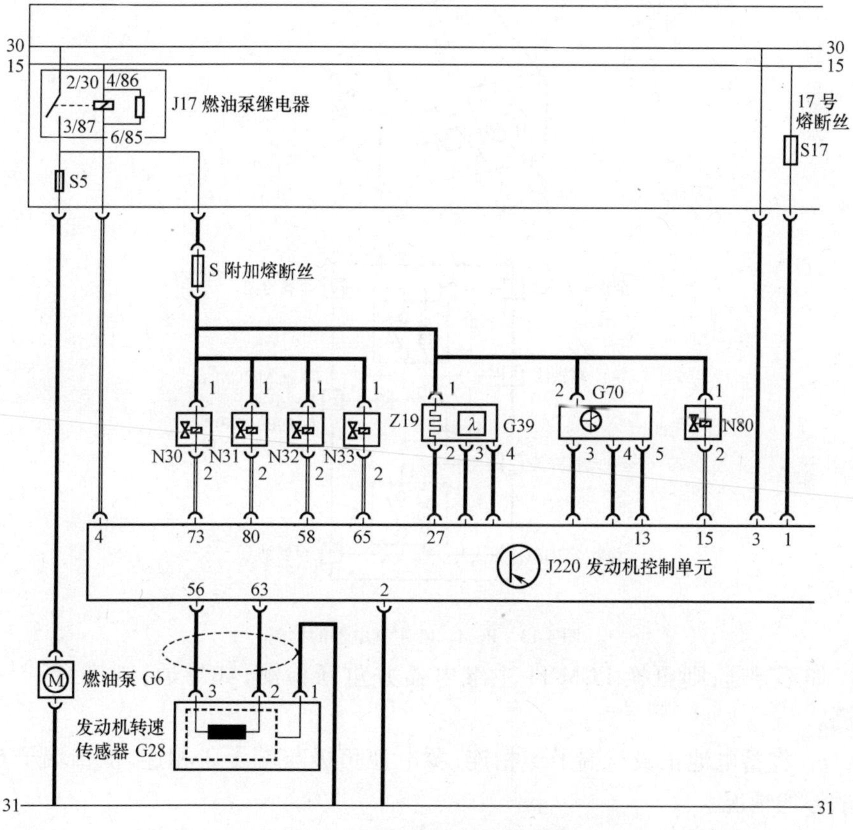

图 4-12　AJR 发动机燃油泵继电器的接线

S5-5 号熔断丝；G70-空气流量计；G39-氧传感器；N80-活性炭罐电磁阀；N30 ~ N33-一 ~ 四缸喷油器；Z19-氧传感器加热器

e. 接通点火开关,燃油泵继电器应有动作声。

f. 如果继电器没有动作,关闭点火开关,从中央线路板上拔下燃油泵继电器 J17。

g. 用万用表 V. A. G1526 连接继电器板上的端子 4 和搭铁点,接通点火开关,电压的额定值约为蓄电池电压(12V 左右)。如果线路没有故障,更换燃油泵继电器。

② F23A3 发动机 PGM-FI 主继电器的检测。

a. 拆下 PGM-FI 主继电器。

b. 将蓄电池的正极与 PGM-FI 主继电器端子 2 相连,蓄电池负极与端子 1 相连,如图 4-13 所示。检查 PGM-FI 主继电器端子 4、5 间的导通情况。

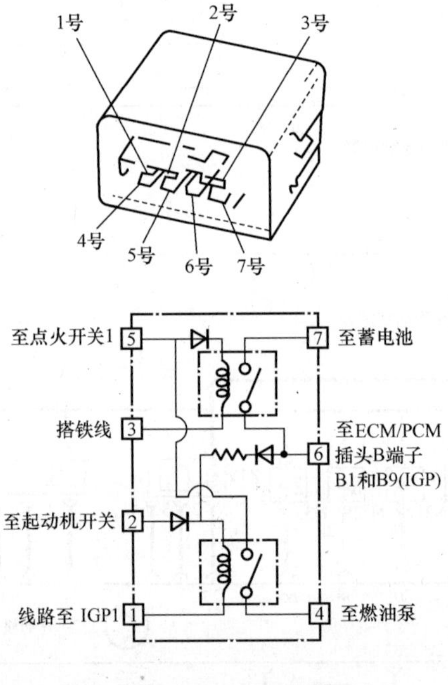

图 4-13　PGM－FI 主继电器的检测

如不导通,则更换 PGM-FI 主继电器并重新检测;如导通,则进行下一步检测。

c. 将蓄电池正极与端子 5 相连,蓄电池负极与端子 3 相连,检查端子 6、7 间的导通情况。

如不导通,更换 PGM-FI 主继电器;如导通,则进行下一步检测。

d. 将蓄电池正极与端子 6 相连,蓄电池负极与端子 1 相连,检查端子 4、5

间的导通情况。

如不导通，更换 PGM-FI 主继电器，并重新检测；如导通，则说明 PGM－FI 主继电器工作正常。

（6）发动机电控单元的检测。

① ANQ 发动机电控单元供电电压的检查。

a. 检查条件：蓄电池电压≮11.5V；32 号熔断丝完好，熔断丝的布置如图 4-14 所示；交流发电机正常。

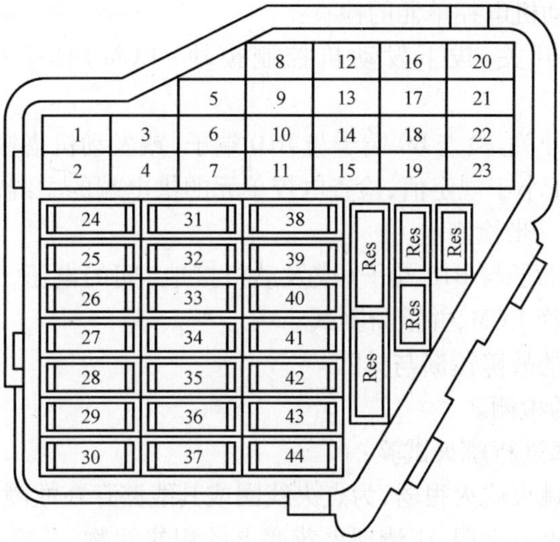

图 4-14　ANQ 发动机熔断丝的布置

b. 检查步骤：

（a）连接故障检测仪 V. A. G1551 或车辆系统测试仪 V. A. G1552。

（b）起动发动机，选择地址码 01，进入"发动机电子系统"，显示屏显示：

Rapid data transfer（快速数据传输）	HELP（帮助）
Select function ××（功能选择）	

（c）按 0、8 键，选择"读测试数据块"，按 Q 键确认，显示屏显示：

Read measured value block（读测试数据块）	HELP（帮助）
Input display group number ×××（输入显示组号码×××）	

（d）按 0、0 和 3 键，选定"显示组号 3"，按 Q 键确认，显示屏显示：

Read measured value block 3（读测试数据块 3）	→
1　　2　　3　　4	

显示区域 2 中的显示值为电控单元的供电电压，允许值≮11.5V。

(e) 若电压正常，按"→"键，再按0、6键，选择"结束输出"功能，并按Q键确认，关闭点火开关。

(f) 若电压不正常，将测试盒V. A. G1598/22连接到电控单元的线束上，如图4-15所示，进行下一步操作。

查30号终端的电压：用万用表和V. A. G1594辅助导线测量测试盒插孔2、3间的电源电压。当点火开关接通时，电压值应≮11.5V，否则应根据电路图，检查至继电器的导线连接。

② F23A3发动机电控单元的检查：

a. 关闭点火开关，拔下发动机控制模块(ECM)四个插接器，参见图3-35所示。

b. 打开点火开关，检查B9端子与B10端子(或发动机搭铁)之间的电压应≮11.5V，如果电压小于规定值，检查电控单元的供电端的主继电器。如果电压符合规定，进行下一步检测。

c. 检查C28端子与B10端子(或发动机接地)间的电压，约为5V，如电压值小于规定值，更换ECM，并重新测试。

2) 点火系统的故障诊断与排除

(1) 火花塞的检测。

对各缸火花塞进行跳火试验：

① 各缸均不跳火或火很弱，为点火线圈或其线路存在故障。

② 某缸不跳火或火弱，应清理火花塞上的积炭污物，并检查火花塞的电极间隙、火花塞插头的电阻，必要时更换火花塞或火花塞插头。

(2) 点火线圈的检测。

见单元三的相关内容。

3) 燃油供给系统的故障诊断与排除

检查燃油箱内油量是否充足，若充足，进行下面的检查：

(1) 燃油压力调节器保持压力的检测。

(2) 电动燃油泵的检测。

① ANQ发动机电动燃油泵的检测。

a. 燃油泵运转情况的检查。见单元三相关内容。

b. 燃油泵输油量的检查。

蓄电池的电压应≮12V，连接好遥控器V. A. G1348/3A。

(a) 拆下加油口盖，松开燃油管接头，用抹布将溢出的燃油吸去。如图4-16所示，用适配器V. A. G 1318/12和V. A. G 1318/11将压力测试仪V. A. G1318分别与供油管和软管V. A. G1318/1接连，软管的出口置于一测试量杯中。

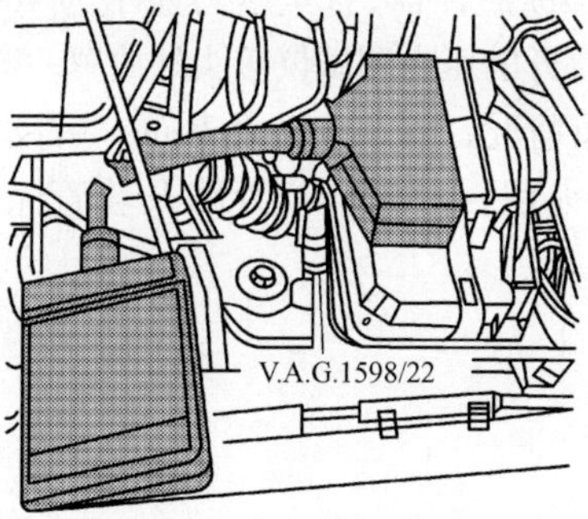

图 4-15　测试盒 V. A. G1598/22 与电控单元的连接

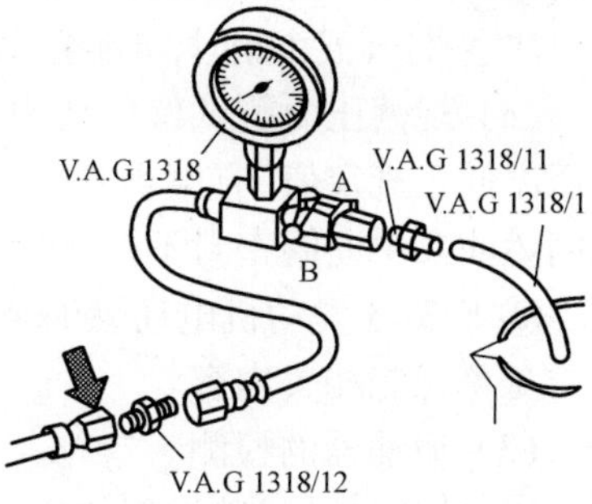

图 4-16　燃油泵压力测试仪的连接

（b）打开压力测试仪的截止阀，操纵遥控器，慢慢关闭压力测试仪的截止阀，直到压力显示为 400kPa。这时不再移动截止阀，倒空量杯。

（c）用辅助导线 V. A. G1594 将万用表连接到蓄电池上，操纵遥控器 30s，检查蓄电池电压与流量的变化是否如图 4-17 所示。否则，应检查输油管是否扭曲或堵塞。

（d）从滤清器上断开供油软管，用适配器 V. A. G1318/10 将压力测试仪接到软管上，检测燃油流量，如图 4-18 所示。若符合要求，更换燃油滤清器；若不合要求，应拆下燃油泵，检查滤清器是否脏污、堵塞。若仍未查处故障，则说明燃油泵失效，予以更换。

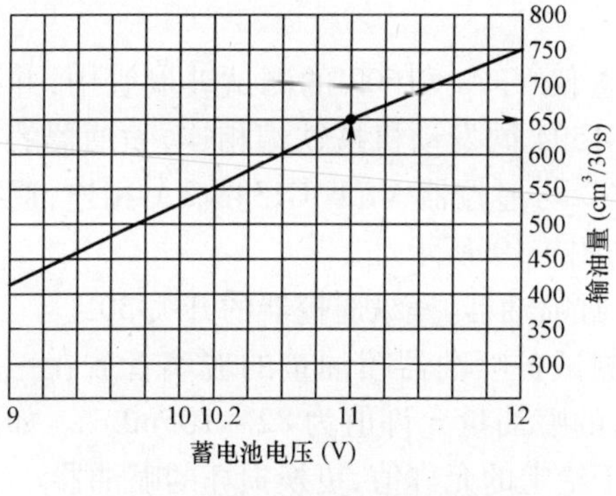

图 4-17　燃油泵流量与电压曲线图

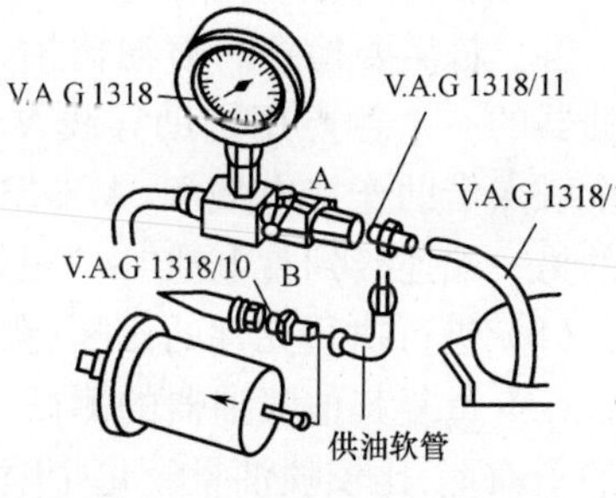

图 4-18　燃油泵流量的检测

（e）若燃油泵流量正常，但供油系统仍存在故障，可检查燃油泵的电流。

连接所有断开的油管，用装在绝缘护套内的绿/黄色导线线夹连接万用表，起动发动机并怠速运转，燃油泵的电流应≯8A，否则为燃油泵失效，予以更换。

c. 燃油泵单向阀的检查。

（a）连接好遥控器，并将压力测试仪连接在供油软管上。

(b) 关闭压力测试仪截止阀,短时间操纵遥控器,直至压力显示为 400kPa。

注意:打开截止阀时,可能会喷油,应在打开的压力测试仪接头处放置一容器。

(c) 观察压力测试仪的压力读数下降情况,发动机熄火 10min 后读数,如果压力低于规定值,应检查管路及软管接头是否泄漏。若管路及软管无故障,说明燃油泵单向阀密封不严,更换燃油泵。

② F23A3 发动机电动燃油泵的检测。

见单元三相关内容。

(3) 喷油器的检测。

① ANQ 发动机喷油器的检测:

a. 先进行自诊断,读取故障码,若有故障码,应结合"故障码表"进行检查和修复。

b. 检查喷油器工作状况。

c. 检查喷油器驱动电路。

d. 喷油器电阻的检查。

每个喷油器触点间的电阻,允许值为 12 ~ 15Ω。否则,更换喷油器。

e. 喷油器密封性检查。

拆下燃油分配管总成,拔下燃油压力调节器的真空管,将燃油分配管连同喷油器从进气歧管上拆下并支撑好。接通点火开关,在燃油泵运转时,仅允许每个喷油器 1min 内滴出 1 ~ 2 滴燃油。否则应更换密封不严的喷油器。

f. 喷油器喷油量的检查。

(a) 将需要检查的喷油器插入检查仪 V. A. G1602 的测试玻璃管中,并把喷油器的一个触点用辅助导线 V. A. G1594 同发动机搭铁端相连,喷油器的第二个触点借助连接电线 V. A. G1318/3-2 与遥控器 V. A. G1348/3A 相连,遥控器的另一端连接到蓄电池" + "极端,如图 4-19 所示。

(b) 进行执行元件的诊断,激活 1 缸喷油器,操纵遥控器的开关 30s。

(c) 重复其他喷油器的测试。将测试各喷油器喷油量的玻璃管放在一平整的平面上,比较喷油量。每个喷油器的喷油量允许值为 82 ~ 105mL/s。如有一个或多个喷油器的测试值高于或低于给定的允许值,更换损坏的喷油器。

② F23A3 发动机喷油器的检测:

a. 逐缸断电(油)法。怠速时,交替拆下各喷油器的电插头,用逐缸断电(油)法检查各喷油器的工作情况。若拆下某缸喷油器电插头时怠速转速无变化,说明该喷油器或其线路有故障,应更换此喷油器并重新进行检查。

b. 听工作声响法。怠速时,使用一听筒检查每个喷油器工作时的"咔哒"声。如各喷油器的"咔哒"声一致,说明各喷油器工作正常;如某个喷油器不发出"咔哒"声或声音与众不同,则更换此喷油器,并再次检查其响声。如仍无响声,进行如下检查。

(a) 检查喷油器的插头有无断开或锈蚀。

(b) 检查喷油器插头与 PGM-FI 主继电器间的导线有无短路、断路、导线破裂等。

(c) 检查喷油器插头与 ECM/PCM 间的导线有无短路、断路或接触不良的故障。

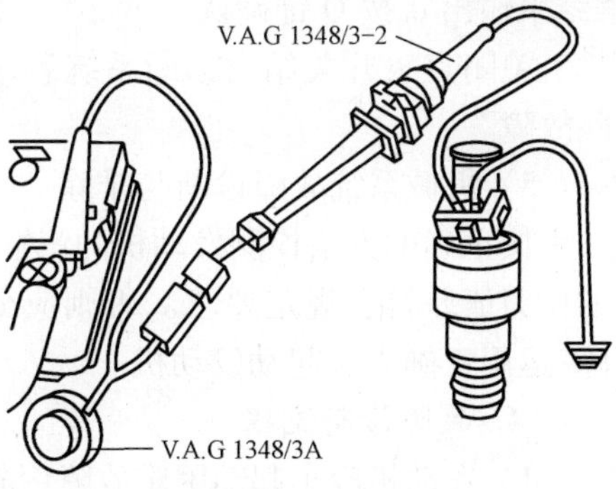

图 4-19 检查喷油量

若上述检查结果均正常,应检查 ECM/PCM 和 PGM-FI 主继电器是否正常。

c. 检测数据流。拆下喷油器电插头,利用检测仪进行数据流分析。

4) 空气供给系统的故障诊断与排除

(1) 空气滤清器的检查。

检查滤芯是否堵塞,若有,应更换。

(2) 进气系统是否泄漏的检查。

以 ANQ 发动机为例说明。

检查条件:冷却液温度≮85℃。

① 连接故障检测仪 V. A. G1551(或 V. A. G1552),起动发动机,选择地址码 01,进入"发动机电子系统",显示屏显示:

Rapid data transfer(快速数据传输)	HELP(帮助)
Select function ××(功能选择)	

② 按 0、8 键,选择"读测试数据块",按 Q 键确认,显示屏显示:

Read measured value block (读测试数据块)	HELP(帮助)
Input display group number ×××(输入显示组号码×××)	

③ 按 0、0 和 9 键,选定显示组 009,按 Q 键确认,显示屏显示:

Read measured value block 9 (读测试数据块 9)	→
1　　2　　3　　4	

显示区域 1 为发动机转速显示值,显示区域 3 为氧传感器电压显示值。

a. 将发动机泄漏探测喷剂喷在进气系统的零部件上,特别是各部件的连接处。

b. 若发动机转速下降或氧传感器电压改变,按"→"键,再按 0、6 键,选择

“结束输出”,按 Q 键确认。

关闭点火开关结束诊断系统后,应检查进气系统被喷区的密封情况,并排除故障。

5）机械系统故障诊断与排除

按正确的方法检测发动机的汽缸压力。各缸压力应不低于规定值,且各缸的压力值差符合规定要求。否则应分析导致汽缸压力过低的原因,并排除故障;运用正确方法起动发动机

4. 故障诊断流程

1）发动机冷车起动困难故障诊断流程

发动机冷车起动困难是指起动机能带动发动机按正常转速转动,但起动困难,甚至不能起动,其故障诊断流程如图 4-20 所示。

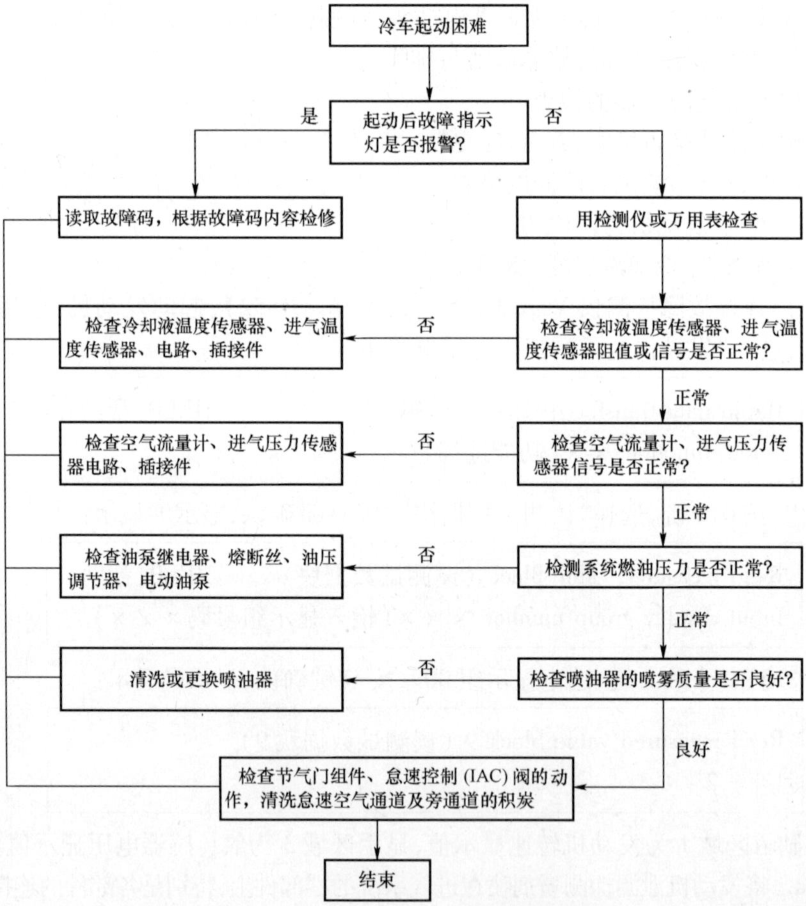

图 4-20　发动机冷车不能起动的故障诊断流程

2）发动机热车起动困难故障的诊断流程

发动机热车起动困难是指冷车时起动正常，而热车时起动困难，其故障诊断流程如图 4-21 所示。

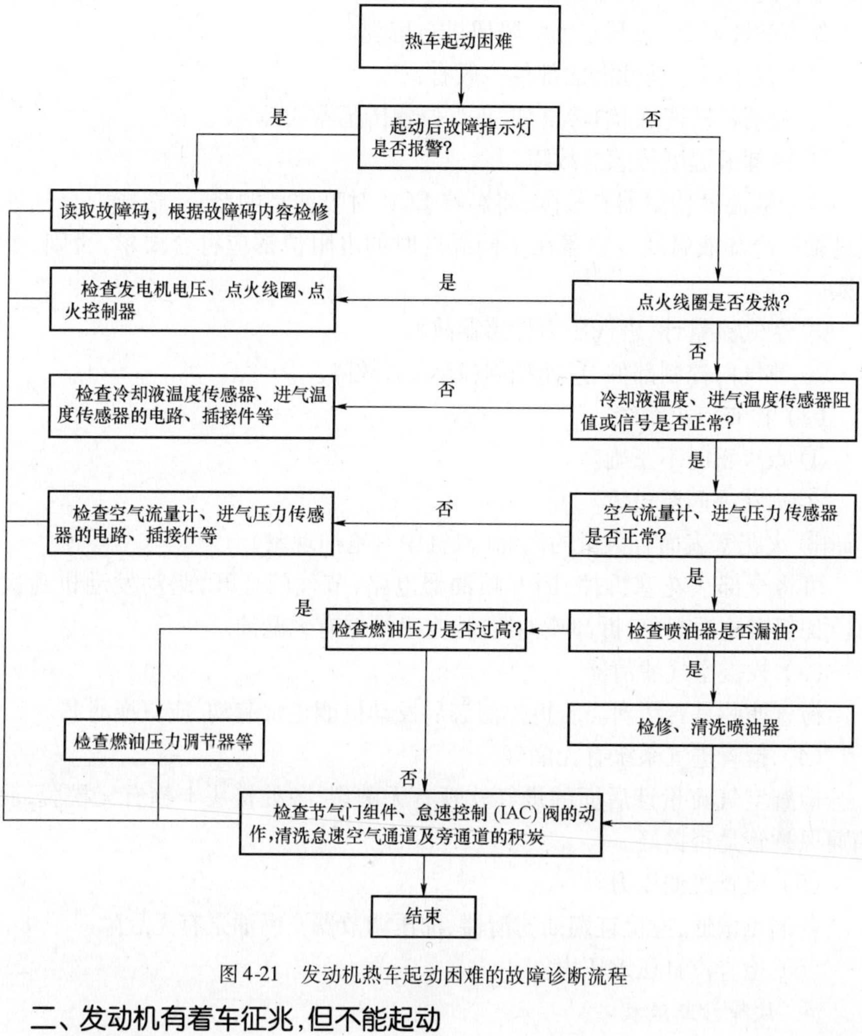

图 4-21　发动机热车起动困难的故障诊断流程

二、发动机有着车征兆，但不能起动

1．故障现象

起动发动机的时候，起动机能带动发动机正常运转，有轻微的着车征兆，但发动机不能起动。

2．故障原因分析

原因主要有电控系统故障、点火系统故障、供油系统故障、供气系统故障或机械系统故障等。

3. 故障诊断与排除

(1) 进行发动机故障自诊断。

如有故障码,可按显示的故障码进行修理。

影响发动机起动性能的部件一般有:

① 发动机转速、曲轴转角/上止点位置传感器故障。

② 冷却液温度传感器故障。

冷却液温度传感器有故障,将影响 ECU 对喷油量的修正,造成混合气过浓或过稀。冷却液温度传感器在不同温度时的电阻值都应符合要求,否则,予以更换。

③ 空气流量计、进气压力传感器故障。

④ 节气门控制部件、怠速控制(IAC)阀故障。

(2) 检查点火系统。

① 点火正时不正确。

② 火花塞间隙过大。

③ 火花塞表面有大量的汽油(汽缸中有呛油现象)。

可将全部火花塞拆掉,断开喷油器电路,节气门全开,起动发动机几次即可。如仍有呛油现象,拆卸喷油器,检查喷油器有无漏油。

(3) 检查空气滤清器。

检查滤芯是否堵塞。若拆掉滤芯后发动机能正常起动,应更换滤芯。

(4) 检查进气系统有无漏气。

检查空气流量计后面的进气软管有无破裂,各处接头卡箍有无松脱,曲轴箱通风软管是否接好。

(5) 检查燃油压力。

若油压偏低,应检查燃油滤清器、油压调节器及燃油泵有无故障。

(6) 检查汽缸压缩压力。

4. 故障诊断流程

不同机型此类故障的诊断流程有所不同。发动机有着车征兆但不能起动故障的基本诊断流程如图 4-22 所示。

三、发动机不能转动或转动很慢

1. 故障现象

起动发动机时,发动机不能转动或转动很慢。

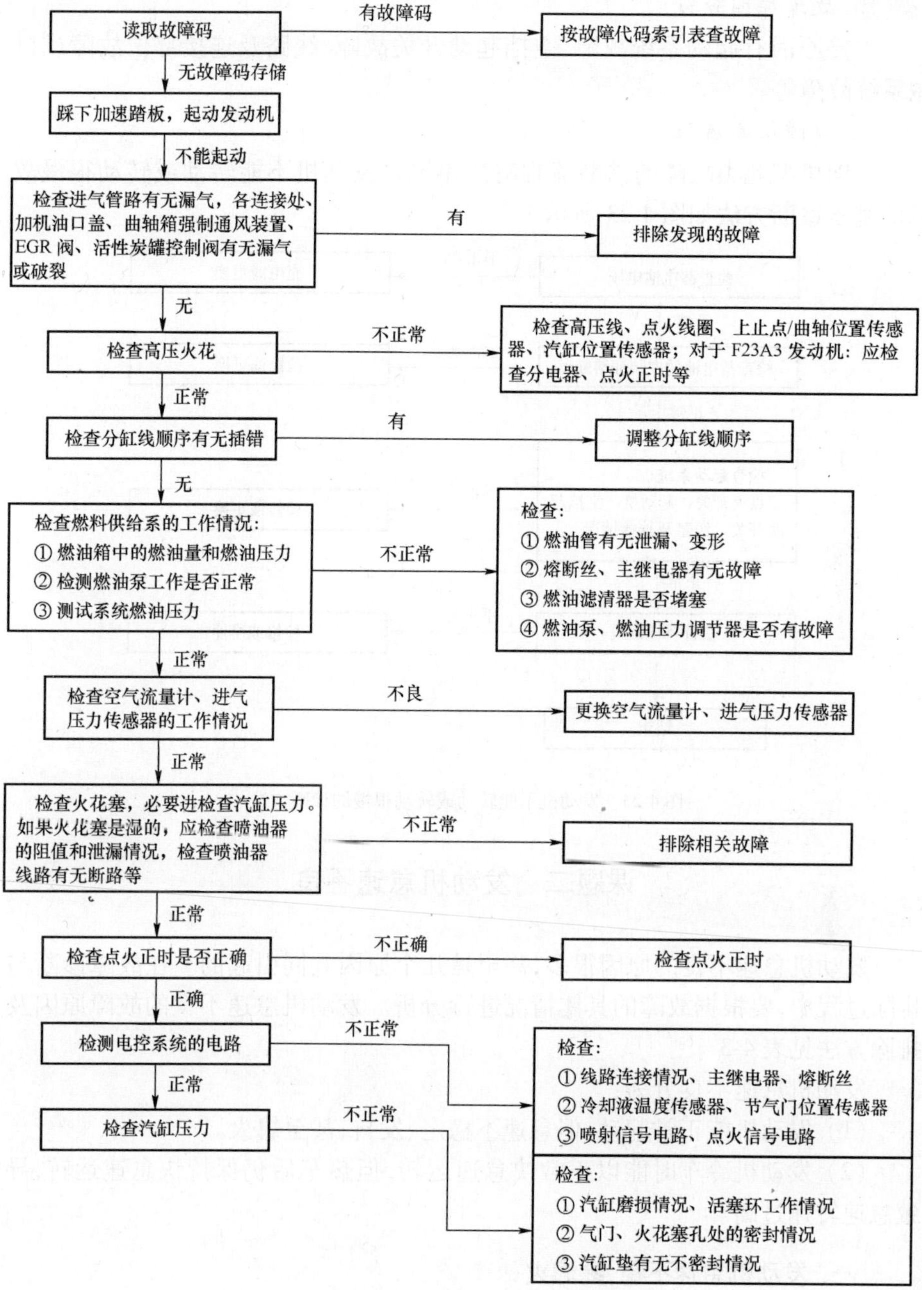

图 4-22 发动机有着车征兆但不能起动的诊断方法

2. 故障原因分析

主要原因有起动系统故障、空挡起动开关故障、线路及连接部位故障或机械系统故障等。

3. 故障诊断流程

不同机型此类故障的诊断流程有所不同。发动机不能转动或转动很慢故障的基本诊断方法如图 4-23 所示。

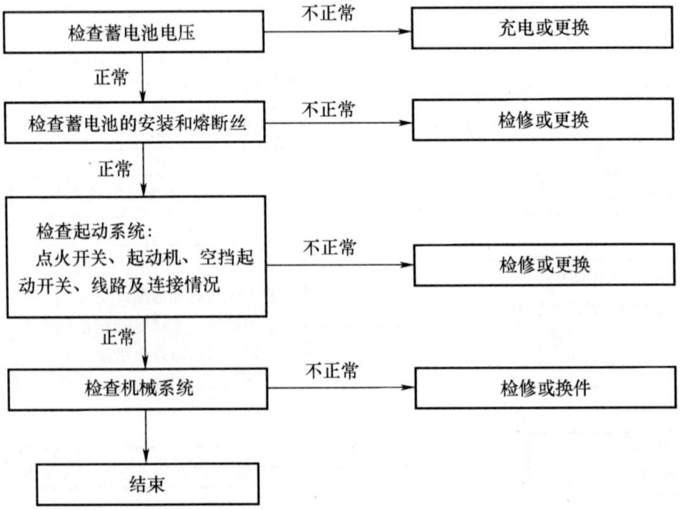

图 4-23 发动机不能转动或转动很慢的诊断方法

课题二 发动机怠速不良

发动机怠速不良的原因很多,甚至是几个原因共同引起的。在故障诊断与排除过程中,要根据故障的具体情况进行分析。发动机怠速不良的故障原因及排除方法见表 4-3 。

发动机怠速不良分为:

(1) 发动机能正常起动,但怠速不稳定、发抖、甚至熄火。

(2) 发动机冷车时能以正常快怠速运转,但热车后仍保持快怠速运转,导致怠速转速过高。

一、发动机怠速不稳,易熄火

1. 故障现象

发动机怠速时,运转不稳定、发抖甚至熄火。

发动机怠速不良的故障原因及排除方法　　表 4-3

故障现象	故障原因	故障排除方法
怠速不良	1. 进气系统泄漏	1. 检查进气系统的泄漏情况
	2. 高压线漏电	2. 更换高压线
	3. 火花塞积炭、油污	3. 更换火花塞
	4. 个别喷油器失效(积炭、堵塞)	4. 检修喷油器
	5. 燃油压力过低	5. 检测燃油供给系统压力、检查燃油压力调节器、汽油滤清器、电动油泵
	6. 空气流量计、进气压力传感器故障	6. 检查空气流量计、进气压力传感器的信号
	7. 氧传感器故障	7. 检查氧传感器的信号
	8. 冷却液温度传感器工作不良	8. 检查冷却液温度传感器的信号
	9. 节气门控制部件、节气门位置传感器故障	9. 检测节气门电位计、节气门位置传感器、节气门调节器或节气门位置传感器
	10. 挡位开关的导线断路或短路	10. 检查发动机电控单元至挡位开关导线的连接情况
	11. 怠速控制(IAC)阀工作不良怠速调整不当	11. 检查怠速控制(IAC)阀工作情况,调整怠速控制阀
	12. 电控单元故障	12. 检测电控单元
	13. 汽缸压力过低	13. 检查汽缸压力,并排除故障

2. 故障原因分析

(1) 进气管路或真空装置漏气,将使电控单元获得的空气流量信号不准确,不能供给最佳空燃比的可燃混合气。

(2) 空气滤清器或进气管路脏堵。

(3) 点火系统故障。

点火系统主要故障有:高压线漏电;个别缸火花塞积炭、油污等导致断火;点火正时失准。

点火系统工作不良,不能在规定时间内产生强烈的电火花,使发动机怠速不稳。

(4) 喷油器故障。喷油器故障主要有:

① 喷油器雾化不良造成混合气浓度不均匀。

② 个别喷油器发生故障不工作。

③ 喷油器积炭堵塞,不喷油。

④ 喷油器电控插接件脏污,喷油器间断工作。使发动机怠速不稳。

(5) 燃油压力过低。燃油压力过低,会造成怠速喷油量减少,燃油雾化不良,怠速时混合气过稀。

(6) 空气流量计、进气压力传感器故障,将使电控单元不能检测出发动机怠速运转时进入汽缸的空气量,使怠速时混合气的空燃比不符合工作要求。

(7) 氧传感器工作不良,电控单元无法根据氧传感器的信号来调节混合气浓度,发动机不能在最佳状态下工作。

(8) 冷却液温度传感器工作不良,电控单元不能对喷油量、点火提前角等控制功能进行修正,导致发动机怠速不稳、冷起动困难、油耗增加和废气排放量升高等。

(9) 节气门控制部件、节气门位置传感器故障。

AJR、ANQ 发动机的节气门控制部件故障有:

① 节气门位置调节器、节气门位置调节器电位计、节气门电位计等的信号故障,会使怠速转速升高。

② 怠速开关出现故障,会使怠速转速不在允许范围内。

③ 调整不当或节气门轴卡滞,在节气门关闭时不能准确提供怠速工况信号,电控单元也不能按怠速工况控制喷油量。

④ 发动机控制单元与节气门控制部件没有进行匹配或匹配中断时,会使怠速不稳。

⑤ F23A3 发动机节气门位置传感器故障时,会使发动机怠速不稳。

(10) 挡位开关的导线断路或短路,将使发动机控制单元无法识别挡位信号,易造成怠速转速波动。

(11) 怠速控制(IAC)阀工作不良。

(12) 电控单元故障。如果电控单元出现故障,线束及其连接器的连接不可靠、搭铁点脏污,不能可靠传输信号,电控单元将不能有效接收信号和输出执行信号,发动机怠速不稳。

(13) 汽缸压力过低。发动机工作时燃气泄漏,使汽缸压缩压力小于规定值,或各缸压力差低于平均压力的 10% 时,将使发动机怠速运转不稳。

3. 故障诊断与排除

在检修前,先用故障自诊断系统检查故障码,并结合表 4-4 对可能产生故障的元件和线路进行检查。

在检查中,应特别注意传感器线路及连接器的导通是否良好。

(1) 检查进气系统密封性。检查进气歧管连接处或真空管及其连接处是否漏气,若漏气,则修复或更换零件。

(2) 检查电控单元。检查电控单元搭铁点、线束及其连接器的连接是否可靠,其供电电压、工作电压是否正常。

发动机怠速不稳、易熄火故障可能产生的故障码　　表4-4

故障代码 / 发动机 / 故障原因	AJR	ANQ	F23A3
冷却液温度传感器	00522	16500、16501、16502	6
空气流量计或进气压力传感器	00553	16486、16487	3
氧传感器	—	16514、16518、16519	1、41、63
节气门控制部件或节气门位置传感器	00516、00518、00530	00670、01165、16505、17913、17966、17972	7、14
挡位识别信号	—	01119	—
发动机电控单元	01177	01314、16989、17978	故障指示灯一直亮
喷油器	01249、01250、01251、01252	01249、01250、01251、01252	—

（3）检查各缸工作情况。起动发动机并怠速运转，逐个拔下各缸高压线（注意对三元催化转化器的影响），检查发动机转速的下降是否一致，若拔下某缸高压线时，发动机转速无明显不变，说明该缸工作不良或不工作，应检查该缸火花塞或喷油器有无故障，喷油器控制电路是否短路。

（4）检查点火系统：

① 检查点火系统高压火花强度及是否存在漏电。

② 拆检火花塞，查看是否有油污、积炭，电极是否磨损，火花塞电极是否符合技术要求，必要时更换火花塞。

③ 检查点火正时。

（5）检查喷油器。仔细听诊各缸喷油器在怠速时的工作声音，若各缸喷油器工作声音不均匀，说明各缸喷油器喷油不均匀，应拆卸、检查、清洗或更换喷油器。

（6）检查燃油压力和燃油压力调节器。检测发动机的怠速油压、大负荷油压、保持油压等，如油压过低，应检查油压调节器、电动汽油泵、汽油滤清器、喷油器等。

（7）检测空气流量计、进气压力传感器。

(8) 检查氧传感器。

① AJR 发动机氧传感器的检测。

见单元三相关内容。

② ANQ 发动机氧传感器的检测:

a. 连接故障检测仪 V. A. G1551(或 V. A. G1552),起动发动机,选择地址码 01,进入"发动机电子系统",显示屏显示:

Rapid data transfer(快速数据传输)	HELP(帮助)
Select function ××(功能选择)	

b. 按 0、8 键,选择"读测试数据块",按 Q 键确认,显示屏显示:

Read measured value block (读测试数据块)	HELP(帮助)
Input display group number ×××(输入显示组号码×××)	

c. 按 0、0 和 3 键,选定"显示组号 3",按 Q 键确认,显示屏显示:

Read measured value block 3 (读测试数据块 3)				→
1	2	3	4	

显示区域 3 中冷却液温度值应 >85℃。

d. 按 C 键,显示屏显示:

Read measured value block(读测试数据块)	HELP(帮助)
Input display group number ×××(输入显示组号码×××)	

e. 按 0、0、9 键,选定"显示组号 9",按 Q 键确认,显示屏显示:

Read measured value block 9 (读测试数据块 9)				→
1	2	3	4	

显示区域 3 中为氧传感器电压,每分钟变化 30 次,且在 0.1 ~ 1.0V 范围内摆动。

f. 若电压变化不正常,应对氧传感器本身及其线路进行检测。

注意:当混合气浓度变化时,氧传感器信号电压不在规定范围内波动的主要原因有:

(a) 传感器导线插头松动、进水等。

(b) 长期使用含铅汽油使传感器失效。

(c) 氧传感器头部小孔被积炭堵塞。

(d) 氧传感器加热装置失效。

(e) 发动机电控单元停止了氧传感器工作。

③ F23A3 发动机氧传感器的检测。

见单元三相关内容。

(9) 检测冷却液温度传感器。

(10) 检测节气门控制部件、节气门位置传感器。

(11) 挡位开关信号的检测。

ANQ 发动机电控单元从变速器电控单元处得到的信息有:设定了行驶挡(换挡杆位于 2/3/4/R/D)和未设定行驶挡(换挡杆位于 P/N)。

① 自动变速器的换挡杆置于 P 位或 N 位。

② 连接故障检测仪 V. A. G1551(或 V. A. G1552),接通点火开关,选择地址码 01,进入"发动机电子系统",显示屏显示:

Rapid data transfer(快速数据传输)	HELP(帮助)
Select function ××(功能选择)	

③ 按 0、8 键,选择功能"读测试数据块",按 Q 键确认,显示屏显示:

Read measured value block(读测试数据块)	HELP(帮助)
Input display group number ×××(输入显示组号码×××)	

④ 按 0、2、0 键,选定"显示组号 020",按 Q 键确认,显示屏显示:

Read measured value block 20 (读测试数据块 20)	→
1　　2　　3　　4	

显示区域 2 中的显示必须是"Neutral"(空挡)。

⑤ 踏下制动踏板,设定前进挡,应显示"Gear. engag"(行驶挡接合)

⑥ 按"→",再按 0、6 键,选择"结束输出",按 Q 键确认。

⑦ 如显示区域 2 中的显示无变化,则继续以下检查:

a. 将测试盒 V. A. G1598/22 连接在发动机电控单元线束上。

b. 根据电路图,查测试盒端子 22 和自动变速器间的导线是否导通,导线最大阻值为 1.5Ω。若不符合要求,应修复或更换。

(12) 检查怠速控制(IAC)阀。

见课题一相关内容。

(13) 检查发动机电控单元与节气门控制部件的匹配。

见单元二相关内容。

(14) 检测汽缸压力。

4. 故障诊断流程

不同机型发动机“怠速不稳,易熄火”的故障的诊断过程有所不同,其基本的故障诊断流程如图 4-24 所示。

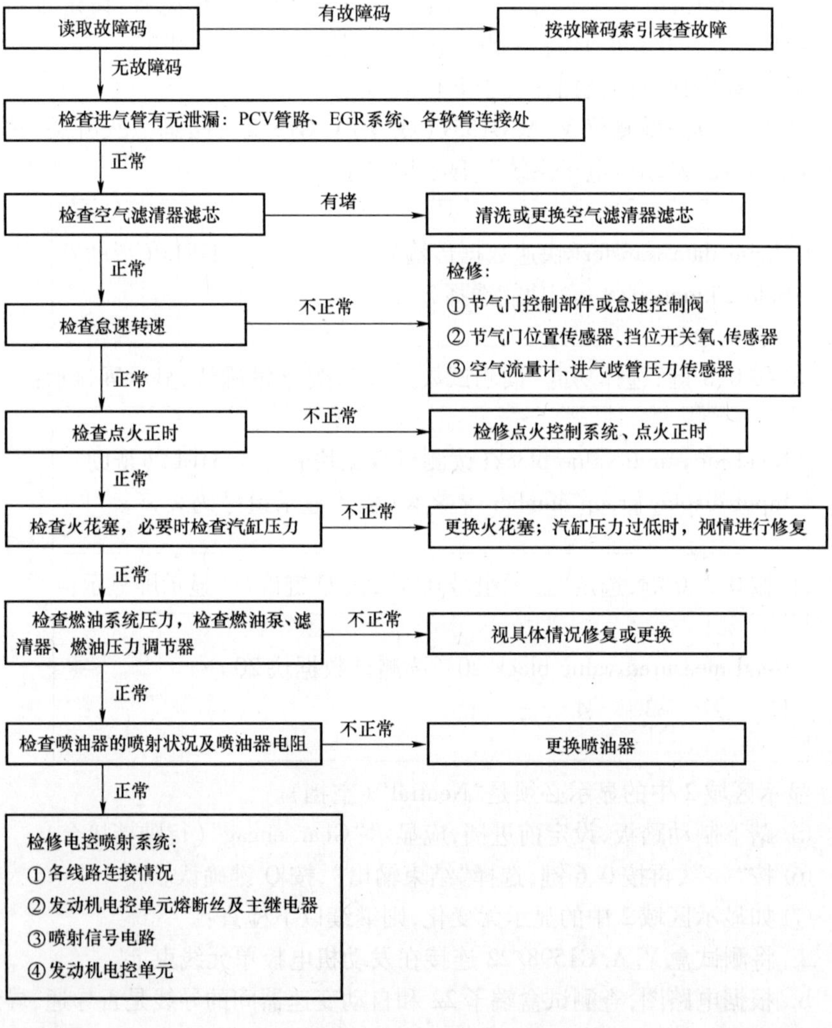

图 4-24 发动机怠速不稳、易熄火的故障诊断

二、发动机热车怠速转速过高

1. 故障现象

发动机冷车时能以正常快怠速运转,但热车后仍保持快怠速,导致怠速转速过高。

2. 故障原因分析

引起发动机热车怠速转速过高的故障原因有:

(1) 节气门卡滞,关闭不严。

(2) 进气系统泄漏(F23A3 发动机)。

(3) 曲轴箱强制通风阀故障。

(4) 节气门组件 J338(AJR、ANQ 发动机)或怠速控制(IAC)阀(F23A3 发动机)故障,发动机怠速调整不当。

(5) 冷却液温度传感器、进气温度传感器、空气流量计、进气压力传感器信号错误。

(6)空调开关、动力转向器开关故障。

(7) 燃油压力过高。

(8) 发动机电控单元或怠速匹配设定不良。

3. 故障诊断与排除

(1) 在检修前,应先用故障自诊断系统检查故障码,根据故障码查找故障原因。

(2) 若故障报警灯不亮,则检查发动机怠速时节气门是否全闭。

① 将节气门摇臂朝关闭方向扳动,如发动机转速能下降至正常转速,说明节气门关闭不严。

② 查节气门拉索有无卡滞。若有,更换拉索。

③ 查节气门轴有无卡滞。若有,拆卸、清洗节气门体。

(3) 检查进气系统是否漏气。

检查进气软管、怠速空气阀、废气再循环装置等是否漏气。

(4) 检查曲轴箱强制通风阀。

查该阀门是否卡滞。发动机怠速运转时,此阀门应处于最小开度。

(5) 检测节气门组件 J338(AJR、ANQ 发动机)、怠速控制(IAC)阀(F23A3 发动机)。

(6) 检测冷却液温度传感器、进气温度传感器、空气流量计、进气压力传感器工作是否正常。

拔下冷却液温度传感器的线束插头后,发动机怠速转速恢复正常,说明冷却液温度传感器有故障。检查该传感器及线路,并修复。

注意:在拔下冷却液温度传感器插头后,故障报警灯会亮起,此时 ECU 的失效保护功能自动将冷却液温度设定为一定值(AJR、ANQ 发动机为 80℃)。重新插上冷却液温度传感器线束插头后,ECU 内仍会留下表示冷却液温度传感器的故障码。对此,应及时清除故障码。

(7)检测空调开关、动力转向器压力开关。

在打开空调或转动转向盘时,如果发动机转速没有变化,说明怠速自动控制系统有故障,应检查空调开关、动力转向器的压力开关及自动控制电路。

ANQ 发动机空调压缩机信号的检查:

① 连接故障检测仪 V. A. G1551(或 V. A. G1552),接通点火开关,选择地址码 01,进入“发动机电子系统”,显示屏显示:

Rapid data transfer(快速数据传输)	HELP(帮助)
Select function ××(功能选择)	

② 按 0、8 键,选择功能“读测试数据块”,按 Q 键确认,显示屏显示:

Read measured value block(读测试数据块)	HELP(帮助)
Input display group number ×××(输入显示组号码×××)	

③ 按 0、2、0 键,选定“显示组号 020”,按 Q 键确认,显示屏显示:

Read measured value block 20(读测试数据块 20)				→
1	2	3	4	

显示区域 4 中的显示必须是“Cornor. OFF”(压缩机关)。

④ 开启空调,选择设定的最低温度和最高的鼓风机速度,显示区 4 中显示:“Cornor. ON”(压缩机开)。

⑤ 猛踩加速踏板,然后松开。在加速踏板快速踩下时,显示区 4 中几秒内会从“开”跳到“关”。

⑥ 按“→”,再按 0、6 键,选择“结束输出”,按 Q 键确认,关闭点火开关。

⑦ 如显示区 4 显示不变化,进行下一步检查。

⑧ 将测试盒 V. A. G1598/22 连至控制单元线束上。按电路图查测试盒孔 8 与空调间导线的导通性,导线电阻最大值为 1.5Ω。

⑨ 若导线无故障,查空调控制单元功能。

F23A3 发动机空调信号的检查:

① 检查 ECM 空调开关信号端子(A27)电压。

a. 关闭点火开关,断开空调压力开关插头。

b. 接通点火开关,测量 ECM 插接器 A27 与 B20 端子间的电压,如图 4-25 所示,看是否为 5V。

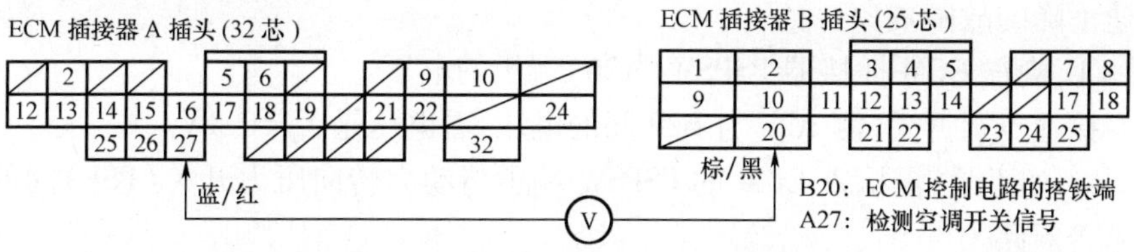

图 4-25　查 ECM 空调开关信号端子(A27)电压

如无 5V 电压:查空调信号线路是否短路。方法是:在点火开关关闭时断开 ECM 插接器的 A 插头,查 A27 端子与车体搭铁间的通路情况。若通路,说明 A27 端子与空调压力开关之间线路有短路故障,需予以排除;若不通,更换一个 ECM 再试;如果电压正常,则进行下一步检修。

② 检查 ECM 的 A17 端子(ACC)与空调压缩机离合器继电器线路有无断路。

a. 关闭点火开关,重新连接空调压力开关插头。

b. 接通点火开关,用跨接线短接 ECM 插接器的 Al7 端子、B20 端子,听空调压缩机离合器是否发出"咔哒"声。

如无"咔哒"声,用跨接线短接发动机盖下熔断丝/继电器盒 16 插头的 11 号端子与车体,如图 4-26 所示。听空调压缩机离合器是否发出"咔哒"声,若有,说明 A17 端子与空调离合器继电器间线路断路,需排除故障;若无"咔哒"声,需检修空调系统的故障。

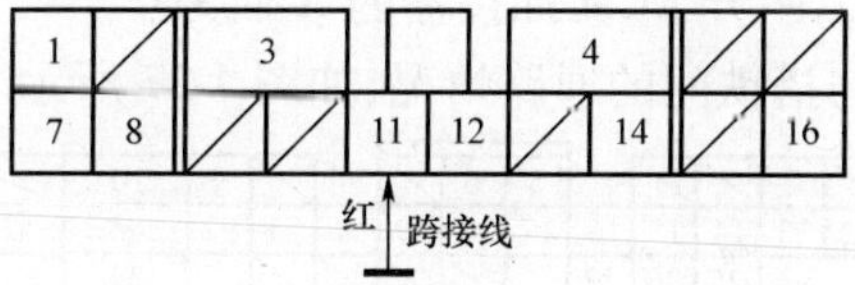

图 4-26　用跨接线短接发动机盖下熔断丝/继电器盒 16 插头的 11 号端子与车体

如有"咔哒"声,进行下一步检修。

③ 检查空调的工作状况。

起动发动机,接通鼓风机开关,接通空调开关,看空调是否工作。如空调器工作,说明空调信号正常,如空调器不工作,进行下一步检修。

④ 检查 ECM(ACS 端子)与空调开关间线路有无断路。

测 ECM 的 A27 端子与 B20 端子间的电压,看是否 $<0.1V$。

a. 如是,说明线路无断路,更换一个 ECM 再试。

b. 如不是,检修 ECM(A27 端子)至空调开关间线路。

F23A3 发动机动力转向开关(PSP)信号的检测:

当动力转向压力开关信号不正常时,就可能会出现转动转向盘时,发动机转速下降的故障现象。

① 检查 ECM 插接器 PSPSW(A26)端子的电压。

接通点火开关,测 A26 与 B20 间的电压,看电压是否 $<0.1V$。

a. 如不是,需检查 ECM 的 PSPSW 端子与动力转向压力开关(PSP)间的线路是否断路。

b. 如是,进行下一步检修。

② 检查 PSP 开关。

起动发动机,缓慢转动转向盘,测 A26 与 B20 端子间的电压,看是否为蓄电池电压。

a. 如是蓄电池电压,说明 PSP 开关正常。

b. 如不是蓄电池电压,则进行下一步检修。

③ 检查 PSP 开关是否短路。

a. 关闭点火开关,从 PSP 开关上断开 2 芯插头。

b. 接通点火开关,再测 A26 与 B20 间的电压,看是否为蓄电池电压。

如是蓄电池电压,说明 PSP 开关已短路,更换 PSP 开关;如不是,则进行下一步检修。

④ 检查 ECM 插接器 PSPSW 端子(A26)与 PSP 开关间的线路是否短路。

a. 关闭点火开关,断开 ECM 插接器的 A 插头。

b. 查 A26 端子与搭铁间的通路情况,如图 4-27 所示。

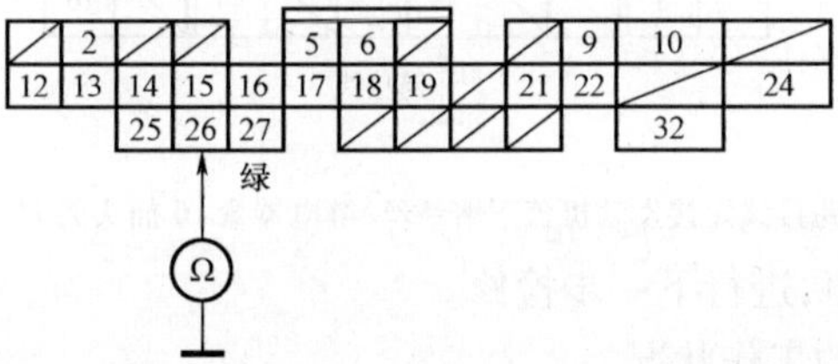

图 4-27 检查 ECM 的 PSP SW 端子(A26)与搭铁间的通路情况

如通路,说明 ECM 插接器 PSPSW 端子与 PSP 开关间的线路有短路故障,需予以排除;如不通路,则更换一个 ECM 再试。

⑤ 检查 ECM 的 PSPSW 端子与 PSP 开关间线路有无断路。

a. 关闭点火开关后,断开 PSP 开关的 2 芯插头。

b. 接通点火开关,用导线将 PSP 开关插头的两端子短接,如图 4-28 所示。

c. 测 A26 与 B20 端子间的电压，看电压是否 <0.1V。如是，更换 PSP 开关；如不是，需排除 ECM 与 PSP 开关间或 PSP 开关与搭铁间的线路断路故障。

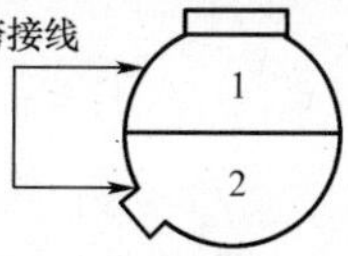

图 4-28 PSP 开关的短接

(8) 检测燃油系统。

系统燃油压力是否正常；喷油器的喷油量是否正常；喷油器是否漏油等。

(9) 若节气门组件 J338、怠速控制(IAC)阀性能良好，按程序重新匹配、调整怠速。若怠速调整无效，应做进一步的检查。

4. 故障诊断流程

不同机型发动机的"热车怠速转速过高"的故障诊断过程有所不同，其基本的故障诊断流程如图 4-29 所示。

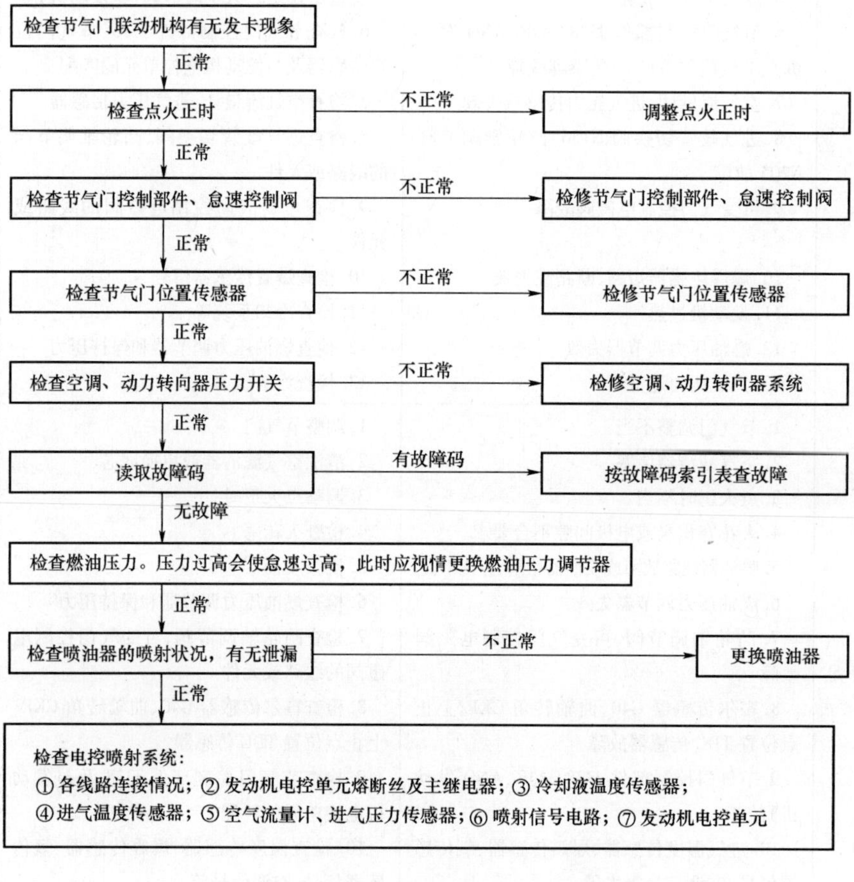

图 4-29 发动机热车怠速过高故障诊断流程

课题三　发动机加速不良

发动机加速不良的原因较多。在故障诊断与排除过程中，要根据故障的具体情况分析故障原因。发动机加速不良、动力不足的故障原因及排除方法见表4-5。

发动机加速不良、动力不足的故障原因及排除方法　　表4-5

故障现象	故障原因	故障排除方法
加速不良	1. 燃油标号不符合要求 2. 空气滤清器堵塞 3. 个别喷油器失效(积炭、堵塞) 4. 火花塞、点火线圈损坏 5. 点火正时不准确 6. 节气门控制部件J338(AJR、ANQ发动机)、节气门位置(TP)传感器故障 7. 空气流量计、进气压力传感器失效 8. 进气歧管切换阀N156、凸轮轴调节阀N205故障 9. 可变气门控制电磁阀故障 10. 爆震传感器短路、断路或失效 11. 发动机过热 12. 燃油压力调节器失效 13. 汽缸压力过低	1. 加注规定标号的燃油 2. 清洗空气滤清器或更换滤芯 3. 检修喷油器 4. 更换火花塞、点火线圈 5. 重新设定点火正时(F23A3发动机) 6. 检查节气门控制部件J338、节气门位置传感器及与发动机电控单元的匹配 7. 检查空气流量计、进气压力传感器 8. 检查进气歧管切换阀、凸轮轴调节阀的线路或元件 9. 检查可变气门控制电磁阀的线路或元件 10. 检查爆震传感器信号 11. 检查冷却系统等 12. 检查燃油压力调节器和保持压力 13. 检查汽缸压力
动力不足	1. 节气门调整不当 2. 空气滤清器堵塞 3. 点火正时不当 4. 火花塞积炭或电极间隙不合要求 5. 喷油器线路故障或喷油器堵塞、雾化不良 6. 燃油压力调节器失效 7. 凸轮轴调节阀、可变气门控制电磁阀故障 8. 霍尔传感器G40、曲轴转角CKP/上止点位置TDC传感器故障 9. 节气门控制部件J338(AJR、ANQ发动机)故障 10. 进气温度传感器、爆震传感器、氧传感器信号、空调信号等失效 11. 汽缸压力过低	1. 调整节气门 2. 清洗空气滤清器或更换滤芯 3. 调整点火正时 4. 检查火花塞 5. 检查喷油器 6. 检查燃油压力调节器和保持压力 7. 检查凸轮轴调节阀、可变气门控制电磁阀的线路或元件 8. 检查霍尔传感器G40、曲轴转角CKP/上止点位置TDC传感器 9. 检查节气门控制部件J338及与发动机电控单元的匹配 10. 检查温度传感器、爆震传感器、氧传感器信号、空调信号等 11. 检查汽缸压力

一、发动机加速不良

1. 故障现象

踩下加速踏板后发动机转速不能马上升高,有迟滞现象,加速反应迟缓,甚至踩下加速踏板后转速不升反降甚至熄火。

2. 故障原因分析

见表4-5 。

3. 故障诊断与排除

发动机电控系统故障指示灯报警时,说明电控系统有故障。可运用故障检测仪读出故障码,并结合表4-6对可能产生故障的元件和线路进行检查。

发动机与"加速不良"故障有关的故障码　表4-6

故障原因 \ 故障代码 \ 发动机	AJR	ANQ	F23A3
发动机转速传感器、曲轴转角/上止点位置传感器	00513、00515	00515、16705、16706	4、8、9
冷却液温度传感器	00522	16500、16501、16502	6
空气流量计、进气压力传感器	00553	16486、16487	3
节气门控制部件J338、节气门位置(TP)传感器	00516、00518、00530	00282、01165	7
点火输出信号	—	—	15
进气歧管切换阀	—	17920、17923、17924	—
凸轮轴调节阀、可变气门控制电磁阀	—	01120、17934、17935、17936	21
爆震传感器	00524、00540、00577、00578、00579、00580	16711、16716、17733、17734、17735、17736	23
发动机电控单元	01177	01314、16989、17978	故障指示灯一直亮
喷油器	01249、01250、01251、01252	01249、01250、01251、01252	—

在检查中,应特别注意传感器线路及连接器的导通是否良好。

(1) 检查燃油标号是否符合要求。

(2) 检查空气滤清器是否堵塞。

(3) 检查喷油器是否堵塞。

(4) 检查点火系统性能。

点火系统是否存在漏电,火花塞是否有油污、积炭等现象;火花塞、点火线圈有无损坏;点火正时是否准确等。

(5) 检测节气门控制部件 J338、节气门位置(TP)传感器。

(6) 检测空气流量计、进气压力传感器。

(7) 检查进气歧管切换阀和凸轮轴调整阀。

① 检测条件:

a. 接通点火开关,但发动机不转(若发动机起动或被识别出一个转动脉冲信号,执行元件的诊断将会中断)。

b. 在整个诊断过程中,电动燃油泵是运转的。

c. 若要重复进行诊断,而不让发动机作短期运行,须关闭点火开关约 2s。

d. 在执行元件诊断中,单一的执行元件将被激活,只有在按"→"键后,才会开启对下一个元件进行诊断。

e. 执行元件诊断在 10min 后中断。

f. 进气歧管切换阀和凸轮轴调整阀电路如图 4-30 所示。

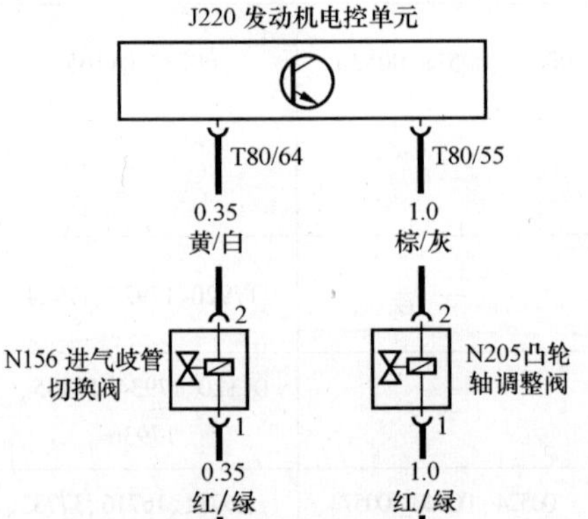

图 4-30 进气歧管切换阀和凸轮轴调整阀电路

② ANQ 发动机进气歧管切换阀的诊断。

进气歧管切换阀与进气歧管如图 4-31 所示。

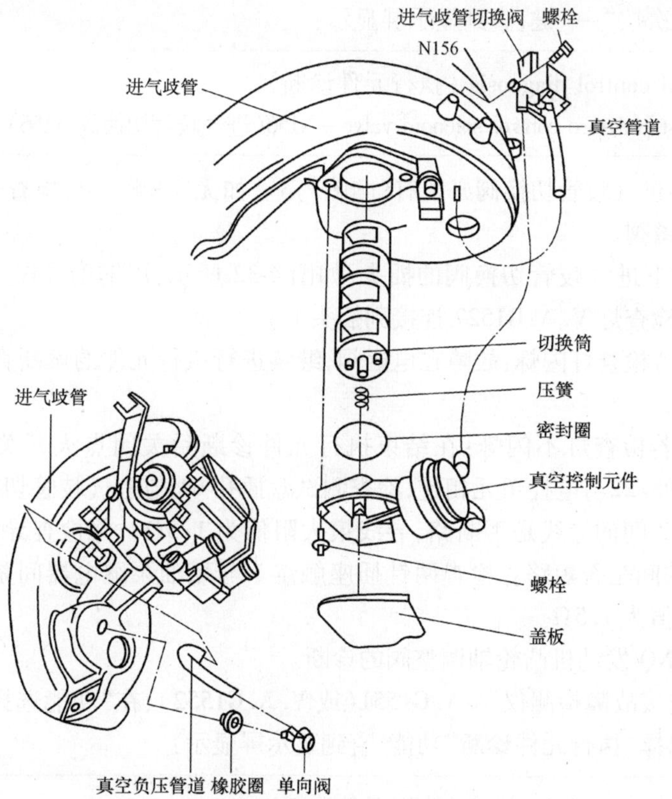

图 4-31　进气歧管切换阀与进气歧管

a. 连接故障检测仪 V. A. G1551(或 V. A. G1552),接通点火开关,选择地址码 01,进入“发动机电子系统”,显示屏显示:

Rapid data transfer(快速数据传输)	HELP(帮助)
Select function ××(功能选择)	

b. 按键 0、3,选定“执行元件诊断”功能,显示屏显示:

Rapid data transfer (快速数据传递)	Q
03 Final control diagnosis (03 执行元件诊断)	

c. 按 Q 键确认,显示屏显示:

Final control diagnosis(执行元件诊断)	→
Injector cylinder 1 – N30(1 缸喷油器 N30)	

d. 依次按“→”键,直到显示屏显示:

Final control diagnosis (执行元件诊断)	→
Boost pressure control solenoid valve – N156(进气歧管切换阀 N156)	

此时,进气歧管切换阀必须有“咔嚓”声。如无“咔嚓”声,检查进气歧管切换阀的电磁阀。

e. 拔下进气歧管切换阀的插头,如图 4-32 所示,用辅助导线 V. A. G1594 将二极管检查灯 V. A. G1527 连接到插头上。

(a) 若检查灯闪烁:故障在电磁阀,继续进行执行元件的诊断直至结束,更换电磁阀。

(b) 若检查灯不闪烁:在结束执行元件诊断后关闭点火开关,将测试盒 V. A. G1598/22与电控单元相连,检查测试盒插孔 64 与进气歧管切换阀的两针插座触点 2 间的导线是否断路,导线最大阻值为 1.5Ω。并检查导线与蓄电池正极、搭铁间是否短路。检查两针插座触点 1 与燃油泵继电器间是否断路,导线最大阻值为 1.5Ω。

③ ANQ 发动机凸轮轴调整阀的诊断。

a. 连接故障检测仪 V. A. G1551(或 V. A. G1552),在“功能选择”界面下按 0、3 键,选择“执行元件诊断”功能,直到显示屏显示:

Final control diagnosis(执行元件诊断)	→
Camshaft adjusment 1(凸轮轴调整 1)	

此时,凸轮轴调整阀必须有“咔嚓”声。如阀没有“咔嚓”声,检查凸轮轴调整阀的电磁阀。

b. 将电磁阀的插头拔下,用辅助导线 V. A. G1594 将二极管检查灯 V. A. G1527 连接到插头上,如图 4-33 所示。

(a) 若检查灯闪烁:故障在电磁阀,继续进行执行元件的诊断直至结束,更换电磁阀。

(b) 若检查灯不闪烁:结束执行元件诊断后,关闭点火开关,将测试盒 V. A. G1598/22与电控单元相连,检查测试盒插孔 55 与二针插座触点 2 间的导线是否断路,导线最大阻值为 1.5Ω。并检查导线与蓄电池正极、搭铁间是否短路。检查二针插座触点 1 与燃油泵继电器间是否断路,导线最大阻值为 1.5Ω。

c. 若导线正常,故障在发动机电控单元本身,应予更换。

d. 按“→”键,显示屏显示:

Rapid data transfer(快速数据传输)	HELP(帮助)
Select function ××(功能选择)	

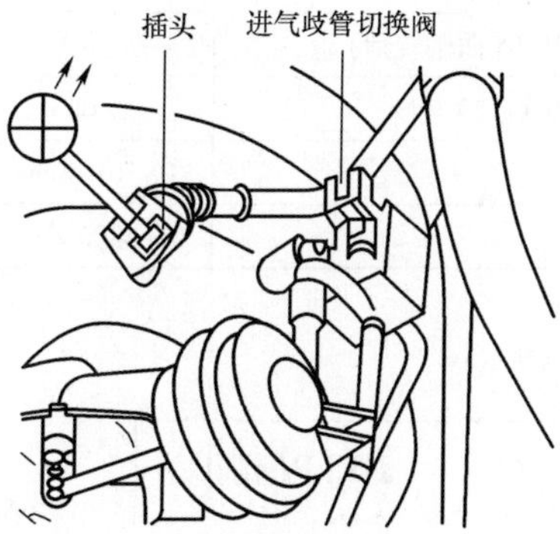

图 4-32　进气歧管切换阀的检测

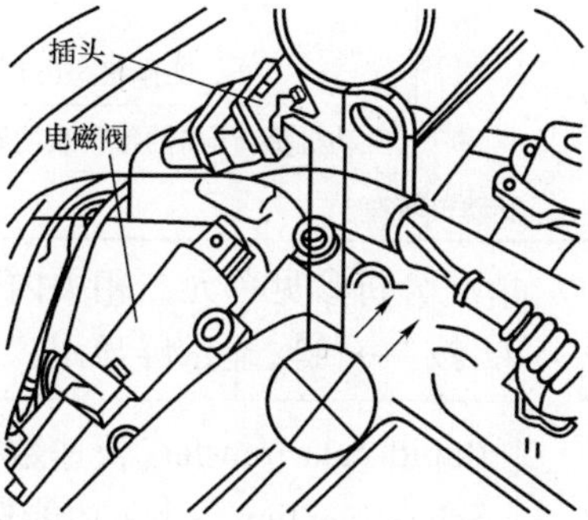

图 4-33　凸轮轴调整阀的电磁阀的检测

e. 按 0、6 键,选择“结束输出”功能,按 Q 键确认,关闭点火开关。

注意:在结束诊断后,必须关闭点火开关,否则再次起动发动机时,由于喷油器与点火线圈不被激活,发动机不能起动。

④ 凸轮轴位置与进气歧管切换状态的检查。

a. 连接故障检测仪 V. A. G1551(或 V. A. G1552),接通点火开关,选择地址码 01,进入“发动机电子系统”,显示屏显示:

Rapid data transfer(快速数据传输)	HELP(帮助)
Select function ××(功能选择)	

b. 按 0、8 键,选择“读测试数据块”,按 Q 键确认,显示屏显示:

Read measured value block(读测试数据块)	HELP(帮助)
Input display group number ×××(输入显示组号码×××)	

c. 按 0、2、6 键,选定“显示组号 26”,按 Q 确认,显示屏显示:

Read measured value block 26 (读测试数据块 26)				→
1	2	3	4	

显示区“1 ~ 4”显示的内容见表 4-7,情况分析可参见单元二相关内容。若达不到要求,应重新检查:进气歧管切换阀、凸轮轴调整阀各管路的连接与密封情况、导线连接是否断路或短路等。

“显示组 26”的内容　　表 4-7

读取测量数据块 26 ××××r/min　××.×ms　×××　×.×°kW				←屏幕上显示	
1	2	3	4	←显示区域	允许值
			激活的凸轮轴调整角(曲轴转角)		-3°~21°
		工作状态(进气岐管切换/凸轮轴调整)			×00
	发动机负荷(曲轴每转喷油时间)				0~10.00ms
发动机转速					0~6800r/min

情况分析参见单元二相关内容。

d. 按“→”键，显示屏显示：

Rapid data transfer(快速数据传输)	HELP(帮助)
Select function ××(功能选择)	

e. 按 0、6 键，选择“结束输出”功能，按 Q 键确认。

(8) 可变气门升程控制电磁阀的诊断。

F23A3 发动机可变气门升程控制(VTEC)电磁阀的检测：

① 验证故障码。起动发动机，并使发动机工作温度升至正常值，进行路试，挂入 1 挡，使发动机转速达到 6000r/min 并保持 2s 以上，如果故障指示灯仍显示代码 21，则关闭点火开关，脱开 VTEC 电磁阀接头，进行下一步检查。

② 检测 VTEC 电磁阀接头与车体搭铁线之间的电阻，应为 14~30Ω。

a. 如电阻不在 14~30Ω 的范围内，更换 VTEC 电磁阀。

b. 如电阻在 14~30Ω 的范围内，进行下一步检查。

③ 检查 VTEC 电磁阀插头与 ECM 的 B 插接器端子 B12 间的导通性，如图 4-34 所示。

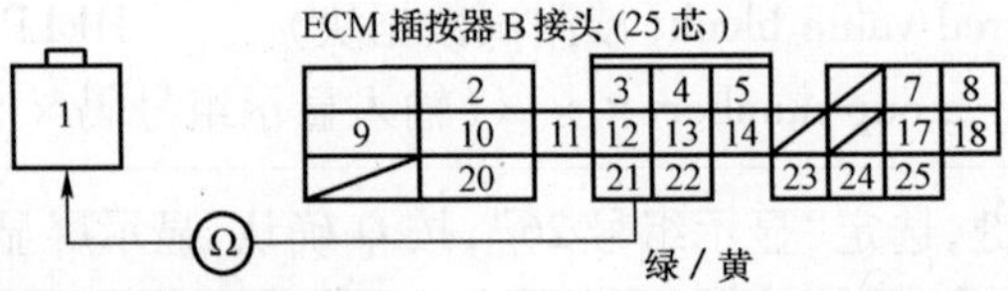

图 4-34　检查 ECM 端子 B12 与 VTEC 电磁阀插头的导通情况

a. 如不导通，则为 VTEC 电磁阀插头与端子 B12 间的线路有断路故障，应予以排除。

b. 如导通，进行下一步检测。

④ 检查 VTEC 电磁阀导线有无短路。

查 VTEC 电磁阀插头与搭铁间的导通性。

a. 如导通，则 VTEC 电磁阀插头与端子 B12 间的线路有对搭铁短路故障，需排除。

b. 如不导通，先接上 VTEC 电磁阀插头，连接转速表，卸下电磁阀测油压孔的螺栓，装上油压表，如图 4-35 所示。起动发动机至正常工作温度，进行下一步检测。

⑤ 检查发动机转速在 1000r/min、2000r/min、4000r/min 时的机油压力。正常油压应 <49kPa。

a. 如机油压力 $\not<49$kPa，检测 VTEC 电磁阀插头与搭铁间的电阻。

（a）如阻值不在 14 ~ 30Ω 的范围内，更换电磁阀。

（b）如阻值在 14 ~ 30Ω 的范围内，检测 VTEC 电磁阀的滤清器 O 型圈是否堵塞。如堵塞，更换机油滤清器和发动机机油；如无堵塞，用手指推动 VTEC 电磁阀芯，应活动自如，如图 4-36 所示，否则更换电磁阀。

b. 若机油压力 <49kPa，检查 VTEC 电磁阀机油压力。

关闭点火开关，断开 VTEC 电磁阀插头，将蓄电池正极连到电磁阀插头端子，负极搭铁，如图 4-37 所示。起动发动机，进行下一步检查。

⑥ 检测发动机转速为 3000r/min 时的机油压力。正常油压应 >250kPa。

a. 如油压不正常，需检修 VTEC。

b. 如油压 >250kPa，更换一好的 ECM 再试，若故障症状消失且故障指示灯不再显示故障码，说明原来的 ECM 已坏，需更换。

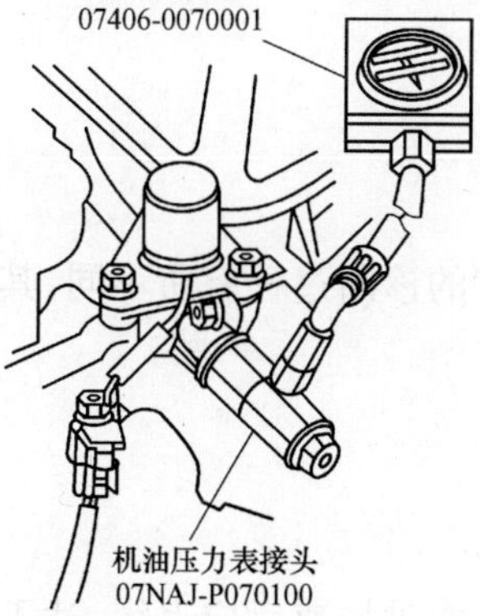

图 4-35　检查 VTEC 电磁阀机油压力

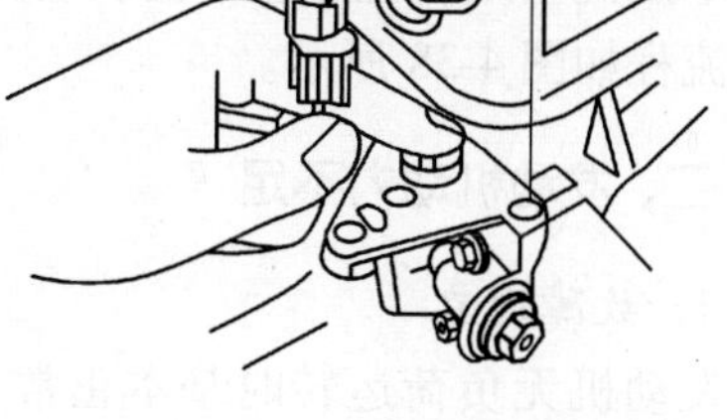

图 4-36　检查 VTEC 电磁阀活动情况

（9）检查爆震传感器。

① AJR、ANQ 发动机爆震传感器的检测。

a. 检查螺栓拧紧力矩是否符合要求。

b. 拔下传感器的插头，分别测量传感器端子1与2、端子1与3、端子2与3之间的电阻，应为∞。否则，更换爆震传感器。爆震传感器的连接电路参见图3-16。

c. 拔下发动机电控单元插头，连接测试盒V. A. G1598/22到发动机电控单元上，检查三针插头与测试盒之间的导通情况。

爆震传感器G61三针插头的触点1、2、3分别与测试盒插孔68、67、2间的导线电阻值，爆震传感器G66的三针插头的触点1、2、3分别与测试盒插孔60、67、2间的导线电阻，均不得大于1.5Ω。否则，应查明原因并修复。

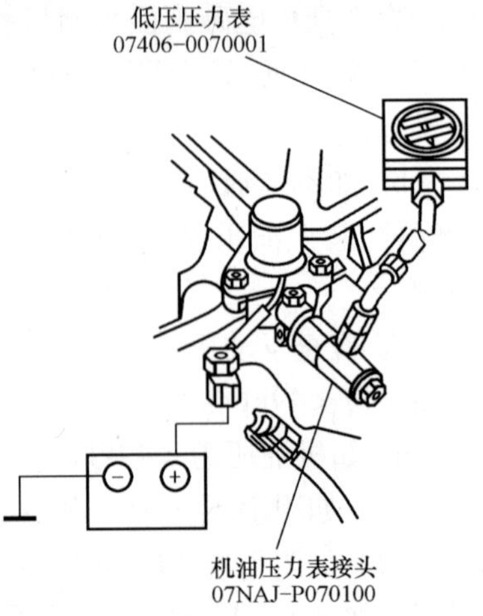

图4-37 检查VTEC电磁阀机油压力（加电源电压）

d. 进行路试，并多次在怠速、部分负荷、满负荷及滑行工况下行驶。路试结束，再进行一次自诊断，如仍存在故障，更换爆震传感器或发动机电控单元。

注意：

a. 路试时冷却液温度必须升高到80℃以上。

b. 满负荷时发动机转速应超过3500r/min。

② F23A3爆震传感器的检测。

参见单元三相关内容。

(10) 检查发动机冷却液温度。

(11) 检查燃油压力和燃油压力调节器。

(12) 检查汽缸压力。

4. 故障诊断流程

不同机型发动机加速不良和动力不足故障的诊断过程有所不同，其一般的诊断流程如图4-38所示。

二、发动机动力不足

1. 故障现象

发动机无负荷运转时基本正常，带负荷工作时加速反应迟缓，达不到最高车速，汽车上坡无力。

2. 故障原因分析

(1) 节气门调整不当。

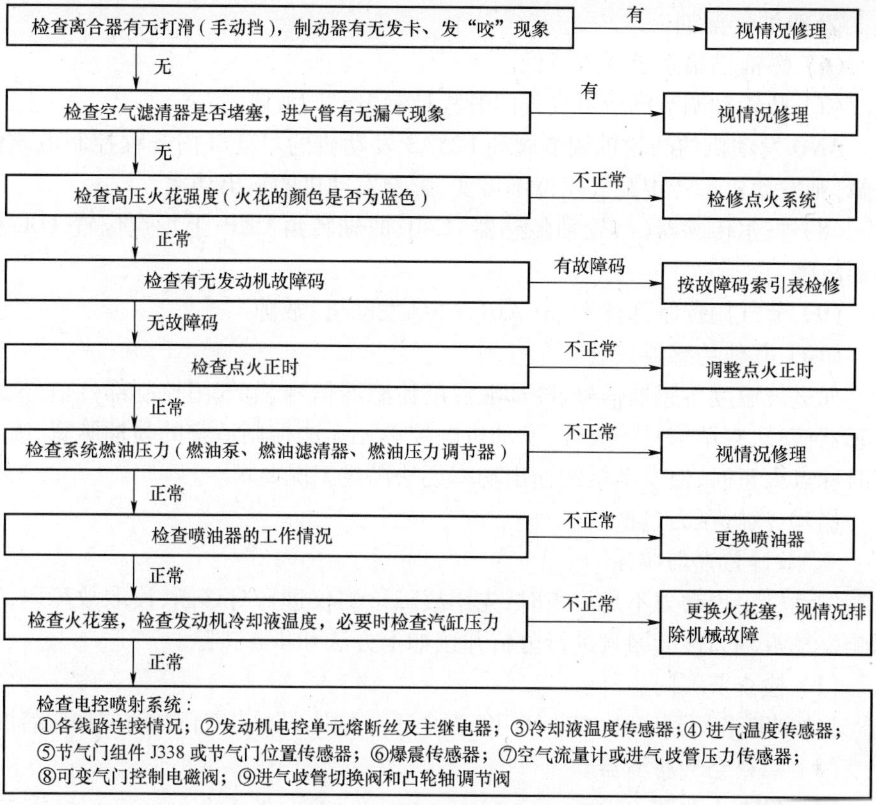

图 4-38　发动机加速不良和动力不足的故障诊断流程

节气门在发动机满负荷工作时，不能完全打开，使进入汽缸的空气量减少、发动机功率下降。

（2）空气滤清器堵塞。

空气滤清器堵塞后，进气阻力增大，发动机大负荷时进气量减少，发动机电控单元使喷油器的喷油量也随之减少，发动机的输出功率下降。

（3）点火正时不当。

影响点火正时的主要部件是霍尔传感器、爆震传感器等。

（4）火花塞故障。

火花塞积炭、电极间隙不合要求，引起高压火花过弱，不能及时、可靠的点燃混合气。

（5）喷油器堵塞或雾化不良。

① 个别喷油器堵塞时，喷油量减少，严重堵塞时不喷油，造成发动机“缺缸”。

② 喷油器漏油。

(6) 燃油供给系统压力过低。

(7) 凸轮轴调节阀或可变气门升程控制电磁阀故障。

ANQ 发动机的凸轮轴调节阀和 F23A3 发动机的可变气门升程控制电磁阀故障,则发动机运转中配气相位不可变,影响发动机的输出功率。

(8) 霍尔传感器(凸轮轴传感器)G40、曲轴转角 CKP/上止点位置 TDC 传感器故障。

(9) 节气门控制部件 J338(AJR、ANQ 发动机)故障。

(10) 其他传感器失效。

如进气温度传感器信号、冷却液温度传感器信号、节气门控制部件信号、氧传感器信号、空调信号等失效,发动机电控单元无法控制适宜的喷油脉宽、喷油正时和点火正时,使发动机的输出功率无法满足工况要求。

(11) 汽缸压力过低。

3. 故障诊断与排除

发动机出现动力不足故障时,先用故障检测仪进行自诊断,读取故障码,对影响发动机动力性的因素进行分析并按如下方法和步骤排除。

(1) 检查节气门。

将加速踏板踩到底,检查节气门能否全开。否则,调整节气门拉线或加速踏板。

(2) 检查空气滤清器。

(3) 检查火花塞。

(4) 检查喷油器。

(5) 检测燃油系统压力。

(6) 检测凸轮轴调节阀或可变气门控制电磁阀。

(7) 检查霍尔传感器 G40、曲轴转角 CKP/上止点位置 TDC 传感器。

① AJR、ANQ 发动机电控单元根据霍尔传感器 G40 信号可识别出第 1 缸压缩行程上止点位置,用于喷油正时、点火正时和爆震的控制。霍尔传感器的控制电路参见图 3-7。

检查时,蓄电池电压≮11.5V。

a. 点火开关置于 OFF 位置,拔下霍尔传感器 3 针插头。

b. 借助导线 V. A. G1594 将万用表接到触点 1 和 3 上。

c. 接通点火开关,测量插头触点 1 和 3 之间的电压,应 >4.5V。

d. 关闭点火开关,将测试盒 V. A. G1598/22 连接到电控单元的线束上。

e. 按电路图检查测试盒和插头间导线是否断路,即触点 1 和插孔 62、触点 2 和插孔 76、触点 3 和插孔 67 应导通,导线的最大阻值应为 1.5Ω。

f. 检查导线间是否相互短路,其阻值应为∞。

(a)如导线无故障,在触点1和3间有电压,更换霍尔传感器。

(b)如导线无故障,在触点1和3间无电压,更换发动机电控单元。

② F23A3发动机的曲轴转角CKP和上止点位置TDC传感器的检测。

a. 关闭点火开关,断开曲轴转角/上止点位置传感器的4芯插头,参见图3-5。

b. 检查曲轴转角/上止点位置传感器的电阻,插座各端子间的电阻值为1.85~2.45kΩ。

c. 检查传感器的线路有无断路。

(a)重新接上传感器的4芯插头。

(b)从ECM插接器上断开C插接器。

(c)检测C8与C9、C20与C21连接曲轴转角/上止点位置传感器端子间的电阻,如图4-39所示,观察其电阻值是否在1.85~2.45kΩ范围内。

如阻值不正常,则ECM与曲轴转角/上止点位置传感器间的线路有断路故障,应予排除。

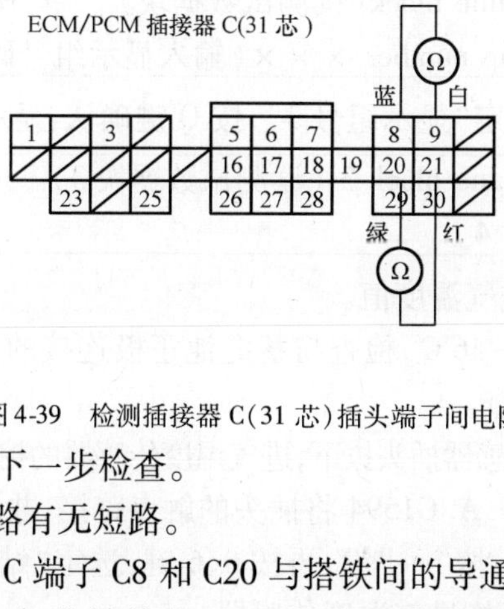

图4-39 检测插接器C(31芯)插头端子间电阻

若阻值正常,进行下一步检查。

d. 检查传感器电路有无短路。

检查ECM插接器C端子C8和C20与搭铁间的导通情况,如图4-40所示。

如导通,表明ECM与曲轴转角/上止点位置传感器间电路有搭铁短路故障,应予排除。

如不导通,更换一个好的ECM后再试,如故障消失,表明原来的ECM已坏,应予更换。

(8)检测节气门控制部件J338(AJR、ANQ发动机)。

(9)检查进气温度传感器。

① AJR、ANQ发动机进气温度传感器的检测。

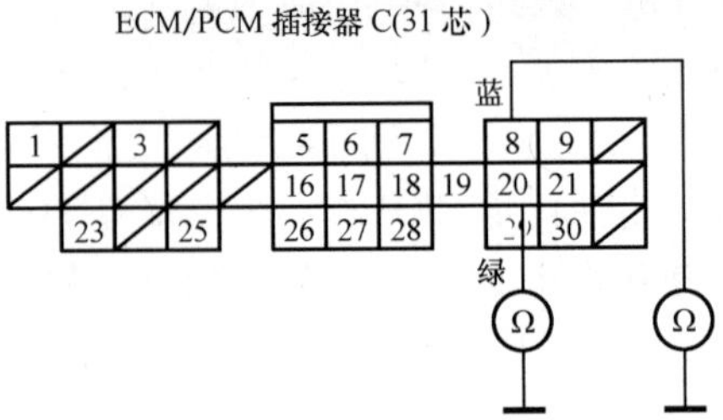

图 4-40　检测插接器 C(31 芯)是否与搭铁间导通

a. 连接故障检测仪 V. A. G1551(或 V. A. G1552),接通点火开关,选择地址码 01,进入“发动机电子系统”,显示屏显示:

Rapid data transfer(快速数据传输)	HELP(帮助)
Select function ××(功能选择)	

b. 按 0、8 键,选择“读测试数据块”,按 Q 键确认,显示屏显示:

Read measured value block(读测试数据块)	HELP(帮助)
Input display group number ×××(输入显示组号码×××)	

c. 按 0、0、3 键,选定“显示组号 3”,按 Q 键确认,显示屏显示:

Read measured value block 3 (读测试数据块 3)	→
1　　2　　3　　4	

显示区域 3 中为进气温度值。

d. 若显示值约为 -46℃,检查与蓄电池正极连接的导线是否断路或短路。如正常,进行下一步检查。

(a) 将进气温度传感器插头拔下,进气温度传感器的控制电路参见图 3-10。

(b) 用辅助导线 V. A. G1594 将插头的触点跨接,并注意屏幕的显示。

如显示值为 141℃:按“→”键,再按 0、6 键,选定“结束输出”功能,按 Q 键确认,关闭点火开关,更换进气温度传感器。

如显示值为 -46℃:按“→”键,再按 0、6 键,选定“结束输出”功能,按 Q 键确认,关闭点火开关。连接测试盒 V. A. G1598/22 到发动机电控单元线束上。检查测试盒和插头间导线是否断路,即触点 2 和插孔 67 应导通。导线的最大阻值为 1.5Ω。若未发现故障,更换发动机电控单元。

② F23A3 进气温度传感器(IAT)的检测:见单元三的相关内容。

(10) 检查氧传感器。

(11) 检查空调压缩机信号。

(12）检查发动机汽缸压力。

4．故障诊断流程

不同机型发动机动力不足故障的诊断过程有所不同。其基本的故障诊断流程如图 4-38 所示。

课题四　发动机油耗过高、排放值不正常

发动机油耗过高、排放值不正常的原因较多。在故障诊断与排除过程中，要根据故障的具体情况分析故障原因。其故障原因及排除方法见表 4-8。

发动机油耗过高、排放值不正常的故障原因及排除方法　表 4-8

故障现象	故障原因	故障排除方法
油耗过高	1. 供气系统不畅 2. 空气滤清器或进气通道堵塞 3. 喷油器线路故障或喷油器堵塞、雾化不良 4. 燃油压力调节器故障 5. 点火系统故障 6. 空气流量计、进气压力（MAP）传感器信号不正确 7. 霍尔传感器、曲轴转角 CKP/上止点位置 TDC 传感器无信号或信号不正确 8. 冷却液温度传感器信号不正确 9 爆震传感器故障（信号太小或达到控制极限） 10. 氧传感器信号不正确 11. 活性炭罐电磁阀、EVAP 净化控制电磁阀卡死 12. 发动机控制单元编码不对	1. 检查进气通道、清洗空气滤清器或更换滤芯 2. 检查空气滤清器或进气通道 3. 检查喷油器 4. 检查燃油压力调节器 5. 检查点火正时，检查火花塞、点火线圈等 6. 检测空气流量计、进气压力传感器 7. 检测霍尔传感器、曲轴转角 CKP/上止点位置 TDC 传感器 8. 检测冷却液温度传感器及其电路 9. 检测爆震传感器和发动机控制单元 10. 检测氧传感器及其电路 11. 检测活性炭罐电磁阀、EVAP 净化控制电磁阀 12. 将发动机控制单元正确编码
排放值不正常	1. 燃油不合格 2. 供气系统不畅 3. 霍尔传感器、曲轴转角 CKP/上止点位置 TDC 传感器无信号或信号不正确 4. 冷却液温度传感器信号不正确 5. 氧传感器信号不正确 6. 爆震传感器故障（信号太小或达到控制极限） 7. 三元催化器失效 8. 发动机控制单元编码不对 9. 汽缸压力过低	1. 更换合格燃油 2. 检查进气通道、清洗空气滤清器或更换滤芯 3. 检测霍尔传感器、曲轴转角 CKP/上止点位置 TDC 传感器 4. 检测冷却液温度传感器及其电路 5. 检测氧传感器及其电路 6. 检测爆震传感器和发动机控制单元 7. 更换三元催化器 8. 将发动机控制单元正确编码 9. 检查汽缸压力，并排除有关故障

一、发动机油耗过高

1. 故障现象

汽车正常行驶过程中，发动机的燃油消耗量超出正常使用量。

2. 故障原因分析

(1) 燃油供给系统泄漏。

(2) 空气滤清器或进气通道堵塞。

空气滤清器或进气通道堵塞后，进入汽缸的空气量减少，发动机要输出同样的功率，必然要增大节气门的开度，使供油量增加。

(3) 喷油器故障。

喷油器漏油及喷油器故障使燃油喷出量及雾化效果变差，发动机燃油消耗增加。

(4) 燃油压力调节器失效。

可能会使燃油压力升高，使喷油器在同样的喷油脉宽条件下，喷油量增多。

(5) 点火系统故障。

使点火能量降低，混合气燃烧不充分，排气管冒黑烟，发动机油耗增加。

(6) 点火正时不准。

(7) 空气流量计、进气压力(MAP)传感器信号不正确。

将使 ECU 不能精确检测出发动机怠速运转时进入汽缸的空气量，使发动机油耗增多。

(8) 霍尔传感器、曲轴转角 CKP/上止点位置 TDC 传感器无信号或信号不正确。

使 ECU 不能对喷油正时、点火正时和爆震等进行控制，发动机油耗升高。

(9) 冷却液温度传感器信号不正确。

ECU 不能对喷油量、点火提前角等控制功能进行修正，导致发动机油耗增加和废气排放量升高。

(10) 爆震传感器故障。

在负荷增加时，点火提前角不能被推迟，引起爆震，影响发动机的燃油消耗量。

(11) 氧传感器信号不正确。

ECU 无法根据氧传感器信号进行闭环控制，使空燃比失调，发动机不能在最佳状态下工作。

(12) 活性炭罐或 EVAP 净化控制电磁阀卡死。

会使燃油箱始终与进气道相通，从而导致发动机油耗升高。

(13) 汽缸压力过低。

3. 故障诊断与排除

在检修前,先用故障自诊断系统检查故障码,结合表4-9对可能产生故障的元件和线路进行检查。

在检查中,应特别注意传感器线路及连接器的导通是否良好。

(1) 检查燃油是否泄漏。

发动机、汽车内汽油味四溢时,应立即查明漏油部位,予以排除。

(2) 检查空气滤清器和进气通道。

对空气滤清器的滤芯进行保养或更换,检查进气通道是否堵塞,并予以排除。

(3) 检查喷油器有无泄漏。

(4) 检查燃油压力调节器(油压是否过高)。

(5) 检查点火系统的火花塞、点火线圈及点火正时。

(6) 检测空气流量计、进气压力传感器信号。

(7) 检测霍尔传感器或曲轴转角CKP/上止点位置TDC传感器信号。

(8) 检测冷却液温度传感器信号。

(9) 检测爆震传感器。

(10) 检测氧传感器信号。

(11) 检测活性炭罐、EVAP净化控制电磁阀。

发动机与"油耗过高、排放值不正常"故障有关的故障码 表4-9

故障代码 / 发动机 / 故障原因	AJR	ANQ	F23A3
空气流量计或进气压力传感器	00553	16486、16487	3
发动机转速传感器、曲轴转角/上止点位置传感器	00513、00515	00515、16705、16706	4、8、9
冷却液温度传感器	00522	16500、16501、16502	6
爆震传感器	00524、00540、00577、00578、00579、00580	16711、16716、17733、17734、17735、17736	23
氧传感器	—	16514、16518、16519	1、41、63
活性炭罐电磁阀	01247	01247	—
发动机电控单元(ECU)	01177	01314、16989、17978	故障指示灯一直亮
喷油器	01249、01250、01251、01252	01249、01250、01251、01252	—

① ANQ 发动机活性炭罐电磁阀的检测。

ANQ 发动机活性炭罐控制系统如图 4-41 所示。

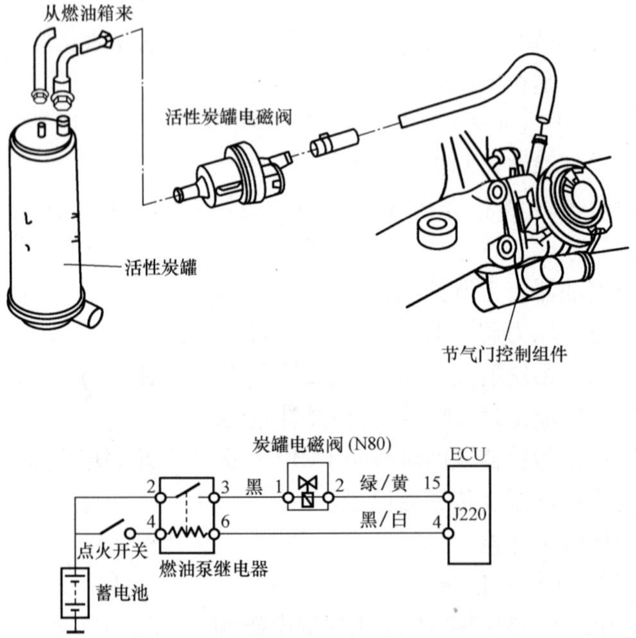

图 4-41　ANQ 发动机活性炭罐控制系统

a. 连接故障检测仪 V. A. G1551(或 V. A. G1552),接通点火开关,选择地址码 01,进入“发动机电子系统”,显示屏显示:

Rapid data transfer(快速数据传输)	HELP(帮助)
Select function × ×(功能选择)	

b. 按 0、3 键,选择“执行元件诊断”功能,显示屏显示:

Read data transfer(快速数据传输)	Q
03 Final control diagnosis (03 执行元件诊断)	

c. 按 Q 键确认,显示屏显示:

Final control diagnosis (执行元件诊断)	→
Injector cylinder1-N30(1 缸喷油器-N30)	

d. 激活活性炭罐电磁阀:按“→”键,直到显示屏显示:

Final control diagnosis（执行元件诊断） →   Active charcoal filter solenoid valve 1-N80（激活活性炭罐电磁阀 N80）

此时，活性炭罐电磁阀应有"咔嚓"声。

（a）若正常，按"→"键，直到显示屏显示：

Rapid data transfer（快速数据传输） HELP（帮助）   Select function ××（功能选择）

按 0、6 键，选择"结束输出"功能，按 Q 键确认，关闭点火开关。

（b）如虽有"咔嚓"声，但阀仍有故障（不开或不闭），将电磁阀上通向活性炭罐的软管拔下，装上一辅助管子，在执行元件诊断中向管子充气（向节气门控制部件方向），阀门必须打开或关闭。

（c）如电磁阀无"咔嚓"声：拔下与电磁阀连接的插头，用辅助导线 V. A. G1594 将二极管检查灯 V. A. G1527 连接到插头上，如图 4-42 所示。

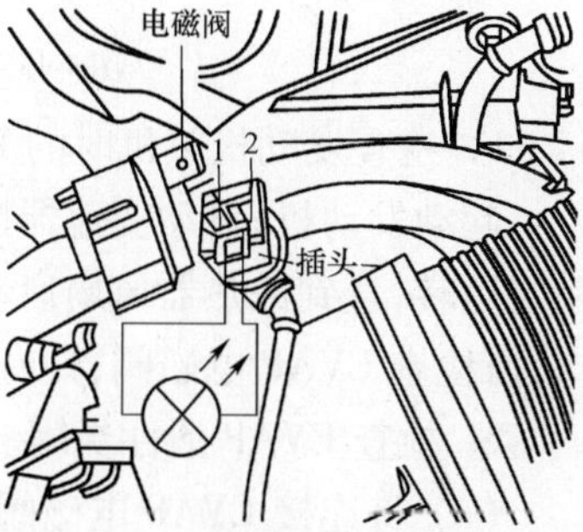

图 4-42 活性炭罐电磁阀的检测

如检查灯闪烁：故障在电磁阀，将"执行元件诊断"进行到结束后，更换电磁阀。

如检查灯不闪烁：结束诊断后，关闭点火开关，将测试盒 V. A. C1598/22 与发动机电控单元相连，检查测试盒插孔 15 与插头触点 2 间的导线是否断路，导线最大阻值为 1.5Ω。并检查导线与蓄电池正极、搭铁间是否短路。检查触点 1 与燃油泵继电器间是否断路，导线最大阻值为 1.5Ω。

如导线正常，故障在发动机电控单元，予以更换。

注意：在结束诊断后，必须关闭点火开关，否则再次起动发动机时，由于喷油器和点火线圈不被激活，发动机不能起动，

② F23A3 发动机燃油蒸发排放（EVAP）控制系统的检测。

其控制系统如图 4-43 所示。

a. 检查发动机冷机（<75℃）时的 EVAP 电磁阀真空度。

（a）从活性炭罐上断开连接 EVAP 电磁阀的真空软管，将真空表连接在软管上，如图 4-44 所示。

（b）起动发动机，怠速运转，看是否有真空。如有真空，则需检查 EVAP 电磁阀及其电路；如无真空，进行下一步检修。

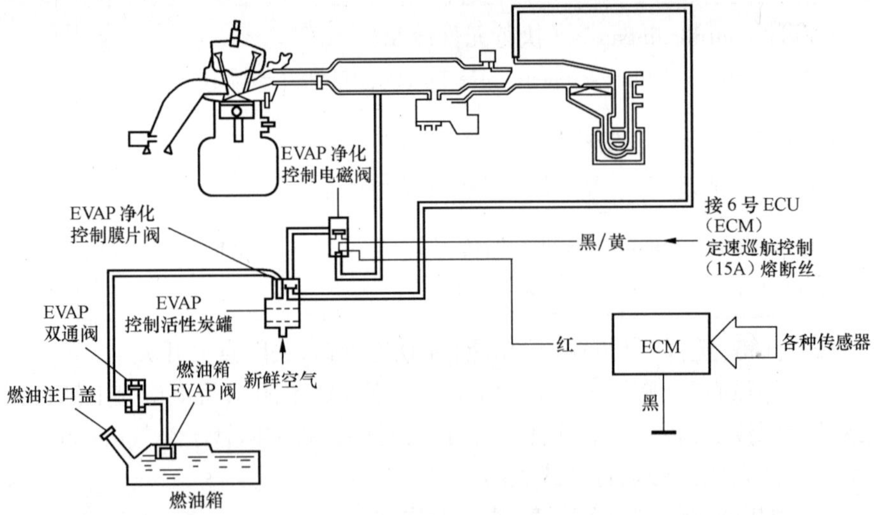

图 4-43　燃油蒸发排放(EVAP)控制系统

b. 检查发动机热机时的 EVAP 电磁阀真空度。

起动发动机,自动变速器操纵手柄置于 N 或 P 挡,使发动机保持 3000r/min 稳定运转,直到散热器风扇启动,再使发动机怠速运转,看是否有真空。如无真空,需检查 EVAP 电磁阀;如有真空,进行下一步检修。

c. 检查 EVAP 活性炭罐。

(a) 将连接 EVAP 电磁阀的真空软管重新接到活性炭罐上。

(b) 拆下燃油加注口盖。

(c) 将真空表接到活性炭罐空气净化通气软管上,如图 4-45 所示。

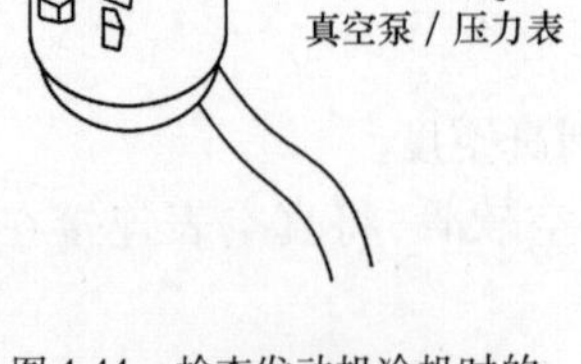

图 4-44　检查发动机冷机时的 EVAP 电磁阀真空度

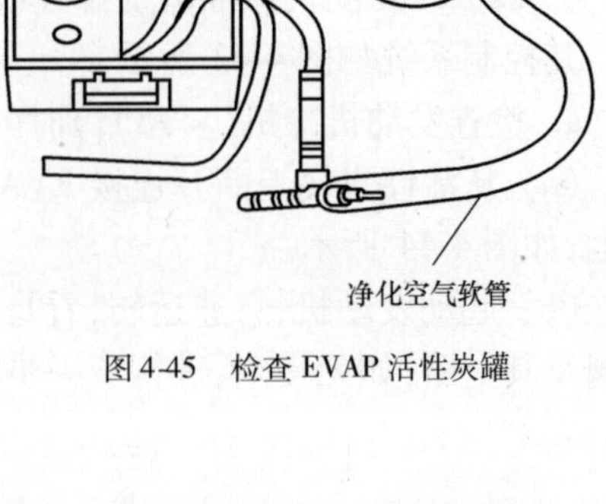

图 4-45　检查 EVAP 活性炭罐

(d) 起动发动机,使转速升至 3500r/min,看真空表是否在 1min 内显示真空。如无真空,需更换活性炭罐;如有真空,检查 EVAP 双通阀。如双通阀无故障,则检查结束,EVAP 系统正常。

d. 检查 EVAP 电磁阀。

断开 EVAP 电磁阀的 2 芯插头,再看真空表有无真空。如有真空,检查真空软管的管路布置,若正常,更换 EVAP 电磁阀;如无真空,进行下一步检修。

e. 检查 ECM 的 PCS 端子(A6)连接到 EVAP 净化控制电磁阀的线路是否短路。

(a) 关闭点火开关,断开 ECM 插接器的 A 插头。

(b) 检查 EVAP 电磁阀插头 2 号端子与地间的通路情况,如图 4-46 所示。

如通路, 说明 ECM 连接到 EVAP 净化控制电磁阀的线路间的线路有短路故障,应予排除;如不通路,更换一个 ECM 再试。

f. 检查 EVAP 电磁阀。

关闭点火开关,断开 EVAP 电磁阀的 2 芯插头,起动发动机,测量 EVAP 电磁阀插头 1 号与 2 号端子间的电压,如图 4-47 所示,看是否为蓄电池电压。

如是蓄电池电压,检查真空软管的管路布置,若正常,更换 EVAP 电磁阀;如无蓄电池电压,进行下一步检修。

g. 检查 IGl 线路是否断路。

测量 EVAP 电磁阀插头 1 号端子与搭铁间的电压,如图 4-48 所示。如无蓄电池电压,则为 EVAP 电磁阀与 6 号 ECU 定速巡航控制(15A)熔断丝间的导线有断路故障;如是蓄电池电压,进行下一步检修。

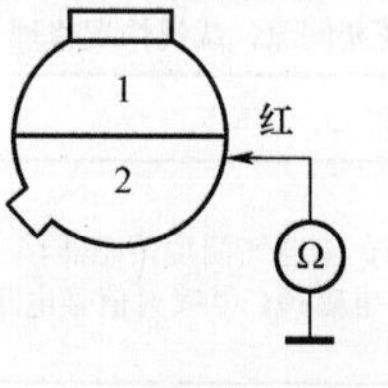

图 4-46 检查 PCS 线路是否短路

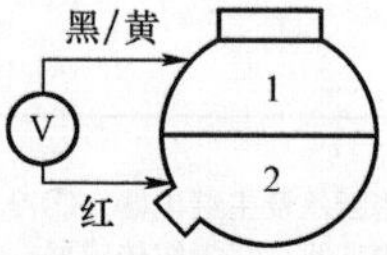

图 4-47 检查 EVAP 电磁阀

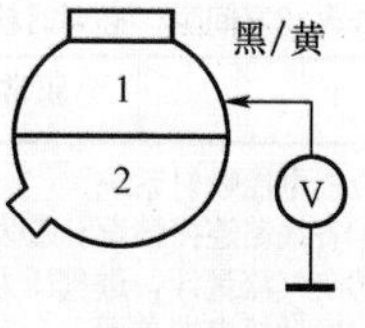

图 4-48 检查 IGl 线路是否断路

h. 检查 PCS 线路是否断路。

关闭点火开关,将 EVAP 电磁阀插头重新插上。

接通点火开关,测量 ECM 插接器 A6 与 B2 端子(ECM 控制电路的搭铁)间的电压,如图 4-49 所示,看是否为蓄电池电压。

如不是蓄电池电压,A6 端子与 EVAP 电磁阀间线路有断路故障,应予排除;如是蓄电池电压,更换一个 ECM 再试。

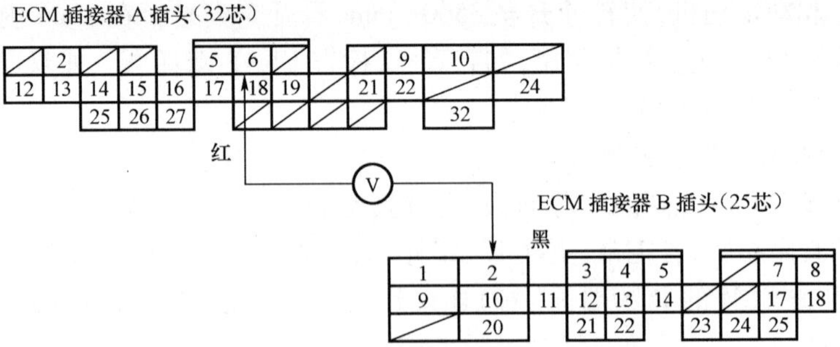

图 4-49　检查 PCS 线路是否断路

4. 故障诊断流程

不同机型发动机油耗过高的故障诊断过程有所不同,其基本的故障诊断流程如图 4-50 所示。

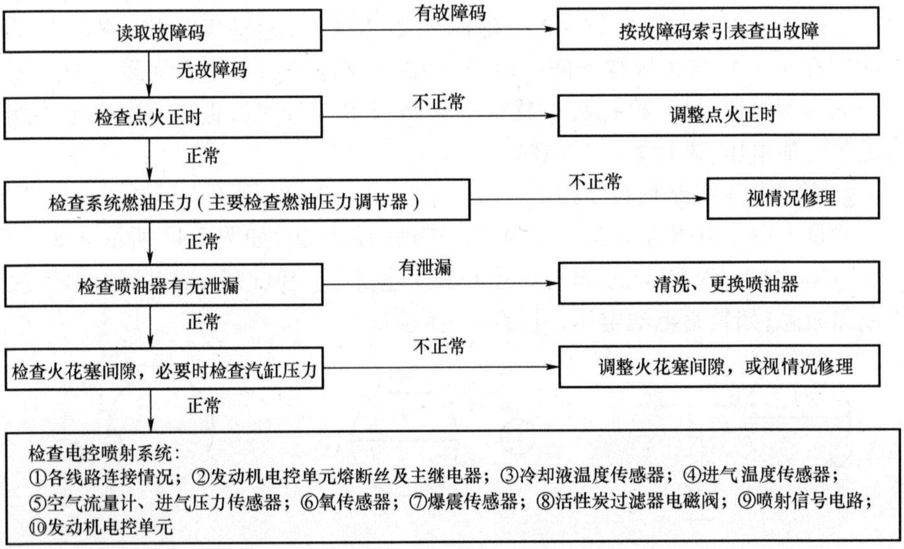

图 4-50　发动机"油耗过高"故障的诊断流程

二、发动机排放值不正常

1. 故障现象

汽车排放尾气中,有害气体(如 HC、CO、NO_X 等)的排放浓度超出国家标准(或厂家规定标准)。

2. 故障原因分析

(1) 燃油不合格,混合气燃烧不完全。

(2) 供气系统是否通畅。

(3) 点火系统是否正常,火花塞是否有脏污、间隙是否过大。

(4) 霍尔传感器、曲轴转角 CKP/上止点位置 TDC 传感器无信号或信号不正确。

(5) 冷却液温度传感器信号无信号或信号不正确。

(6) 氧传感器信号不正确。

(7) 爆震传感器信号是否太小或达到控制极限。

(8) 喷油器及燃油系统的压力不正常。

(9) 三元催化器是否失效。

(10) 发动机电控单元编码是否正确。

(11) 汽缸压力过低。

3. 故障诊断与排除

在检修前,先用故障自诊断系统检查故障码,然后结合表 4-9 对可能产生故障的元件和线路进行检查。

(1) 检查燃油品质。

(2) 检查空气滤清器和进气通道是否堵塞。

(3) 检查点火系统的火花塞、点火线圈及点火正时。

(4) 检查霍尔传感器、曲轴转角 CKP/上止点位置 TDC 传感器的信号是否正确。

(5) 检测冷却液温度传感器信号。

(6) 检测氧传感器信号。

(7) 检测爆震传感器信号。

(8) 检查燃油压力调节器、喷油器及燃油供给系统的油压。

(9) 检测三元催化器。

(10) 检测发动机电控单元编码是否正确。

(11) 检查汽缸压力。

4. 故障诊断流程

不同机型发动机"排放值不正常"的诊断过程有所不同,其基本的故障诊断流程如图 4-51 所示。

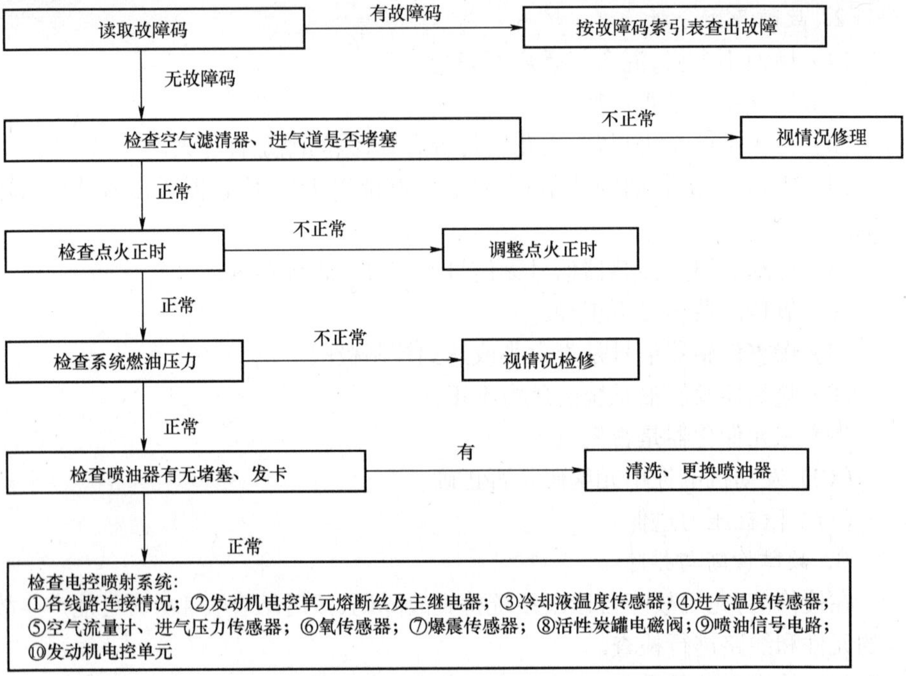

图 4-51　发动机“排放值不正常”故障的诊断流程

单元五　柴油发动机电控系统的检测

知识目标

1. 熟悉柴油发动机电控系统各传感器、执行器、重要熔断器、重要继电器在汽车上的安装位置；
2. 熟悉柴油发动机电控部件的失效形式及引起故障的现象；
3. 熟悉柴油发动机电控系统故障的现象及原因。

技能目标

1. 能绘制柴油发动机电控系统的电路图；
2. 熟练使用万用表检查柴油发动机电控部件的性能；
3. 熟练掌握柴油发动机电控系统的故障诊断方法。

课题一　柴油发动机电控系统的布局

以捷达 SDI 轿车柴油发动机 AQM 为例说明。

一、AQM 柴油发动机技术参数

AQM 柴油发动机技术参数如表 5-1 所示。

AQM 柴油发动机技术参数　　表 5-1

发动机代码	排量（L）	汽缸数/气门数	功率［kW/(r/min)］	转矩［N·m/(r/min)］	缸径（mm）	行程（mm）	自诊断系统
AQM	1.9	4/8	47/4000	125/2200～2600	79.5	95.5	有

二、AQM 柴油发动机电控系统的布局

1．燃油喷射系统部件的布置及喷油泵结构图

AQM 柴油发动机电控燃油喷射系统部件的布置及喷油泵结构图如图 5-1、图 5-2 及图 5-3 所示。

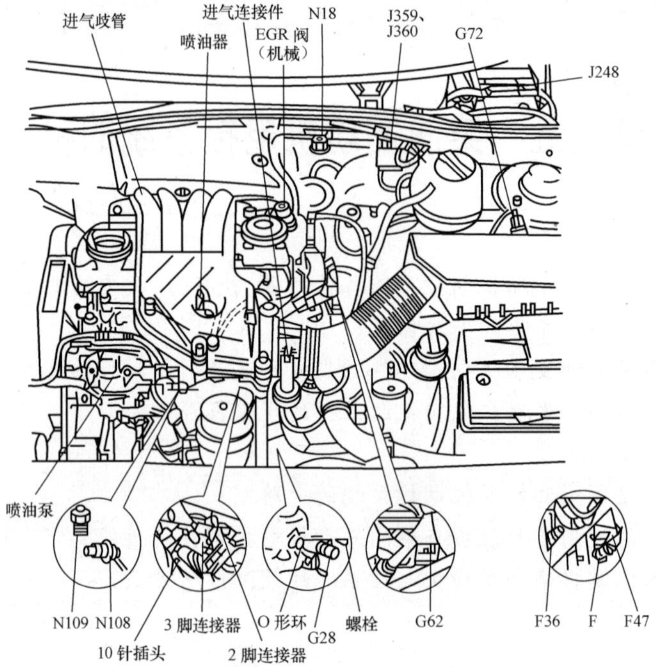

图 5-1　AQM 柴油发动机电控燃油喷射系统部件的安装位置示意图

F47-制动踏板开关；F-制动灯开关；F36-离合器踏板开关；G62-冷却液温度传感器；G28-发动机转速传感器；N108-喷油提前角调节器；N109-燃油切断阀；N18-废气再循环阀；J359-低热输出继电器；J360-高热输出继电器；G72-进气歧管温度传感器；J248-柴油机电控单元

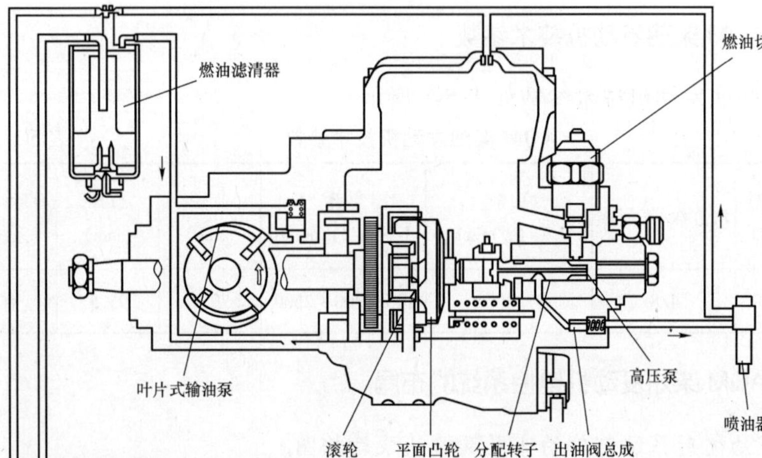

图 5-2　AQM 柴油发动机电控燃油喷射系统示意图

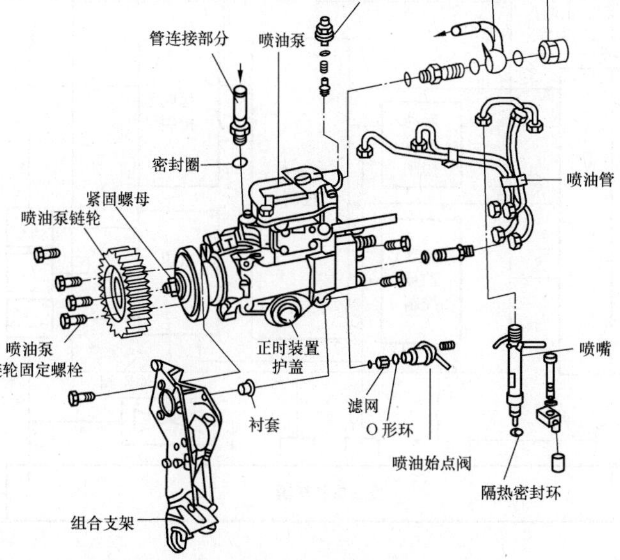

图 5-3　AQM 柴油发动机喷油泵分解图

2. AQM 柴油发动机燃油供给电控系统示意图

AQM 柴油发动机燃油供给电控系统示意图如图 5-4、图 5-5 所示。

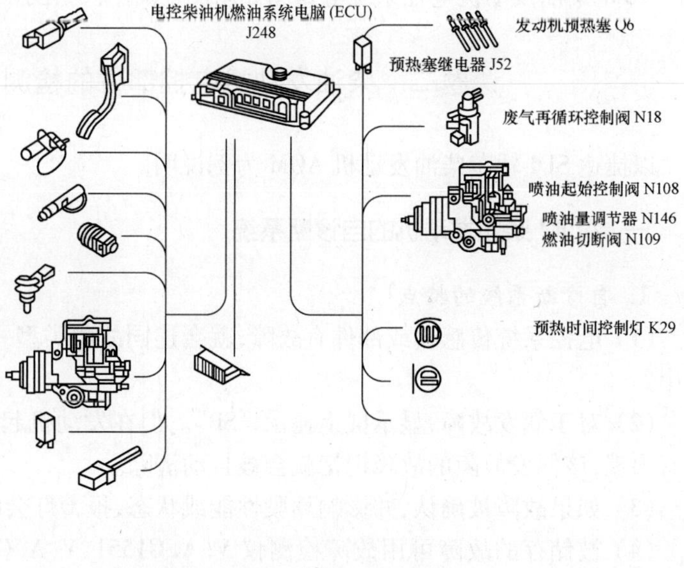

图 5-4　AQM 柴油发动机燃油供给电控系统示意图

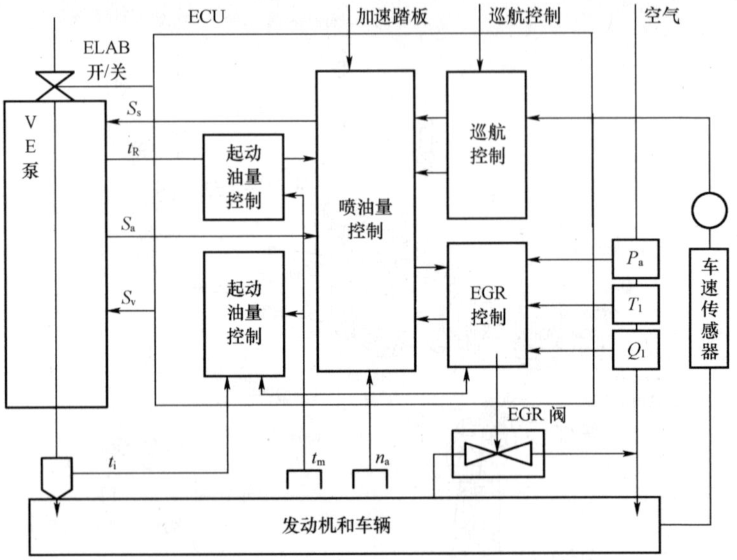

图 5-5　捷达 AQM 柴油发动机喷油泵电控部分控制图

S_a-滑套实际位置；t_m-发动机温度；S_s-滑套信号；n_a-发动机实际转速；t_R-燃油温度；Q_1-空气流量；S_v-正时装置信号（实际值）；T_1-进气温度；t_i-喷射起始时刻（实际值）；P_a-大气压力

3. AQM 柴油发动机电控系统电路图

AQM 柴油发动机电控系统电路图如附图 4、附图 5 所示。

课题二　柴油发动机电控部件的检测

以捷达 SDI 轿车柴油发动机 AQM 为例说明。

一、AQM 柴油发动机的自诊断系统

1. 自诊断系统的特点

（1）电控系统传感器或部件有故障，就会连同故障类型一起存储在电控单元中。

（2）对于偶发故障，显示屏上显示“SP”。但在发动机起动 50 次的范围内没有出现，该偶发故障的故障记忆就会被自动清除。

（3）如果故障被确认，并影响驾驶性能或状态，报警灯会闪亮。

（4）被储存的故障可用故障检测仪 V. A. G1551、V. A. G1552、V. A. S5051 阅读出来。

(5) 在车辆故障被排除后，自诊断系统的故障记忆必须被清除掉。

以下内容均以 V. A. G1551 故障检测仪为例说明。

2. 连接故障检测仪，选择发动机电控单元

检测条件：蓄电池电压≮11.5V；发动机和车身间搭铁线连接良好；各电控设备的熔断丝正常。

(1) 拆下前照灯开关右侧自诊断插口护盖。

(2) 用 V. A. G1551/3 电缆连接故障检测仪 V. A. G1551，打开点火开关（或起动发动机）。若连接正常，故障检测仪显示屏显示：

V. A. G-SELF DIAGNOSIS（自诊断）	HELP（帮助）
1-Rapid data transfer（快速数据传输）	
2-Flash code output（闪光码输出）	

(3) 按 1 键选择"快速数据传输"，显示屏显示：

Rapid data transfer（快速数据传输）	HELP（帮助）
Enter Address words XX（输入地址码 XX）	

(4) 按 0、1 键选择"发动机电控部分"地址码，进入"发动机电子控制"。按 Q 键确认，显示屏显示：

038906018D 1.9Ltr. R4 EDC G SG 4209	→
Coding 00002 WSC XXXX	

038906018D：控制单元备件号（最新控制单元版本，见备件目录）；

1.9 Ltr：发动机排量 1.9 L；

R4：发动机类型，4 缸直列发动机；

EDC：电控燃油喷射系统；

G：配有巡航控制系统（CCS）；

SG：变速器类型，手动变速器；

4209：控制单元软件版本；

Coding 00002：编码 00002，控制单元编码；

WSC XXXX：V. A. G1551 上的维修站代码。

(5) 按"→"键，显示屏显示：

Rapid data transfer（快速数据传递）	HELP（帮助）
Select function X X（选择功能 X X）	

3. 发动机管理系统的故障码读取

(1) 发动机怠速运转。连接故障检测仪 V. A. G1551 到诊断座上，按 1 键，再按 0、1 键，选择“发动机电子控制”。

(2) 打开点火开关，但不起动发动机(仅在发动机没有起动时)。

(3) 按“Print”键打开故障检测仪打印机，该键里的指示灯应亮，显示屏显示：

Rapid data transfer(快速数据传输)	HELP(帮助)
Select function XX(选择功能 XX)	

(4) 根据显示屏所显示信息操作故障检测仪。

(5) 按 0、2 键选择“故障记忆查询”功能，按 Q 键确认。若无故障，显示屏显示“No Faults recognised”；若有故障则显示屏显示：

X Faults recognised！(查到 X 个故障)	→

(6) 如有故障储存，则被存储的故障码会被显示并逐个打印出来。

(7) 按“→”键，显示屏显示：

Rapid data transfer(快速数据传递)	HELP(帮助)
Select function XX(选择功能 XX)	

(8) 按 0、6 键选择“结束输出”功能，按 Q 键确认。

(9) 关闭点火开关。

4. 清除故障码

(1) 先按前面所述重新读取故障码，按 Q 键确认，按“→”键，显示屏显示：

Rapid data transfer(快速数据传递)	HELP(帮助)
Select function XX(选择功能 XX)	

(2) 按 0、5 键选择“清除故障记忆”功能，按 Q 键确认，显示屏显示：

Rapid data transfer(快速数据传递)
Fault memory is erased(故障记忆被删除)！

此时，说明故障码已被清除。若无法清除故障码，则系统中仍有故障，此故障必须被排除。

注意：在读故障码和清除故障码间若关闭了点火开关或发动机转速 >

2500r/min,故障码也不能被清除!

(3) 按"→"键,显示屏显示:

Rapid data transfer(快速数据传递)	HELP(帮助)
Select function XX(选择功能 XX)	

(4) 按0、6键选择"结束输出"功能,按Q键确认,关闭点火开关。

按照故障码表排除故障。故障排除后,必须对汽车进行路试,再次验证汽车故障已被排除。

5. AQM 柴油发动机电控喷射系统故障码表

AQM 柴油发动机电控喷射系统故障码如附表所示。

6. 执行元件的诊断

利用执行元件诊断功能将各部件按下列顺序被激活:

(1) 喷油阀喷油始点信号(喷油提前角调节阀)N108。

(2) 废气再循环阀(电子)N18。

(3) 空调压缩机(切断)。

(4) 进气歧管翻板电动机 V157。

(5) 燃油切断阀 N109。

(6) 预热塞继电器 J52。

(7) 预热时间控制灯 K29。

(8) 低热输出继电器 J359。

(9) 高热输出继电器 J360。

1) 检测条件及说明

室温状态下的整车(温度 >15℃);打开空调系统;选择最低温度与最高鼓风机转速;在执行元件诊断过程中,每个执行元件会被激活大约30s或直到下一个执行元件被按键激活;在重复执行元件诊断工作之前,必须关闭点火开关。

2) 工作过程

发动机怠速运转,连接 V. A. G1551 到诊断插座,按1键,再按0、1键,选择"发动机电子控制"。显示屏显示:

Rapid data transfer(快速数据传递)	HELP(帮助)
Select function X X(选择功能 X X)	

然后按表5-2所示操作。

执行元件诊断操作过程 表 5-2

步骤	操作过程	显示屏显示	说明	处理
1	按 0、3 键	Rapid data transfer（快速数据传递） Q 03 Final control diagnosis（03 执行元件诊断）		
2	按 Q 键确认	Final control diagnosis（执行元件诊断） → Commencement of injection valve-N108（喷油阀-N108 喷油始点信号）	激活喷油阀，在一定程度上将影响燃烧噪声（预点火）	若燃烧噪声没变化：检查喷油时间调整范围
3	按"→"键	Final control diagnosis（执行元件诊断） → Exhaust gas recirculation valve-N18（废气再循环阀-N18）	阀必须有"喀哒"声。由于阀的"喀哒"声在发动机的噪声中听不到，只能依靠感觉来检查	阀没有"喀哒"声时，检查 EGR 阀 N18
4	按"→"键	Final control diagnosis（执行元件诊断） → Conditioner compressor interuption（空调压缩机切断功能）	检查空调压缩机是否关闭，空调压缩机必须在 5s 内停转（目视检查），然后起动 5s，再停止	若空调压缩机没有关闭：检查来自/到达空调系统的信号
5	按"→"键	Final control diagnosis（执行元件诊断） → Intake manifold flap motor-V157（进气歧管翻板电动机-V157）	激活进气歧管翻板电动机可改变燃烧噪声（通过电动机打开或关闭进气歧管翻板）	若燃烧噪声无变化：检查进气歧管翻板电动机 V157
6	按"→"键	Final control diagnosis（执行元件诊断） → Fuel shut-off valve-N109（燃油切断阀-N109）	发动机必须熄火	若发动机不熄火：关闭点火开关，拧下燃油切断阀，清除杂质；重复执行此元件诊断，若仍不能熄火，检查 N109

续上表

步骤	操作过程	显示屏显示	说明	处理
7	打开点火开关,按“→”键	Final control diagnosis（执行元件诊断） → Glow plug relay-J52（预热塞继电器-J52）	继电器必须动作。因为预热塞的高能消耗,继电器的开、闭时可看到内饰灯的明暗变化	若继电器无“喀哒”声:检查J52及连接电路和安装位置
8	按“→”键	Final control diagnosis（执行元件诊断） → Glow period warning lamp-K29（预热时间控制灯-K29）	预热时间控制灯必须闪烁	若灯不闪烁:检查K29及连接电路和安装位置
9	按“→”键	Final control diagnosis（执行元件诊断） → Low heater output relay -J359（低热输出继电器-J359）	低热输出继电器必须动作	若无“喀哒”声:检查J359及连接电路和安装位置
10	按“→”键	Final control diagnosis（执行元件诊断） High heater output relay -J360（高热输出继电器-J360）	高热输出继电器必须动作	若无“喀哒”声:检查J360及连接电路和安装位置
11	按“→”键	Rapid data transfer（快速数据传递） HEIP(帮助) Select function XX（选择功能XX）		
12	按0、6键,Q键确认		选择“结束输出”功能	
13	关闭点火开关		执行元件诊断结束	

7. 阅读测量数据块

1）阅读测量数据块

读取数据块的条件：冷却液温度≮80℃；所有耗电元件（如后风窗加热等）必须关闭；关闭空调装置；蓄电池电压≮11.5V；无故障存储。

（1）发动机怠速运转。连接V.A.G1551，按1键，再按0、1键，选择“发动机电子控制”。显示屏显示：

Rapid data transfer（快速数据传递）	HELP（帮助）
Select function XX（选择功能XX）	

（2）按0、8键，选择“阅读测量数据块”功能，按Q键确认，显示屏显示：

Read measured value block（阅读测量数据块）
Input display group number XX（输入显示组号XX）

下面以“显示组001”为例来说明工作顺序。

（3）按0、0、1键选择“显示组001”，按Q键确认。显示屏显示（数字1~4为显示区）：

Read measured value block 1（阅读测量数据块1）				→
1	2	3	4	

（4）按“→”键，显示屏显示：

Rapid data transfer（快速数据传递）	HELP（帮助）
Select function XX（选择功能XX）	

（5）按0、6键，选择“结束输出”功能，按Q键确认。

2）分析测量数据块

（1）怠速运转状态下“显示组000”内容如表5-3所示。

（2）怠速运转状态下“显示组001”内容如表5-4所示。

（3）怠速运转状态下“显示组002”内容 如表5-5所示。

怠速运转状态下显示组000(发动机怠速运转,冷却液温度≮80℃)　表5-3

显示组000(显示小数值)		
阅读测量数据块0 X　X　X　X　X　X　X　X　X　X	←显示屏显示	
1　2　3　4　5　6　7　8　9　10	标定值	对应物理量
	无意义	—
燃油温度	91～201	20～80℃
进气歧管温度	138～190	5～40℃
冷却液温度	35～80	80～110℃
大气压力	181～222	90～110kPa
非相关显示值	无意义	—
喷油量	15～45	3.0～9.0mg/H
加速踏板位置	0	0%
喷油阀喷油始点信号	37～75	0°～3°上止点前
发动机转速	41～45	861～945r/min

怠速运转状态下显示组001(发动机怠速运转,冷却液温度≮80℃)　表5-4

显示组001-喷油量		
阅读测量数据块1 XXXXr/min　XX.Xmg/H　X.XXV　XXX.X℃　←显示屏显示	标定值	结果分析及处理
1　2　3　4　←显示区域		
冷却液温度	80～110℃	—
调整喷油泵柱塞位置传感器电压	1.60～2.10V	①<1.50V:喷油泵供油过浓,更换喷油泵 ②>2.10V:a.发动机过冷,暖机后再次检测;b.喷油泵供油过稀,更换喷油泵
喷油量	3.0～9.0mg/H	①<3.0mg/H:喷油泵供油过浓,更换喷油泵 ②>9.0mg/H:a.发动机过冷,暖机后再次检测;b.喷油泵供油过稀,更换喷油泵
发动机转速	861～945r/min	—

怠速运转状态下显示组 002(发动机怠速运转,冷却液温度≮80℃)　表 5-5

显示组 002-怠速		
阅读测量数据块 2 XXXXr/min　XX. X %　XXX V　XXXX ℃　←显示屏显示 1　2　3　4　←显示区域	标定值	结果分析及处理
4 冷却液温度	80 ~ 110℃	—
3 运行条件	010	001:空调装置工作 010:怠速开关闭合(不踩加速踏板) 100:空调装置工作时转速升高
2 加速踏板位置	0%	1% ~ 100%:a. 加速踏板位置传感器 G79 失效;b. 至 G79 的线束断路 均应检查 G79
1 发动机转速	861 ~ 945r/min	—

(4) 发动机怠速运转状态下"显示组 003"内容如表 5-6 所示。

怠速运转状态下显示组 003(发动机怠速运转,冷却液温度≮80℃)　表 5-6

显示组 003-废气再循环		
阅读测量数据块 3 XXXX r/min　XXX mg/H　XXX mg/H　XXX %　←显示屏显示 1　2　3　4　←显示区域	标定值	结果分析及处理
4 EGR 阀的占空比	94% ~ 96%	—
3 进气量(实际值)	230 ~ 370mg/H	① < 230 mg/H: a. 废气再循环过度,应检查 b. 有非计量空气,应检查进气系统是否漏气 ② > 370 mg/H: a. 发动机过冷,热机后重新检测 b. 废气再循环不足,应发动机怠速运转大约 2min,突然加速 c. 空气流量计 G70 失效,应检查 G70,若有故障,测量数据块将在发动机全转速和负荷范围内显示一个约为 550mg/H 的恒定值
2 进气量(标定值)	230 ~ 370mg/H	高于 370 mg/H:发动机过冷,应热机后重新检测
1 发动机转速	861 ~ 945r/min	—

(5) 发动机怠速运转状态下“显示组 004”内容如表 5-7 所示。

怠速运转状态下显示组 004(发动机怠速运转,冷却液温度≮80℃)　表 5-7

<table>
<tr><td colspan="7">显示组 004-喷油始点</td></tr>
<tr><td colspan="4">阅读测量数据块 4
XXXX r/min XX. X°ATDC XX. X°ATDC XXX %</td><td>←显示屏显示</td><td rowspan="2">标定值</td><td rowspan="2">结果分析及处理</td></tr>
<tr><td>1</td><td>2</td><td>3</td><td>4</td><td>←显示区域</td></tr>
<tr><td rowspan="4"></td><td rowspan="3"></td><td rowspan="2"></td><td colspan="2">喷油始点阀占空比</td><td>2% ~80%</td><td>—</td></tr>
<tr><td colspan="3">喷油始点(实际值)</td><td>0° ~3°ATDC①</td><td>① >3°ATDC:
a. 发动机过冷,热机后再检测
b. 喷油泵喷油太“早”,应动态检测和调整喷油始点
c. 喷油起始控制阀 N108 有故障,应检查 N108
② <0 ATDC:
a. 喷油泵喷油太“迟”,应动态检查并调整喷油阀喷油始点
b. N108 失效,应检查 N108
c. 燃油分配管路堵塞,检查燃油分配装置调整范围</td></tr>
<tr><td colspan="4">喷油始点(标定值)</td><td>0° ~3°ATDC</td><td>>3°ATDC:发动机过冷,热机后再检测</td></tr>
<tr><td colspan="5">发动机转速</td><td>861 ~945r/min</td><td>—</td></tr>
</table>

(6) 发动机怠速运转状态下“显示组 013”内容如表 5-8 所示。

怠速运转状态下显示组 013(发动机怠速运转,冷却液温度 <80℃)　表 5-8

<table>
<tr><td colspan="7">显示组 013-怠速稳定控制</td></tr>
<tr><td colspan="4">阅读测量数据块 13
XX. Xmg/H XX. Xmg/H XX. Xmg/H XX. Xmg/H</td><td>←显示屏显示</td><td rowspan="2">标定值</td><td rowspan="2">结果分析</td></tr>
<tr><td>1</td><td>2</td><td>3</td><td>4</td><td>←显示区域</td></tr>
<tr><td rowspan="3"></td><td rowspan="2"></td><td></td><td colspan="2">稳定怠速控制,第 4 缸喷油量</td><td>-1.9 ~ +1.9mg/H</td><td rowspan="4">见①</td></tr>
<tr><td colspan="3">稳定怠速控制,第 3 缸喷油量</td><td>-1.9 ~ +1.9mg/H</td></tr>
<tr><td colspan="4">稳定怠速控制,第 2 缸喷油量</td><td>-1.9 ~ +1.9mg/H</td></tr>
<tr><td colspan="5">稳定怠速控制,第 1 缸喷油量</td><td>-1.9 ~ +1.9mg/H</td></tr>
</table>

①分析结果:

a. 喷射系统具有稳定怠速运转控制功能,能识别各个汽缸可能会有的差异(零件公差、喷油器的通过能力、压缩比等),并在怠速时通过选择性的喷油量来平衡。

b. 在怠速时,通过发动机转速传感器信号进行识别,传感器每 1 转向电控单元发送 4 个信号,如所有信号都具有相同频率,发动机各缸做功相同。如某缸输出功率较弱,曲轴转过下一半圈所需时间长;如某缸输出功率较强,曲轴转过下一半圈所需时间短。

c. 电控单元识别出这种差异,立即向相关汽缸增加或减少供油量,直到发动机运转平稳。

d. +... mg/H:个别汽缸动力较小时增加供油量;-... mg/H:个别汽缸动力较强时减少供油量。

(7)发动机怠速运转状态下“显示组016”内容如表5-9所示。

怠速运转状态下显示组016 表5-9

显示组016-辅助加热器			
阅读测量数据块16 XXX%　XXXXXXXX　XX　XX. XV ←显示屏显示		标定值	结果分析及处理
显示区域			
4	来自电控单元的电压	11.5～14.5V	①<11.5 V: a.发电机故障、蓄电池严重亏电,应检查发电机、蓄电池电压 b.电控单元电源或搭铁处有接触电阻,应检查电控单元电源 c.点火开关关闭时有漏电,排除漏电 ②>14.5 V: a.发电机电压调节器有故障,应检查此调节器,必要时更换 b.快速充电设备过电压,应读故障码
3	暖风预热元件动作	—	01:低热输出继电器J359工作 10:高热输出继电器J360工作
2	暖风预热	—	00000001:冷却液温度在70～80℃以上或进气温度在+5℃以上 00000010:发电机故障 00000100:蓄电池电压<9 V 00001000:发动机转速<875r/min 00010000:发动机在最近10s内起动 00100000:冷却液温度传感器G62或进气歧管温度传感器G72失效 01000000:无意义 10000000:无意义
1	发动机负荷	5%～98%	—

（8）发动机怠速运转状态下“显示组 019”内容如表 5-10 所示。

怠速运转状态下显示组 019 表 5-10

显示区域	显示组 019-油量调节器 阅读测量数据块 19 X.XXX V　X.XXX V ←显示屏显示	标定值	结果分析及处理
4	无显示	—	—
3	无显示	—	—
2	油量调节器最大位置时喷油行程传感器电压	4.10~4.80V	电压超差:喷油泵油量调节器的设定不正确,应更换喷油泵
1	油量调节器最小位置时喷油行程传感器电压	0.50~0.97V	

（9）点火开关打开状态下“显示组 006”内容如表 5-11 所示。

点火开关打开状态下显示组 006（发动机冷机且静止） 表 5-11

显示区域	显示组 006-开关位置 阅读测量数据块 6 XXX km/h　XXX　XXXX　XXX ←显示屏显示	标定值	结果分析及处理
4	巡航控制系统(状态)	255	—
3	巡航控制系统	000000	000001:巡航控制系统打开 000010:巡航控制与记忆关闭 000100:减速 001000:继续/加速 010000:制动踏板动作 100000:离合器踏板动作
2	离合器与制动器踏板监测	000	001:制动灯开关 F 关闭 010:制动踏板开关 F47 打开 100:离合器踏板开关 F36 打开
1	车速	0km/h	—

注:255 表示没有巡航控制系统的车辆。

（10）点火开关打开状态下“显示组 007”内容如表 5-12 所示。

点火开关打开状态下显示组007（发动机冷机且静止） 表5-12

显示组007-开关位置						
阅读测量数据块7 XXX.X℃ XXX.X℃ XXX.X℃				←显示屏显示	标定值	结果分析及处理
1	2	3	4	←显示区域		
			冷却液温度		约为环境温度	与周围环境温度偏差过大：短路或冷却液温度传感器G62失效，应检查G62；G62有故障时显示燃油温度值作为替代值
		进气歧管温度			约为环境温度	显示约136.8℃：进气歧管温度传感器G72失效，应检查G72
	无显示				—	—
燃油温度					约为环境温度	显示−5.4℃：短路或燃油温度传感器G81损坏，应检查G81

注：温度没有具体的标定值。发动机冷态时，燃油、进气、冷却液温度一定约等于周围的环境温度，如果有明显的温度偏差，应检查相应的传感器。

二、AQM柴油发动机电控部件的检测

1. 电控单元电源电压的检查

检查要求：蓄电池电压≮11.5V。

检查步骤：

（1）关闭点火开关。

（2）将接线盒V. A. G1598/31连接到电控单元和线束上，如图5-6所示。

（3）检测下列插口电压值：1/2与4/5间、37与4/5间，均约为0V。

（4）打开发动机点火开关，再次检测插口1/2与4/5、37与4/5间的电压，均应为蓄电池电压。

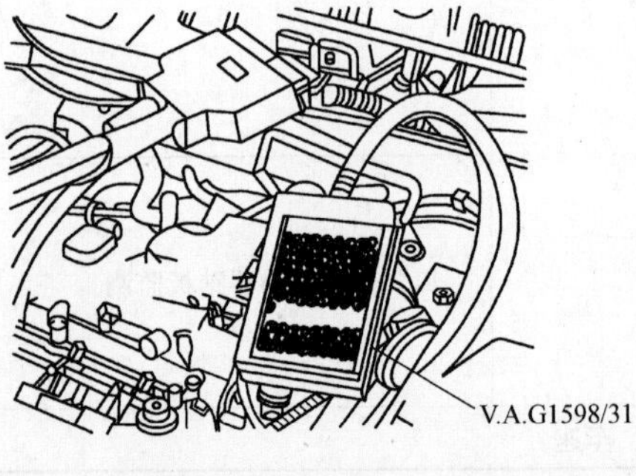

图5-6 将接线盒V. A. G1598/31连接到电控单元和线束上

（5）若电压不符合要求，检查供电继电器 J317 端子 30 和线束连接间是否断路或短路，并检测相关触点间的电阻值。若无故障，更换发动机电控单元 J248。

2. 发动机电控单元

1）更换发动机电控单元

（1）打开点火开关，连接 V. A. G1551，按 1 键，再按 0、1 键，选择“发动机电子控制”。显示屏显示电控单元标识及编码，例如：

038906018D 1.9L R4 EDC G00SG 1817
Coding 00002（编码 00002） WSC X X X X X

（2）按“print”键，打印出发动机电控单元标识。

（3）按“ → ”键，再按 0、6 键，选择“结束输出”功能，按 Q 键确认，显示屏显示：

Rapid data transfer（快速数据传递）	HELP（帮助）
Select function X X（选择功能 X X）	

（4）关闭点火开关，拔出发动机电控单元插头，取出发动机电控单元。

（5）装好新的发动机电控单元。

（6）检查前给新的发动机电控单元编码，将发动机电控单元与防盗器进行匹配，然后查询新发动机电控单元的故障码存储情况。若有必要，清除故障码。

2）对发动机电控单元进行编码

若发动机电控单元编码不正确或更换了新的发动机电控单元，应按如下步骤进行发动机电控单元编码：

（1）打开点火开关，连接 V. A. G1551，按 1 键，再按 0、1 键，选择“发动机电子控制”。显示屏显示如下：

Read measured value block（阅读测量数据块）	HELP（帮助）
Input display group number X X（输入显示组号 X X）	

（2）按 0、7 键，选择“电控单元编码”功能，按 Q 键确认，显示屏显示如下：

Code control unit（控制单元编码）
Input code number X X X X X（0～3200）（输入编码 X X X X X）

（3）输入本车型发动机电控单元的正确编码，按 Q 键确认。显示屏显示如下：

038906018D 1.9L R4 EDC GOOSG 1817
Coding 00002(编码 00002) WSC X X X X X

发动机电控单元的编码见表 5-13 。

发动机电控单元编码表 表 5-13

编码	对应车型	编码	对应车型
00001	自动变速器	00003	四轮驱动
00002	手动变速器,带应急切断	00005	手动变速器,不带应急切断

(4) 关闭点火开关,然后再打开。

注意:关闭点火开关后再打开,将会启动发动机电控单元编码程序,若输入正确编码后,没有关闭点火开关,则存储器内的"电控单元编码不正确"故障码将无法清除。

3) 电控单元与防盗器之间的匹配

(1) 检测条件:点火钥匙已被授权。

(2) 匹配步骤:

① 连接 V. A. G1551,打开点火开关。按 1 键,再按 1、7 键,选择地址码"组合仪表",按 Q 键确认,按两次 "→"键,显示屏显示:

Rapid data transfer(快速数据传递) HELP(帮助)
Select functionX X (选择功能 X X)

② 按 1、0 键,选择功能"匹配",按 Q 键确认,显示屏显示:

Adaption(匹配)
Feed in channel number X X (输入通道号 X X)

③ 按 0、0 键,选择"通道号 00"功能,按 Q 键确认,显示屏显示:

Adaption (匹配) Q
Erase learnt values? (清除学习值?)

④ 按 Q 键确认,显示屏显示:

Adaption (匹配) →
Learnt values have been erased(学习值已被清除)

⑤ 按"→"键完成适配。按 0、6 键,选择"结束输出"功能,按 Q 键确认。关

闭点火开关。

注意:在下次打开点火开关时,在电控单元中将读入防盗控制单元的信息。

3. 传感器的检测

1）发动机转速传感器 G28 的检测

此传感器失效,发动机会熄火。

(1) 关闭点火开关,拔出发动机转速传感器 G28 插头,检测端子 1、2 间的电阻值,应为 1.1 ~1.6kΩ。如图 5-7 所示。若电阻值不符合要求,更换 G28;若电阻值符合要求,则进行下一步检查。

(2) 将接线盒 V. A. G1598/31 与电控单元和线束相连。检测接线盒插口 102 与 G28 插头端子 1 间、接线盒插口 110 与 G28 插头端子 2 间及接线盒插口 86 与 G28 插头端子 3 间的电阻值,导线最大电阻值为 1.5Ω。见图 5-8 和图5-9。若电阻值正常,更换 J248。

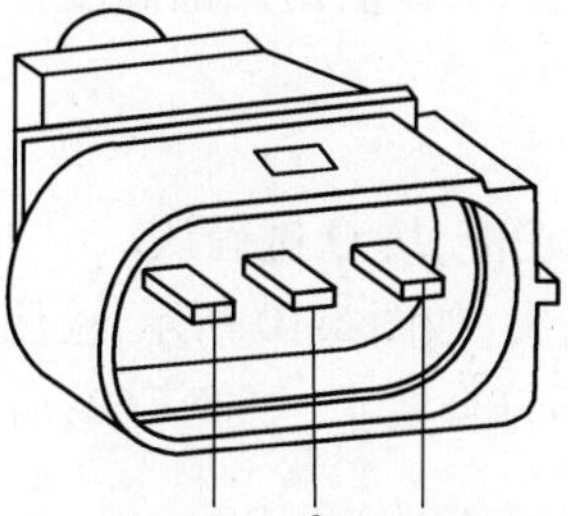

图 5-7　发动机转速传感器插头
1、2、3-端子序号

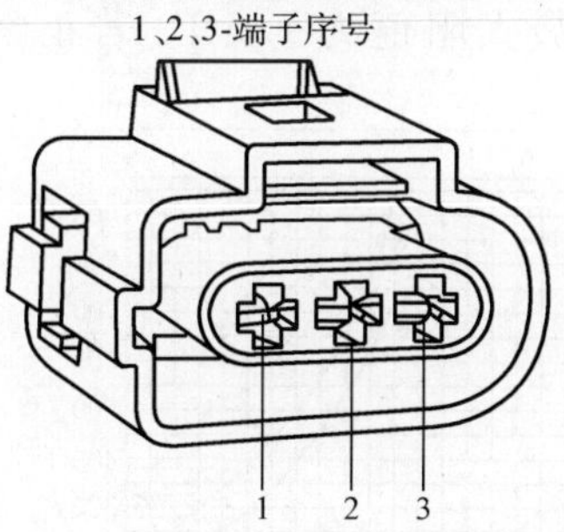

图 5-8　检测接线盒与发动机传感器插头间线束是否断路
1、2、3-端子序号

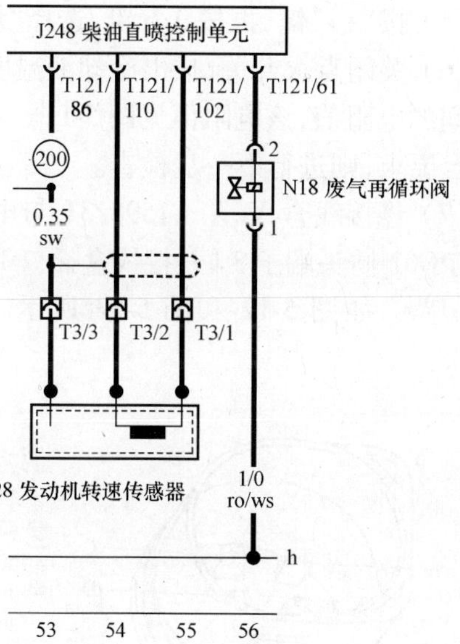

图 5-9　AQM 柴油发动机转速传感器电路图

2）冷却液温度传感器 G62 的检测

(1) 发动机怠速运转,连接 V. A. G1551,按 1 键,再按 0、1 键,选择“发动机电子控制”。显示屏显示：

Rapid data transfer（快速数据传递）	HELP(帮助)
Select function X X（选择功能 X X）	

（2）按 0、8 键选择功能“阅读测量数据块”，按 Q 键确认。显示屏显示：

Read measured value block(阅读测量数据块)	HELP(帮助)
Input display group number X X（输入显示组号 X X）	

（3）按 0、0、7 键，选择“显示组 007”，按 Q 键确认，显示屏显示：

Read measured value block 7(阅读测量数据块 7)		
15.45℃	15.95℃	16.75℃

注：15.45℃代表燃油温度；15.95℃代表进气歧管温度；16.75℃代表冷却液温度，此温度值应均匀上升且不间断，若 G62 有故障，该值由燃油温度值替代或显示 –45℃。

（4）若 G62 有故障，检查此传感器及其线束。

（5）按“→”键，再按 0、6 键，选择“结束输出”功能，按 Q 键确认。

（6）关闭点火开关，拔出冷却液温度传感器插头，如图 5-10 所示，检测端子 C、D 间的电阻值，该电阻值见图 5-11。若电阻值不符合要求，更换 G62；若电阻值符合要求，则进行下一步检查。

（7）将接线盒 V. A. G1598/31 与电控单元和线束相连，检查接线盒插口 112 与 G62 插头端子 3 间、接线盒插口 104 与 G62 插头端子 4 间的电路是否断路或短路。如图 5-12 和图 5-13 所示。导线最大阻值为 1.5Ω。若正常，更换 J248。

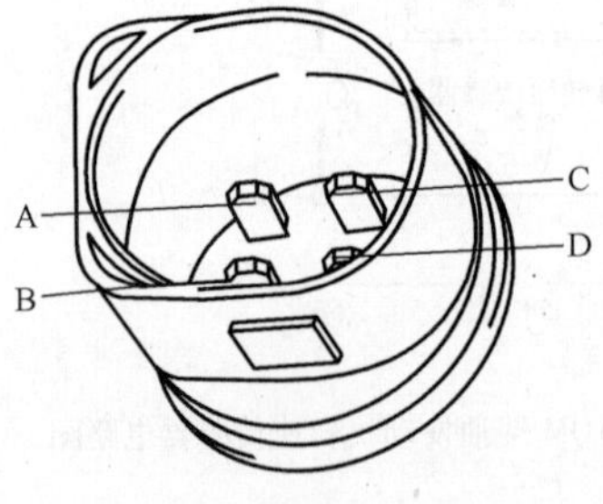

图 5-10　冷却液温度传感器插头

A、B、C、D-端子序号

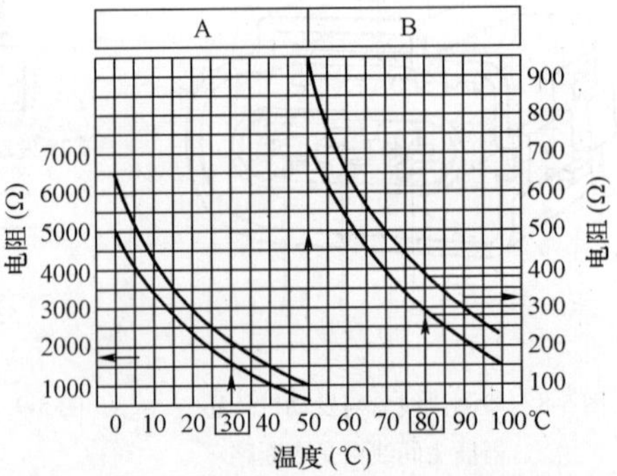

图 5-11　冷却液温度与传感器电阻值的关系

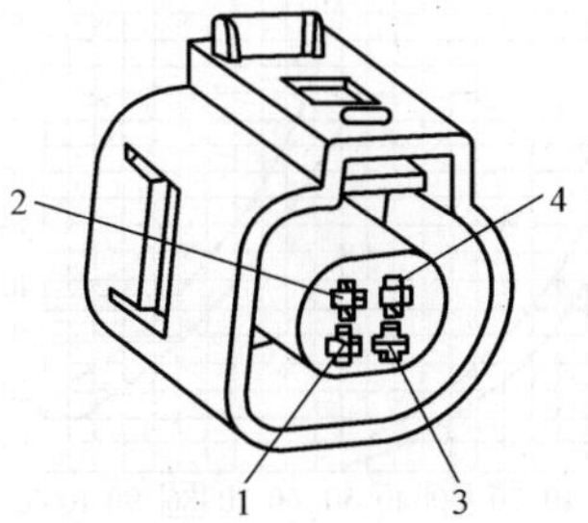

图 5-12 检查接线盒与冷却液温度传感器间的线路是否断路
1、2、3、4-端子序号

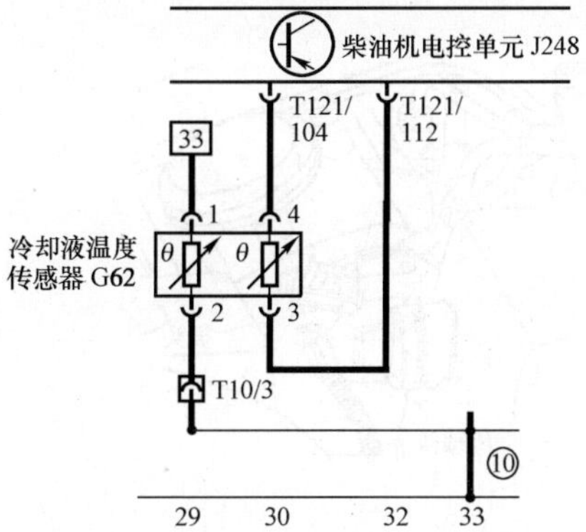

图 5-13 AQM 柴油发动机冷却液温度传感器电路图

3）进气歧管温度传感器 G72 的检测

(1) 发动机怠速运转,连接 V. A. G1551,按 1 键,再按 0、1 键,选择“发动机电子控制”。显示屏显示:

Rapid data transfer（快速数据传递）	HELP(帮助)
Select function X X（选择功能 X X）	

(2) 按 0、8 键选择功能“阅读测量数据块”,按 Q 键确认。显示屏显示:

Read measured value block(阅读测量数据块)	HELP(帮助)
Input display group number X X（输入显示组号 X X）	

(3) 按 0、0、7 键,选择“显示组 007”,按 Q 键确认,显示屏显示:

Read measured value block 7(阅读测量数据块 7)		
15.45℃	15.95℃	16.75℃

注:15.45℃代表燃油温度;15.95℃代表进气歧管温度,若显示的不是实际值或是替代值 136.8℃时,G72 有故障;16.75℃代表冷却液温度。

(4) 若 G72 有故障,检查此传感器及其线束。

(5) 按“→”键,再按 0、6 键,选择“结束输出”功能,按 Q 键确认。

(6) 关闭点火开关,拔出 G72 插头,如图 5-14 所示。检测端子间的电阻,电阻值见图 5-15。若阻值不符合要求,更换 G72;若阻值符合要求,则进行下一步检查。

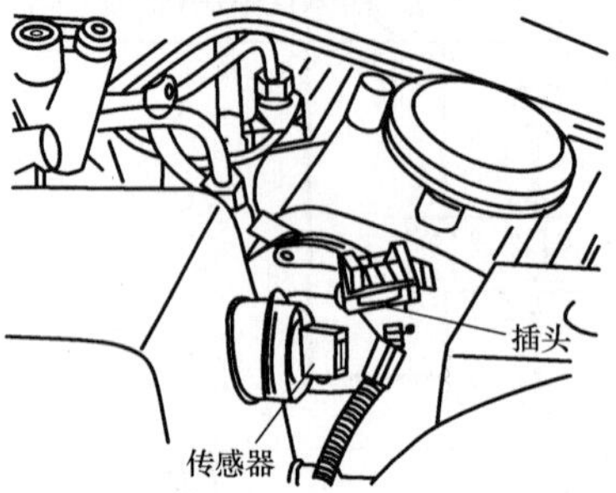

图 5-14　进气歧管温度传感器插头

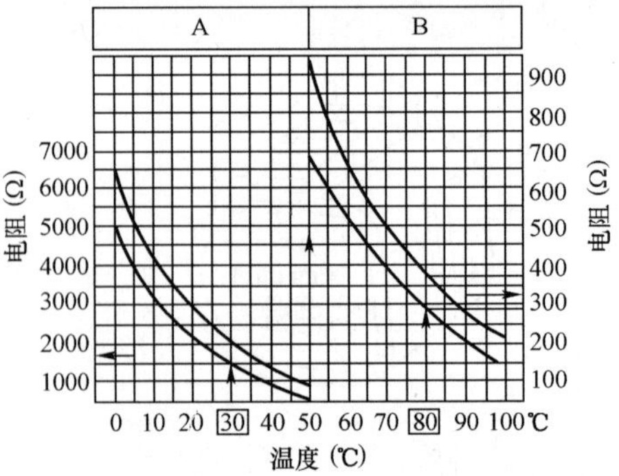

图 5-15　进气歧管温度传感器电阻值与温度的关系

（7）将接线盒 V. A. G1598/31 与电控单元和线束相连，检查接线盒插口 73 与 G72 插头端子 1 间、接线盒插口 54 与 G72 插头端子 2 间的电路是否断路或短路。导线最大电阻值为 1.5Ω。如图 5-16 和图5-17所示，若电阻值正常，则更换 J248。

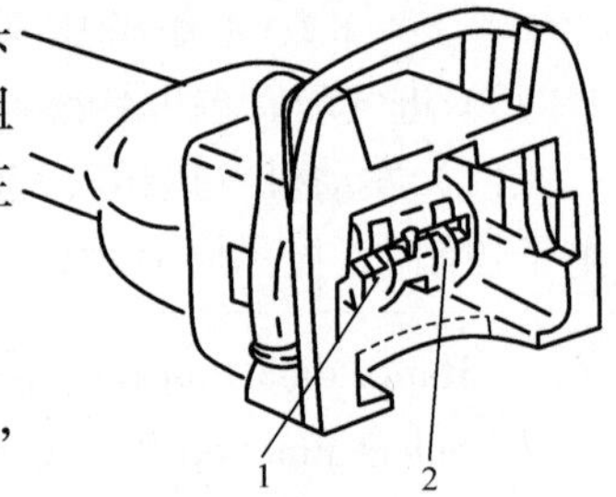

图 5-16　检查接线盒插口与进气歧管温度传感器插头端子间是否断路
1、2-插头端子序号

4）燃油温度传感器 G81 的检测

（1）发动机怠速运转，连接 V. A. G1551，按 1 键，再按 0、1 键，选择"发动机电子控制"。显示屏显示：

Rapid data transfer（快速数据传递）　HELP(帮助) Select function X X（选择功能 X X）

（2）按 0、8 键选择功能"阅读测量数据块"，按 Q 键确认，显示屏显示：

Read measured value block(阅读测量数据块)　HELP(帮助) Input display group number X X（输入显示组号 X X）

（3）按 0、0、7 键，选择"显示组 007"，按 Q 键确认，显示屏显示：

Read measured value block 7(阅读测量数据块 7) 15.45℃　　15.95℃　　16.75℃

注：15.45℃代表燃油温度，若显示的不是实际值或替代值 –5.4℃，则 G81 有故障；15.95℃代表进气歧管空气温度；16.75℃代表冷却液温度。

（4）若 G81 有故障，检查此传感器及其线束。

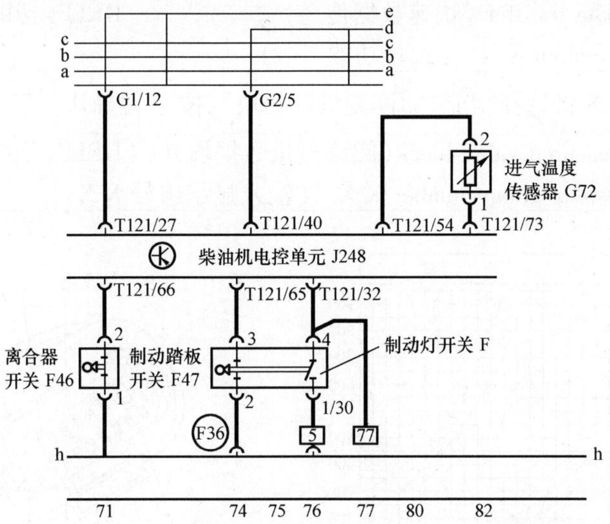

图 5-17　AQM 柴油发动机进气温度传感器、制动灯开关、离合器开关电路图

(5) 按"→"键,再按 0、6 键,选择"结束输出"功能,按 Q 键确认。

(6) 关闭点火开关,拔下 G81 的 10 孔插头(喷油泵监控插头),如图 5-18 所示。测量 4、7 端子间的电阻值,电阻值见图 5-19 。若电阻值不符合要求,更换 G81。若电阻值符合要求,则进行下一步的检查。

(7) 将接线盒 V. A. G1598/31 与电控单元和线束相连,检查接线盒插口 111 与 G81 插头端子 7 间、接线盒插口 103 与 G81 插头端子 4 间的电路是否断路或短路,导线最大电阻值为 1. 5Ω,其插头和连接电路见图 5-20和图 5-21。若正常,则更换 J248。

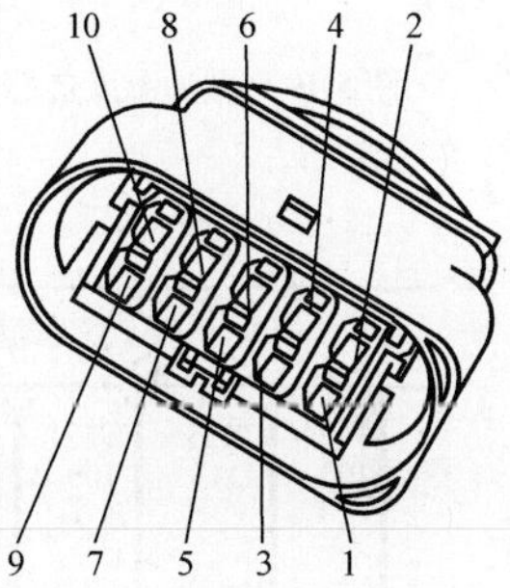

图 5-18　燃油温度传感器 G81 的 10 孔插头
1、2、3、4、5、6、7、8、9、10-插头端子序号

5) 调整喷油泵柱塞位置传感器 G149 和油量调节器 N146 的检测

AQM 柴油发动机调整喷油泵柱塞位置传感器 G149 和油量调节器 N146 的安装位置见图 5-22 和图 5-23。

调整喷油泵柱塞位置传感器被油量调节器轴驱动,采集分配泵油量控制套的位置信号,反馈给 ECU,实现喷油量的精确控制。

(1) 发动机怠速运转,连接 V. A. G1551,按 1 键,再按 0、1 键,选择"发动机电子控制"。显示屏显示:

Rapid data transfer（快速数据传递）	HELP（帮助）
Select function X X （选择功能 X X）	

（2）按 0、8 键选择功能“阅读测量数据块”，按 Q 键确认。显示屏显示：

Read measured value block（阅读测量数据块）	HELP（帮助）
Input display group number X X （输入显示组号 X X）	

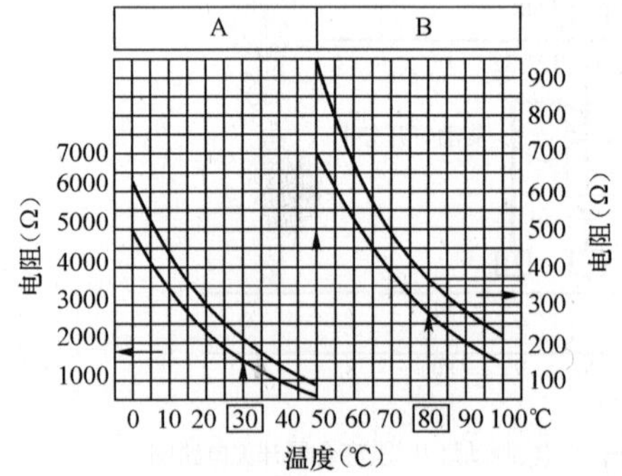

图 5-19　燃油温度传感器电阻值与温度的关系

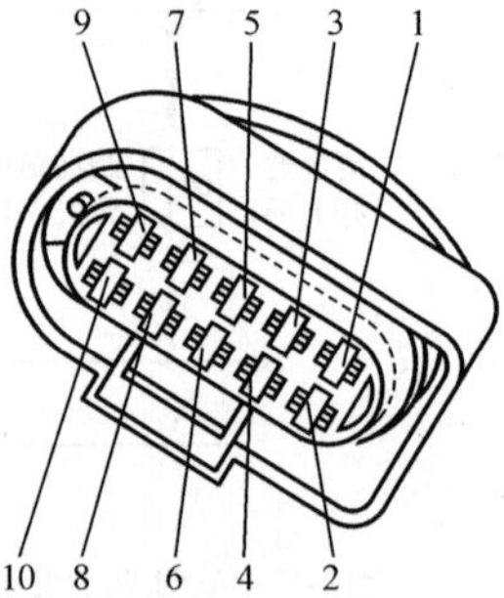

图 5-20　检查燃油温度传感器插头间线束是否断路

1～10-插头端子序号

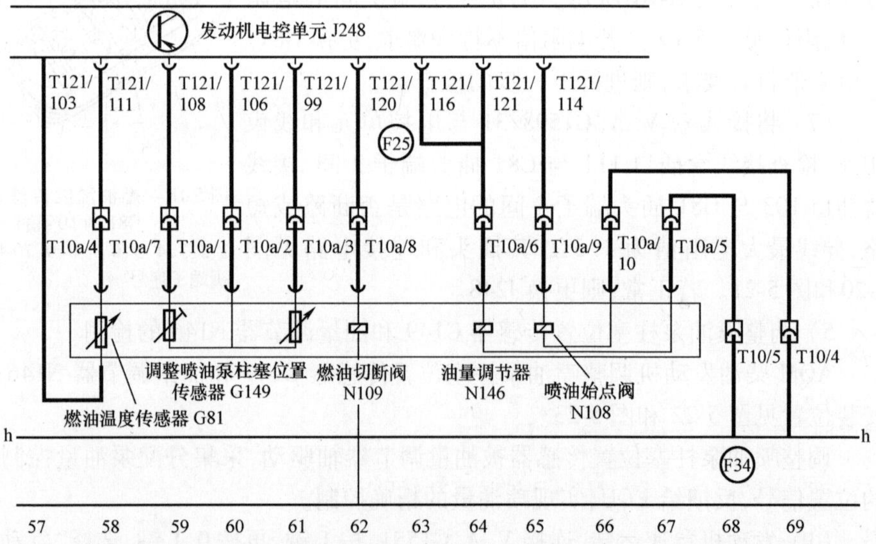

图 5-21　AQM 柴油发动机燃油温度传感器、油量调节器、调整喷油泵柱塞位置传感器、始喷阀、燃油切断阀电路图

T10-10 孔插头，黑色在水槽箱左侧；T10a-10 孔插头，在发动机前

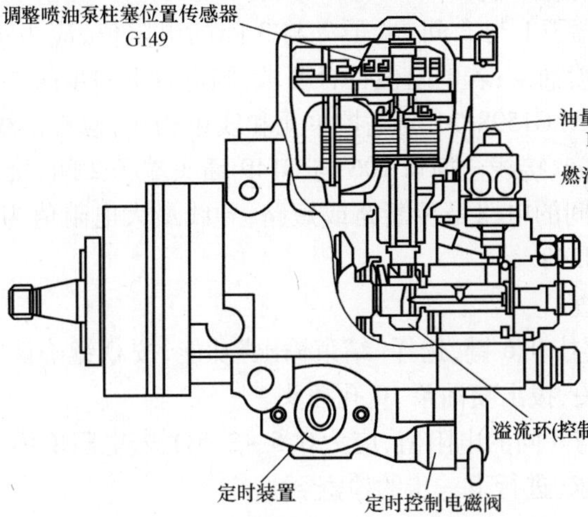

图 5-22　AQM 柴油发动机喷油泵调速机构

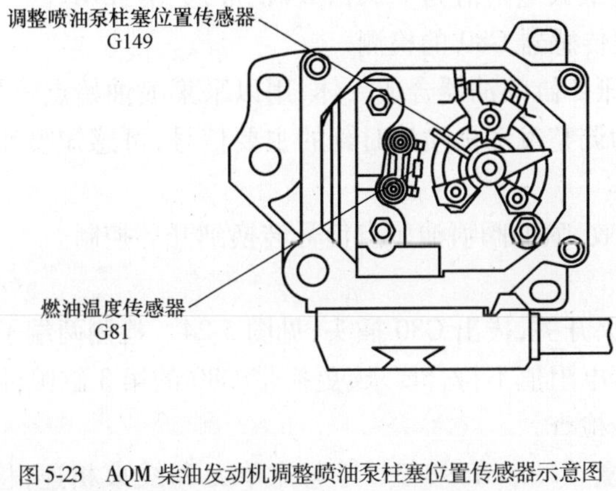

图 5-23　AQM 柴油发动机调整喷油泵柱塞位置传感器示意图

(3) 按 0、0、1 键，选择“显示组 001”，按 Q 键确认，显示屏显示：

Read measured value block 1(阅读测量数据块 1)			
840r/min	6.5mg/H	1.480V	87.35℃

注：840r/min 代表发动机转速；6.5mg/H 代表喷油量；1.480V 代表调节滑块行程传感器电压，标准值为 1.6～2.1V；87.35℃代表冷却液温度，应必须大于 85℃。

(4) 若电压不符合要求，则检查 G149 和 N146。

(5) G149 的检查：

① 按“→”键，再按 0、6 键，选择“结束输出”功能，按 Q 键确认。

② 关闭点火开关，拔出喷油泵10孔插头。

③ 检测喷油泵端子1与2间、端子2与3间的电阻值，应为4.9~7.5Ω。若不符合要求，更换喷油泵；若电阻值符合要求，则进行下一步的检查。

④ 将接线盒V.A.G1598/31与电控单元和线束相连，检查接线盒插口108与G149插头端子1间、接线盒插口106与G149插头端子2间、接线盒插口99与G149插头端子3间的电路是否断路或短路，导线最大电阻值为1.5Ω，见图5-21。若正常，更换J248。

（6）N146的检查：

① 按"→"键，再按0、6键，选择"结束输出"功能，按Q键确认。

② 关闭点火开关，拔出喷油泵10孔插头。

③ 检测端子5与6间的电阻值，应为0.5~2.5Ω，若电阻值不符合要求，更换喷油泵；若符合要求，进行下一步的检查。

④ 将接线盒V.A.G1598/31与电控单元和线束相连，检查接线盒插口1、2与N146插头端子5间、接线盒插口121、116与N146插头端子6间的电路是否断路或短路，导线最大电阻值为1.5Ω。若正常，更换J248。

6）针阀升程传感器G80的检测

此传感器与第3缸喷油器合成一体，用以采集喷油始点信号和喷油持续时间信号，故可作为调整发动机喷油时刻的主要信号；可感知喷油持续时间；可以作为判缸信号。

如果G80失效，喷油阀喷油始点信号转换到开环控制。

检测方式：

（1）关闭点火开关，拔出G80插头，见图5-24。检测两端子间的电阻值，应为80~120Ω。若电阻值不符合要求，更换带G80的第3缸喷油器；若电阻值正常，则进行下一步检查。

（2）将接线盒V.A.G1598/31与电控单元和线束相连，检查接线盒插口109与端子1间、接线盒插口101与端子2间的电路是否断路或短路。导线最大电阻值为1.5Ω，若正常，则更换J248，见图5-25和图5-26。

4. 输入信号的检测

1）车速信号G22的检测

检测条件：车速表正常。

说明：检查此信号时，车辆必须在行驶中，需两人配合完成，故障检测仪必须固定在后排座上操作。如果在前排操作，在车辆发生事故时，弹开的安全气囊会对人员造成重伤。

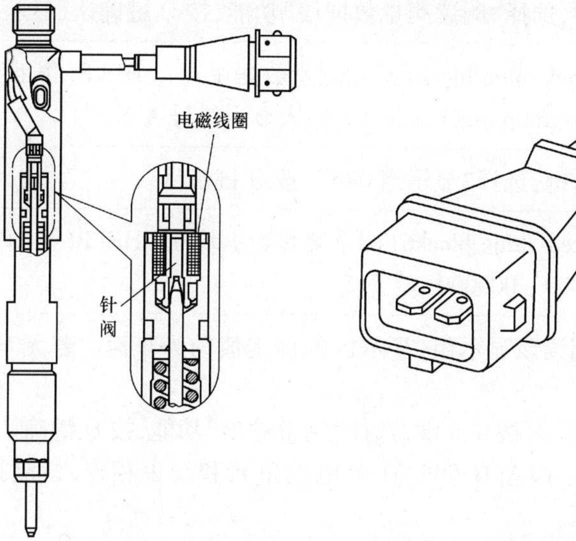

图 5-24　AQM 柴油发动机针阀升程传感器 G80 及插头

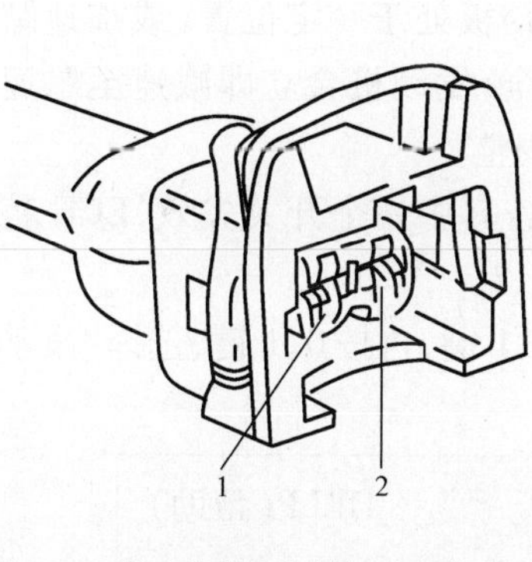

图 5-25　检查接线盒与针阀升程传感器插头间导线是否断路
1、2-接线端子

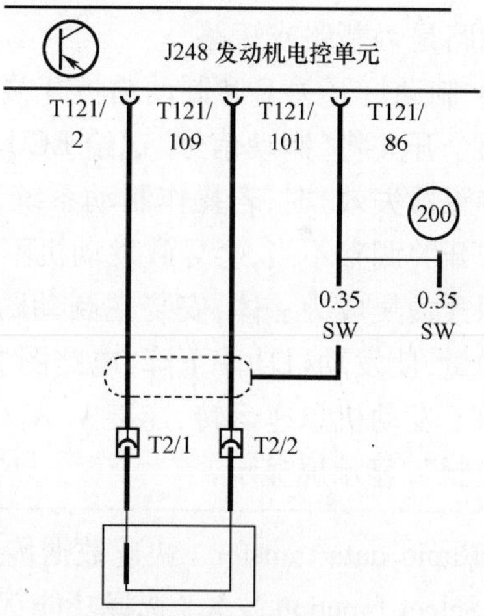

图 5-26　AQM 柴油发动机针阀升程传感器的电路图

检测步骤：

（1）发动机怠速运转，连接 V. A. G1551，按 1 键，再按 0、1 键，选择“发动机电子控制”，显示屏显示：

Rapid data transfer（快速数据传递）	HELP（帮助）
Select function X X（选择功能 X X）	

(2) 按0、8键,选择"阅读测量数据块"功能,按Q键确认,显示屏显示:

Read measured value block(阅读测量数据块)	HELP(帮助)
Input display group number X X (输入显示组号X X)	

(3) 按0、0、6键,选择"显示组006",按Q键确认。

Read measured value block6(阅读测量数据块6)				HELP(帮助)
0km/h	000	000000	255	

(4) 试车时阅读该显示组,显示区的标定值约为车速。若无车速值,则进行下一步检查。

(5) 按"→"键,再按0、6键,选择"结束输出"功能,按Q键确认。

(6) 将接线盒V. A. G1598/31与电控单元和线束相连,检测接线盒插口4/5与20间的电压。

(7) 打开点火开关,从左前方升起车辆,转动前车轮观察电压值,标准值应在0~4V间变化。若显示值不变化,则检查电控单元连接器脚20与组合仪表间的电路是否断路或短路。

2) 制动灯开关F和制动踏板开关F47的检测

两个开关将"制动信号"送给ECU,当加速踏板处于一定位置(或加速踏板位置传感器失效)时,若操作制动系统,为了安全,发动机会立即减速至怠速状态。若开关调整不当,会导致发动机不需要的调整。

两开关集成为一体,安装在制动踏板上。若其中一个开关失效,ECU将减少喷油量,使发动机功率下降,电路图参见图5-17。

(1) 发动机怠速运转,连接V. A. G1551,按1键,再按0、1键,选择"发动机电子控制",显示屏显示:

Rapid data transfer (快速数据传递)	HELP(帮助)
Select function X X (选择功能X X)	

(2) 按0、8键,选择"阅读测量数据块"功能,按Q键确认,显示屏显示:

Read measured value block(阅读测量数据块)	HELP(帮助)
Input display group number X X (输入显示组号X X)	

(3) 按0、0、6键,选择"显示组006",按Q键确认,显示屏显示:

Read measured value block6(阅读测量数据块 6) HELP(帮助) 0km/h 000 000000 255

观察显示区 2,标定值为"000"。

(4) 慢慢踏下制动踏板,显示屏显示:

Read measured value block6(阅读测量数据块 6) 0km/h 011 000000 255

观察显示区 2 的显示值,标定值为 011(显示值后两位数应同时由 0 变为 1,中间的显示值对应制动踏板开关,右侧显示值对应制动灯开关)。

(5) 慢慢松开制动踏板,回到初始位置,两个显示值必须由 1 回到 0,显示屏显示:

Read measured value block6 (阅读测量数据块 6) 0km/h 000 000000 255

若显示值中一位或两位数字都不变,则检查相应的开关及线束。

3) 离合器踏板开关 F36 的检测

ECU 利用此信号识别离合器处于分离还是接合状态。处于分离状态时,ECU 短时减少喷油量,防止换挡时发动机的抖动,也可防止巡航控制系统打开,离合器分离时,发动机的空转。

F36 安装在离合器踏板上。

此信号失效,换挡时可能出现发动机熄火。

(1) 发动机怠速运转,连接 V. A. G1551,按 1 键,再按 0、1 键,选择"发动机电子控制",显示屏显示:

Rapid data transfer (快速数据传递) HELP(帮助) Select function X X (选择功能 X X)

(2) 按 0、8 键,选择"阅读测量数据块"功能,按 Q 键确认,显示屏显示:

Read measured value block(阅读测量数据块) HELP(帮助) Input display group number X X (输入显示组号 X X)

(3) 按 0、0、6 键,选择"显示组 006",按 Q 键确认,显示屏显示:

Read measured value block6(阅读测量数据块 6) HELP(帮助)
0km/h 000 000000 255

观察显示区 2 显示值,标定值为 000,若不符合要求,则进行下一步检查。

(4) 按"→"键,再按 0、6 键,选择"结束输出"功能,按 Q 键确认。

(5) 关闭点火开关,拔出 F36 插头,见图 5-27。

(6) 检测端子间的电阻,最大值为 10Ω。若电阻值不符合要求,更换 F36;若电阻值符合要求,则进行下一步检查。

(7) 将接线盒 V. A. G1598/31 与电控单元和线束相连,检查接线盒插口 66 与插头端子 2 间的电路是否断路或短路。导线最大电阻值为 1.5Ω。若正常,更换 J248,见图 5-28 和图 5-17。

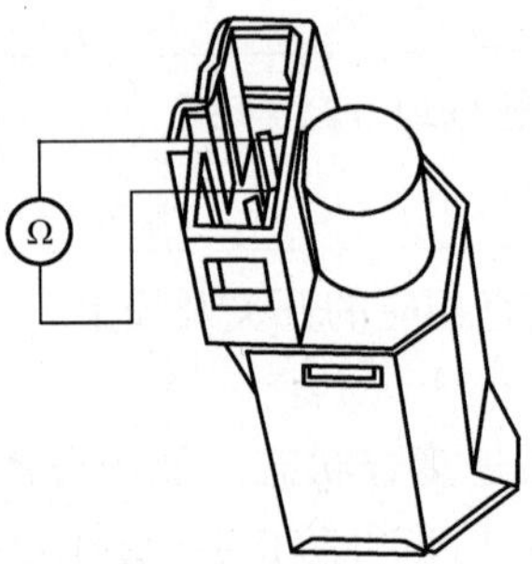

图 5-27 离合器踏板开关 F36

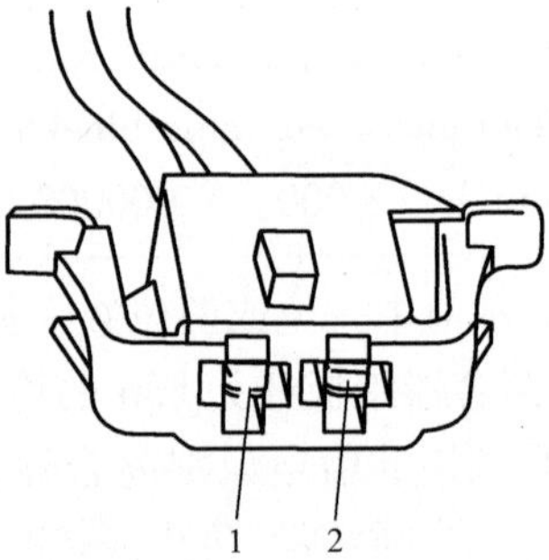

图 5-28 检查接线盒与离合器踏板开关插头间导线是否断路
1、2-接线端子

4) 检查来自空调和至空调的信号

(1) 检测条件。

空调功能正常,无故障码,车辆在室温下(>15℃),空调打开。

(2) 检查压缩机切断功能。

在下述条件下电控单元可能切断空调压缩机:低速时加速困难;车辆应急运转;冷却液温度 >120℃。

(3) 检查步骤:

① 发动机怠速运转,连接 V. A. G1551,按 1 键,再按 0、1 键,选择"发动机电子控制",显示屏显示:

Rapid data transfer (快速数据传递) HELP(帮助)
Select function X X (选择功能 X X)

② 按0、3 键,选择"执行元件诊断"功能,按 Q 键确认,显示屏显示:

Rapid data transfer (快速数据传递)	Q
03 Final control diagnosis (03 执行元件诊断)	

③ 按 Q 键确认,显示屏显示:

Final control diagnosis (执行元件诊断)
Commencement of injection valve – N108(喷油阀-N108 喷油始点信号)

④ 按"→"键,显示屏显示:

Final control diagnosis(执行元件诊断)
Exhaust gas recirculation valve – N18(废气再循环阀-N18)

⑤ 按"→"键,显示屏显示:

Final control diagnosis(执行元件诊断)
Conditioner compressor interuption(空调压缩机切断功能)

⑥ 空调压缩机应在 5s 内停止工作(目测),然后启动运行 5s 后再停止。若空调未切断,则继续完成全部执行元件的诊断。

⑦ 按"→"键,再按 0、6 键,选择"结束输出"功能,按 Q 键确认。

⑧ 将接线盒 V. A. G1598/31 与电控单元和线束相连,检查接线盒插口 29 与空调系统间的电路是否断路,导线最大电阻值为 1.5Ω,见图 5-29。

(4) 检查空调系统信号与发动机转速间匹配情况。

空调系统在不同负荷条件下运行时,电控单元都能控制发动机保持怠速稳定运转。

① 发动机怠速转,连接 V. A. G1551,按 1 键,再按 0、1 键,选择"发动机电子控制",显示屏显示:

Rapid data transfer (快速数据传递)	HELP(帮助)
Select function X X (选择功能 X X)	

② 按 0、8 键,选择"阅读测量数据块"功能,按 Q 键确认,显示屏显示:

Read measured value block(阅读测量数据块)	HELP(帮助)
Input display group number X X (输入显示组号 X X)	

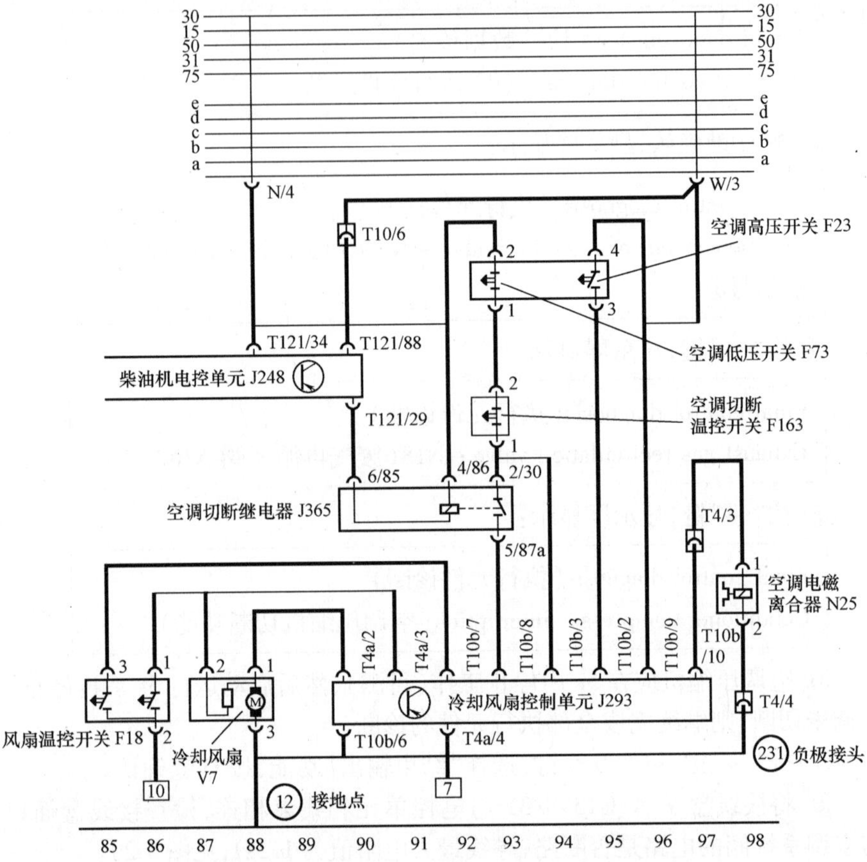

图 5-29　AQM 发动机空调系统、冷却风扇电路图

③ 按 0、0、2 键，选择“显示组号 002”，按 Q 键确认，显示屏显示：

Read measured value block 2（阅读测量数据块 2）
XXXX r/mim　　XX. X %　　XXX　　XXXX℃

观察显示屏显示区 3，空调不能被接通，标准值为“010”。

④ 打开空调，按下手动空调系统“A/C”开关，选择最低温度和鼓风机最高转速，空调压缩机必须运转。

⑤ 观察显示区 3 显示值，标准值为“111”。若结果不符合要求，则进行下一步检查。

⑥将接线盒 V. A. G1598/31 与电控单元和线束相连，检查接线盒插口 34

与空调系统间的电路是否断路，导线最大电阻值为 1.5Ω。

5. 执行器的检测

1）喷油正时调整范围的检查

（1）发动机怠速运转，连接 V. A. G1551，按 1 键，再按 0、1 键，选择“发动机电子控制”，显示屏显示：

Rapid data transfer（快速数据传递）	HELP（帮助）
Select function X X（选择功能 X X）	

（2）按 0、4 键，选择功能“基本设定”，按 Q 键确认，显示屏显示：

Basic setting（基本设定）
Input display group number X X（输入显示组号 X X）

（3）按 0、0、4 键，选择“显示组号 004”，按 Q 键确认，显示屏显示：

Systemin basic setting4（基本设定 4）			
880r/min	advanced	7.95BTDC	66%

（4）显示区 3 的标定值为：提前 7.0 ~ 9.0BTDC，约 10s 后，正时装置移到推迟位置，显示屏显示：

Systemin basic setting4（基本设定 4）			
880 r/min	retarded	3.95BTDC	74%

（5）显示区 3 的标定值为：延迟 3.0 ~ 5.0BTDC，若不符合要求，则进行下一步检查。

（6）按“→”键，再按 0、6 键，选择“结束输出”功能，按 Q 键确认。

（7）关闭点火开关，拔出喷油泵连接器 10 孔插头，测量 9、10 间的电阻，标定值为 10 ~ 12Ω。若电阻值不符合要求，更换喷油始点阀 N108；若符合要求，则进行下一步检查。

（8）将接线盒 V. A. G1598/31 与电控单元和线束相连，检查接线盒插口 114 与 10 孔插头端子 9 间、接线盒插口 1、2 与 10 孔插头端子 10 间的电路是否断路或短路，导线最大阻值为 1.5Ω。若正常，更换 J248，参见图 5-21。

2）动态检查并调试喷油阀喷油始点 N108

在更换齿形皮带或拧下喷油泵螺栓或拆下齿形皮带链轮之后进行动态检查并调试喷油阀喷油始点 N108。

喷油提前角调节阀失效：引起发动机在怠速时爆燃、功率下降。

喷油提前角调节失准：引起汽车行驶特性恶化、废气排放增加、冷起动困难、发动机运转粗暴、功率下降。

（1）检查与调试条件。

发动机基本设定正常，齿形皮带张力正常。

（2）检查步骤：

① 发动机怠速运转，连接 V. A. G1551，按 1 键，再按 0、1 键，选择“发动机电子控制”，显示屏显示：

Rapid data transfer（快速数据传递）	HELP（帮助）
Select function X X（选择功能 X X）	

② 按 0、4 键，选择功能“基本设定”，按 Q 键确认，显示屏显示：

Basic setting（基本设定）
Input display group number X X（输入显示组号 X X）

③ 按 0、0、0 键，选择“显示组号 000”，按 Q 键确认，显示屏显示：

System in basic setting 0（基本设定 0）
1　2　3　4　5　6　7　8　9　10

④ 在显示区 7 中为冷却液温度，标准值 <73 +（等同于 85℃）。只有达到冷却液温度值时，才能继续检查。显示区 2 中的喷油阀喷油始点信号取决于显示区 9 中的燃油温度，见图 5-30。

注意：在测试过程中，若喷油阀喷油始点信号位于标准范围 C 中，不需要调整。在完成拆装喷油泵或调整喷油泵正时等工作后，将喷油阀喷油始点信号设置在标准范围 C 中的平均值上。

⑤ 按“→”键，再按 0、6 键，选择“结束输出”功能，按 Q 键确认。关闭点火开关，若喷油始点信号（正时）在公差之外，调整喷油阀喷油始点。

⑥ 调整喷油阀喷油始点的步骤：

a. 拆下齿形皮带的上部。

b. 松开两个喷油泵链轮固定螺栓，见图 5-31。

c. 在轮轴螺母上装好 22mmAF 环形扳手，反抓住喷油泵轴，松开第 3 个喷油泵链轮固定螺栓。

d. 轻轻转动喷油泵轴：往左为延迟喷油泵喷油始点；往右为提前喷油泵喷油始点。

注意：轮轴上的紧固螺母千万不能松开，否则喷油泵基本设定会改变，普通维修厂设备无法将其修复。

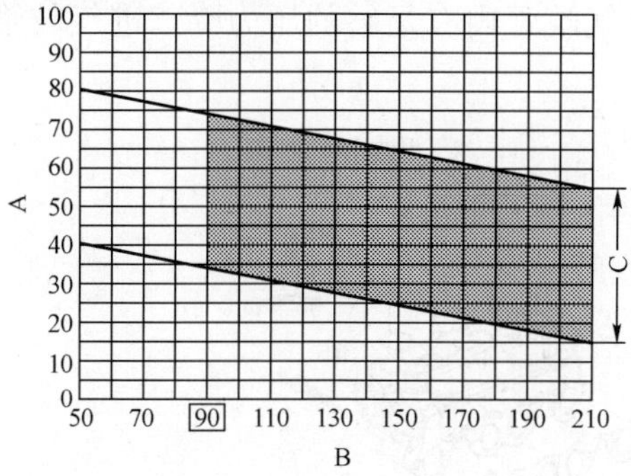

图 5-30　喷油阀喷油始点信号与燃油温度关系示例

A-显示区 2 中的喷油阀喷油始点信号；B-显示区 9（B）中燃油温度；C-喷油阀喷油始点信号标定范围

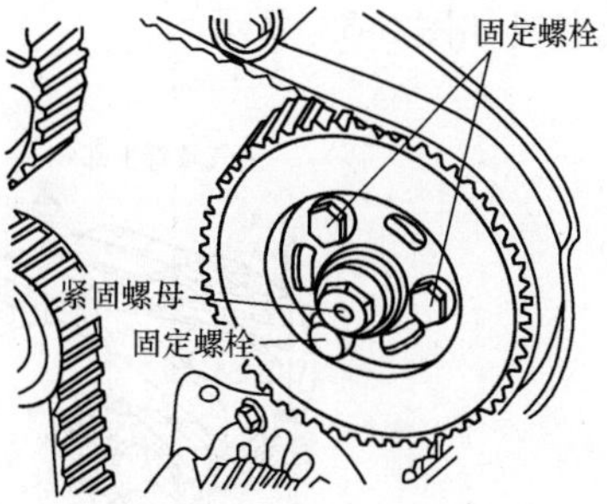

图 5-31　松开两个喷油泵链轮紧固螺栓

⑦ 注意显示区 2 的数值，如有必要，则重复调整，直到显示值在标准范围 C 的平均值内。

⑧ 按"→"键，再按 0、6 键，选择"结束输出"功能，按 Q 键确认。

⑨ 关闭点火开关，安装齿形皮带上护罩。

3）喷油器的检测

AQM 发动机采用双弹簧喷油器，喷油分两个阶段。若此喷油器发生故障只能更换，绝不可维修或进行压力设定。

（1）喷油器失效可能引起的故障：失火；一缸或多缸敲缸；发动机过热；动力不足；排气管冒黑烟；燃油耗高；冷启动时排气管冒蓝烟。

（2）喷射压力的检查：

① 打开压力计。

② 连接喷油器与喷油器测试仪，如图 5-32 所示。

③ 慢慢按压泵杆，当开始喷油时，读出压力值：新喷油器喷射压力为 19 ~ 20MPa，旧喷油器喷射压力 ≮ 17MPa。若不符合要求，更换喷油器。

④ 检查喷油器是否渗漏。慢慢压下泵杆，保持约 15MPa 压力 10s，应无渗漏。若有渗漏，更换。

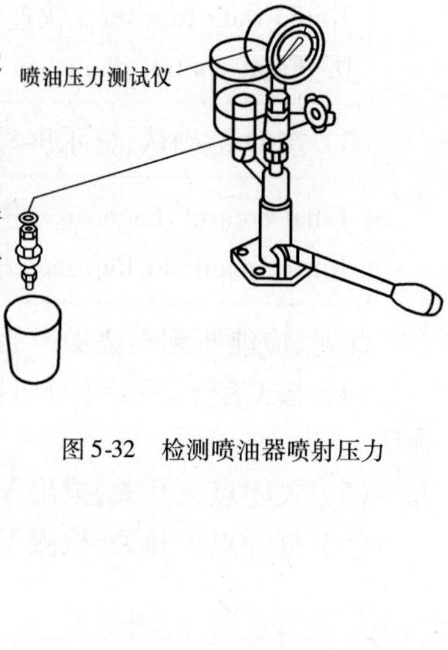

图 5-32　检测喷油器喷射压力

4）进气歧管翻板电机 V157 的检测

发动机在低速时,进气歧管内真空度不够,不能保证废气再循环系统的正常工作。若此时节气门关闭就可使进气歧管内有足够的压力降。进气歧管翻板电机如图 5-33 所示。

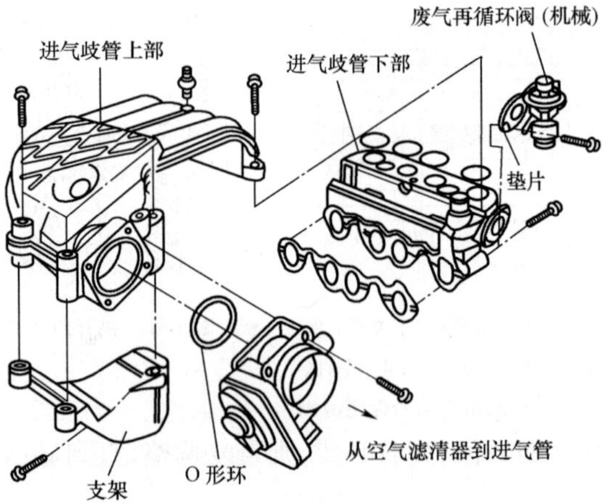

图 5-33 进气歧管翻板电机

(1) 发动机怠速运转,连接 V. A. G1551,按 1 键,再按 0、1 键,选择"发动机电子控制",显示屏显示:

Rapid data transfer(快速数据传递)	HELP(帮助)
Select function X X(选择功能 X X)	

(2) 按 0、3 键,选择"执行元件诊断"功能,显示屏显示:

Rapid data transfer(快速数据传递)	Q
03 Final control diagnosis(03 执行元件诊断)	

(3) 按 Q 键确认,显示屏显示:

Final control diagnosis(执行元件诊断)
Intake manifold flap motor - V157(进气歧管翻板电机-V157)

此时,应能听到燃烧噪声的变化。否则,进行下一步检查。

(4) 按 C 键(显示组的切换),按 0、6 键,选择"结束输出"功能,按 Q 键确认。

(5) 关闭点火开关,拔出 V157 插头,如图 5-34 所示。

(6) 打开点火开关,检测 V157 插头插孔 4 与搭铁线间、插孔 4 与 1 间的电

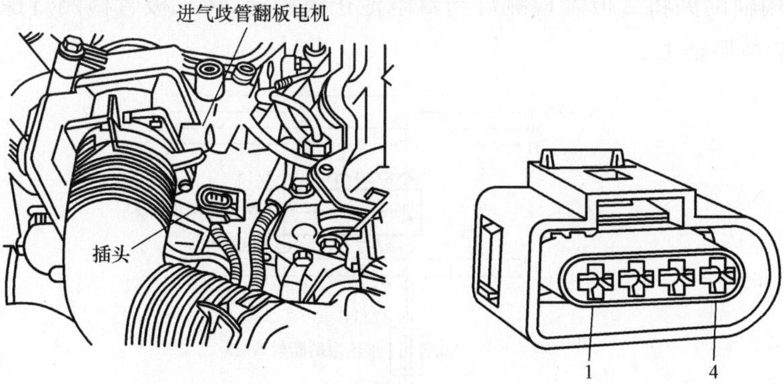

图 5-34　进气歧管翻板电机 V157 插头

1、4-接线端子

压,标定值约为蓄电池电压。若不符合要求,进行下一步检查。

(7) 关闭点火开关,将接线盒 V. A. G1598/31 与电控单元和线束相连,检查接线盒插口 81 与 V157 插头端子 2 间、接线盒插口 75 与 V157 插头端子 3 间的电路是否断路。导线最大电阻值为 1.5Ω。若正常,更换 J248,见图 5-35。

5) 预热塞系统的检测

(1) 检测要求。

蓄电池电压≮11.5V,点火开关关闭,发动机电控单元 J248 正常,预热塞熔断丝 S163[参见附图 4(1)]正常。

(2) 检查步骤:

① 拔出冷却液温度传感器插头。

② 拔出预热塞插头。

③ 检测预热塞插头与搭铁间的电压。打开点火开关约 20s 后,应约为蓄电池电压。若无电压,查找电器故障。预热塞系统电路如图 5-36 所示。

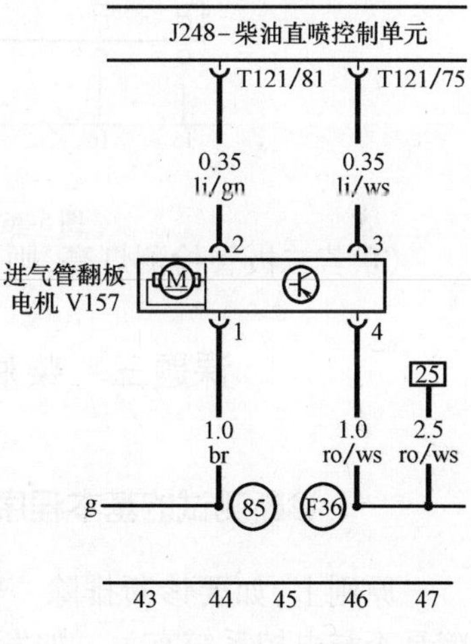

图 5-35　进气歧管翻板电机控制电路图

6) 预热塞的检查

(1) 检查条件。

预热塞熔断丝正常,蓄电池电压≮11.5V,关闭所有耗电部件(如前照灯、后风窗加热等)。

(2) 检查步骤:

① 拔出预热塞插头。

② 用辅助夹将二极管检测灯与蓄电池正极相连，将二极管检测灯探头先后放在每个预热塞上。

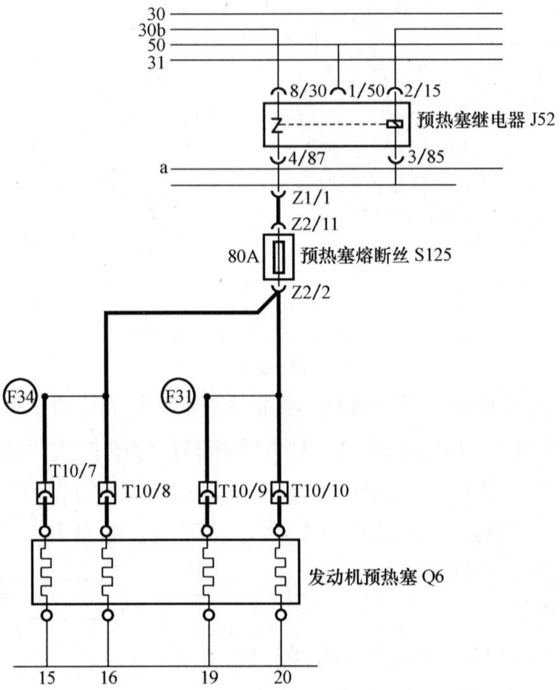

图 5-36　发动机预热塞、继电器电路图

③ 若二极管检测灯亮，则预热塞正常；若二极管检测灯不亮，更换预热塞。

课题三　柴油发动机电控系统的故障诊断

一、诊断测试的基本程序

原则上，如要诊断排除一个可能涉及电控部分的柴油机故障，应先判断故障是否与电控系统有关。如发动机有故障而“自诊断”警告灯未亮，大多数情况下该故障与电控系统无关，此时应按柴油机没有电控系统那样检查可能引起此故障的各个方面。

电控柴油发动机故障诊断基本程序如图 5-37 所示。

二、诊断检测时的注意事项

(1) 严禁在发动机运转时断开蓄电池线，以免产生瞬时高电压损坏 ECU 和传感器。

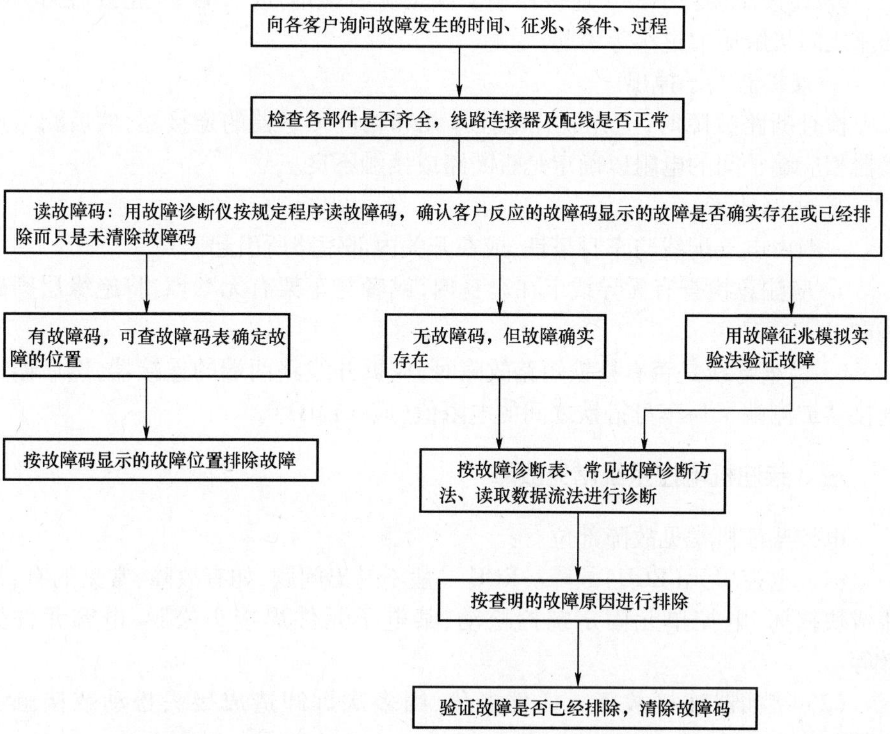

图 5-37　电控柴油发动机故障诊断基本程序

(2) 用故障诊断仪检测发动机时，不能断开蓄电池线，以免 ECU 中存储的故障码及有关资料信息丢失。

(3) 对电控系统进行检修时，应先关点火开关。

(4) 在检测过程中应采用高阻抗数字式万用表。

(5) 不能用试灯去测试任何与 ECU 相连的电气装置。

(6) 电控柴油喷射系统应保持清洁。

(7) 由于电控柴油机燃油喷射系统的油压非常高，检修时务必按维修手册中的指定步骤进行卸压。

(8) 一些零部件需使用专用接线工具进行检测，不可随意代用。

(9) 不要随意打开传感器及控制单元的密封盖，以免破坏其密封性导致损坏。

(10) 配线和连接线的故障，主要是断路或短路。

① 断路故障：

a. 导线折断。大多数在连接处断开。

b. 连接器接触不良。连接器端子氧化锈蚀、污物进入端子、连接器插头与插座之间接触压力过小等引起。

c. 连接器端子掉出。

检查断路故障时，应先脱开电控单元和相应传感器的连接器，然后测量连接器相应端子间的电阻以确定是否断路或接触不良。

② 短路故障：

一般由电气配线与车身搭铁，或在开关内部短路所引起。

a. 应注意检查有无导线卡在车身内，或者与车架有无摩擦，将绝缘层磨破漏电。

b. 检查导线是否有搭铁短路故障时，应拆开线路两端的连接器，然后测量连接器被测端子与车身搭铁之间的电阻值(应 $>1M\Omega$)。

三、柴油机电控系统常见故障

电控柴油机常见故障部位有：

(1) 电控单元(ECU)故障。ECU 一般不易出问题，如有故障，常见的有：某集成块损坏、电控单元固定螺栓松动、某电子元件焊接头松脱、电容元件失效等。

(2) 接插器连接故障。插件老化、因多次拆卸造成接头松动或接触不良等。

(3) 传感器故障。传感器零件损坏等。

(4) 执行机构故障。电磁阀、供油齿杆、执行机构活塞、伺服阀卡死，伺服阀电路失效等。

电控柴油机常见故障有：起动不良、动力不足、运行不平稳、自行停车、飞车和冒黑烟及白烟。

1. 起动不良

电控柴油机起动不良有三种情况：

① 不能起动，排气管不冒烟。没有柴油喷入汽缸。

② 不能起动，排气管冒白烟。有柴油进入汽缸，但不能正常燃烧。

③ 不能起动，排气管冒黑烟。有柴油进入汽缸，但不能正常燃烧。

1) 不能起动，排气管不冒烟

可能的故障及原因有：

(1) 电控单元有故障。检测电控单元。

(2) 电压太低、无电压或燃油切断阀有故障。检修电路及相关电磁阀。

(3) 油箱内无油或油箱盖通气孔堵塞。向燃油箱内加注燃油,对燃油系统进行排气,检查燃油箱通气情况。

(4) 燃油系统中有空气。对燃油系统进行排气,排除漏气故障。

(5) 低压油路油管破裂或接头不密封。检测所有供油管路并冲洗或更换。

(6) 柴油滤清器堵塞。更换滤清器。

(7) 高压油管堵或有阻力。将油管内孔刮到正常直径或更换。

(8) 喷油泵定时不正确。加速踏板电位计、发动机转速传感器、喷油器针阀升程传感器、定时控制电磁阀、定时装置等有故障。需检修相关传感器并重新校准定时。

(9) 喷油泵不供油。修理。

(10) 喷油器有故障不喷油。

2) 不能起动,排气管冒白烟

可能的故障及原因有:

(1) 油箱内无油或油箱盖通气孔堵塞。

(2) 柴油机预热时间不够,温度过低。

(3) 预热系统有故障。检测预热塞,必要时更换。

(4) 冷起动装置不工作。检查电路和控制杆运动。

(5) 燃烧室内积存的柴油过多。排除故障。

(6) 汽缸压力太低或不均匀。必要时修理。

(7) 喷油时刻过迟。加速踏板电位计、发动机转速传感器、喷油器针阀升程传感器、定时控制电磁阀、定时装置等有故障。需检修相关传感器并重新校准定时。

(8) 柴油中有水分。排除故障。

3) 不能起动,排气管冒黑烟

可能的故障及原因有:

(1) 柴油质量差。

(2) 空气滤清器进气管全部或大部堵塞。

(3) 喷油时刻过早。加速踏板电位计、发动机转速传感器、喷油器针阀升程传感器、定时控制电磁阀、定时装置等有故障。需检修相关传感器并重新校准定时。

(4) 汽缸压缩压力不足或不均匀。压缩行程终了的气体温度过低,柴油雾化不良。

(5) 喷油器喷油压力调整不正确、喷油雾化质量差。

(6) 喷油泵泵油压力过低。修理。

(7) 燃油中有空气。

(8) 高压油管堵。

(9) 喷油顺序与发火顺序不符。以正确的次序安装高压油管。

2. 发动机运转不平稳

发动机发生运转不平稳故障时,要考虑发动机系统所采用的喷油系统的类型。不同的类型检查与排除的方法也不同。

柴油机工作时,从排气和工作响声可听到转速忽高忽低,其原因有:

(1) 喷油泵支架松动。必要时更换。

(2) 供油提前角过大或过小。加速踏板电位计、发动机转速传感器、喷油器针阀升程传感器、定时控制电磁阀、定时装置有故障。

(3) 汽缸压缩压力不足或不均匀。

(4) 油量调节器有故障。检修。

(5) 多缸柴油机的供油不均匀度过大,压缩压力不一致。

(6) 喷油顺序与发火顺序不符。

(7) 个别缸的出油阀弹簧弹力不足。

(8) 燃油油路进入空气。

(9) 进气歧管压力传感器有故障。

(10) 进气温度传感器有故障。

(11) 个别缸喷油雾化不良。

(12) 个别缸气门弹簧过软或折断。

(13) 空气滤清器或进气管部分堵塞。

3. 柴油机功率不足

常见的原因有:

(1) 柴油质量不符合要求。燃油品质差,油中有水,或油路中有空气。

(2) 柴油供应不够。输油泵供油不足,燃油滤清器堵截,燃油管路部分堵塞,管接头松动、油管泄漏或损坏。

(3) 喷油泵供油量不符合要求,油量调节器有故障。检修。

(4) 供油提前角过大或过小。加速踏板电位计、发动机转速传感器、喷油器针阀升程传感器、定时控制电磁阀、定时装置有故障。

(5) 喷油器喷油压力过低,或喷油雾化不良。

(6) 喷油器压力调整过高,使供油量减小。

(7) 喷油顺序与发火顺序不符。

(8) 最高转速失调。重新校准最高转速限位螺钉。

(9) 进气歧管压力传感器有故障。

（10）进气温度传感器有故障。

（11）冷却液温度传感器有故障，柴油机温度过高或过低，燃油温度传感器有故障。

（12）空气滤清器或进气管部分堵塞。

（13）排气管积炭过多，或排气催化装置有故障。

（14）配气相位不正确，气门弹簧折断，或气门间隙调整不当。

（15）压缩压力不足。

（16）发动机运动件间摩擦阻力过大。

4. 柴油机自行停车

柴油机在运行过程中，加速踏板在供油位置，但转速逐渐降低或突然降低，直到自行停车熄火。对这一故障因素，根据自行停车时，转速降低的缓急程度和尾气的颜色，分别介绍如下。

（1）自行停车时，转速逐渐降低，但柴油机响声和尾气颜色无异常发现。这类特征多为燃油系统故障引起的，例如，油箱无油、油路进入空气、油路堵塞等。

（2）自行停车时，转速虽然也是逐渐降低，但排气管排黑烟，甚至浓黑烟。这类情况多为空气滤清器或进气管堵塞造成的。

（3）自行停车时，转速急骤降低，排黑烟。这类故障的因素有：

① 活塞与汽缸的配合间隙过小，当柴油机温度升高后，活塞在汽缸中卡住。

② 润滑油不足、过稀。温度升高，渗进柴油，使相对运动零件的表面润滑不良，造成烧瓦、抱轴。

（4）自行停车时，转速急骤降低，伴随异常响声。常见的原因有：

① 曲轴或活塞销折断。

② 连杆螺栓折断或连杆螺母脱落。

③ 气门掉进汽缸。

（5）燃油切断阀有故障。检修。

5. 柴油机飞车

柴油机在运行过程中，转速突然上升，不能控制，俗称飞车或跑车。

（1）油量调节器有故障，调整活塞位置传感器有故障。

（2）空气滤清器油盘的润滑油加注过多，或露天作业雨水吸入油盘而使润滑油面升高。

（3）用柴油或汽油清洗空气滤清器滤网后，没有烘干就装车使用。

（4）其他因素造成柴油或润滑油进入燃烧室。

当柴油机飞车时，应迅速采取停油或断气的紧急措施，使柴油机在短时间内立即停车。

6. 柴油机冒黑烟

由柴油燃烧不完全引起。

(1) 压缩压力不足。

① 使汽缸进气量减少,混合气过浓,燃烧不完全。

② 使压缩终了的气体温度降低,柴油的汽化条件变差。

(2) 空气滤清器堵塞,使汽缸进气量减少。

(3) 供油提前角过小。

(4) 喷油器喷雾质量差或滴漏。

(5) 进气歧管压力传感器有故障。

(6) 供油量过大。

(7) 柴油品质差。

(8) 工作温度过低

(9) 超负荷运行。

7. 发动机冒白烟

分为灰白烟和水汽白烟两种。

(1) 灰白烟。

进入汽缸的燃油燃烧不良,部分燃油蒸发为燃油蒸气,随同废气排出。

① 喷油器针阀在开的位置卡住。

② 喷油器喷油雾化不良。

③ 供油提前角过小。

④ 压缩压力严重不足。

⑤ 工作温度过低。

⑥ 节温器损坏。

⑦ 冷却液温度传感器损坏。

⑧ 预热系统有故障。

(2) 水汽白烟。

是水分进入燃烧室受热汽化而成。

① 燃油中有水。

② 汽缸垫烧毁。

③ 汽缸或汽缸盖裂纹。

④ 柴油机工作温度过低。

8. 发动机冒蓝烟

润滑油进入汽缸,受热蒸发成为蓝色油气,随同废气一起排出汽缸。主要原因有：

（1）润滑油从气门与导管之间的间隙下漏，进入汽缸。

（2）润滑油沿活塞与汽缸之间的间隙上窜，进入汽缸。

（3）燃油中混入润滑油。

（4）在机体通向汽缸盖油道附近的汽缸垫烧毁。

附图

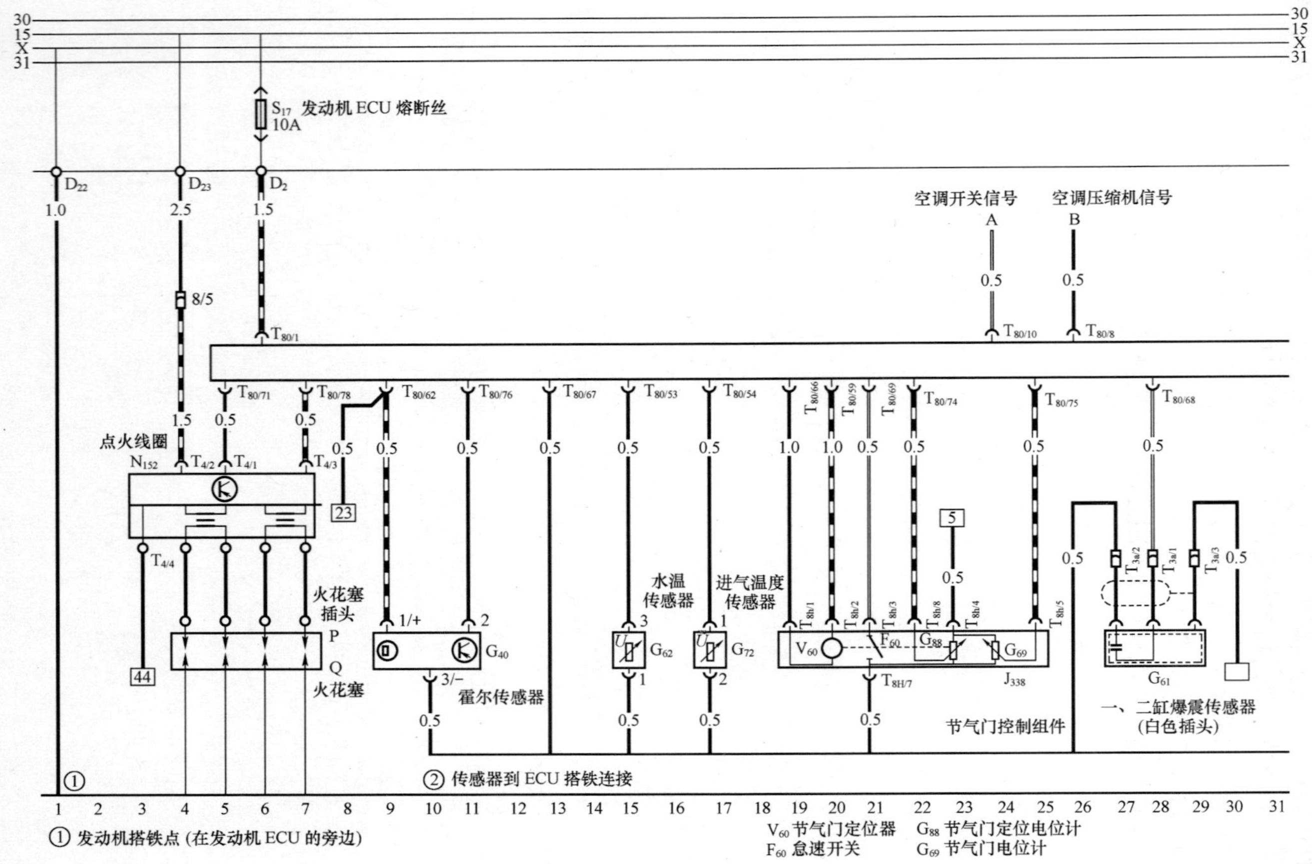

附图 1　AJR 发动机电子控制电路图(1)

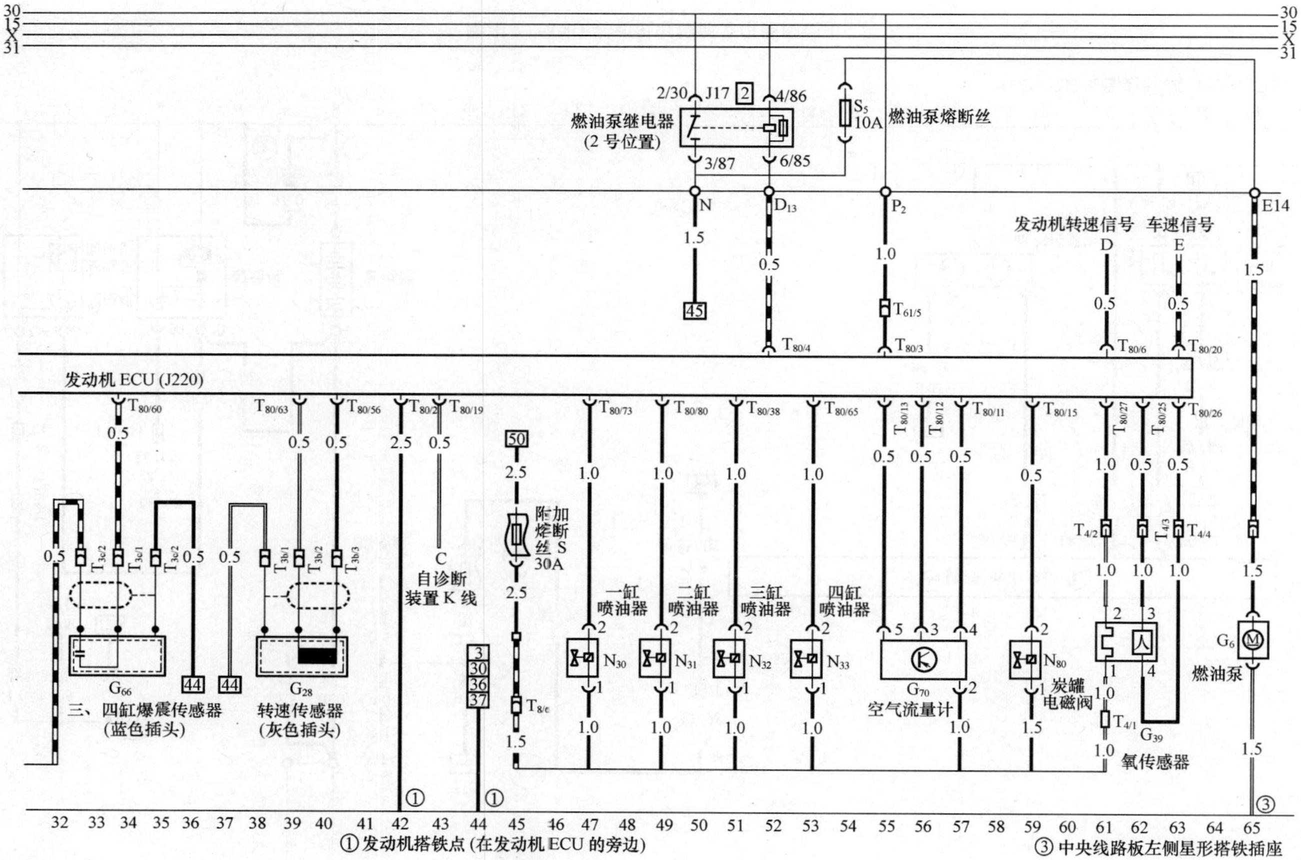

附图 1　AJR 发动机电子控制电路图(2)

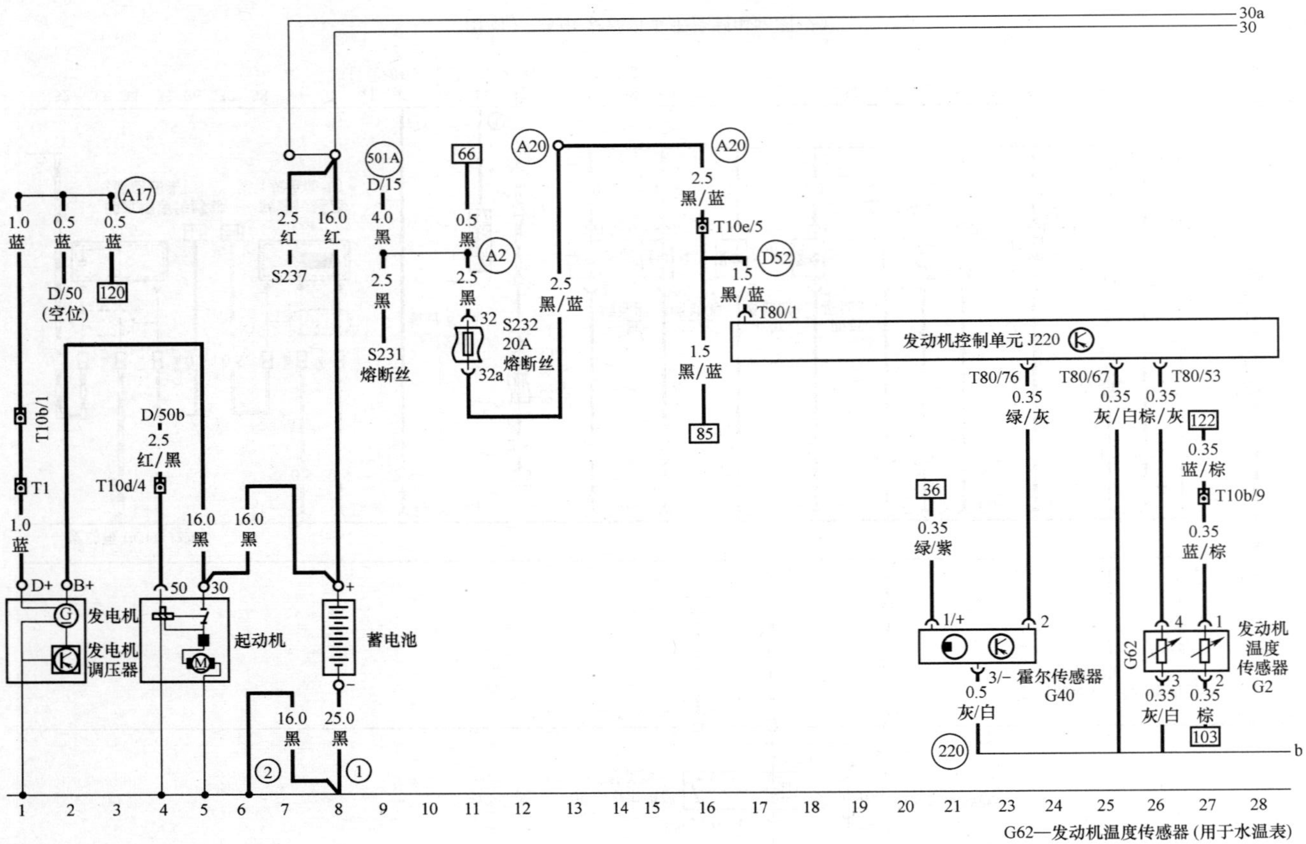

附图 2　ANQ 发动机电控部分电路图(1)

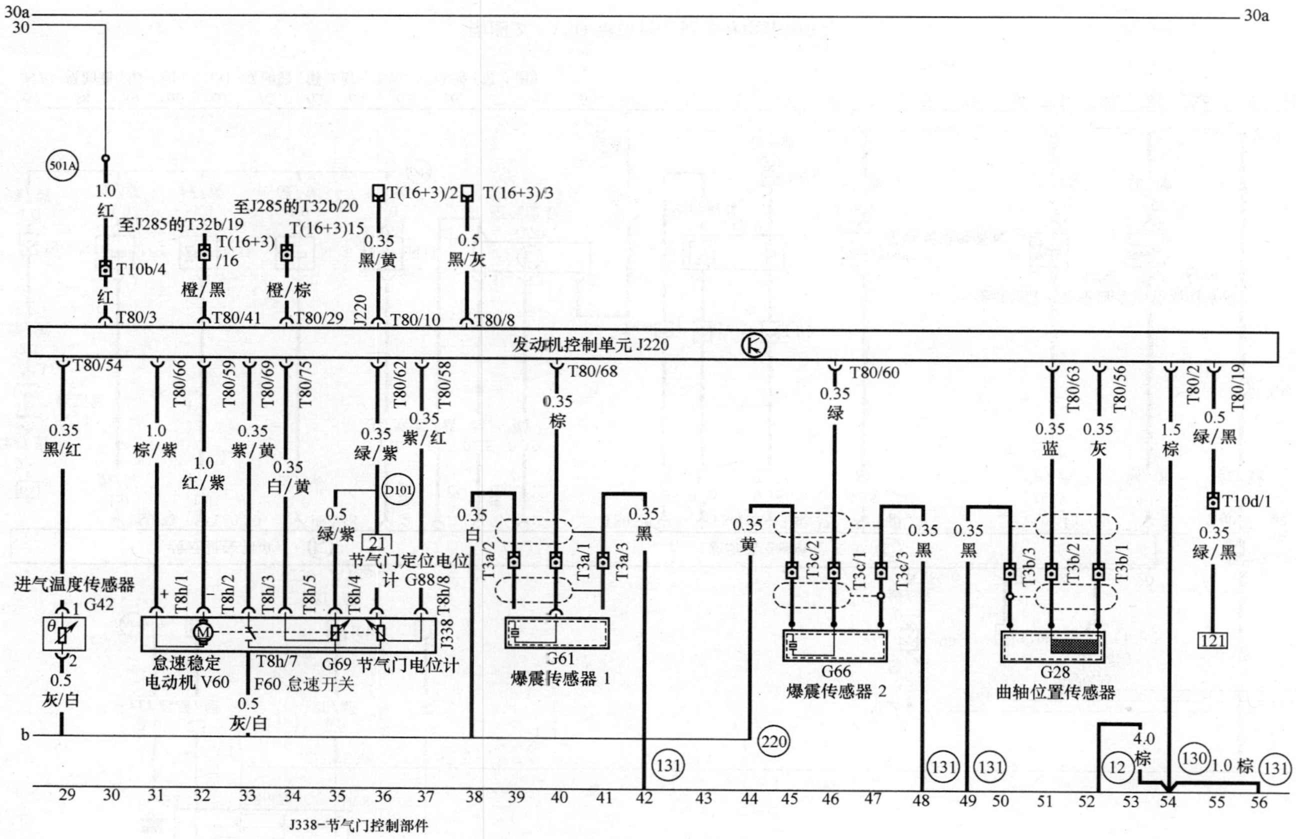

附图 2　ANQ 发动机电控部分电路图(2)

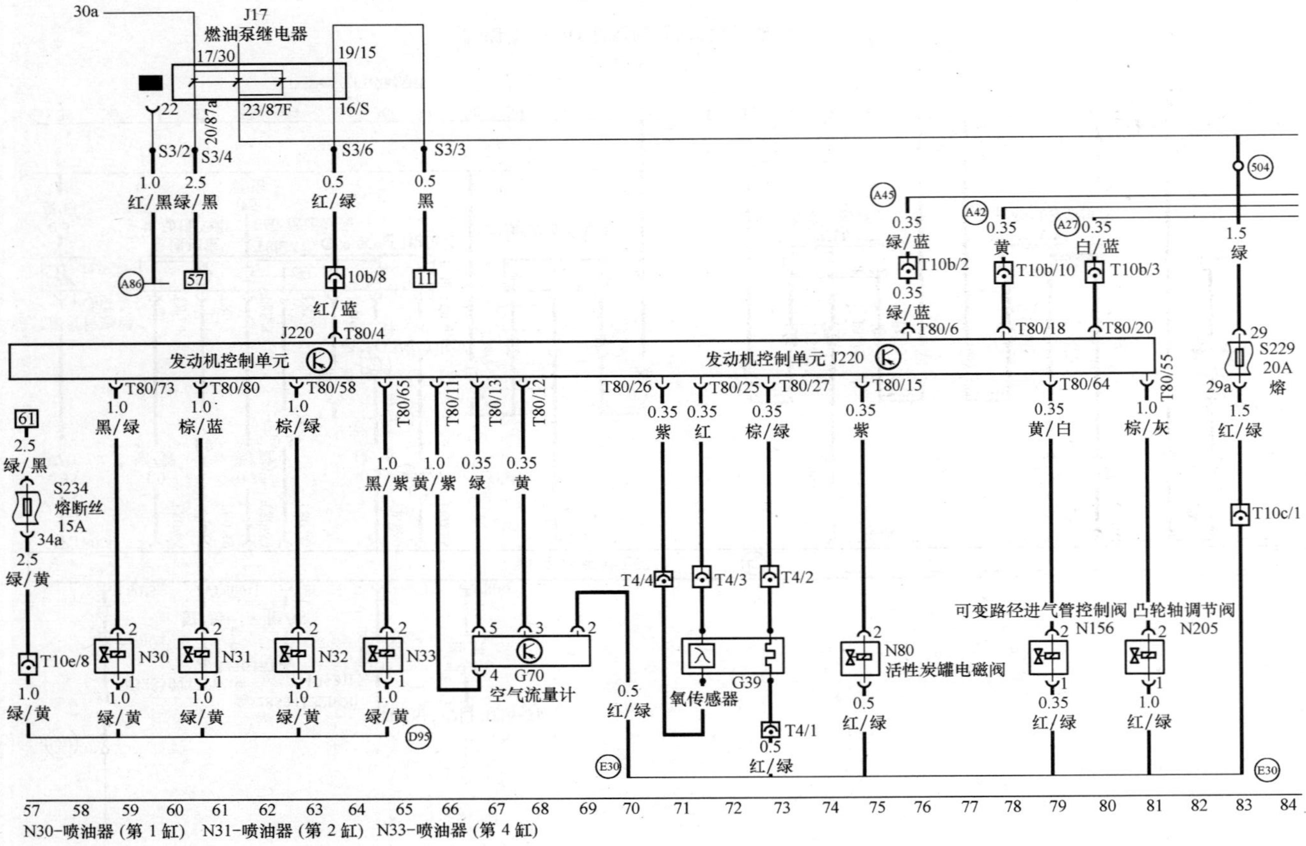

附图2　ANQ发动机电控部分电路图(3)

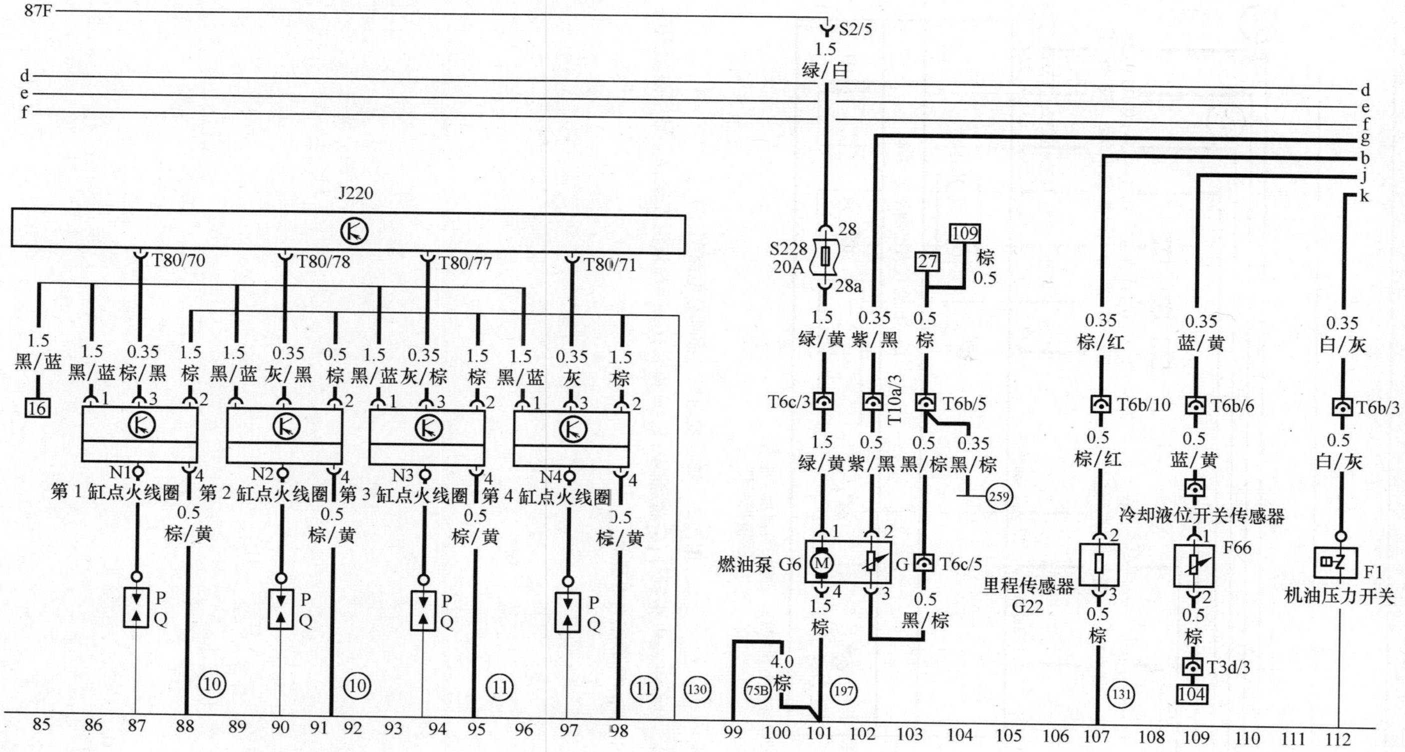

附图 2　ANQ 发动机电控部分电路图(4)

P-火花塞连接器；Q-火花塞；G-燃油表传感器

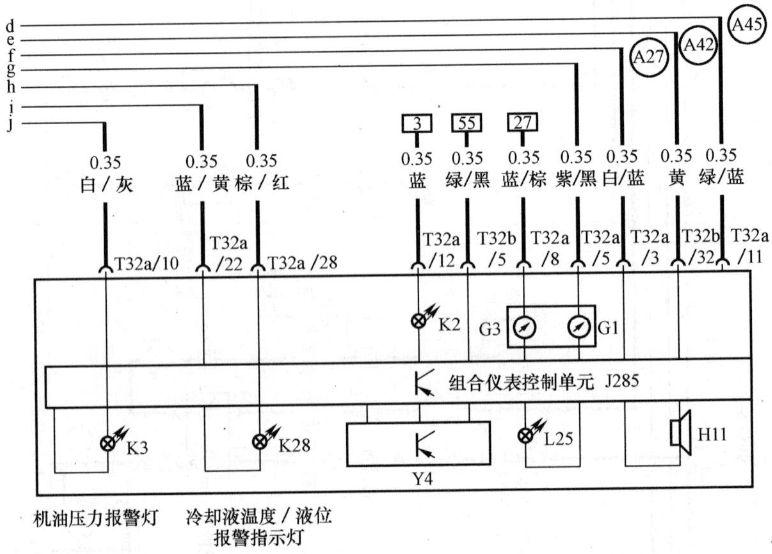

附图2　ANQ发动机电控部分电路图(5)

k_2-发电机充电指示灯；G_1-燃油表；Y_4-里程表；G_3-冷却液温度表；L_{25}-数字显示照明灯；H_{11}-机油压力报警器

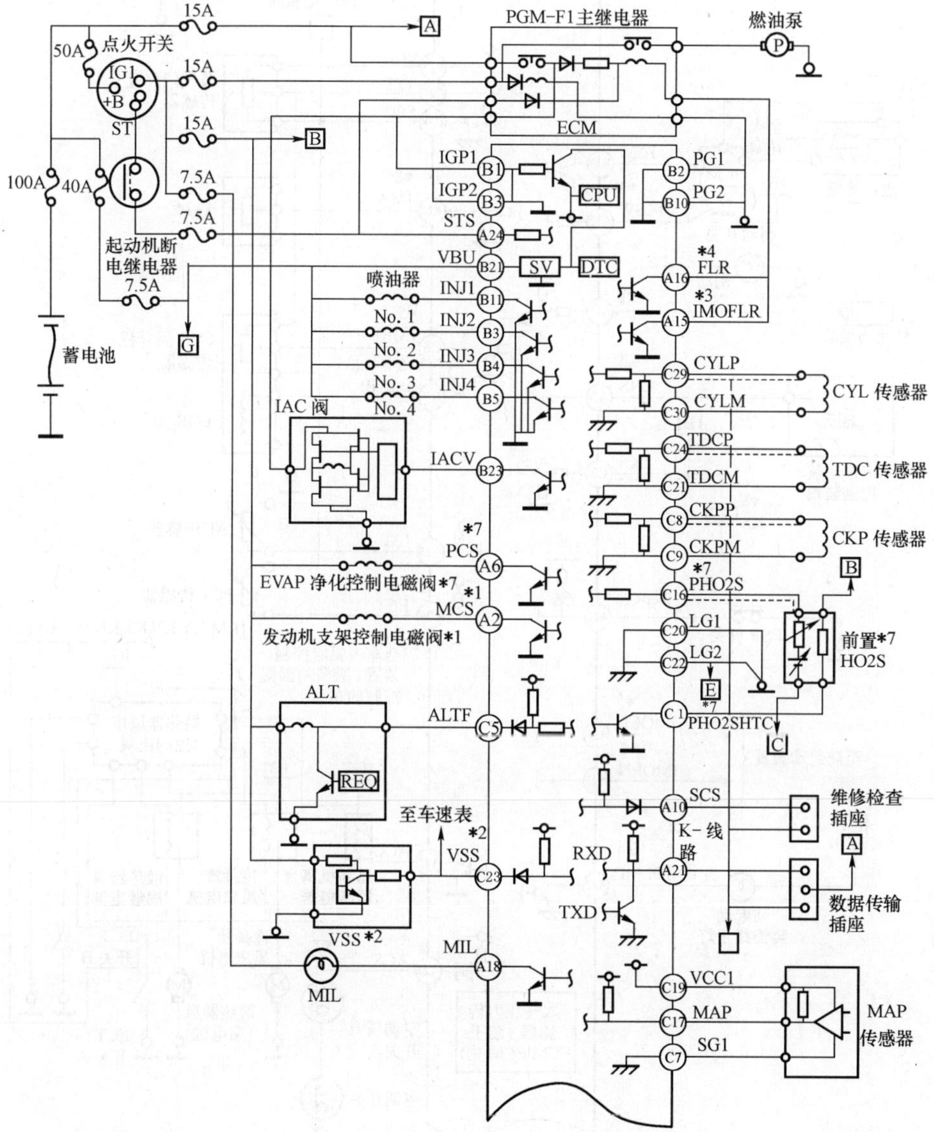

附图 3　F23A3 发动机电控部分电路图(1)

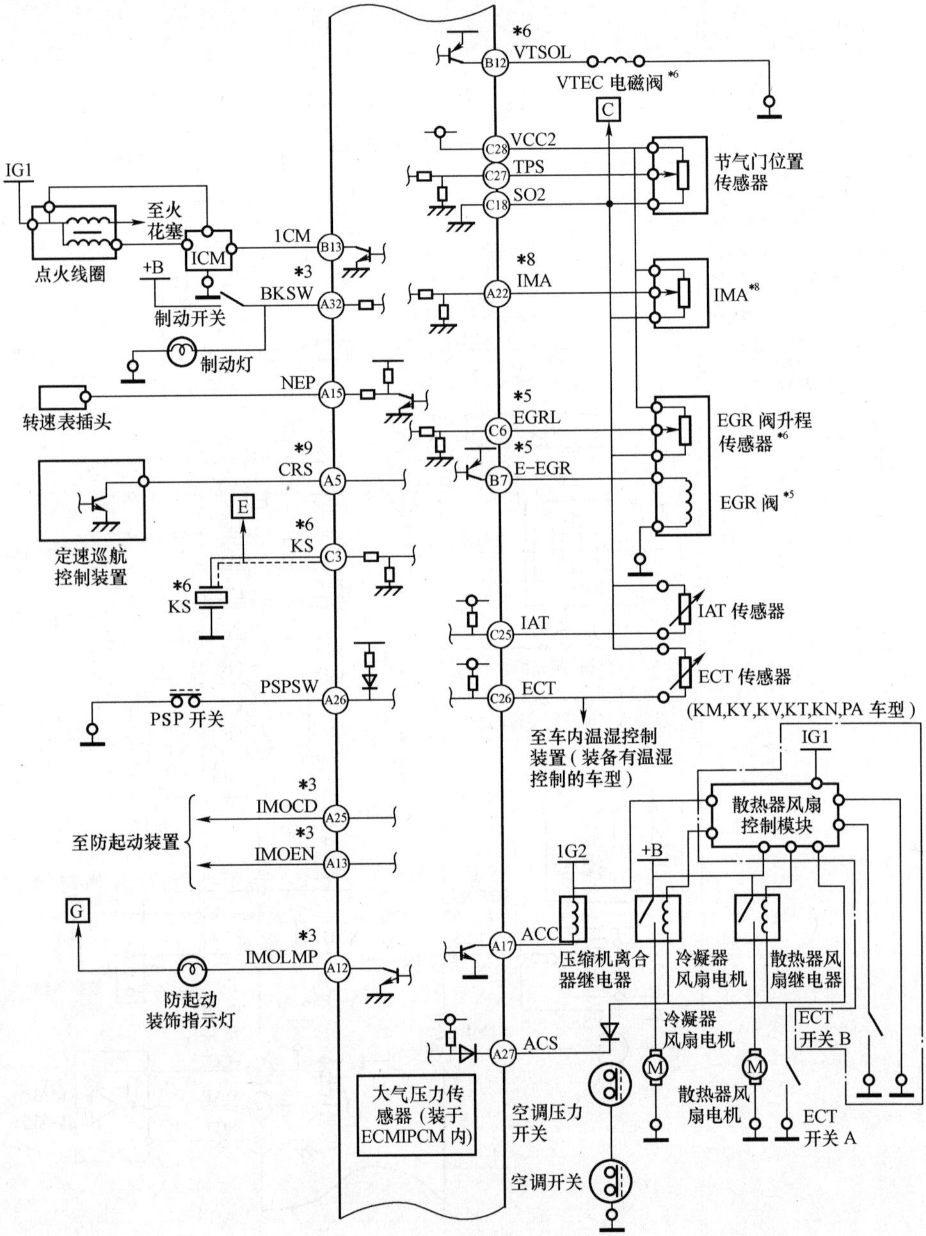

附图 3　F23A3 发动机电控部分电路图(2)

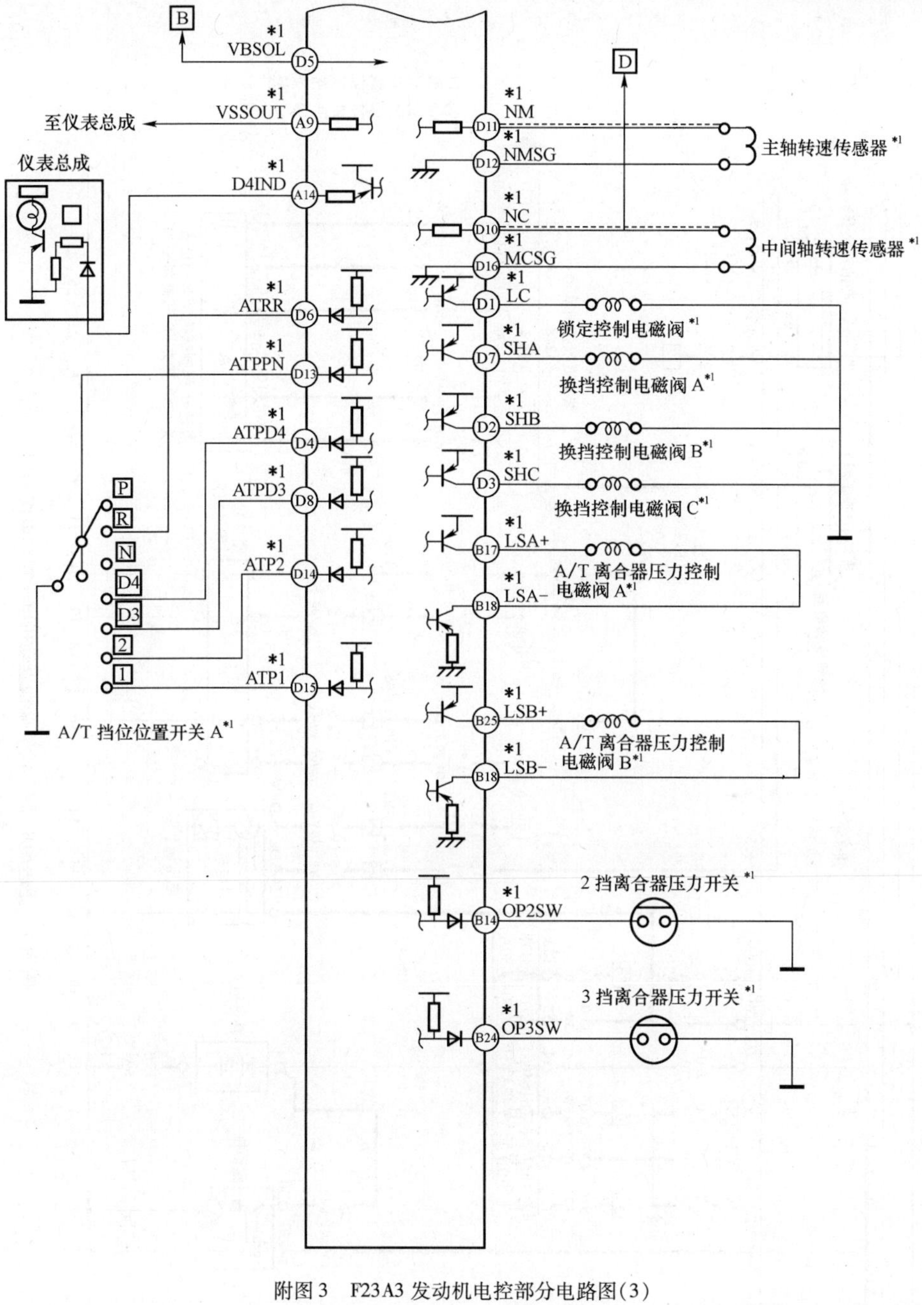

附图 3　F23A3 发动机电控部分电路图(3)

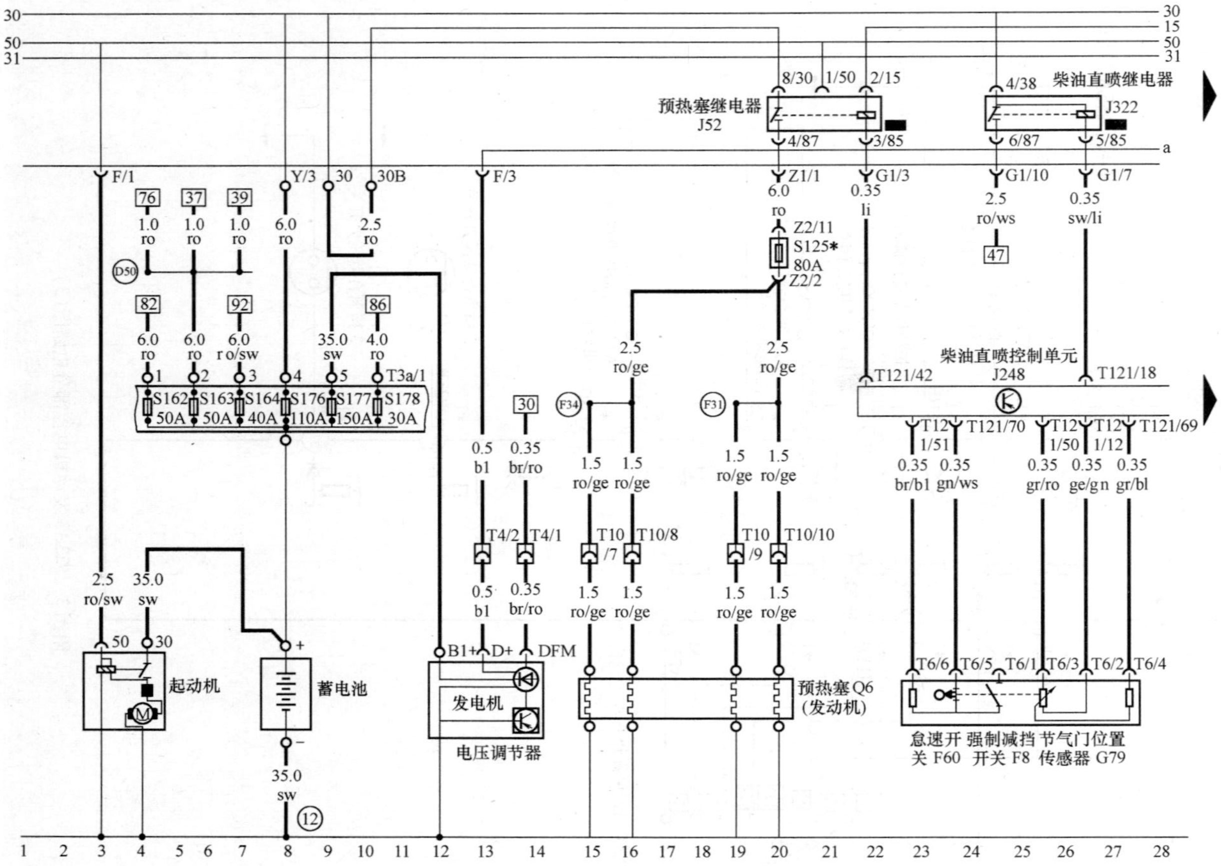

附图4　捷达 SDI 轿车 AQM 柴油发动机电子控制电路图(1)

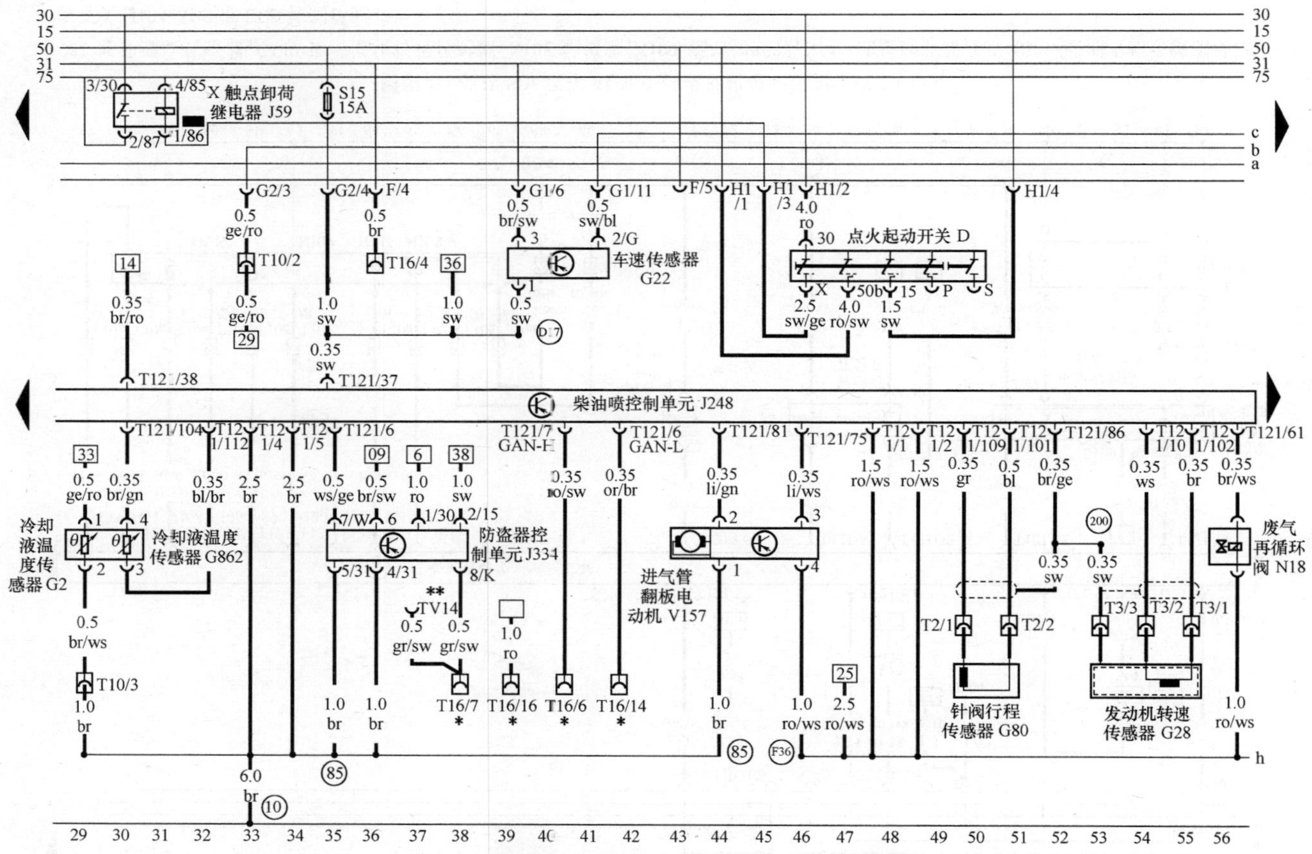

附图 4　捷达 SDI 轿车 AQM 柴油发动机电子控制电路图(2)

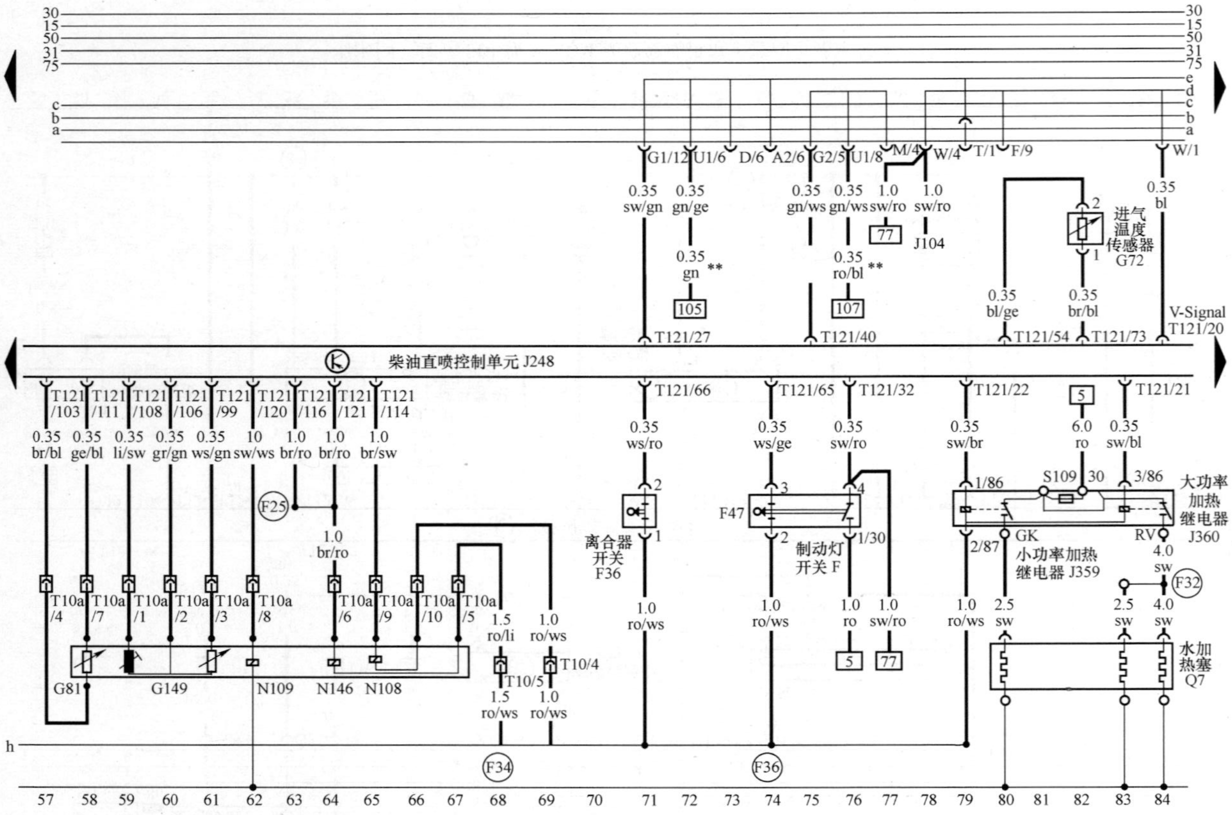

附图 4　捷达 SDI 轿车 AQM 柴油发动机电子控制电路图(3)

G81-燃油温度传感器;G149-调节滑块行程传感器;N108-始喷阀;N109-燃油切断阀;N146-油量调节器;F47-GRA/柴油直喷系统制动踏板开关;J104-ABS 带 EDS 控制单元

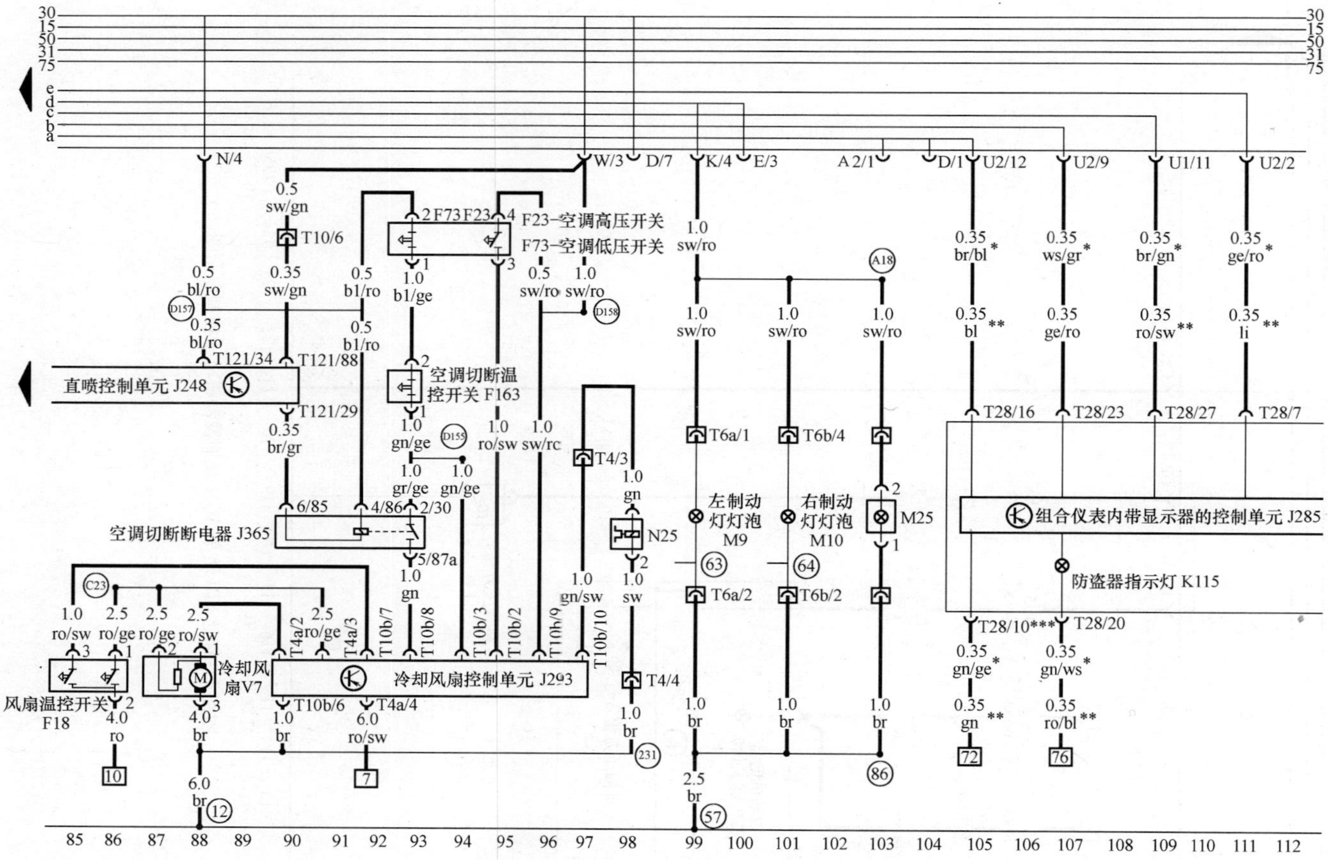

附图 4　捷达 SDI 轿车 AQM 柴油发动机电子控制电路图(4)

N25-空调电磁离合器;M25-高位制动灯灯泡

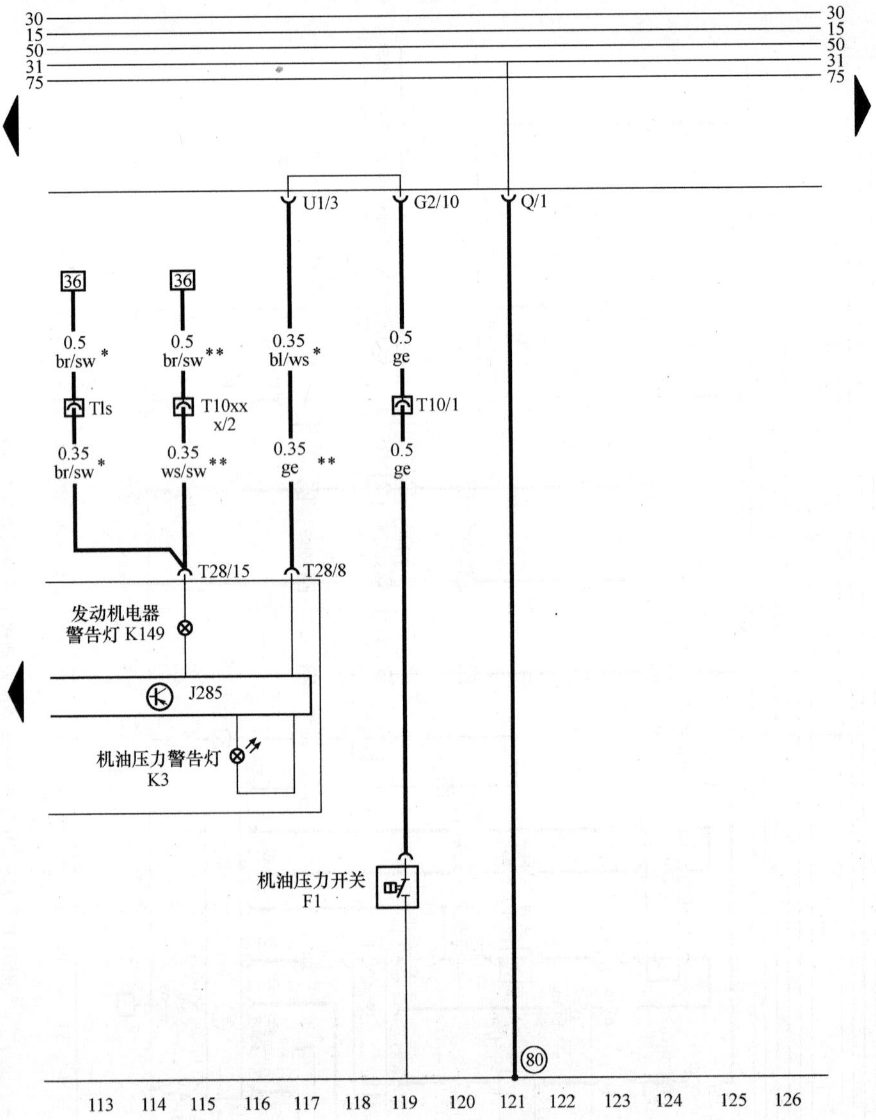

附图4 捷达 SDI 轿车 AQM 柴油发动机电子控制电路图(5)

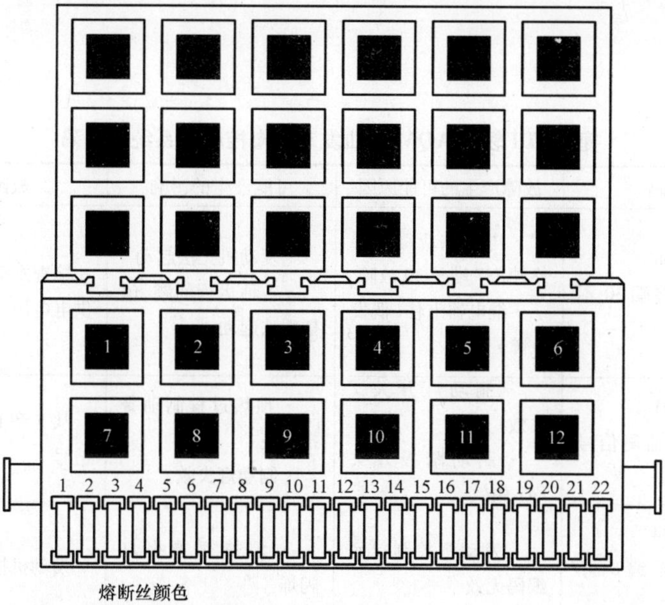

熔断丝颜色

30A—绿色　　25A—白色
20A—黄色　　15A—蓝色
10A—红色　　7.5A—棕色
5A—米色　　3A—紫色

附图 5　捷达 SDI 轿车 AQM 柴油发动机继电器、熔断丝和多头孔接头的布置
1-空调继电器;3-柴油直喷继电器(167);11-X 触点卸荷继电器(18);12-预热塞继电器(109)

注:零件名称后括号内数字为继电器壳体上的号码

附表

捷达 SDI 轿车 AQM 柴油发动机电控喷射系统故障码

<table>
<tr><th colspan="2">故障码</th><th>故障产生的可能原因</th><th>可能产生的影响</th><th>故障排除</th></tr>
<tr><td colspan="2">00668
整车电压终端 30 不正常</td><td>·电源供应继电器终端 J37 端子 30 故障
·继电器卡住(偶发故障)</td><td>·发动机无法起动
·各种运行问题,包括无法起动</td><td>检查发动机控制单元供电电压</td></tr>
<tr><td colspan="2">00741
制动踏板监测信号不正常</td><td>·制动灯开关 F 失效
·制动踏板开关 F47 失效</td><td>·预热过程制动警报灯亮
·制动灯失效</td><td>从 F 和 F47 开始检查信号</td></tr>
<tr><td colspan="2">01044
控制单元编码不正确</td><td>·发动机控制单元编码无效</td><td>·预热塞警报灯闪烁</td><td>发动机控制单元编码</td></tr>
<tr><td colspan="2">01117
发电机端子 DF 的负荷信号不正常</td><td>·发电机损坏
·电压调节器失效
·线路断路</td><td rowspan="3">·发动机预热无效</td><td>检查发电机</td></tr>
<tr><td colspan="2">01193
低热输出继电器 J359 断路或搭铁短路</td><td>·线路断路或搭铁短路
·J359 失效</td><td>检查 J359</td></tr>
<tr><td colspan="2">01194
高热输出继电器 J360 断路或搭铁短路</td><td>·线路断路或搭铁短路
·J360 失效</td><td>检查 J360</td></tr>
<tr><td rowspan="3">01283
进气歧管翻板电机 V157</td><td>断路或搭铁短路</td><td>·线束断路
·进气歧管翻板电机失效</td><td rowspan="3">·无废气再循环,翻板全开</td><td rowspan="3">检查 V157</td></tr>
<tr><td>对蓄电池正极短路</td><td>·与蓄电池正极短路</td></tr>
<tr><td>失效</td><td>·控制翻板失效</td></tr>
<tr><td colspan="2">16485
P0101
空气流量计 G70 信号不正常</td><td>·线路断路或搭铁短路
·G70 失效</td><td>·功率降低
·排气管冒黑烟</td><td>检查 G70</td></tr>
</table>

续上表

<table>
<tr><th>故障码</th><th>故障产生的可能原因</th><th>可能产生的影响</th><th>故障排除</th></tr>
<tr><td>16500
P0116
冷却液温度传感器G62信号不正常</td><td>·G62失效
·节温器失效</td><td>·起动时冒黑烟
·预热阶段经常持续20s</td><td>检查G62</td></tr>
<tr><td>16705
P0321
发动机转速传感器G28信号不正常</td><td>·G28失效
·发动机转速传感器轮间间隙过大
·G28上有金属屑或底座松动</td><td>·发动机无法起动
·发动机熄火
·预热过程报警灯亮
·转速表无显示</td><td>检查G28</td></tr>
<tr><td>16706
P0322
发动机转速传感器G28无信号</td><td>·G28失效
·节温器失效</td><td>·发动机无法起动
·发动机熄火
·预热过程发动机温度报警灯亮
·转速表无显示</td><td>检查G28</td></tr>
<tr><td>16885
P0501
车速信号不正常</td><td>·车速传感器G22无信号</td><td>·车速表显示不正常
·换挡时不平顺
·空调被关闭</td><td>检查车速传感器G22</td></tr>
<tr><td>16955
P0571
制动灯开关信号不正常</td><td>·制动灯开关F失效
·制动踏板开关F47失效</td><td>·预热过程制动警报灯亮
·制动灯失效</td><td>检查F和F47</td></tr>
<tr><td>16989
P0605
控制单元故障</td><td>·控制单元J248内部故障</td><td>·存在各种不同的运行问题
·发动机熄火</td><td>更换J248</td></tr>
<tr><td>17552
P1144
空气流量计G70开路或搭铁短路</td><td rowspan="2">·线路断路或搭铁短路
·G70失效</td><td rowspan="3">·输出功率降低
·排气管冒黑烟</td><td rowspan="3">检查G70</td></tr>
<tr><td>17553
P1145
空气流量计G70对正极短路</td></tr>
<tr><td>17554
P1146
空气流量计G70工作电压有故障</td><td>·工作电压过高或过低
·线路断路</td></tr>
</table>

续上表

故障码	故障产生的可能原因	可能产生的影响	故障排除
17563 P1155 进气歧管压力传感器G71对正极短路	·线路与蓄电池正极短路 ·G71失效	·输出功率降低 ·排气管冒黑烟	检查G71
17564 P1156 进气歧管压力传感器G71对正极短路	·线路断路或搭铁短路 ·G71失效	·发动机功率降低 ·尾气排放值升高	
17565 P1157 进气歧管压力传感器G71电压供应不正常	·工作电压过高或过低 ·线路断路 ·G71失效		
17568 P1160 进气歧管温度传感器G72搭铁短路	·电路搭铁短路 ·G72故障	·达到预先设定值136.8℃	检查G72
17569 P1161 进气歧管温度传感器G72断路或搭铁短路			
17570 P1162 燃油温度传感器G81搭铁短路	·线路搭铁短路 ·G81故障	·达到预先设定值-5.4℃	检查G81
17571 P1163 燃油温度传感器G81断路或对正极短路	·线路开路或对蓄电池正极短路 ·G81故障	·达到预先设定值-5.4℃ ·尾气排放值高	检查G81

续上表

<table>
<tr><th>故障码</th><th>故障产生的可能原因</th><th>可能产生的影响</th><th>故障排除</th></tr>
<tr><td>17653
P1245
针阀升程传感器G80搭铁短路</td><td>·线路搭铁短路
·G80失效</td><td rowspan="3">·预热过程报警灯亮
·发动机运行粗暴
·功率降低
·尾气排放值升高</td><td rowspan="3">检查G80</td></tr>
<tr><td>17654
P1246
针阀升程传感器G80信号不正常</td><td>·燃油不足
·燃油系统有空气
·喷射管路带有针阀升程传感器的喷油嘴不畅
·G80失效</td></tr>
<tr><td>17655
P1247
针阀升程传感器G80断路或对正极短路</td><td>·线路断路或对蓄电池正极短路
·G80故障</td></tr>
<tr><td>17656
P1248
喷油阀N108始点信号调整控制差异</td><td>·油箱没油
·燃油供应不良，燃油不足
·喷油阀N108喷油始点信号失效
·针阀升程传感器G80失效</td><td>·发动机运行粗暴
·功率降低
·尾气排放值升高
·冷起动性能差</td><td>·燃油过滤器或供油管堵塞，动态检查并调整喷油阀喷油始点
·检查N108
·检查G80</td></tr>
<tr><td>17659
P1251
喷油阀N108喷油始点信号对正极短路</td><td>·线路与蓄电池正极短路</td><td>·发动机怠速敲缸，因为喷油阀喷油始点信号始终处于“提前”状态</td><td>检查N108</td></tr>
<tr><td rowspan="2">17660
P1252
喷油阀N108喷油始点信号断路或搭铁短路</td><td>·线路断路
·N108失效</td><td>·发动机怠速敲缸，因喷油阀喷油始点信号始终处于“提前”状态</td><td rowspan="2">检查N108</td></tr>
<tr><td>·线路搭铁短路</td><td>·性能差，因喷油阀喷油始点信号始终处于“滞后”状态</td></tr>
</table>

续上表

故障码	故障产生的可能原因	可能产生的影响	故障排除
17663 P1255 冷却液温度传感器G62 搭铁短路	·线路搭铁短路 ·G62 失效	·起动时排气管冒黑烟 ·预热时间经常持续 20s	检查 G62
17664 P1256 冷却液温度传感器G62 断路或对正极短路	·线路断路或对正极短路 ·G62 失效		
17762 P1354 调整喷油泵柱塞运动传感器 G149 电路中的电器故障	·喷油泵故障 ·电路断路或短路	·预热指示灯闪亮 ·存在各种运行问题 ·发动机熄火	检查 G149
17795 P1387 发动机控制单元(ECU) J248 失效	·控制单元 J248 内部故障	·存在各种运行问题 ·发动机熄火	检查 J248
17810 P1402 废气再循环阀 N18 对正极短路	·电路与蓄电池正极短路	·无废气再循环	检查 N18
17849 P1441 废气再循环阀 N18 断路或搭铁短路	·线路断路 ·N18 失效		
	·线路搭铁短路	·废气再循环过强 ·输出功率降低,排气管冒黑烟	
17911 P1503 发电机 DF 端子负荷信号不正常	·发电机故障 ·电压调节器失效 ·线路开路	·发动机预热无效	检查发电机

续上表

故障码	故障产生的可能原因	可能产生的影响	故障排除
17945 P1537 燃油切断阀 N109 功能失效	· N109 失效，泄漏或卡住	· 输出功率降低 · 发动机熄火	检查 N109
17946 P1538 燃油切断阀 N109 断路或搭铁短路	· 线路断路或搭铁短路 · N109 失效		
17948 P1540 车速信号太高	· 车速 >260km/h · 组合仪表失效	· 车速表显示不正常 · 换挡不平顺 · 空调被关闭	检查车速表信号
17954 P1546 增压压力控制电磁阀 N75 对正极短路	· 线路与蓄电池正极短路	· 输出功率降低 · 增压压力过低	检查 N75
17957 P1549 增压压力控制电磁阀 N75 断路或搭铁短路	· 线路断路 · N75 失效		
	· 线路搭铁短路	· 输出功率降低 · 增压压力过高	
17964 P1556 增压压力控制未达到调节限度	· N75 失效 · 涡轮增压失效 · 涡轮增压器与发动机之间漏气	· 输出功率降低 · 增压压力过低	检查 N75 检查增压压力系统 检查增压压力控制
17969 P1561 油量调节器 N146 控制差异	· 喷油泵故障 · 线路断路或短路	· 预热阶段报警灯亮 · 存在各种运行问题 · 发动机熄火	检查 N146 检查调整喷油泵柱塞运动传感器与供油调节器
17970 P1562 油量调节器 N146 上止点值	· 到达上止点值时 N146 失效或堵塞	· 输出功率降低 · 换挡不平顺	
17971 P1563 油量调节器 N146 下止点值	· 到达下止点值时 N146 失效或堵塞	· 排气管冒黑烟 · 怠速不稳	

续上表

故障码	故障产生的可能原因	可能产生的影响	故障排除
17978 P1570 发动机控制单元故障	·用未授权的点火钥匙起动 ·试图强行机械操作 ·线路短路 ·不正确编码 ·防盗器系统故障 ·防盗电控单元失效或无法找到 ·已更换发动机控制单元,但未与防盗器匹配	·发动机短暂起动后再次熄火 ·预热过程报警灯亮	匹配发动机控制单元与电子防盗器 检查电子防盗器
18008 P1600 电源电压供应端子15电压过低	·点火开关打开时,端子15无电压供应	·存在各种运行问题,包括发动机不运转	检查发动机控制单元电源电压
18009 P1601 端子30电压供应继电器J317不正常	·端子30电压供应继电器J317失效 ·继电器卡住(偶发性)	·发动机无法起动 ·存在各种运行问题,包括发动机不运转	
18020 P1612 发动机控制单元编码不正确	·控制单元无效编码	·预热过程报警灯亮	对发动机控制单元进行编码
18026 P1618 预热塞继电器J52对正极短路	·线路与蓄电池正极短路 ·J52失效	·无预热过程 ·冷起动不良 ·预热过程报警灯K29亮	检查J52
18027 P1619 预热塞继电器J52断路或搭铁短路	·线路断路或搭铁短路 ·J52失效		

续上表

故障码	故障产生的可能原因	可能产生的影响	故障排除
18039 P1631 节气门位置传感器G79信号电压不正常	·G79失效	·怠速转速升高	检查G79 拆卸并安装供油系统部件 维修节气门机械装置 检查节气门位置传感器
18040 P1632 节气门位置传感器G79电压供应不正常	·线路断路 ·工作电压太高或太低	·预热过程报警灯亮 ·怠速转速升高	
18048 P1640 发动机控制单元J248失效	·发动机控制单元J248内部故障	·存在各种运行问题 ·发动机熄火	更换J248
18050 P1642 查询安全气囊故障码	·安全气囊系统故障	·安全气囊报警灯点亮	检查安全气囊系统
18065 P1657 空调输入/输出对正极短路	·线路与蓄电池正极短路	·当空调打开时车子加速性能降低	检查空调压缩机
19458 P3002 强制低挡开关F8信号不正常	·G79失效	·自动变速器换挡点设置不好	检查G79 拆卸供油系统零件 维修加速踏板机械装置

续上表

故障码	故障产生的可能原因	可能产生的影响	故障排除
19459 P3003 低热输出继电器J359对正极短路	·线路断路或与蓄电池正极短路 ·J359失效	·发动机预热无效	检查J359
19461 P3005 高热输出继电器J360对正极短路			检查J360
19560 P3104 进气歧管转换阀N239对正极短路	·线路断路或与蓄电池正极短路 ·N239失效或在打开位置卡住	·冷起动故障 ·冷车怠速故障 ·负荷变化非常剧烈 ·怠速故障	检查N239
19561 P3105 进气歧管转换阀N239断路或搭铁短路	·线路断路或搭铁短路 ·N239失效		

参 考 文 献

[1] 全国汽车维修专项技能认证技术支持中心. 发动机性能. 北京:教育科学出版社,2003
[2] 田夏. 桑塔纳 2000 时代超人轿车使用与维修手册. 北京:机械工业出版社,2000
[3] 李东江,张大成. 上海帕萨特系列轿车维修手册. 北京:北京理工大学出版社,2003
[4] 何凤,陈燕. 广州雅阁轿车维修手册. 北京:人民交通出版社,2004
[5] 张月相,赵英君. 电控汽车维修数据手册. 黑龙江:黑龙江科学技术出版社,2006
[6] 鲁植雄. 汽车电喷发动机波形分析图解. 江苏:江苏科学技术出版社,2001
[7] 朱军. 电子控制发动机电路波形分析. 北京:机械工业出版社,2003
[8] 徐元强,施红星,苏建成. 汽车发动机检测诊断技术. 北京:电子工业出版社,2006
[9] 黄凌. 轿车电控发动机维修技能实训. 北京:北京理工大学出版社,2005
[10] 李东江. 电控汽车检查诊断新理念 powerpoint 课件
[11] 鲁植雄. 本田雅阁轿车数据流分析图解. 北京:电子工业出版社,2004
[12] 汪立亮,姚敏. 上海帕萨特轿车养护与维修. 北京:机械工业出版社,2002
[13] 林晨. 桑塔纳 2000Gsi - AT/Gsi/Gli/GLS 轿车维修手册. 北京:机械工业出版社,2002
[14] 鲁植雄,韩英. 帕萨特 B5 轿车数据流分析图解. 北京:电子工业出版社,2004
[15] 闵思鹏. 国产大众车系发动机电控系统检修. 北京:机械工业出版社,2004
[16] 蔡伟维. ACCORD 雅阁轿车故障检修图解. 四川:科学技术出版社,2006
[17] 林家和. 上海帕萨特轿车故障分析与排除. 北京:中国农业出版社,2005
[18] 栾琪文. 汽车电控柴油机结构原理与维修. 北京:机械工业出版社,2006
[19] 李春明. 汽车发动机燃油喷射技术. 北京:北京理工大学出版社,2005
[20] 杨峰. 国产轿车柴油电控发动机维修手册. 沈阳:辽宁科学技术出版社,2006

